COLLECTION DES PRINCIPAUX CODES ÉTRANGERS.

CODE

D'ORGANISATION JUDICIAIRE

ALLEMAND.

Ce volume, préparé sous la direction de la Société de législation comparée, a été imprimé aux frais de l'État, sur la proposition du Comité de législation étrangère et sur l'ordre de M. le Garde des sceaux.

CODE

D'ORGANISATION JUDICIAIRE

ALLEMAND.

(27 JANVIER 1877.)

II

TRADUCTION ET NOTES,

PAR

L. DUBARLE,

DOCTEUR EN DROIT,

ANCIEN MAGISTRAT, AVOCAT À LA COUR D'APPEL D'AIX.

PARIS.

IMPRIMÉ PAR ORDRE DU GOUVERNEMENT

À L'IMPRIMERIE NATIONALE.

M DCCC LXXXV.

TABLE DES MATIÈRES.

Pages.

Liste de quelques expressions allemandes employées dans le Code d'organisation judiciaire ou dans les lois annexées, avec la traduction en regard   v

PREMIÈRE PARTIE.
CODE D'ORGANISATION JUDICIAIRE.

Titre I. Des juges   1

II. De la justice   7

III. Des tribunaux de bailliage   19

IV. Des tribunaux d'Échevins   22

V. Des tribunaux Régionaux   39

VI. Des Cours d'assises   57

VII. Des chambres commerciales   65

VIII. Des tribunaux régionaux Supérieurs   76

IX. Du Tribunal de l'Empire   79

X. Du Ministère public   86

XI. Des greffiers   92

XII. Des employés chargés des significations et exécutions . . .   93

XIII. De l'assistance que doivent se prêter les tribunaux   95

XIV. De la publicité et de la police des audiences   101

XV. De la langue judiciaire   107

XVI. De la délibération et du vote   110

XVII. Des vacances judiciaires   113

Loi du 27 janvier 1877, sur la mise en vigueur du Code d'organisation judiciaire   115

TABLE DES MATIÈRES.

DEUXIÈME PARTIE.

Pages.

Lois et ordonnances complémentaires du Code d'organisation judi-
ciaire. 127

I. — *Tribunal de l'Empire.*

Loi du 11 avril 1877, fixant le siège du Tribunal de l'Empire. 131

Loi du 16 juin 1879, concernant le renvoi de certaines affaires devant
le Tribunal de l'Empire. 132

Loi du 10 juillet 1879, sur la juridiction consulaire. 134

Ordonnances impériales de renvoi devant le Tribunal de l'Empire, du
26 septembre 1879. 136

Loi du 14 juin 1881, fixant la compétence du Tribunal de l'Empire en
matière de conflits entre le Sénat et la Bourgeoisie de Hamburg. . . 144

Arrêté du 27 septembre 1879, sur l'organisation du Tribunal fédéral. 145

Arrêté du 14 mars 1884, créant une quatrième chambre criminelle. . 147

Ordonnance du Presidium du 26 février 1880, sur le remplacement
des présidents de chambre. 148

Règlement des travaux du 8 avril 1880. 150

Ordonnance du Presidium du 18 novembre 1883, sur la distribution
des affaires en 1884. 165

Distribution des affaires par tribunal Supérieur. 175

Arrêté du 23 septembre 1879, sur le greffe du Tribunal de l'Empire. 182

Ordonnance d'organisation du greffe, du 7 octobre 1879. 209

Arrêté du 11 mai 1883, sur les huissiers du Tribunal de l'Empire. . . 211

Décisions concernant le costume officiel. 219

Tableau des salles et jours d'audience. 223

Tableau des traitements. 224

II. — *Alsace-Lorraine.*

Regulativ du 27 janvier 1882, sur les examens et la préparation aux
fonctions de la magistrature. 229

Loi du 10 juillet 1872, concernant les conditions de nomination des
greffiers et huissiers. 240

TABLE DES MATIÈRES. III

Pages.

Regulativ du 15 avril 1884, concernant les conditions de nomination des greffiers et huissiers.... 240

Loi d'introduction du Code, du 4 novembre 1878.... 244

Ordonnance d'introduction des lois judiciaires, du 13 juin 1879.... 254

Arrêté du 26 septembre 1879, sur l'exécution des peines.... 260

Ordonnance impériale du 1er décembre 1879, fixant le titre des magistrats.... 261

Ordonnance du 26 janvier 1880, concernant les officiers auxiliaires du Ministère public.... 263

Ordonnance impériale du 18 février 1880, fixant l'ordre d'ancienneté de service.... 264

Loi du 31 mars 1880, sur la taxe des jurés et des Échevins.... 266

Ordonnance impériale du 29 avril 1880, portant création des chambres du tribunal Supérieur.... 267

Loi du 10 juillet 1880, sur la nomination des employés subalternes des tribunaux.... 268

III. — *Tribunaux et Personnel. Traitements.*

1. Tribunaux et personnel.... 271

2. Traitements.... 276

3. Personnel des tribunaux Régionaux.... 280

4. Personnel des tribunaux de bailliage.... 284

5. Population des ressorts des tribunaux Régionaux.... 288

6. Population moyenne des ressorts régionaux et de bailliage.... 292

IV. — *État chronologique des principales lois, ordonnances, arrêtés, etc., réglementant dans chaque État de l'Empire allemand l'organisation judiciaire.*

1. Alsace-Lorraine.... 297

2. Duché d'Anhalt.... 298

3. Grand-duché de Bade.... 298

4. Royaume de Bavière.... 300

5. Duché de Brunswick.... 303

IV   TABLE DES MATIÈRES.

Pages.

6. Grand-duché de Hesse.................................. 304

7. Principauté de Lippe................................. 305

8. Grand-duché de Mecklenburg-Schwerin................. 306

9. Grand-duché de Mecklenburg-Strelitz................. 308

10. Grand-duché d'Oldenburg............................. 309

11. Royaume de Prusse................................... 310

12. Royaume de Saxe.................................... 313

13. Principauté de Schaumburg-Lippe.................... 315

14. Principauté de Schwarzburg-Sondershausen........... 316

     États de Thuringe.............................. 317

15. Principauté de Reusz br. aînée..................... 317

16. Principauté de Reusz br. cadette................... 318

17. Duché de Saxe-Altenburg............................ 318

18. Duché de Saxe-Coburg-Gotha........................ 319

19. Duché de Saxe-Meiningen............................ 320

20. Grand-duché de Saxe-Weimar-Eisenach................ 322

21. Principauté de Schwarzburg-Rudolstadt.............. 323

     Villes libres Hanséatiques..................... 324

22. Brême.. 324

23. Hamburg.. 325

24. Lübeck... 327

25. Principauté de Waldeck............................. 328

26. Royaume de Württemberg............................. 329

TABLE ANALYTIQUE DES MATIÈRES........................... 333

LISTE

DE QUELQUES EXPRESSIONS ALLEMANDES

EMPLOYÉES

DANS LE CODE D'ORGANISATION JUDICIAIRE OU DANS LES LOIS ANNEXÉES,

AVEC LA TRADUCTION EN REGARD.

A

Abgangszeugnisz.	Certificat de départ (de l'Université).
Ablehnung.	Récusation.
Abschrift.	Copie.
Akten.	Pièces, dossier.
Aktenausgabebuch.	Livre de communication des dossiers.
Aktenzeichen.	Signe distinctif des dossiers.
Aktuar.	Greffier.
Amt.	Bailliage.
Amtsanwalt.	Procureur de bailliage.
Amtsgericht.	Tribunal de bailliage.
Amtsgerichtsrath.	Conseiller de tribunal de bailliage.
Amtsrichter.	Juge de bailliage.
Amtswegen (von).	D'office.
Anklageschrift.	Acte d'accusation.
Anwaltsprozesz.	Procès pour lequel le ministère d'un avocat-avoué est obligatoire.
Armenrecht.	Assistance judiciaire.
Arrestsache.	Demande en contrainte.
Aufgebotsverfahren.	Action provocatoire.
Aufschiebende Wirkung.	Effet suspensif.
Auseinandersetzung (gutsherrlich-bäuerliche).	Règlement des rapports entre seigneurs et paysans.
Auseinandersetzungsbehörden.	Tribunaux de partage.
Ausfertigung.	Expédition.

Ausführungsgesetz . . . . Loi d'introduction.
Auslagen . . . . Déboursés.
Ausschlieszung . . . . Exclusion (d'un juge).
Ausschusz . . . . Comité.
Aussetzung . . . . Remise (des débats).
Austräge . . . . Justice arbitrale.
Auszüge . . . . Extraits.

B

Barret . . . . Toque.
Begünstigung . . . . Complicité par assistance subséquente.
Beklagter . . . . Défendeur.
Berathung . . . . Délibération.
Berichterstatter . . . . Rapporteur.
Berufung . . . . Appel.
Beschlusz . . . . Décret (rendu par un tribunal).
Beschuldigter . . . . Inculpé.
Beschwerde . . . . Pourvoi.
Beschwerde (weitere) . . . . Nouveau Pourvoi.
Besserungsverfahren . . . . . Procédure de correction.
Bezirk . . . . Ressort.
Bodmerei . . . . Contrat à la grosse.
Bote . . . . Messager.
Bureauvorsteher . . . . Chef des bureaux (dans les greffes).
Busze . . . . Composition.

C

Competenzgerichtshof . . . . Cour des conflits.

D

Dienstalter . . . . Ancienneté de service.
Dienstjahr . . . . Année judiciaire (de service).
Dienstregister . . . . Registre de service (des huissiers).
Direktor . . . . Vice-président (du tribunal Régional).

E

Eilsache . . . . Affaire urgente.
Einführungsgesetz . . . . . . Loi sur la mise en vigueur.
Einlassungsfrist . . . . Délai d'ajournement.
Einsprache . . . . Protestation.

Einziehung . . . . Confiscation.
Elbzollgericht . . . . Tribunal douanier de l'Elbe.
Endurtheil . . . . Jugement définitif.
Entscheidung . . . . Décision.
Ergänzungsrichter . . . . Juge supplémentaire.
Ersuchen (um Rechtshülfe) . Commission rogatoire.

F

Fähigkeit zum Richteramte . Capacité judiciaire.
Ferienkammer, Feriensenat . Chambre de vacation.
Feriensache . . . . Affaire de vacation.
Festungshaft . . . . Détention.
Freiheitsstrafe . . . . Peine privative de la liberté.
Freiwillige Gerichtsbarkeit . Justice volontaire.

G

Gebühren . . . . Frais, droits (aux avocats, huissiers, etc.).
Gemeindegericht . . . . Tribunal communal.
Gemeinheitstheilung . . . . . . Partage de communauté.
Generalkommission . . . . Commission générale (tribunal agraire).
Gerechtigkeiten . . . . Servitudes.
Gerichtsarzt . . . . Médecin légiste.
Gerichtsassessor . . . . Assesseur de justice.
Gerichtsferien . . . . Vacances judiciaires.
Gerichtsschreiberei . . . . Greffe.
Gerichtsschreiber . . . . Greffier.
Gerichtsschreibergehülfe . . . Commis greffier.
Gerichtssprache . . . . Langue judiciaire.
Gerichtstafel . . . . Tableau du tribunal.
Gerichtstag . . . . Assise de justice (tenue par le juge de bailliage).
Gerichtsvollzieher . . . . Huissier.
Geschäftsgang . . . . Ordre des travaux.
Geschäftsjahr . . . . Année judiciaire.
Geschäftsnummer . . . . Numéro d'ordre.
Geschäftsordnung . . . . Règlement des travaux.
Geschäftsübersicht . . . . Relevé des travaux.
Geschäftsvertheilung . . . . . Distribution des affaires.
Geschworene . . . . Juré.
Gewerbegericht . . . . Conseil de prud'hommes.
Grundgerechtigkeit . . . . . . Servitude foncière.

H

Haft.	Arrêts.
Haftpflichtsache.	Affaire de responsabilité.
Haftsache.	Affaire d'arrestation.
Handelsfirma.	Raison commerciale.
Handelsgeschäft.	Acte de commerce.
Handelsmäkler.	Courtier de commerce.
Handelsregister	Registre du commerce.
Handelsrichter.	Juge commercial.
Handelssache.	Affaire commerciale.
Handlungsbevollmächtiger .	Fondé de pouvoir.
Handlungsgehülfe	Commis.
Hauptverfahren.	Procédure principale.
Hauptverhandlung.	Débats.
Uehlerei	Recel.
Hülfsbeamte der Staatsanwaltschaft.	Officier auxiliaire du ministère public.
Hülfsgeschworene.	Juré suppléant.
Hülfsrichter.	Juge auxiliaire.
Hülfsschöffe.	Échevin suppléant.
Hülfssenat.	Chambre auxiliaire.
Hutablösung	Rachat du droit de pacage.

J

Jahresliste	Liste annuelle (des échevins, jurés).
Justizrath (geheimer).	Conseil privé de justice.
Justizverwaltung.	Administration judiciaire.

K

Kammer für Handelssachen.	Chambre commerciale.
Kanzlei.	Chancellerie (de greffe).
Kanzleiarbeiten.	Travaux de bureau.
Kastellan.	Gardien.
Klage.	Demande (en matière civile).
Kläger.	Demandeur.
Konkurs.	Faillite.
Konsolidation.	Nouvelle répartition des terres.
Korrespondentrheder.	Représentant des armateurs.
Kriegsgericht.	Conseil de guerre (Cf. p. 14, n. 2).

L

Ladung	Citation.
Landesjustizverwaltung	Administration de la justice de l'État.
Landgericht	Tribunal Régional.
Landgerichtsrath	Conseiller de tribunal Régional.
Landrichter	Juge régional.

M

Mahnverfahren	Procédure d'avertissement.
Mark	Mark (1 fr. 25 cent.).
Mitberechtigt	Cocréancier.
Mitverpflichtet	Codébiteur.

N

Nebenprotokoll	Procès-verbal annexe.

O

Oberlandesgericht	Tribunal régional Supérieur.
Obersekretär	Secrétaire Supérieur (greffier).
Oberstaatsanwalt	Procureur supérieur d'État.
Oberstes Landgericht	Tribunal suprême.
Obmann	Chef du jury.
Ordnungsstrafe	Peine d'ordre.
Ortsgericht	Tribunal communal.

P

Pfennig	Pfennig (centième partie du mark, ou 0^{fr},12.5).
Plenarbeschlusz, Plenarentscheidung	Décret, décision rendus en assemblée générale.
Plenum	Assemblée générale.
Postanweisungsbetrag	Mandat postal.
Posteingangsnotizbuch	Livre de réception des envois postaux.
Präjudizienbuch	Livre de jurisprudence.
Präsident	Président d'un tribunal (tandis que le *Vorsitzender* n'est que le président d'une chambre).
Präsidium	Presidium (composé du Président, des vice-présidents et d'un ou plusieurs juges).
Privatklage	Plainte de la partie civile.
Prokurist	Procuriste (Cf. p. 68, n. 3).
Protokoll	Procès-verbal.

R

Rath	Conseiller.
Reallasten	Redevances foncières.
Rechtsanwalt	Avocat-avoué.
Rechtshülfe	Assistance (que se prêtent les tribunaux).
Rechtsmittel	Voie de recours.
Rechtsnorm	Règle de droit.
Rechtswegen (von)	De par la loi.
Reichsanwalt	Procureur de l'Empire.
Reichsgericht	Tribunal de l'Empire.
Reisekosten	Frais de route.
Revision	Revision.
Revisionsgericht	Tribunal de revision.
Revisionskollegium	Collège de revision (en matière agraire).
Rheinschiffahrtsgericht	Tribunal de navigation du Rhin.
Rüge	Réprimande.
Ruhegehalt	Pension de retraite.
Ruhestand	Retraite.

S

Schiedsspruch	Sentence d'arbitrage.
Schiffsgläubiger	Créancier de navire.
Schiffsregister	Registre des navires.
Schöffe	Échevin.
Schöffengericht	Tribunal d'Échevins.
Schriftsätze (vorbereitende)	Écritures préparatoires.
Schwurgericht	Cour d'assises.
Seesache	Affaire maritime.
Sekretariatsassistent	Adjoint au secrétariat.
Senat	Chambre (de tribunal Supérieur).
Senatspräsident	Président de chambre.
Separation	Partage de communautés de biens-fonds.
Sitzung	Audience.
Sitzungsliste	Liste d'audience.
Sitzungsort	Siège.
Sitzungsperiode	Session.
Sitzungszimmer	Salle d'audience.
Solleinnahmebelag	Livre des recettes à percevoir.
Sprechstunde	Heure d'ouverture (du greffe).
Spruchkollegium	Collège de jugement (en matière agraire).

Spruchliste . . . . Liste de session.
Staatsanwalt. . . . . Procureur d'État.
Staatsanwaltschaft. . . . . . . Ministère public.
Standesherr. . . . . Seigneur médiatisé.
Ständig angestellte Richter. Juges titulaires.
Standrecht. . . . . Conseil de guerre (Bavière. Cf. p. 14, n. 2).
Stempelgebühr. . . . . Droit de timbre.
Strafkammer, Strafsenat. . . . Chambre criminelle.
Strafprozeszordnung . . . . . Code de procédure pénale.
Strafsache. . . . . Affaire criminelle.

U

Ueberjährige Sache. . . . . . . Affaire ancienne de plus d'une année.
Uebertretung. . . . . Contravention.
Umzugskosten . . . . Frais de déménagement.
Ungebühr. . . . . Manquement.
Unterschlagung . . . . Détournement.
Untersuchungshaft. . . . . . . Détention préventive.
Urkunde . . . . Titre.
Urliste. . . . . Liste générale.
Urschrift. . . . . Original.
Urtheil. . . . . Jugement.
Urtheilsformel. . . . . Dispositif.
Urtheilsgründe. . . . . Motifs.

V

Verbrechen. . . . . Crime.
Verfolgung . . . . Poursuite.
Verfügung . . . . Ordonnance.
Vergehen. . . . . Délit.
Vergleichsbehörde. . . . . Autorité de conciliation.
Verkoppelung. . . . . Nouvelle répartition de terres.
Verkündung . . . . Proclamation, prononciation (d'un jugement).
Vermögensrechtlich . . . . . . Pécuniaire.
Verordnung. . . . . Ordonnance.
Versetzung. . . . . Déplacement (d'un fonctionnaire).
Vertagung. . . . . Remise.
Vertrauensmann. . . . . Délégué (pour la confection des listes d'Échevins).
Vertreter. . . . . Remplaçant.
Vertretung. . . . . Diète.

Verwaltungsgericht	Tribunal administratif.
Verweis	Blâme.
Verweisung	Renvoi (à un autre tribunal).
Vollstreckung	Exécution.
Vollstreckungsgericht	Tribunal d'exécution.
Vorbereitungsdienst	Stage.
Vorentscheidung	Décision préalable.
Vorverfügung	Ordonnance préalable.
Vorsteher	Préposé, maire.
Vorschlagsliste	Liste de présentation.
Vortrag (freier)	Développement oral.
Voruntersuchung	Instruction préalable.
Vorzitzender	Président d'une chambre (par opposition au *Präsident* ou Président du tribunal).

W

Warnung	Avertissement.
Wartegeld	Traitement de disponibilité.
Wechselsache	Affaire de change.
Weglegung	Classement (d'un dossier).
Widerklage	Demande reconventionnelle.

Z

Zuchthaus	Travaux forcés.
Zusammenlegung (der Grundstücke)	Nouvelle répartition des terres.
Zustellung	Signification.
Zuwiderhandlung	Infraction.
Zwangsvollstreckungsverfahren	Procédure d'exécution forcée.

PREMIÈRE PARTIE.

CODE D'ORGANISATION JUDICIAIRE.

CODE D'ORGANISATION JUDICIAIRE

ALLEMAND.

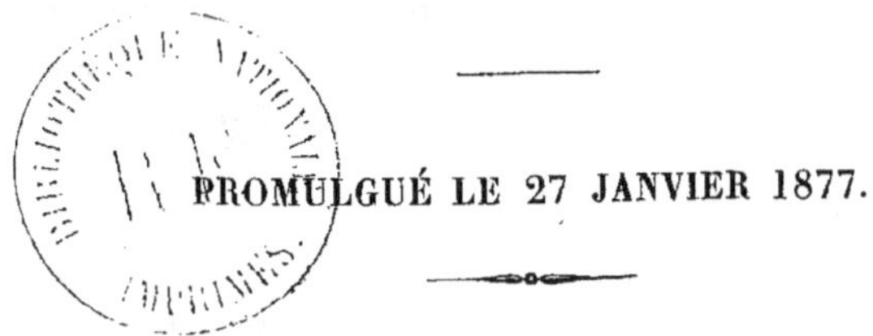

PROMULGUÉ LE 27 JANVIER 1877.

Nous, Guillaume, par la grâce de Dieu, Empereur d'Allemagne, Roi de Prusse, etc., au nom de l'Empire allemand, après approbation du Conseil fédéral et du Parlement de l'Empire, avons ordonné ce qui suit :

TITRE PREMIER [1].

DES JUGES [2].

ARTICLE PREMIER. La justice est rendue par des tribunaux indépendants, soumis à la loi seule [3].

[1] Le titre I a été ajouté par la Commission de justice au projet présenté par le Conseil fédéral; il a été maintenu par le Parlement, malgré l'opposition des gouvernements confédérés, qui voyaient dans ce titre un empiétement sur les droits des législations locales. Il ne contient que le minimum des conditions nécessaires pour assurer dans toute l'Allemagne la capacité et l'impartialité des juges.

[2] L'expression allemande : juge (*Richter*) s'applique à tous les membres du corps judiciaire, quelle que soit leur situation, président ou simple juge, magistrat de première instance ou d'appel, membre des cours suprêmes ou du Tribunal de l'Empire. Elle ne comprend pas les membres du ministère public.

[3] La justice n'est pas rendue au nom de l'Empereur, mais dans chaque État au nom du souverain. L'indépendance judi-

Art. 2. Pour être apte aux fonctions de juge, il faut avoir subi deux examens [1].

L'étude du droit [2] dans une université, pendant trois ans, doit précéder le premier examen. De ces six semestres, trois au moins doivent être passés dans une université allemande [3].

Un délai de trois années doit séparer le premier et le second examen ; ce temps est consacré à un stage près un tribunal et un avocat-avoué ; il peut aussi être consacré partiellement à un stage près un membre du ministère public [4].

ciaire des princes allemands est sur ce point maintenue.

Les tribunaux sont indépendants, c'est-à-dire ne sont pas sous la dépendance de l'Administration ; de même, toute immixtion directe du souverain dans l'exercice de la justice, ce qu'on appelait en Allemagne la justice de cabinet, est interdite.

Par l'expression « *loi* » il faut entendre toute espèce de règle de droit (*Rechtsnorm*) (art. 7, loi mise en vig. C. procéd. pén. ; art. 12, loi mise en vig. C. procéd. civ.), sans excepter les ordonnances, arrêtés, etc., pris en vertu d'une loi par l'autorité compétente.

[1] Le Parlement a, dans la séance du 23 mai 1878, émis le vœu qu'une loi fédérale vînt régler, d'une manière uniforme, les conditions des examens juridiques ; il n'a pas encore été donné satisfaction à ce vœu.

[2] L'étude du droit proprement dit embrasse l'étude des droits romain, civil allemand, commercial et pénal, de la procédure civile et de l'instruction criminelle. Un amendement rendant obligatoire le droit administratif et l'économie politique (*Staatswissenschaften*) a été rejeté :

chaque État reste maître d'augmenter le nombre des connaissances exigées.

[3] Université allemande signifie une université située dans l'Empire allemand, et non pas une université dans laquelle l'enseignement est donné en allemand. Les universités autrichiennes sont exclues implicitement par l'article.

[4] Le stage près les tribunaux n'est pas limité aux fonctions de la justice contentieuse ; il peut comprendre tous les actes de la justice volontaire (hypothèques, tutelles, notariat, etc.), confiés aux tribunaux.

Le stage dans un parquet est facultatif. Le stage près un tribunal et dans le cabinet d'un avocat est obligatoire, et le candidat n'a pas le droit de ne faire que l'un ou l'autre de ces stages.

Un avocat ne peut refuser de laisser un candidat travailler dans son cabinet et de surveiller son stage : il commettrait une faute disciplinaire et serait justiciable du conseil de l'ordre (art. 40, loi sur le barreau du 1er juillet 1878). Si un stagiaire n'est accepté par aucun avocat, il devra s'adresser au conseil de l'ordre ; un avocat sera désigné d'office.

Le fait d'avoir satisfait aux conditions

Chaque État confédéré a le droit de prolonger le temps des études universitaires ou du stage préparatoire; il est libre de décider qu'une partie de ce stage, un an au plus, devra ou pourra être consacrée au service administratif [1].

Art. 3. Quiconque a subi le premier examen dans un des États confédérés peut être admis au stage et au second examen dans tout autre État confédéré [2].

Le temps consacré au stage dans un État confédéré peut compter pour le stage dans tout autre État.

Art. 4. Tout professeur ordinaire de droit à une université allemande est apte à être nommé juge [3].

énumérées par l'article 2, c'est-à-dire subi les examens et terminé le stage, ne confère pas au candidat un droit acquis à une nomination; il est seulement apte aux fonctions judiciaires, et le Gouvernement reste maître d'accorder ou de refuser un poste.

[1] L'article 2 n'indique que le minimum des conditions requises : les législations locales ne peuvent supprimer aucune des garanties introduites par la loi, mais elles peuvent les augmenter, exiger par exemple un plus long temps d'étude ou de stage, rendre obligatoire le droit administratif ou le stage dans un parquet, etc. Ce sont elles qui réglementeront en pratique les conditions de l'examen et du stage.

[2] L'article 3 ne contient qu'une faculté; il ne donne pas un droit au candidat. Il permet seulement à un État, en cas d'insuffisance du personnel, de faire appel aux candidats des autres États. Un amendement qui transformait cette faculté en obligation a été rejeté. Les conditions des examens et du stage peuvent varier de pays à pays; il n'était pas possible de restreindre la liberté des États.

[3] Les universités allemandes ont une puissante organisation : riches et indépendantes, elles s'administrent elles-mêmes sous la surveillance de l'État.

Le corps enseignant des universités comprend trois ordres distincts de professeurs : les professeurs ordinaires, les professeurs extraordinaires et les *Privat-Docenten*. Les professeurs ordinaires sont nommés par l'État : ils ont seuls droit de vote dans les affaires d'administration intérieure et élisent le *Rector magnificus* et les membres du sénat académique; ils ont un traitement et sont astreints à faire un certain nombre de cours. Les *Privat-Docenten* n'ont ni le titre, ni le traitement, ni les droits d'un professeur; ils sont seulement autorisés par l'université à faire des cours. Les professeurs

Art. 5. Quiconque a acquis dans un État confédéré la capacité nécessaire pour être nommé juge est apte à toute fonction judiciaire dans tout l'Empire allemand [1], sauf les exceptions prévues par la présente loi [2].

Art. 6. Les juges sont nommés à vie [3].

Art. 7. Les juges reçoivent en leur qualité de juges un traitement fixe [4], à l'exclusion de tous honoraires [5].

Art. 8. Les juges ne peuvent, contre leur volonté, être défi-

---

extraordinaires ont une situation intermédiaire. Les professeurs ordinaires seuls peuvent être nommés juges sans avoir passé d'examen et fait de stage. L'exercice du professorat pendant un temps déterminé ne peut être exigé.

[1] L'article 5 supprime toutes les dispositions antérieures qui exigeaient qu'un juge eût passé un certain temps dans les fonctions inférieures avant d'être promu à une charge supérieure. Ainsi, en Prusse, il fallait avoir été quatre ans juge de première instance avant de pouvoir devenir juge d'appel, et quatre ans juge d'appel ou président de première instance avant de pouvoir être nommé membre du tribunal Suprême.

[2] L'article 127 exige l'âge de trente-cinq ans pour être nommé juge au Tribunal de l'Empire.

[3] Les juges seront nommés par le roi ou par le ministre de la justice au gré des législations locales. Dans certains pays, en Prusse par exemple, antérieurement au Code, les juges des tribunaux inférieurs étaient nommés par le ministre, les présidents et les juges des tribunaux d'appel par le roi.

[4] Des amendements avaient proposé de fixer à 2,500 marks (3,125 fr.) le traitement minimum des juges avec augmentation progressive. Ils furent rejetés. Chaque État fixera les traitements en tenant compte des ressources de son budget et des exigences de la vie matérielle.

[5] L'article 7 n'interdit pas à un juge de toucher un traitement spécial à raison de fonctions accessoires et extra-judiciaires.

Par *honoraires* il faut entendre toute indemnité allouée pour un acte judiciaire et proportionnelle au travail; les frais de voyage, les indemnités de logement, les gratifications accordées par l'État ne sont pas compris.

Dans presque tous les États de l'Allemagne, le traitement des magistrats n'est pas invariable pour chaque espèce de fonction; il s'augmente par classes personnelles et proportionnellement à l'ancienneté de service.

nitivement ou temporairement relevés de leurs fonctions, déplacés ou mis à la retraite, que par décision judiciaire, pour les motifs et dans les formes fixés par les lois [1].

La présente disposition ne s'applique pas aux suspensions provisoires qui interviennent de plein droit [2].

En cas de modification dans l'organisation des tribunaux ou des ressorts [3], des déplacements forcés [4] ou des renvois du service peuvent être ordonnés dans chaque État par l'Administration

[1] Le Code pose en principe l'inamovibilité complète du juge. La déchéance, la suspension, le déplacement ou la mise à la retraite ne peuvent être prononcés que sous les deux conditions suivantes : 1° une décision judiciaire, c'est-à-dire rendue par un tribunal judiciaire, doit intervenir; 2° elle doit être rendue suivant une procédure disciplinaire établie par une loi et non par un règlement administratif.

L'article 8 ne met pas obstacle à la mise à la retraite pour limite d'âge (Saxe et Alsace-Lorraine), ainsi que le constate l'interprétation authentique donnée par la Commission de justice dans la séance du 16 mai 1876, ni au déplacement forcé par suite d'une alliance contractée par un juge avec un autre juge du même tribunal et rendant impossible son maintien au siège.

La loi de chaque État fixera les peines disciplinaires et les cas dans lesquels elles sont encourues. En outre, la condamnation aux travaux forcés et la privation des droits civiques entraînent la déchéance; elle peut également être prononcée comme peine accessoire à la peine de l'emprisonnement dans un certain nombre de cas prévus par le Code

pénal (art. 31, 33, 35, 331, 339, 340, 341, 352, 353, 355, 357).

[2] Le deuxième paragraphe de l'article fait allusion aux suspensions temporaires qui interviennent de plein droit, sans décision spéciale, par exemple en cas d'arrestation préventive d'un juge (art. 129, C. org. jud.). De même, l'article 125 de la loi fédérale sur les fonctionnaires de l'Empire du 31 mars 1873 décide que la suspension a lieu de plein droit, si dans une instance criminelle l'arrestation du fonctionnaire est décidée, ou s'il est rendu contre lui une sentence qui entraîne, aux termes de la loi, la perte de l'emploi, mais qui n'est pas encore passée en force de chose jugée.

[3] Le troisième paragraphe s'applique au cas d'une réorganisation générale; la suppression isolée d'un siège de juge dans un tribunal ne peut se faire que par voie d'extinction.

Cette disposition était indispensable afin de faciliter aux États la réorganisation des tribunaux d'après les principes du Code.

[4] Le législateur allemand se sert des termes «déplacement à un autre tribunal» et par là il entend la nomination à un tribunal, non pas seulement de

de la justice de l'État, sous condition du maintien du traitement intégral [1].

Art. 9. Les juges ne doivent pas être privés du droit de porter devant la justice les réclamations pécuniaires qu'ils peuvent élever à raison de leurs services, notamment en matière de traitement, de traitement de disponibilité et de pension de retraite [2].

Art. 10. Les dispositions législatives des États confédérés qui réglementent les conditions requises pour l'exercice temporaire des fonctions judiciaires restent en vigueur [3].

Art. 11. Les dispositions des articles 2-9 ne sont pas applicables aux juges commerciaux, aux échevins et aux jurés.

même ordre, mais même d'ordre inférieur. Seulement, dans ce dernier cas, le juge déplacé conservera son traitement et son rang personnel.

[1] Les articles 128 à 131 du Code contiennent des dispositions disciplinaires plus étendues relativement aux membres du Tribunal de l'Empire.

[2] L'article 70 renvoie toutes ces demandes, sans distinction de valeur, devant les tribunaux Régionaux.

[3] Antérieurement au Code, chaque État allemand avait réglementé d'une manière différente l'institution des juges auxiliaires.

En Bavière, les suppléants d'un juge empêché ne peuvent être que des juges titulaires empruntés à un tribunal et délégués *extra statum*. En Prusse et en Saxe, les Assesseurs et autres candidats peuvent être chargés d'une suppléance. Ces lois locales ne sont pas abrogées ; les articles 69, 122, 134 du Code ont seulement pris les dispositions nécessaires pour assurer, dans tous les cas, l'indépendance de la justice.

Ainsi, aux termes du Code, près les tribunaux Régionaux, les juges auxiliaires doivent avoir la capacité judiciaire, ils ne peuvent être rappelés pendant le temps de la délégation (art. 69). Près les tribunaux Supérieurs, ils doivent de plus être juges titulaires (art. 122). Aucun juge auxiliaire ne peut être appelé à siéger au Tribunal de l'Empire (art. 134). Quant à la suppléance près les tribunaux de bailliage, le Code ne contient aucune disposition qui lui soit applicable : elle continuera à être régie dans chaque État par la loi de l'État.

TITRE II.

DE LA JUSTICE.

Art. 12. La justice ordinaire contentieuse [1] est rendue par des tribunaux de bailliage (*Amtsgerichte*), des tribunaux Régionaux (*Landgerichte*), des tribunaux régionaux Supérieurs (*Oberlandesgerichte*) [2] et le Tribunal de l'Empire (*Reichsgericht*).

Art. 13. Les tribunaux ordinaires connaissent de toutes les affaires contentieuses civiles et criminelles, qui ne sont pas de la compétence des autorités ou des tribunaux administratifs [3], ou qui ne

---

[1] Par *justice ordinaire contentieuse* (*ordentliche streitige Gerichtsbarkeit*) le législateur entend la justice rendue au criminel, au civil et en matière de faillite suivant les règles établies par les Codes de procédure. Le Code n'a pas réglementé l'exercice de la justice volontaire (*freiwillige Gerichtsbarkeit*) (tenue des livres hypothécaires et de commerce, tutelle, etc.) et l'administration judiciaire. Il appartiendra à chaque État de fixer en ces matières la compétence des tribunaux.

[2] Les expressions : tribunal de bailliage, Régional, etc., n'ont qu'un caractère générique; rien ne s'oppose à ce que les tribunaux conservent des dénominations consacrées par l'histoire ou les traditions, par exemple Tribunal de la Chambre (*Kammergericht*) à Berlin, ou justifiées par la compétence, Tribunal de ville (*Stadtgericht*).

[3] Une formule négative fixe la compétence des tribunaux ordinaires; elle s'arrête là où commence la compétence administrative, et le Code n'a pas déterminé la sphère d'action et la juridiction des tribunaux administratifs. C'est aux lois de chaque État et aux lois fédérales qu'il faut demander la ligne de démarcation.

Sur quelques points, les nouvelles lois judiciaires et les lois de l'Empire ont réglé la compétence et renvoyé spécialement devant la justice civile certaines affaires qu'aurait pu réclamer la justice administrative. Ainsi la compétence des tribunaux judiciaires ne peut être récusée sous prétexte que l'une des parties en cause est le trésor, une commune ou une personne morale publique (art. 4, loi mise en vig. Code procéd. civ.). De même, ne peuvent être soustraites à la justice ordinaire :

ressortissent pas aux tribunaux spéciaux établis [1] ou pouvant être maintenus en vertu des lois fédérales [2].

1° Les poursuites au civil ou au criminel contre des fonctionnaires à raison de faits de leurs fonctions (art. 11, loi mise en vig. Code org. jud.);

2° Les réclamations pécuniaires en matière de traitement, pension, etc. formées par les juges (art. 9, Code org. jud.) ou les fonctionnaires fédéraux (art. 149, loi fédérale du 31 mars 1873);

3° Les demandes en indemnité pour suppression des droits de flottage (loi fédérale du 1er juin 1870, art. 2);

4° Les réclamations des fonctionnaires fédéraux en cas de déficit relevé contre eux (art. 137, 140, 144, loi fédérale du 31 mars 1873);

5° Les demandes relatives à un intérêt pécuniaire formées par un tiers contre le souverain, les princes du sang et les princes Hohenzollern;

6° Les difficultés entre patrons et matelots à raison des engagements (ordon. fédérale sur les gens de mer du 27 décembre 1872, art. 104, 106);

7° Les demandes en rétribution pour sauvetage ou secours d'un navire en détresse (loi fédérale sur les naufrages du 17 mai 1874, art. 36);

8° Les demandes en indemnité à raison des servitudes militaires frappant les immeubles situés dans le voisinage des forteresses (art. 39, 41 et 42, loi fédérale du 21 décembre 1871).

Dans les cas des n°s 2 *in fine*, 3, 4, 6, 7 et 8, la justice ne peut être saisie que si l'intéressé a préalablement porté ses prétentions devant l'Administration.

D'autre part, les lois fédérales renvoient au criminel devant les autorités administratives certaines infractions d'une nature toute spéciale. Ainsi :

Les contraventions postales (loi fédérale du 28 octobre 1871, art. 34);

Les contraventions aux lois fédérales du 27 décembre 1872 sur les gens de mer et sur le rapatriement des matelots (désobéissance, refus de service, ivresse, absence sans permission, désertion, menaces ou violences contre les officiers, abandon d'un matelot, refus de rapatriement, etc.).

Les inculpés peuvent, dans tous les cas, après la décision administrative, demander le renvoi de l'affaire devant les tribunaux ordinaires.

Les articles 453 et 459 (Code procéd. pén.) permettent le renvoi des contraventions de police devant les autorités de police et des contraventions aux lois fiscales devant les autorités administratives. La condamnation à l'amende et à la confiscation est prononcée par voie d'ordonnance; de plus, les autorités de police peuvent infliger la peine des arrêts jusqu'à quinze jours. Le condamné a le droit de réclamer une décision judiciaire dans les huit jours de la condamnation.

[1] Les tribunaux spéciaux établis par une loi fédérale sont les tribunaux consulaires qui n'existent que dans certains pays étrangers, les tribunaux criminels militaires et les conseils de guerre en temps d'état de siège.

[2] Les articles 14 (Code) et 5, 6, 7 (loi mise en vig. Code org. jud.) énumèrent les tribunaux qui peuvent être maintenus.

Art. 14. Peuvent être maintenus comme tribunaux spéciaux :

1° Les tribunaux de navigation du Rhin (*Rheinschifffahrtsgerichte*) et les tribunaux douaniers de l'Elbe (*Elbzollgerichte*), établis par des traités diplomatiques [1];

2° Les tribunaux qui connaissent des contestations en matière civile, concernant le rachat des servitudes (*Gerechtigkeiten*) [2]

[1] Les tribunaux de navigation du Rhin et de l'Elbe sont des tribunaux internationaux institués par des traités conclus avec la Hollande (31 mars 1831, 27 octobre 1868) ou l'Autriche (23 juin 1821, 13 avril 1844). Ils jugent les difficultés qui s'élèvent en matière de navigation fluviale et se rapportent au halage, aux péages, droits d'écluse, de port et de pilotage, dommages causés aux propriétés riveraines, etc., et les contraventions à la police fluviale commises par les mariniers.

[2] La propriété foncière était en Allemagne, au commencement du siècle, grevée de nombreuses charges qui en restreignaient la jouissance ou en paralysaient la disposition; elle n'était pas libre.

Ces charges avaient en grande partie leur origine dans le régime féodal. En effet, certaines terres constituaient des fiefs antérieurement détachés d'un alleu ou d'un autre fief; elles étaient en conséquence grevées des droits que le seigneur suzerain s'était réservés lors de la constitution du fief. D'autre part, les biens fonciers se divisaient en biens nobles (*Rittergüter*) et biens roturiers ou de paysans (*Bauergüter*); des droits étaient attribués à la terre noble sur la terre ro-turière en échange des services dont les nobles seuls étaient tenus, service militaire, justice, police, etc., et les biens de paysans se trouvaient ainsi soumis à toute espèce de redevances ou de restrictions au profit des seigneurs. Ailleurs et dans des temps plus modernes, le propriétaire d'une terre considérable avait abandonné à des tenanciers la jouissance de parcelles détachées, sous la réserve du droit de propriété et de certains droits et rentes perpétuels qu'il conservait. Ailleurs enfin la terre ou seulement des droits de jouissance étaient restés la propriété indivise des communes ou de groupes d'habitants.

Les charges dont la terre était grevée pour ces causes diverses étaient innombrables dans leurs formes et subdivisions: c'était, d'une part, des services *personnels* et redevances (*Reallasten*), imposés au propriétaire ou possesseur de la terre, prestations en nature et en argent, rentes, dîmes, cens, faisances, droits de lods et ventes, corvées de toute espèce pour l'entretien des chemins, la réparation des bâtiments, la destruction des animaux sauvages, etc.; et, d'autre part, des services *fonciers* dont la terre elle-même était grevée (*Grundgerechtigkeiten*), servitudes de toute nature, droits de chasse,

ou des redevances foncières (*Reallasten*), les partages de commu-

de pêche, de fouille, de libre parcours, de pacage, de vaine pâture, d'enlèvement de certaines récoltes ou produits naturels du sol, de recherche de fossiles, d'essouchage, de coupe de bois, d'affouage, servitudes d'indivision, servitudes de culture, droit de préférence en cas de vente, droits faisant obstacle à la libre aliénation ou à la division du fonds servant, etc.

Toutes ces charges n'étaient pas rachetables; elles étaient perpétuelles et pesaient ainsi lourdement sur la propriété foncière.

Le législateur allemand s'est, dès les premières années du siècle, efforcé de remédier à cet état de choses et de libérer la terre des entraves qui la paralysaient.

En Prusse, des édits des 9 octobre 1807 et 14 septembre 1811 ont aboli ou réduit un grand nombre de charges foncières ou autorisé le rachat de ces charges. L'ordonnance du 7 juin 1821 a imposé le partage des terres et droits indivis dès que le partage était demandé par l'un des communistes. La loi du 2 avril 1872 a autorisé, dans certains cas, la mise en commun et la nouvelle distribution des terres d'une contrée pour remédier à un morcellement exagéré. Des ordonnances et lois postérieures ont étendu les dispositions introduites primitivement dans certaines provinces seulement; nous citerons parmi les plus récentes: ordonnance sur les partages du 19 mai 1851 pour la Prusse rhénane, — loi du 24 décembre 1872 sur les droits de retrait et de préemption et loi du 13 juin 1873 sur le rachat des droits d'affouage et d'usage pour le Hanovre, — loi du 3 janvier 1873 sur le rachat des charges

foncières pour le Schleswig-Holstein, — loi du 1er mars 1873 sur le droit de chasse pour la Hesse électorale, — loi du 23 juin 1876 sur le rachat des dîmes, rentes et redevances foncières pour la circonscription de Cassel.

Cette réforme, qui a eu pour but de transformer le régime foncier, de lui enlever son organisation féodale et de l'approprier aux principes modernes, s'est accomplie lentement et avec le respect des droits acquis. Des autorités spéciales ont présidé à son application et ont été chargées de toutes les opérations agraires; ce sont les tribunaux de partages (*Auseinandersetzungsbehörden*), tribunaux à la fois judiciaires et administratifs, qui portent plus spécialement les noms de Commissions générales (*General-Kommissionen*) et Collège de jugement (*Spruch-Kollegium*).

Ce sont là les tribunaux spéciaux dont l'article 14 permet le maintien.

Les Commissions générales ont été établies par les ordonnances des 20 juin 1817, 7 juin 1821, 30 juin 1834, 22 novembre 1844. Elles se composent de cinq membres au moins, dont trois doivent avoir la capacité judiciaire, et rendent jugement à trois juges. Les membres sont nommés par le ministre de l'agriculture, le président par le roi. Elles fonctionnent dans la plus grande partie de la Prusse et sont au nombre de huit.

Les Commissions générales connaissent de toutes les opérations agraires renvoyées devant elles par les lois spéciales; elles procèdent au partage des communautés

nautés (*Separationen*) [1], les nouvelles répartitions des terres (*Konsolidationen, Verkoppelungen*) [2], le règlement des rapports entre sei-

de biens, fixent les lots de chacun des communistes, déterminent les terres sur lesquelles sera restreint l'exercice d'un droit général d'usage, recherchent et précisent l'étendue des droits fonciers et les terres qui en sont grevées, président aux opérations de rachat des charges foncières, aux opérations de cantonnement, etc., en un mot sont chargées de toutes les opérations ayant pour objet la suppression, le partage, le rachat ou la réduction des droits. De plus, elles connaissent de toutes les difficultés contentieuses pouvant s'élever à l'occasion du rachat ou du partage. Des commissaires spéciaux (*Special-Kommissäre*), attachés aux Commissions générales, se rendent sur place, examinent les lieux, recherchent les titres et les preuves, entendent les parties, font dresser les plans et préparent les décisions de la Commission générale.

Dans la Régence de Wiesbaden, les fonctions des Commissions générales sont exercées par le Collège de jugement (*Spruch-Kollegium*), composé du Président de la Régence, de son suppléant et de deux membres au moins dont un doit avoir la capacité judiciaire (loi du 26 juillet 1880, art. 22).

L'appel et les pourvois formés contre les décisions contentieuses rendues par les tribunaux agraires sont portés devant le tribunal Supérieur agraire (*Oberlandeskulturgericht*), siégeant à Berlin. Il est composé d'un président et de huit conseillers nommés par le roi (ordonnance du 22 novembre 1844, loi du 18 février 1880).

Les pourvois contre les décisions rendues en appel par le tribunal Supérieur agraire sont portés devant le Tribunal de l'Empire.

La procédure est réglée par la loi du 18 février 1880; elle n'est pas orale et l'instruction se fait par écrit.

En Hanovre, la Commission de partage est compétente en première instance, la Commission générale en appel et le tribunal Supérieur agraire en troisième instance; les tribunaux ordinaires connaissent des contestations de droit commun en matière agraire.

Dans la province Rhénane, les matières agraires sont renvoyées devant les tribunaux ordinaires.

Des tribunaux analogues existent également en Saxe et Saxe-Weimar (composés d'un juriste et d'un expert), en Saxe-Meiningen, en Saxe-Altenburg, Anhalt et Hesse.

[1] Par *Separationen* il faut entendre le partage de biens-fonds, terres ou forêts, ou de droits fonciers (droits d'affouage, de pacage, etc.) existant sur les terres de tiers, lorsque ces biens-fonds ou ces droits sont indivis et appartiennent à une commune ou à un groupe d'habitants. Le partage est de droit lorsqu'il est demandé par un des communistes. L'expression allemande comprend aussi le rachat des droits indivis appartenant à plusieurs, opéré de telle sorte qu'il ne reste plus qu'un seul titulaire du droit.

[2] Les expressions *Konsolidationen* et *Verkoppelungen* sont des expressions

gneurs et paysans (*gutsherrlich-bäuerlichen Auseinandersetzungen*)[1] et autres opérations de même nature;

3° Les tribunaux communaux (*Gemeindegerichte*)[2] en tant qu'ils connaîtront des contestations dont l'objet n'excédera pas en argent ou valeur équivalente la somme de 60 marks[3], et sous cette réserve que le demandeur et le défendeur auront chacun, pendant un délai à déterminer par la loi, le droit d'appeler devant la justice ordinaire des décisions du tribunal communal, et que lesdits

techniques et n'ont pas d'équivalent en français. Elles désignent toutes deux une seule et même opération agraire, d'un caractère tout spécial, également inconnue en France. Les terres d'un même finage peuvent se trouver divisées en un grand nombre de parcelles distinctes, appartenant à divers propriétaires, de telle sorte que chaque propriétaire, au lieu d'avoir une terre d'une certaine étendue, n'a que des parcelles isolées souvent éloignées les unes des autres. Cet état de choses avait fréquemment pour conséquence l'existence d'une servitude spéciale dite *Flurzwang*, qui imposait à tous les propriétaires des terres d'un même finage le même genre et le même ordre de culture. Le législateur allemand a vu dans cette circonstance un obstacle à la bonne culture des terres et il s'est efforcé d'y remédier; il a introduit à cet effet une procédure spéciale qui permet d'arriver à une meilleure distribution des terres entre les propriétaires : c'est la *Konsolidatio* ou *Verkoppelung*. Différentes lois, dont la dernière est en Prusse la loi du 2 avril 1872, ont réglementé cette procédure. Sur la demande des propriétaires possédant en étendue plus de la moitié des terres, représentant plus de la moitié des revenus, et après que l'autorisation en a été donnée par l'assemblée de cercle, les terres du finage sont mises en commun, il est formé une masse générale et il est attribué à chaque propriétaire, proportionnellement à l'étendue et à la qualité des terres qu'il a mises dans la masse, autant que possible, un lot d'un seul tenant.

Ce sont les tribunaux agraires qui procèdent à cette nouvelle répartition des terres d'un même finage.

[1] Par *règlement des rapports entre seigneurs et paysans* il faut entendre le rachat ou le règlement des droits dont la propriété roturière était tenue au profit des seigneurs.

[2] Les tribunaux communaux existent dans le Württemberg et le duché de Bade. Nous avons donné leur composition dans l'introduction. Ils constitueront désormais plutôt un tribunal de conciliation qu'un tribunal de jugement. En Württemberg, quoique vivement attaqués, ils semblent avoir rendu de réels services en déchargeant les tribunaux judiciaires proprement dits : en 1871, 14,988 affaires avaient été portées devant la justice des maires.

[3] 60 marks représentent 75 francs.

tribunaux n'auront juridiction que sur les personnes (demandeur ou défendeur) qui ont dans la commune leur domicile, un établissement ou leur résidence dans le sens des articles 18, 21 du Code de procédure civile [1];

4° Les conseils de prudhommes (tribunaux industriels, *Gewerbegerichte*) [2 et 3].

[1] En principe, le tribunal à la compétence duquel est soumise toute personne actionnée en justice est le tribunal de son domicile, à défaut de domicile le tribunal de la résidence, et, si elle n'a pas de résidence connue, celui de son dernier domicile (art. 12, 13, 18, Code procéd. civ.).

Le tribunal de la résidence connaît des demandes d'intérêt pécuniaire dirigées contre les personnes dont la résidence dans une localité est accompagnée de circonstances faisant présumer un séjour prolongé, telles que domestiques, ouvriers, commis, étudiants (art. 21). C'est à ces règles générales que renvoie dans ses derniers mots l'article 14 n° 3.

[2] Les tribunaux de prud'hommes jugent les contestations entre patrons et ouvriers et certaines contraventions. Ils n'existent qu'en Saxe, en Prusse rhénane et en Alsace-Lorraine. Dans ces deux derniers pays, leur compétence et leur organisation sont régies par les lois françaises. En Saxe, ils connaissent des difficultés relatives aux contrats d'apprentissage ou aux conventions de travail jusqu'à concurrence de 60 marks et se composent d'un fonctionnaire nommé par le ministre de l'intérieur, qui préside, et d'un nombre égal de patrons et d'ouvriers élus par leurs pairs (loi du 15 octobre 1851). La loi fédérale sur les fabriques (*Gewerbeordnung*), du 21 juin 1869, les a maintenus; elle renvoie le jugement des contestations, dans les pays qui n'ont pas de tribunaux de prud'hommes organisés, devant les autorités communales. L'appel devant les tribunaux ordinaires est admissible dans les dix jours de la sentence.

[3] Le Code supprime les tribunaux forestiers et les tribunaux de simple police, que le projet de loi avait conservés. Les affaires forestières pourront être jugées par les tribunaux de bailliage, suivant une procédure spéciale (art. 3, loi mise en vig. Code procéd. pén.), et les contraventions de police pourront être jugées administrativement (art. 453, Code procéd. pén.).

De même, l'article 14 abolit implicitement un grand nombre de tribunaux d'exception qui existaient en Allemagne. Ainsi disparaissent : les tribunaux universitaires, — les tribunaux miniers, — le tribunal des Anciens à Lübeck, compétent pour les difficultés entre marins, — la Députation pour les émigrants à Hamburg, composée du chef de la police, d'un sénateur et de trois membres de la Chambre de commerce, et connaissant des contestations entre les émigrants et les agents d'émigration ou les logeurs.

D'autre part, à côté des tribunaux

Art. 15. Les tribunaux sont des tribunaux d'État.

Les justices privées sont abolies; elles sont remplacées dans les pays dans lesquels elles s'exerçaient par la justice de l'État. Le droit de présentation aux emplois judiciaires est supprimé.

L'exercice d'une justice ecclésiastique en matière séculière n'a pas de sanction civile. Cette disposition s'applique spécialement en matière de mariage et de fiançailles.

Art. 16. Les tribunaux d'exception sont interdits. Personne ne peut être soustrait à son juge légal [1]. Les dispositions législatives concernant les conseils de guerre (*Kriegsgerichte, Standrechte*) [2] restent en vigueur.

énumérés dans l'article 14, sont maintenus là où ils existent : les tribunaux spéciaux aux souverains et princes du sang (art. 5, loi mise en vig. Code org. jud.), les tribunaux d'arbitres des seigneurs médiatisés (*Austrägalgerichte*) et les conseils de guerre (art. 7, *id.*).

[1] Les lois de procédure déterminent quel est le juge légal.

L'article 5 de la loi sur la mise en vigueur apporte des dérogations au principe de l'égalité devant la justice; les souverains, les princes du sang et les princes de la famille Hohenzollern ne relèvent de la justice ordinaire de leur pays qu'en l'absence de toute loi ou règlement local réglant leur situation judiciaire. Ces lois ou règlements existent dans tous les États.

[2] Le texte allemand emploie deux expressions pour désigner les conseils de guerre : elles ont toutes deux la même signification. La Bavière appelle *Standrechte* les conseils de guerre que le reste de l'Empire nomme *Kriegsgerichte*.

Les conseils de guerre que vise l'article 16 ne sont pas les tribunaux militaires chargés de juger les délits et crimes commis par les militaires; ce sont des tribunaux criminels exceptionnels fonctionnant dans les pays mis en état de siège, et devant lesquels sont renvoyés tous les habitants du pays sans distinction. Ils se composent de trois officiers ayant au moins le grade de capitaine et de deux juges civils. Un juge civil préside; un auditeur militaire remplit les fonctions de ministère public. La procédure est publique et orale; le jugement est sans appel.

L'article 68 de la Constitution décide que l'Empereur peut, si la sûreté publique est menacée dans les limites du territoire de l'Empire, mettre une partie de ce territoire en état de siège. Les prescriptions de la loi prussienne du 4 juin 1851 sont applicables jusqu'à la confection de la loi fédérale, laquelle n'est pas encore faite. En Bavière seulement, le roi a conservé le droit de mettre le

Art. 17. Les tribunaux sont juges de la compétence [1].

La législation particulière des États confédérés peut cependant confier à un tribunal spécial [2] le jugement des conflits s'élevant en matière de compétence entre les tribunaux judiciaires et les autorités et tribunaux administratifs sous les conditions suivantes :

1° Les membres de ce tribunal seront nommés pour la durée des fonctions qu'ils exerceront au moment de leur nomination ou à vie s'ils n'exercent aucune fonction. Ils ne pourront être relevés de leurs fonctions que dans les cas prévus pour les membres du Tribunal de l'Empire [3].

2° La moitié des membres au moins appartiendra au Tribunal de l'Empire ou au tribunal Suprême de l'État ou à un tribunal régional Supérieur. La décision ne peut être rendue que par le nombre de

pays en état de siège (loi du 22 avril 1871, art. 7).

[1] L'article 17 a été introduit par la Commission ; il a pour but d'assurer l'indépendance de la justice.

Le principe de l'indépendance de la justice subit une restriction dans l'article 11 de la loi sur la mise en vigueur du Code : la poursuite contre un fonctionnaire à raison de ses fonctions peut être subordonnée à une décision antérieure prise par l'autorité administrative.

Les conflits de compétence entre tribunaux judiciaires sont tranchés par le tribunal de l'instance immédiatement supérieure (art. 36, Code procéd. civ.) ou par le Tribunal de l'Empire si les tribunaux appartiennent à des États distincts (art. 9, loi mise en vig. C. procéd. civ.).

[2] Dans les pays qui n'institueront pas un tribunal des conflits, le tribunal judiciaire sera souverain juge de la compétence et l'administration sera désarmée. Dans les autres États, le tribunal des conflits sera ou le tribunal spécial organisé par l'article ou le Tribunal de l'Empire (art. 17, loi mise en vig.).

[3] Les membres du tribunal des conflits doivent jouir des mêmes garanties que les juges ; ils ne peuvent être relevés de leurs fonctions que dans les cas prévus par les articles 128-131, relatifs au Tribunal de l'Empire, c'est-à-dire en cas d'infirmités ou de condamnation criminelle. S'ils n'exercent aucune autre fonction, ils sont nommés à vie. S'ils appartiennent à l'Administration et si leurs fonctions au tribunal des conflits ne leur sont conférées qu'à titre accessoire (*Nebenamt*), ils sont nommés pour la durée des fonctions principales ; mais le principe posé par le Code s'oppose à ce que la destitution par voie administrative des fonctions principales n'entraîne

juges fixé par la loi. Ce nombre doit être impair et être de cinq au moins [1].

3° La procédure sera réglée par une loi [2]. La décision est rendue en audience publique après citation des parties [3].

4° Si la compétence judiciaire a été déclarée par un jugement d'un tribunal judiciaire passé en force de chose jugée [4] sans que le renvoi devant le tribunal des conflits ait été demandé au préalable, la décision du tribunal demeure définitive [5].

Art. 18. Les tribunaux nationaux [6] n'ont pas juridiction sur les chefs et les membres des missions diplomatiques accréditées

comme conséquence la destitution des fonctions de juge au tribunal des conflits : il en résulte que, s'ils sont contre leur volonté et avant le temps relevés de ces fonctions principales, ils n'en restent pas moins juges au tribunal des conflits.

[1] La moitié des membres au moins doit appartenir à la magistrature judiciaire et le nombre des membres du tribunal ou de la chambre doit être impair ; en conséquence, la majorité est composée de magistrats et il doit y avoir trois membres sur cinq, quatre sur sept, etc. qui appartiennent au tribunal fédéral ou à un tribunal d'appel.

[2] La loi qui devra régler la compétence est non pas une loi fédérale, mais une loi de l'État. Le législateur a seulement voulu dire que la procédure ne pourrait être réglée administrativement.

[3] Si les parties ne comparaissent pas, il sera jugé en leur absence.

Les débats comme le prononcé du jugement sont publics.

[4] La compétence peut être déclarée explicitement par un jugement sur l'in-

cident, ou implicitement par le jugement sur le fond.

Le jugement passé en force de chose jugée est le jugement qui ne peut plus être attaqué par la voie d'un recours ordinaire (art. 19, loi mise en vig. C. procéd. civ.).

Du n° 4 résulte *a contrario* que le conflit peut être élevé tant que le jugement du tribunal judiciaire n'est pas définitif.

[5] Il est bien évident que le tribunal des conflits serait aussi compétent si le tribunal judiciaire et l'autorité administrative s'étaient tous deux déclarés incompétents, en cas de conflit négatif. Il lui appartiendrait de fixer la compétence. Autrement, on arriverait à un déni de justice.

L'article 17 ne s'applique qu'en cas de conflit entre un tribunal et l'administration d'un même État ; si le tribunal appartient à un autre État que l'autorité administrative, le conflit ne peut être élevé et le tribunal tranchera la question e compétence.

[6] L'exterritorialité s'applique aussi

auprès de l'Empire allemand. Si les membres du corps diplomatique appartiennent à la nationalité d'un des États confédérés, ils ne bénéficient de cette exception qu'autant que l'État auquel ils appartiennent a renoncé à sa juridiction [1].

Les chefs et les membres des missions accréditées auprès d'un des États confédérés ne sont pas soumis à la juridiction de cet État [2]. Il en est de même des membres du Conseil fédéral qui ne sont pas les représentants de l'État sur le territoire duquel le Conseil fédéral siège [3].

Art. 19. Les dispositions précédentes s'appliquent également aux membres de la famille, au personnel des bureaux et aux serviteurs non allemands de la maison [4].

Art. 20. Les articles 18, 19 ne modifient pas les dispositions qui règlent en matière réelle la compétence des tribunaux civils [5].

Art. 21. Les consuls accrédités dans l'Empire allemand [6] sont

bien au civil qu'au criminel. Les tribunaux nationaux sont le Tribunal de l'Empire et les tribunaux de chaque État.

[1] C'est-à-dire si un Allemand se trouve être l'agent diplomatique d'une puissance étrangère, il n'aura droit à l'exterritorialité que du consentement de son pays d'origine.

[2] Les membres du corps diplomatique accrédités auprès d'un seul des États confédérés restent soumis à la juridiction des autres États allemands, tandis qu'accrédités auprès de l'Empire ils sont couverts par l'exterritorialité dans toute l'étendue de l'Empire.

[3] Le Conseil fédéral siégeant à Ber-

lin, les membres non prussiens ne sont pas soumis à la juridiction des tribunaux prussiens.

[4] Sous le mot générique serviteurs (*Bedienstete*), il faut entendre toute personne qui se trouve aux gages de l'ambassadeur, les domestiques proprement dits, les maîtres d'hôtel, les précepteurs, etc.

[5] En matière réelle, le tribunal exclusivement compétent est le tribunal de la situation de l'immeuble (art. 25, Code procéd. civ.).

[6] Des traités ont été conclus avec :
Les États-Unis, le 11 décembre 1871;
L'Espagne, le 12 janvier 1872;

soumis à la justice allemande, à moins que des traités conclus avec les autres puissances ne les aient soustraits à la juridiction des tribunaux allemands.

L'Italie, le 7 février 1872;

La Russie, le 8 décembre 1874.

Ces traités n'accordent pas aux consuls l'exterritorialité, mais seulement les privilèges et les droits des fonctionnaires de même grade appartenant à la nation la plus favorisée; s'ils sont étrangers, ils ne peuvent être arrêtés que pour crime; leur domicile est inviolable, et leurs archives ne peuvent être l'objet d'une perquisition. Ils ne peuvent être enfermés pour dettes.

TITRE III.

DES TRIBUNAUX DE BAILLIAGE.

Art. 22. Le tribunal de bailliage (*Amtsgericht*) se compose d'un juge unique [1].

Plusieurs juges peuvent être attachés à un même tribunal de bailliage; dans ce cas, la surveillance générale du service est confiée à l'un des juges par l'Administration de la justice de l'État [2]. Chaque juge expédie, comme juge unique, les affaires dont il est chargé.

Art. 23. Les tribunaux de bailliage connaissent en matière civile, — en tant que la connaissance de l'affaire n'est pas réservée, sans égard à la valeur de l'objet en litige, aux tribunaux Régionaux — :

1° Des contestations relatives à un intérêt pécuniaire dont l'objet n'excède pas en argent ou en valeur appréciable en argent la somme de 300 marks [3];

[1] Le juge de bailliage est indépendant. Si plusieurs juges sont attachés au même tribunal, chacun d'eux remplit ses fonctions en toute liberté et n'a aucun compte à rendre à ses collègues.

Le juge chargé de la surveillance n'a aucune autorité disciplinaire; il surveille seulement les bureaux, le stage des Référendaires, etc. Il n'est pas un président à proprement parler.

Les affaires sont réparties entre les juges du même tribunal de bailliage. Aucune règle ne détermine le mode de répartition; elle se fera généralement par natures d'affaires ou par subdivisions du ressort.

Le remplacement des juges de bailliage empêchés sera organisé librement par chaque État; le Code ne s'explique pas sur ce point.

[2] Par *Administration de la justice* (*Landesjustizverwaltung*) il faut entendre le ministère de la justice et aussi l'autorité supérieure, par exemple le Premier Président du tribunal Supérieur.

[3] Le n° 1 de l'article 23 comprend toutes les affaires quelconques, quel que soit leur nature ou leur objet, affaires civiles, affaires commerciales, affaires de change, affaires possessoires ou pétitoires, mobilières ou immobilières, affaires de

2° Sans limitation de valeur :

Des contestations, en matière de louage de logements et autres locaux [1], entre preneurs et bailleurs, à raison de la délivrance et usage des lieux, de l'expulsion du preneur et de la rétention par le bailleur des meubles garnissant les lieux loués ;

Des contestations entre maîtres et domestiques, entre patrons et ouvriers, relatives aux conditions de service ou de travail, ainsi que des contestations énumérées par l'article 108 de la loi sur l'industrie, en tant que ces contestations surgissent pendant la durée du service, de l'engagement des ouvriers ou de l'apprentissage [2] ;

successions, contestations en matière de servitudes, en un mot tout ce qui est appréciable en argent ; il suffit que la valeur de l'objet en cause soit inférieure à 300 marks. Les affaires concernant l'état des personnes sont au contraire de la compétence des tribunaux Régionaux.

L'article 70 apporte au principe général de l'article 23 quelques exceptions d'une nature toute spéciale.

Le mark valant 1 fr. 25 cent., 300 marks représentent 375 francs.

L'évaluation de l'objet du litige est abandonnée à la libre appréciation du tribunal qui pourra admettre une offre de preuve et même ordonner une expertise ou une descente sur lieux (Code procéd. civ. art. 3). Elle est déterminée par la valeur au jour de la demande, sans qu'il soit tenu compte des fruits, revenus, intérêts et dommages demandés accessoirement (art. 4). Les divers chefs d'une même demande sont additionnés et le juge de bailliage n'est pas compétent si la valeur totale s'élève au-dessus de 300 marks. Au contraire la demande principale et la demande reconventionnelle ne sont pas additionnées (art. 5).

[1] Par *autres locaux* le législateur entend les locaux assimilables aux logements, par exemple les boutiques, magasins, caves, écuries, greniers, etc. Les biens ruraux, jardins, terres, fermes, etc. et les fabriques ne sont pas compris dans le paragraphe.

[2] L'article 108 de la loi fédérale ou ordonnance sur l'industrie, en date du 21 juin 1869, vise les contestations entre patrons et ouvriers, aides ou apprentis, relatives aux conditions du travail et de l'apprentissage et aux certificats.

Si la difficulté s'élève après la cessation du service, par exemple en cas de demande en indemnité pour renvoi, le tribunal du bailliage n'est compétent que dans les limites du paragraphe 1.

Les contestations désignées par l'article 108 de la loi sur l'industrie continueront à être portées devant les tribunaux de prud'hommes dans les pays qui auront maintenu, en vertu de l'article 14 du Code, cette juridiction particulière.

Des contestations entre voyageurs et hôteliers, voituriers, bateliers, maîtres de radeaux ou agents d'émigration dans les ports d'embarquement, relatives aux dépenses d'hôtellerie, frais de route et de traversée, transport des voyageurs et expédition de leurs bagages, perte et avarie des bagages, ainsi que de toute contestation entre voyageurs et manouvriers à raison du voyage ;

Des contestations relatives aux vices des bestiaux ;

Des contestations pour dommages causés par le gibier ;

Des demandes fondées sur des relations illégitimes [1] ;

Des actions provocatoires [2].

Art. 24. Pour le surplus, la compétence et les attributions des tribunaux de bailliage sont déterminées par les prescriptions de la présente loi et des lois de procédure [3].

[1] Les demandes fondées sur un commerce illégitime (*auszerehelicher Beischlaf*) comprennent toutes les demandes qui ont pour base l'existence de relations sexuelles illégitimes, par exemple les demandes de secours pendant la grossesse, pour l'accouchement et le baptême, ou encore les demandes en dommages-intérêts pour séduction, en reconnaissance de paternité, en pension alimentaire pour les enfants issus des relations, etc.

[2] L'action provocatoire (*Aufgebotsverfahren*) est une sommation de produire des réclamations ou des droits, de faire connaître des créances, de déclarer la valeur ou la fausseté d'un titre par exemple, alors qu'aucun adversaire ne se présente contre qui le procès puisse être dirigé ; elle a aussi pour but de faire prononcer l'annulation de lettres de change ou de titres de bourse qui ont été perdus si le détenteur ne se fait pas connaître et ne fait pas valoir ses droits, et, dans ce cas, le jugement qui intervient tient lieu du titre perdu. Six semaines après la publication de la sommation par voie d'affiche et d'insertion au journal officiel, si aucune contestation ne se produit, le tribunal rend un jugement de forclusion (art. 823, 829 et suiv. C. procéd. civ.).

[3] Les lois de procédure sont le Code de procédure civile, le Code de procédure pénale et la loi sur la faillite.

Nous ne pouvons que renvoyer à ce que nous avons dit dans notre introduction, et notamment aux :

Code d'organisation judiciaire (art. 26, 30, 38 à 56, 78, 110, 85 à 89, 158) ;

Code de procédure civile (art. 171, 448, 471, et livres VI, VII, VIII) ;

Code de procédure pénale, livre I (sect. 8 et 9) ; livre II (sect. 2, 3, 4) ; livre VI (sect. 1, 2 et 3) ; livre VII (sect. 1 et 2) ;

Loi sur les faillites, livre II (titres 1, 4, 5 et 8).

TITRE IV.

DES TRIBUNAUX D'ÉCHEVINS.

Art. 25. Des tribunaux d'Échevins (*Schöffengerichte*) sont établis auprès des tribunaux de bailliage et chargés du jugement des affaires criminelles [1].

Art. 26. Les tribunaux d'Échevins se composent du juge de bailliage comme président et de deux Échevins [2].

Art. 27. Les tribunaux d'Échevins connaissent :

1° De toutes les contraventions [3] ;

2° Des délits [4] punis au maximum d'un emprisonnement de

---

[1] L'expression : Affaires criminelles (*Strafsachen*) doit être entendue dans le sens d'affaires tombant sous le coup de la loi pénale et comprend en conséquence les contraventions, les délits et les crimes ; dans l'espèce, elle ne s'applique pas aux crimes.

Les articles 211, 447 du Code de procédure pénale et l'article 3 de la loi sur la mise en vigueur apportent trois exceptions au principe qui introduit les Échevins dans la justice inférieure (conf. *Introduction*).

[2] Des Échevins supplémentaires (*Ergänzungsschöffen*) peuvent, en cas de nécessité, de longueur présumée des débats par exemple, être appelés à siéger à une audience déterminée (art. 194, Code org. jud.). Ils ne prennent part au jugement que si l'un des deux Échevins titulaires vient à être empêché.

[3] La contravention est tout fait prévu par le Code pénal ou une loi spéciale et puni des peines édictées contre les contraventions (art. 1er du Code pénal), c'est-à-dire des arrêts (*Haft*) dont la durée ne peut être supérieure à six semaines (art. 18 du Code pénal), ou de 50 thalers (187 fr. 50 cent.) d'amende au maximum. (Interprétation authentique donnée par la Commission de justice dans la séance du 13 novembre 1875.)

[4] Le délit est l'infraction punie de la détention pendant cinq ans au plus, de l'emprisonnement ou d'une amende de plus de 50 thalers (art. 1er du Code pénal). La détention est subie dans les forteresses ; elle consiste uniquement dans la privation de la liberté et n'entraîne pas le travail forcé (art. 17 du Code pénal). Le maximum de l'emprisonnement est de cinq années (art. 16 du Code pénal) ; les condamnés à l'emprisonnement sont astreints au travail forcé.

trois mois ou d'une amende de 600 marks [1], lesquelles peines prévues soit comme peine unique, soit conjointement avec les arrêts [2], soit conjointement entre elles, soit conjointement avec la confiscation [3]. Sont exceptés les délits spécifiés par les articles 320 du Code pénal et 74 de la présente loi [4];

3° Des injures et voies de fait qui ne peuvent être poursuivies que sur la plainte (*Antrag*) de la partie lésée, si la poursuite est intentée par la partie civile [5];

[1] 600 marks représentent 750 fr.

[2] *Conjointement......*, c'est-à-dire soit que les deux peines doivent ou puissent être cumulées, soit qu'une des deux seule puisse être prononcée au choix du juge.

[3] Il résulte du n° 2, qui pose le principe de la compétence en matière de délits, que le tribunal d'Échevins est compétent pour les délits punis au maximum de l'une des peines ci-après indiquées :

1° Trois mois de prison ;

2° 600 marks d'amende ;

3° Trois mois de prison et 600 marks d'amende conjointement ;

4° 600 marks d'amende et les arrêts conjointement ;

5° L'une de ces peines, conjointement avec la confiscation.

Si l'une ou l'autre de ces peines est supérieure au maximum fixé par la loi, par exemple en cas de délit puni de moins de trois mois de prison et de plus de 600 marks d'amende, le tribunal d'Échevins est incompétent.

[4] Les principaux délits compris sous le n° 2 sont les délits de : négligence dans la garde d'un prisonnier qui s'évade (Code pénal, art. 121); violation de do-

micile (art. 123); allégation par un témoin, Échevin ou juré d'une excuse reconnue fausse (art. 138); mise en circulation de pièces de monnaie fausses reçues comme bonnes (art. 148); usage de timbres et papier timbré ayant déjà servi (art. 276); ouverture de lettre close destinée à autrui (art. 299).

L'article 320 du Code pénal punit de trois mois de prison ou 100 thalers d'amende au maximum le directeur d'une société de chemins de fer ou d'un établissement télégraphique destiné à un service public, qui n'a pas immédiatement congédié l'employé condamné pour avoir, par imprudence ou négligence, compromis la sûreté du transport ou entravé le service télégraphique.

[5] Un certain nombre de délits ne peuvent, aux termes du Code pénal, être poursuivis que sur la plainte de la partie lésée : ce sont les délits d'injures et de diffamation envers les fonctionnaires et les particuliers (Code pénal, art. 185-187), de diffamation envers les morts (art. 189), de violences légères (art. 223) et de blessures par imprudence (art. 230), etc. La peine qui peut être prononcée varie de six mois à trois ans de prison et de 200 à 500 tha-

4° Du délit de vol dans le cas prévu par l'article 242 du Code pénal, si la valeur de l'objet volé n'est pas supérieure à 25 marks [1];

5° Du délit de détournement dans le cas prévu par l'article 246 du Code pénal, si la valeur de l'objet détourné n'est pas supérieure à 25 marks [2];

6° Du délit de tromperie dans le cas prévu par l'article 263 du Code pénal, si le dommage n'est pas supérieur à 25 marks [3];

7° Du délit de dégradation de la chose d'autrui dans le cas prévu par l'article 303 du Code pénal [4], si le dommage n'est pas supérieur à 25 marks [5];

8° Du délit de complicité par assistance subséquente ou par

---

lers (750 à 1,775 francs) d'amende. Ces délits peuvent être poursuivis directement par la voie de l'action civile et sans le concours du ministère public ; le tribunal d'Échevins est compétent. Mais si la poursuite est intentée par le ministère public dans un intérêt d'ordre public, le délit est renvoyé devant le tribunal Régional.

En cas de poursuite par voie d'action civile pour délit d'injure, une tentative de conciliation doit précéder la poursuite (art. 420, Code procéd. pén.).

[1] L'article 242 du Code pénal s'applique au vol simple. La peine est de cinq ans de prison.

[2] Le détournement (*Unterschlagung*) prévu par l'article 246 du Code pénal est l'abus de confiance. La peine est de trois à cinq ans de prison.

[3] La tromperie (*Betrug*) est le fait de celui qui, en vue de procurer à lui-même ou à un tiers un gain illicite, porte préjudice à la fortune d'autrui en provoquant ou entretenant une erreur soit par l'allégation de faits qu'il sait être faux, soit par l'altération ou la dissimulation de faits véritables. La peine est de cinq ans de prison.

[4] La peine de la dégradation de la chose d'autrui est de 300 thalers d'amende ou deux ans de prison.

[5] 25 marks représentent 31 fr. 25 cent.

La valeur de l'objet volé fixant la compétence, il importe que cette valeur soit établie avant les débats. Elle est déterminée approximativement soit par l'instruction, soit par l'acte d'accusation (*Anklageschrift*) dressé par le procureur d'État (Code procéd. pén. art. 197, 198). Le juge de bailliage peut, s'il est nécessaire, en cas d'insuffisance des renseignements, faire compléter l'instruction ou l'acte d'accusation (art. 200) et renvoyer, suivant les cas, l'affaire devant le tribunal d'Échevins (art. 201) ou devant le tribunal Régional s'il estime que le tribunal d'Échevins n'est pas compétent (art. 207).

recel dans les cas prévus par les articles 258 n° 1 et 259 du Code pénal [1], si le fait principal auquel se rapporte l'assistance ou le recel est de la compétence du tribunal d'Échevins [2].

Art. 28. Lorsque la compétence du tribunal d'Échevins est fixée par la valeur de l'objet ou le montant du dommage, s'il résulte des débats que la valeur de l'objet ou le montant du dommage est supérieur à 25 marks, le tribunal ne doit se déclarer incompétent qu'au cas où la remise de l'affaire serait motivée par d'autres causes [3].

[1] L'article 258 § 1er punit de l'emprisonnement la complicité par assistance subséquente d'un vol simple ou d'un détournement. La complicité par assistance subséquente (*Begünstigung*) est l'assistance donnée à l'auteur d'un délit pour le soustraire à l'action de la justice ou lui assurer le profit du fait délictueux.

L'article 259 punit de l'emprisonnement le recel d'un objet acquis au moyen d'un acte délictueux.

[2] En cas de délits énumérés aux n°s 3-8, le tribunal d'Échevins n'est pas obligé de maintenir la peine dans les limites spécifiées au n° 2; il peut prononcer la peine maximum prévue par le Code, c'est-à-dire deux, trois et cinq ans de prison, et comme peines accessoires pour certains délits la privation des droits civiques (art. 248, 262, 263) et la surveillance de la haute police (art. 262 du Code pénal).

Il peut même, si plusieurs délits sont relevés contre le prévenu, aux termes de l'article 74 du Code pénal, ne prononcer qu'une peine unique en élevant le maximum de la peine jusqu'à dix années d'emprisonnement.

Les jugements des tribunaux d'Échevins sont susceptibles d'appel.

[3] L'article 28 a pour objet d'éviter un circuit d'actions et le renvoi successif de la même affaire devant plusieurs tribunaux. Le tribunal d'Échevins devra donc procéder au jugement malgré l'élévation de la valeur de l'objet, à moins qu'il n'existe d'autres causes de renvoi, causes qui, dans tous les cas, nécessiteraient la remise de l'affaire, par exemple si les témoins nécessaires font défaut, si la citation de nouveaux témoins ou un supplément d'instruction paraissent indispensables, si le prévenu ou l'un des juges tombe malade, etc. Dans tous ces cas, le tribunal d'Échevins, au lieu de renvoyer l'affaire à une autre audience, la renverra devant le tribunal Régional.

L'article 28 ne peut être étendu au cas où l'incompétence résulterait de l'existence de circonstances aggravantes reconnues pendant les débats. Dans ce cas, le tribunal d'Échevins est de plein droit incompétent et le renvoi de l'affaire doit toujours être ordonné.

Le jugement d'incompétence est un jugement de renvoi devant le tribunal

Art. 29. Les tribunaux d'Échevins connaissent également des affaires criminelles qui sont renvoyées devant eux par les chambres criminelles des tribunaux Régionaux d'après les dispositions du Titre V [1].

Art. 30. Sauf les exceptions spécifiées par la loi, les Échevins ont, pendant la durée des débats, plénitude de juridiction avec le même droit de vote que le juge de bailliage; ils prennent également part aux décisions qui interviennent pendant les débats, même si ces décisions n'ont aucun rapport avec le jugement du fond et peuvent être rendues sans débat oral préalable [2].

compétent, lequel se trouve saisi par le renvoi, et ne peut, à son tour, se déclarer incompétent (art. 269, 270, Code procéd. pén.).

[1] L'article 75 permet au tribunal Régional de renvoyer un certain nombre de délits devant le tribunal d'Échevins, s'il estime que la peine ne devra pas en fait être supérieure à trois mois de prison ou 600 marks d'amende.

En ce qui concerne la qualification du fait, le tribunal d'Échevins est lié par les termes mêmes de l'ordonnance de renvoi; il doit se déclarer incompétent si le fait se modifie pendant les débats.

Mais il n'est pas limité dans l'application de la peine par l'appréciation du tribunal Régional, et peut prononcer, dans les limites de l'article pénal visé, une peine supérieure à trois mois de prison. L'article 29 ne s'explique pas sur ce point, mais cette interprétation résulte des travaux préparatoires : la Commission a supprimé un article du projet qui ordonnait de nouveau le renvoi devant le tribunal Régional, si le tribunal d'Échevins estimait que la peine devait être supérieure à trois mois de prison. Il importe en effet qu'un second renvoi devant le tribunal Régional n'entraîne pas d'excessives lenteurs dans la procédure.

L'appel dont pourront être frappés les jugements des tribunaux d'Échevins apporte de suffisantes garanties contre l'extension de la compétence.

[2] La présidence du tribunal est déférée au juge de bailliage.

Les Échevins ne prennent pas part aux décisions relatives à l'exclusion, la récusation ou le remplacement des Échevins (art. 52-56). En effet, l'un des deux Échevins étant intéressé dans la question, la décision ne pourrait être prise utilement par le juge et l'autre Échevin. Il faudrait alors ou donner voix prépondérante au juge ou appeler un troisième Échevin. Il a paru plus simple de laisser le juge de bailliage juger seul.

Les décisions à rendre en dehors des débats sont rendues par le juge de bailliage.

Art. 31. La fonction d'Échevin est une fonction honorifique. Elle ne peut être exercée que par un Allemand [1].

Art. 32. Sont incapables d'être Échevins :

1° Les individus qui en ont perdu la capacité par suite d'une condamnation criminelle;

2° Les individus contre lesquels a été rendue une ordonnance d'ouverture des débats, à raison d'un crime ou d'un délit pouvant entraîner la perte des droits civiques ou l'incapacité de remplir des fonctions publiques [2];

---

[1] La loi n'exige aucune condition de cens ou d'instruction : il suffit d'être Allemand.

Tout Allemand peut être Échevin dans toute l'étendue de l'Empire, sans qu'il doive nécessairement appartenir au pays près les tribunaux duquel il est appelé à siéger.

Les articles 32 à 35 apportent des exceptions et établissent trois catégories de personnes qui ne doivent pas être Échevins :

1° Les indignes. Leur radiation de la liste doit être faite en tout temps (art. 52); s'ils participent au jugement, la procédure est nulle;

2° Ceux qui ne doivent pas être appelés aux fonctions d'Échevin. Ils peuvent également être rayés en tout temps de la liste (art. 52 § 2), mais le jugement auquel ils ont participé est valable;

3° Ceux qui peuvent refuser les fonc-

tions d'Échevin. Les motifs d'excuse ne peuvent être invoqués que pendant un certain temps (art. 53).

En dehors de ces cas, un Échevin, comme tout juge, peut être récusé pour une affaire déterminée, s'il a été lésé par le fait poursuivi, a été entendu dans l'affaire comme témoin ou expert, a assisté en qualité d'avocat l'inculpé ou la partie lésée, ou est époux, tuteur, parent en ligne directe, parent en ligne collatérale jusqu'au troisième degré, allié jusqu'au deuxième degré de la personne lésée ou inculpée (art. 22, 31, Code procéd. pén.).

[2] L'ordonnance d'ouverture des débats est l'ordonnance qui clôt l'instruction et renvoie l'inculpé devant le tribunal compétent pour être jugé. Seule elle crée l'incapacité d'être Échevin. L'ouverture de l'instruction n'entraîne aucune incapacité. La détention préventive n'est con-

3° Les individus qui ont été privés, par suite d'une décision judiciaire, de la libre disposition de leurs biens [1].

Art. 33. Ne doivent pas (*sollen nicht*) être appelés à remplir les fonctions d'Échevin [2] :

1° Les individus qui, à l'époque de la confection de la liste générale, n'ont pas accompli leur trentième année;

2° Les individus qui, à l'époque de la confection de la liste générale, n'ont pas deux années révolues de domicile dans la commune;

3° Les individus qui reçoivent actuellement ou ont reçu dans les trois années précédentes à compter de l'époque de la confection de la liste générale, pour eux ou leur famille, sur les fonds publics des secours de bienfaisance [3];

4° Les individus incapables à raison d'infirmités intellectuelles ou corporelles;

5° Les domestiques.

Art. 34. Ne doivent pas non plus être appelés à remplir les fonctions d'Échevin :

1° Les ministres;

2° Les membres des sénats des Villes libres Hanséatiques;

---

sidérée que comme un obstacle de fait qui empêche l'Échevin de remplir ses fonctions.

[1] C'est-à-dire les prodigues, les interdits pour cause de démence, les faillis pendant le cours de la procédure de faillite. L'incapacité de ces derniers cesse après la clôture de la faillite.

[2] La participation à un jugement en qualité d'Échevins des personnes énumérées par les articles 33 et 34 n'entraîne pas la nullité du jugement. L'expression allemande *sollen nicht* (ne doivent pas) n'exprime qu'une recommandation.

[3] *Fonds publics*, c'est-à-dire fonds de l'État, des provinces, des districts, des cercles ou des communes.

3° Les fonctionnaires de l'Empire qui peuvent à toute époque être mis en disponibilité [1];

4° Les fonctionnaires des États confédérés qui, conformément aux lois de l'État, peuvent à toute époque être mis en disponibilité;

5° Les juges et les membres du ministère public [2];

6° Les employés judiciaires et les agents de police chargés de l'exécution des jugements [3];

7° Les ministres de la religion;

8° Les instituteurs primaires;

9° Les militaires appartenant à l'armée active de terre ou de mer.

Les États confédérés peuvent en outre désigner, par voie législative, les fonctionnaires de l'Administration supérieure qui ne doivent pas être appelés à remplir les fonctions d'Échevin.

Art. 35. Peuvent décliner les fonctions d'Échevin :

1° Les membres d'une assemblée législative allemande;

2° Les individus qui, dans l'année judiciaire précédente, ont été jurés ou ont siégé cinq fois au moins comme Échevins;

---

[1] Les fonctionnaires spécifiés sous le n° 3 sont : le Chancelier de l'Empire, le président de la Chancellerie de l'Empire, le chef de l'amirauté impériale, le secrétaire d'État aux affaires étrangères, les directeurs et chefs de division à la Chancellerie de l'Empire, au département des affaires étrangères et dans les ministères, les conseillers rapporteurs au département des affaires étrangères ainsi que les auxiliaires inscrits au budget, les intendants de l'armée et de la marine, les agents diplomatiques, y compris les consuls (loi fédérale du 31 mars 1873, art. 25).

[2] Parmi les juges il faut comprendre les juges commerciaux.

Un amendement avait proposé d'excepter aussi les avocats; il fut repoussé.

[3] Le n° 6 comprend les agents d'exécution des jugements au civil comme au criminel. Les employés judiciaires chargés de l'exécution des jugements sont les huissiers (*Gerichtsvollzieher*) (art. 155, C. org. jud.).

L'article 153 (C. org. jud.) range les agents de la police et de la sûreté parmi les auxiliaires des Procureurs d'État.

3° Les médecins [1];

4° Les pharmaciens qui n'ont pas d'aide ;

5° Les individus qui ont accompli leur soixante-cinquième année au jour de la confection de la liste générale ou l'accompliront avant la fin de l'année judiciaire ;

6° Les individus qui justifient ne pouvoir supporter les frais qu'entraîne l'exercice des fonctions d'Échevin [2].

Art. 36. Le préposé [3] (*Vorsteher*) de chaque commune — ou de toute réunion d'habitants assimilée à une commune par la loi de l'État — doit chaque année dresser la liste des personnes domiciliées dans la commune qui sont aptes aux fonctions d'Échevin [4] (liste générale, *Urliste* [5]).

La liste générale de la commune doit être pendant une semaine communiquée à tout requérant. Le jour à partir duquel court le délai de communication doit préalablement être annoncé publiquement [6].

Art. 37. Pendant ladite semaine, des protestations peuvent être faites, par écrit ou par déclaration consignée sur un procès-verbal, contre l'exactitude ou la composition de la liste [7].

[1] Par *médecins* il faut entendre : les médecins proprement dits, les chirurgiens, les oculistes, les accoucheurs, les dentistes et même les vétérinaires (loi fédérale sur l'industrie du 21 juin 1869, art. 29). La dispense est en effet introduite dans l'intérêt public ; aucune distinction n'es à faire.

[2] Aucun mode de preuve n'est exigé : il suffit que l'incapacité soit rendue croyable (art. 26, 45, 55, 74, Code procéd. pén.).

[3] C'est-à-dire le maire, le chef de l'administration municipale.

[4] . . . . . *qui sont aptes aux fonctions d'Échevin,* c'est-à-dire ne sont pas comprises dans les catégories des articles 32, 33, 34. Les personnes qui ont seulement le droit de décliner les fonctions d'Échevin (art. 35) doivent être portées sur la liste.

[5] La liste générale sert également pour la confection des listes de jurés.

[6] Chaque État déterminera les conditions et les formes de publicité.

[7] La protestation a pour but de faire rayer ou de faire ajouter des noms sur

Art. 38. Le préposé de la commune transmet la liste au juge de bailliage ; il y joint les protestations qui ont été faites et les observations qui lui paraissent nécessaires.

Si des rectifications deviennent nécessaires après l'envoi de la liste, le chef de la commune doit en donner avis au juge de bailliage [1].

Art. 39. Le juge de bailliage réunit les listes générales du ressort et prépare les décisions à rendre sur les protestations. Il doit vérifier si les prescriptions de l'article 36 § 2 ont été observées et provoquer la correction des erreurs.

Art. 40. Une commission se réunit chaque année au siège du tribunal de bailliage.

Elle se compose du juge de bailliage, qui préside, d'un fonctionnaire administratif désigné par le Gouvernement de l'État et de sept délégués (hommes de confiance, *Vertrauensmänner*) comme assesseurs.

Les délégués sont élus parmi les habitants du ressort du tribunal de bailliage.

Il est procédé à l'élection, d'après les règlements qu'édictera la législation de l'État, par les diètes [2] des cercles, bailliages, communes ou groupes analogues d'habitants, et, si ces assemblées

---

la liste. Toute personne même étrangère à la commune a le droit de protestation.

L'expiration du délai n'entraîne pas la déchéance du droit de protestation. Le chef de la commune peut encore recevoir des protestations attardées (art. 38 § 2).

[1] Le chef de la commune doit donner sur les protestations faites tous les renseignements nécessaires. Il doit aussi faire connaître les motifs de récusation et de radiation qui ont pu survenir depuis la composition de la liste (mort, indignité, changement de domicile, nomination à une fonction entraînant la dispense, etc.).

[2] Le mot diètes (*Vertretungen*) ne s'applique qu'aux assemblées élues par le suffrage et non à celles dont les membres sont nommés par l'autorité. (Interprétation donnée par la Commission dans la séance du 27 novembre 1875.)

Les délégués sont élus chaque année. La législation locale fixera les conditions de leur élection et de leur fonctionnement.

n'existent pas, par le juge de bailliage. Dans ce cas, le juge de bailliage doit choisir de préférence les chefs des groupes susdésignés.

La présence du président, du fonctionnaire administratif et de trois délégués suffit pour que les décisions de la commission soient valablement prises. Les décisions sont prises à la majorité absolue des voix. En cas de partage, la voix du président est prépondérante.

Art. 41. La commission juge les protestations élevées contre la liste générale [1]. La décision doit être consignée dans un procès-verbal. Il n'y a pas lieu à Pourvoi (*Beschwerde*).

Art. 42. Sur la liste générale rectifiée la commission choisit pour l'année judiciaire suivante :

1° Le nombre nécessaire d'Échevins ;

2° Le nombre nécessaire de personnes qui devront, chacune à leur tour et dans l'ordre fixé par la commission, remplacer les Échevins empêchés (Échevins suppléants, *Hülfsschöffen*). Les Échevins suppléants seront pris parmi les personnes domiciliées au siège du tribunal de bailliage ou dans les environs [2].

Art. 43. L'Administration de la justice de l'État fixe le nombre d'Échevins et d'Échevins suppléants nécessaire pour le service de chaque tribunal de bailliage.

---

[1] Les séances ne sont pas publiques.

La commission doit aussi retrancher d'office de la liste les Échevins indignes ou dispensés du service qui y ont été portés par erreur (art. 32, 33, 34), alors même qu'aucune protestation n'a été faite.

[2] La commission dresse la liste des Échevins suppléants : ils remplacent les Échevins empêchés dans l'ordre du tableau, c'est-à-dire que le suppléant inscrit sous le n° 1 remplace le premier Échevin empêché. Le suppléant ayant le n° 2 remplace le second Échevin empêché, et ainsi de suite.

Les Échevins suppléants suppléent les Échevins empêchés soit pour une audience déterminée, soit en cas de décès par exemple pour toutes les audiences de l'année.

La commission dresse également la liste de présentation des jurés.

Le nombre des Échevins doit être établi de telle façon que, suivant les prévisions, chaque Échevin ne sera appelé à siéger dans le cours de l'année qu'à cinq audiences ordinaires au plus [1].

Art. 44. Les noms des Échevins et des Échevins suppléants désignés sont inscrits dans chaque bailliage sur des listes distinctes (listes annuelles, *Jahreslisten*).

Art. 45. Les jours des audiences ordinaires du tribunal d'Échevins sont fixés par avance pour toute l'année.

L'ordre dans lequel les Échevins devront siéger aux audiences ordinaires de l'année est établi en audience publique du tribunal de bailliage par un tirage au sort. Le juge de bailliage procède au tirage [2].

Le greffier dresse procès-verbal du tirage.

Art. 46. Le juge de bailliage avertit les Échevins qui font partie de la liste annuelle; il les informe des jours d'audience auxquels ils devront siéger et leur fait connaître les conséquences légales de la non-comparution.

Les Échevins qui devront être convoqués dans le cours de l'année judiciaire seront informés de la même manière [3].

Art. 47. L'ordre de service fixé peut être modifié par le juge de bailliage sur la demande conforme des Échevins intéressés, si

[1] Le second paragraphe de l'article, qui fixe le nombre maximum des audiences auquel un Échevin peut être appelé, a été introduit par la Commission : il a pour objet d'alléger les charges que la nouvelle justice impose au peuple.

[2] La présence du ministère public n'est pas exigée à l'audience de tirage.

[3] La convocation est faite avant le commencement de l'année; il n'est pas fait de convocation spéciale pour chaque audience.

Le second paragraphe de l'article fait allusion au cas prévu par l'article 48, la tenue d'audiences extraordinaires, et au cas où, par suite du décès d'un Échevin, l'Échevin suppléant devra venir siéger à toutes les audiences auxquelles l'Échevin décédé aurait été convoqué.

le rôle des affaires qui doivent être portées à l'audience en question n'est pas encore établi[1]. Il sera dressé acte de la demande et de l'autorisation.

Art. 48. Si les besoins du service exigent la tenue d'audiences extraordinaires, les Échevins nécessaires seront tirés au sort avant le jour de l'audience, conformément aux dispositions de l'article 45.

Si l'urgence ne permet pas d'observer ces formalités, le tirage au sort fait par le juge de bailliage porte uniquement sur les Échevins suppléants domiciliés au siège du tribunal. Il est dressé acte des circonstances qui autorisent le juge à prendre cette mesure[2].

Art. 49. Au cas où il serait nécessaire d'appeler pour une audience déterminée d'autres Échevins que ceux qui ont été antérieurement désignés, ces Échevins seront choisis parmi les Échevins suppléants et convoqués dans l'ordre d'inscription sur la liste annuelle des suppléants.

Si la convocation des Échevins suppléants ainsi désignés devait

[1] Toute modification motivée par les affaires et le rôle des audiences est ainsi impossible.

[2] L'audience extraordinaire est motivée ou par l'encombrement du rôle ou par la nécessité de juger un détenu sans attendre le jour encore éloigné de l'audience ordinaire.

Le tirage au sort porte sur les Échevins de la liste annuelle. Il n'est tiré au sort que le nombre d'Échevins nécessaire pour le service de l'audience extraordinaire, deux par conséquent s'il ne doit être tenu qu'une seule audience.

Par exception, en cas d'urgence, le tirage au sort ne comprend que les Échevins suppléants domiciliés au siège du tribunal, afin qu'une fois désignés par le sort ils puissent venir siéger sans retard. Il y a urgence, par exemple en cas d'arrestation d'un voyageur, lorsque la peine doit être si minime qu'il serait trop rigoureux de détenir préventivement, pendant le délai de citation des Échevins, un prévenu qu'une peine de quelques heures de prison seulement devra frapper.

Il serait inutile de procéder au tirage au sort, s'il ne se trouvait que deux Échevins suppléants domiciliés au siège du tribunal; ils seront convoqués tous deux.

entraîner une remise de l'audience ou un retard notable de l'ouverture de l'audience, les Échevins suppléants domiciliés au siège du tribunal seront seuls pris dans l'ordre d'inscription [1].

ART. 50. Si la durée d'une audience se prolonge au delà du temps pour lequel l'Échevin a été convoqué, il doit continuer à siéger jusqu'à la clôture de l'audience [2].

ART. 51. Les Échevins prêtent serment en audience publique à la première audience à laquelle ils siègent. Le serment est valable pour toute la durée de l'année judiciaire.

Le président adresse aux Échevins les paroles suivantes :

«Vous jurez devant le Dieu tout-puissant, qui sait tout, de «remplir fidèlement les devoirs d'un Échevin et de juger suivant «votre conviction et votre conscience. »

[1] L'article 49 suppose le cas où un Échevin vient à faire défaut ou est excusé par suite de maladie, absence, etc., pour une audience, ou encore est récusé pour une affaire déterminée.

On est d'accord pour admettre que les Échevins suppléants se succèdent à tour de rôle dans l'ordre du tableau chaque fois qu'un empêchement se produit.

Le paragraphe 1ᵉʳ s'applique si l'empêchement est connu à l'avance; on a en effet le temps de prévenir le suppléant domicilié hors du chef-lieu. Le paragraphe 2 est au contraire appliqué si l'empêchement survient au moment de l'audience. Il faut que le suppléant soit sur place pour que sa convocation n'entraîne aucun retard.

Si l'Échevin suppléant désigné par son rang est empêché, l'Échevin qui le suit sur la liste devra être appelé.

[2] Par l'expression : audience (*Sitzung*) le législateur allemand n'entend pas parler de jour d'audience. Il prévoit au contraire le cas où une affaire commencée n'a pu être terminée dans la même journée et a dû, par suite de l'heure avancée ou pour toute autre cause, être remise à un autre jour pour continuation des débats. Cette remise d'ailleurs ne peut être renvoyée à un jour plus éloigné que le quatrième jour (art. 228, Code procéd. pén.).

Dans ce cas, les mêmes Échevins continuent à siéger.

Mais le tribunal a le droit de renvoyer purement et simplement l'affaire à un autre jour, en décidant que les débats de l'affaire seront complètement recommencés; de nouveaux Échevins siégeront dans ce cas.

Chaque Échevin prête serment en prononçant les paroles :

« Je le jure, aussi vrai que j'attends de Dieu son assistance [1]. »

Il doit, en prêtant serment, tenir la main droite levée.

Si un Échevin est membre d'une secte religieuse à laquelle la loi permet de remplacer le serment par certaines formes d'affirmation, une déclaration faite dans les formes adoptées par la secte tient lieu de serment.

Procès-verbal de la prestation de serment est dressé par le greffier.

Art. 52. Si l'incapacité d'une personne portée comme Échevin sur la liste annuelle survient ou est découverte après son inscription, son nom doit être rayé de la liste.

Si après l'inscription d'un Échevin sur la liste annuelle il survient ou s'il est découvert des circonstances qui auraient fait obstacle à ce qu'il fût appelé aux fonctions d'Échevin, il ne doit pas être désormais convoqué aux audiences [2].

La décision est rendue par le juge de bailliage, après que le ministère public et l'Échevin intéressé ont été entendus [3].

---

[1] Un amendement déposé lors de la deuxième lecture par les députés Herz, Eysoldt et Klotz modifiait la formule du serment : La liberté de conscience, disait-on, exige qu'on enlève au serment toute forme religieuse, et que le nom de Dieu soit effacé de la formule; il faut que les honnêtes gens qui ne croient pas en Dieu puissent le prêter. L'amendement a été repoussé pour les motifs suivants : L'invocation divine est consacrée par une pratique de plusieurs siècles; sa suppression froisserait les sentiments intimes du peuple allemand; le serment ne serait plus considéré que comme une formalité et perdrait toute son autorité morale.

Repris à la troisième lecture par le député Baumgarten, l'amendement a été définitivement rejeté. (Séance du 19 décembre 1876.)

[2] Le juge de bailliage doit d'office procéder aux rectifications nécessaires de la liste.

Le premier paragraphe de l'article vise les cas d'indignité de l'article 32; le second paragraphe s'applique dans les cas prévus par les articles 33 et 34, par exemple si l'Échevin vient à changer de domicile et quitte le ressort du tribunal de bailliage.

[3] La loi n'exige pas que la décision soit rendue en audience publique après

Il n'y a pas lieu à Pourvoi (*Beschwerde*)[1].

Art. 53. Il ne peut être tenu compte des causes de dispense que si elles sont proposées dans le délai d'une semaine à partir du jour où l'Échevin intéressé a eu connaissance de sa convocation. Si ces causes ne surviennent ou ne sont connues qu'à une époque ultérieure, le délai part de cette époque seulement.

Le juge de bailliage décide, le ministère public entendu. Il n'y a pas lieu à Pourvoi [2].

Art. 54. Le juge de bailliage peut, pour cause d'empêchements survenus, dispenser un Échevin, sur sa demande, de siéger aux jours d'audience déterminés.

La dispense de l'Échevin peut être subordonnée à la condition de son remplacement volontaire par un des Échevins de la liste annuelle [3].

Il est dressé acte de la demande et de la dispense.

---

un débat oral. Il suffit que les explications de l'intéressé et les conclusions du ministère public aient été demandées et données.

[1] Le Pourvoi (*Beschwerde*) est une forme d'opposition. Il est formé contre les ordonnances rendues par les présidents, juges d'instruction et juges délégués, et contre toutes les décisions rendues par les tribunaux et ne constituant pas des jugements proprement dits. Il est porté devant le tribunal d'instance supérieure. (C. procéd. pén. art. 346 et suiv.)

[2] L'article 35 énumère les causes de dispense. La dispense est de droit si le motif allégué est justifié; l'audition de l'Échevin n'est pas exigée.

Aux termes de l'article 43 du Code de procédure pénale, le délai déterminé par semaines expire avec le dernier jour de la semaine.

[3] L'admission de l'excuse est facultative de la part du juge. Si la cause d'empêchement est sérieuse, une dispense est accordée et l'Échevin est remplacé de droit par un Échevin suppléant. Si elle n'est pas suffisamment impérieuse, le juge peut n'accorder la dispense que si un Échevin ou un Échevin suppléant prend volontairement la place de l'intéressé, à condition toutefois que le rôle de l'audience n'ait pas encore été fixé (art. 47).

L'article 138 du Code pénal prononce une peine de deux mois d'emprisonnement contre l'Échevin ou le juré qui produit de fausses excuses.

Art. 55. Les Échevins et les délégués de la commission reçoivent des frais de route [1].

Art. 56. Les Échevins et les délégués de la commission, qui, sans excuse valable, font défaut aux. audiences et aux séances de la commission, ou de toute autre façon se soustraient à l'accomplissement de leurs devoirs, seront condamnés à une amende de 5 à 1,000 marks et aux frais occasionnés par leur faute.

La condamnation est prononcée par le juge de bailliage, le ministère public entendu. S'il est justifié postérieurement d'une excuse valable, la condamnation pourra être réduite ou rapportée. Le condamné peut former un Pourvoi (*Beschwerde*) contre la décision, conformément aux dispositions du Code de procédure pénale [2].

Art. 57. L'Administration de la justice fixe dans chaque pays l'époque de la confection des listes générales, de leur envoi au juge de bailliage, de la convocation de la commission et du tirage au sort des Échevins.

[1] Il n'est alloué aucune indemnité pour frais de séjour.

[2] La condamnation est prononcée immédiatement, à l'audience même, contre l'Échevin. En cas d'absence d'un membre élu de la commission, le ministère public ne faisant pas partie de la commission, le juge de bailliage devra l'informer de l'absence et provoquer son avis. Il prononcera ultérieurement l'amende.

L'Échevin se soustrait à l'accomplissement de ses devoirs, par exemple en faisant défaut, en arrivant en retard, en refusant de prêter serment, de prendre part au jugement, etc.

Les frais mis à la charge de l'Échevin sont ceux qu'entraîne le renvoi de l'audience ou de la séance de la commission, par exemple le coût de la nouvelle citation du prévenu, les taxes des témoins et experts, les frais de route de l'autre Échevin, etc.

Le Pourvoi est réglementé par les articles 346-353 du Code de procédure pénale.

Il est porté devant la chambre criminelle du tribunal Régional.

TITRE V.

DES TRIBUNAUX RÉGIONAUX.

Art. 58. Les tribunaux Régionaux (*Landgerichte*) se composent d'un Président et du nombre nécessaire de vice-présidents (*Direktoren*) et de juges [1].

Art. 59. Chaque tribunal Régional comprend des chambres civiles et criminelles [2].

Art. 60. Un ou plusieurs juges d'instruction, suivant les exigences du service, sont attachés à chaque tribunal Régional.

Ils sont nommés par l'Administration de la justice de l'État pour la durée d'une année judiciaire [3].

[1] Le Président du tribunal présidant une chambre, le nombre des vice-présidents est inférieur de un au nombre des chambres.

[2] Le tribunal Régional comprend au moins une chambre civile et une chambre criminelle.

La chambre criminelle (*Strafkammer*) réunit les attributions de chambre du conseil, chambre de jugement et chambre d'appel. Dans les tribunaux importants, ces différentes fonctions peuvent être confiées à des chambres distinctes.

Les cours d'assises sont établies auprès des tribunaux Régionaux.

[3] Un juge d'instruction au moins doit être attaché à chaque tribunal Régional.

Il doit habiter au siège du tribunal et ne peut résider au siège d'un tribunal de bailliage ou d'une chambre criminelle détachée.

Le juge d'instruction ne peut refuser l'instruction.

Il peut faire partie d'une chambre civile ou criminelle, mais ne peut siéger dans les affaires dont il a fait l'instruction (art. 23, Code procéd. pén.).

En première lecture, la désignation du juge d'instruction avait été remise au Presidium. La deuxième lecture rendit au Gouvernement le droit de nomination, mais donna au juge nommé le droit de résigner ses fonctions après deux ans de service. Cette faculté n'a pas été admise dans la loi.

Art. 61. Le Président préside le tribunal réuni en assemblée générale *(im Plenum)*; le Président et les vice-présidents président les chambres. Avant le commencement de l'année judiciaire, le Président désigne la chambre à laquelle il appartiendra. Le Président et les vice-présidents déterminent à la majorité des voix la présidence des autres chambres; en cas de partage, la voix du Président est prépondérante [1].

Art. 62. Avant le commencement de l'année judiciaire et pour la durée de l'année, les affaires sont réparties entre les chambres de même ordre, les membres titulaires de chaque chambre et les membres qui les suppléeront en cas d'empêchement sont désignés. Chaque juge peut appartenir à plusieurs chambres.

Le roulement et la répartition des affaires entre les chambres ne peuvent être modifiés pendant le cours de l'année judiciaire que si la modification est rendue nécessaire par l'encombrement survenu dans le rôle d'une chambre, le déplacement ou l'empêchement persistant de membres du tribunal [2].

---

[1] Le Président ne peut siéger dans une autre chambre que celle qu'il a désignée et à laquelle il appartient; il importait qu'il ne pût venir dans une affaire déterminée peser par sa présence sur le jugement des membres de la chambre et compromettre ainsi la justice.

Les articles 61-69 ont été introduits par la Commission sur l'amendement du docteur Lasker, afin d'écarter l'influence de l'Administration dans l'organisation du tribunal et l'exercice de la justice.

[2] Les affaires se divisent en affaires civiles et affaires criminelles; chaque ordre d'affaires est renvoyé devant les chambres de même ordre. Une chambre ne peut juger alternativement des affaires civiles et des affaires criminelles, et être, à tour de rôle, suivant le jour des audiences, chambre civile et chambre criminelle. Il doit être créé une seconde chambre de chaque ordre si une seule chambre ne suffit pas pour expédier les affaires de sa compétence.

Afin d'éviter un personnel trop nombreux, l'article décide qu'un juge peut être attaché à plusieurs chambres.

Mais en fait le personnel de deux chambres différentes ne sera jamais complètement identique et chacune aura au moins son vice-président; dans tous les cas d'ailleurs, et quelle que soit sa composition, chaque chambre conservera sa personnalité distincte.

Cette distinction fondamentale ne peut être modifiée pendant le cours de l'année,

Art. 63. Les dispositions prescrites par l'article précédent sont prises par le Presidium (*Präsidium*).

Le Presidium se compose du Président du tribunal, qui pré-

même temporairement et en cas d'encombrement du rôle d'une chambre.

Les affaires civiles ou criminelles sont réparties entre les différentes chambres de même ordre. Aucune répartition n'intervient si le tribunal ne comprend qu'une chambre civile et une chambre criminelle; elle se fait par la force des choses.

L'article ne précise pas comment la répartition se fait entre les chambres de même ordre, c'est-à-dire entre les chambres civiles ou entre les chambres criminelles. Elle peut se faire suivant l'instance (chambre de première instance, chambre d'appel), — suivant la matière (par exemple, d'une manière générale, au civil : chambre commerciale, chambre civile; au criminel : chambre du conseil, chambre de jugement. La subdivision peut même être poussée plus loin, et s'il existe un grand nombre de chambres de même ordre, chacune peut être affectée à une catégorie spéciale d'affaires: obligations, successions, hypothèques, mariage, affaires du statut personnel, crimes et délits contre les personnes, contre la propriété, etc.), — suivant le lieu d'origine de l'affaire ou même la première lettre du nom d'une des parties. Cette dernière forme si bizarre de répartition des affaires a été appliquée en pratique dans certains États.

C'est le Presidium qui fait la répartition.

Cette répartition peut être modifiée pendant l'année dans les trois cas prévus par l'article, et les affaires peuvent être renvoyées entre chambres du même ordre d'une chambre à l'autre.

Les juges n'ont pas le droit d'exiger, lors du roulement, qu'ils soient envoyés dans une autre chambre que celle à laquelle ils ont appartenu pendant l'année précédente. Les amendements qui limitaient à trois ans le temps pendant lequel un juge pouvait appartenir à une même chambre (amendement Bernard), ou exigeaient que chaque année un juge au moins sortît de la chambre (amendement Lasker), ont été rejetés. Il a semblé à la Commission que les pouvoirs du Presidium ne devaient pas être limités sur ce point, et qu'il importait, en laissant les mêmes juges dans les mêmes chambres, de pouvoir assurer aux magistrats le meilleur emploi de leurs facultés et de constituer ainsi dans les tribunaux des chambres expérimentées s'appuyant sur une jurisprudence solide.

Si une chambre compte un plus grand nombre de juges qu'il n'est nécessaire pour la validité d'un jugement, l'ordre dans lequel les juges monteront à l'audience doit être également fixé avant le commencement de l'année judiciaire. Cette interprétation de l'article, donnée pendant la discussion du projet par le député Bähr, n'a soulevé aucune contradiction. (Séance de la Commission du 19 février 1876.)

Les Assesseurs attachés au tribunal ne peuvent être considérés comme membres

side, des vice-présidents et du juge doyen, ou, s'il y a plusieurs juges de même ancienneté, du juge le plus âgé. Le Presidium décide à la majorité des voix; en cas de partage, la voix du Président est prépondérante [1].

Art. 64. Le Président peut décider que l'instruction d'une

titulaires des chambres, si ce n'est dans les cas prévus par l'article 69; ils n'appartiendront donc pas d'une façon irrévocable à une chambre déterminée pendant le cours de l'année judiciaire.

Il est nominativement désigné à chaque juge un autre juge du tribunal chargé de le remplacer en cas d'empêchement. Un seul juge peut remplacer plusieurs juges. Il ne s'agit que d'un empêchement provisoire. Si l'empêchement doit se prolonger, il y a lieu de procéder à un nouveau roulement en vertu du second paragraphe de l'article 62.

L'ordre de service établi ne peut être modifié dans le cours de l'année que dans les cas prévus par l'article. Le Conseil fédéral exigeait la possibilité d'une modification en général pour toute raison de service. La Commission s'y est opposée afin d'empêcher les abus et d'arrêter l'arbitraire.

L'article 62 supprime implicitement l'usage observé dans les pays régis par le droit français de remplacer un juge, empêché au moment de l'audience, par un avocat ou un avoué.

Il résulte du paragraphe 2 de l'article qu'en cas de vacance d'un siège, le juge nommé ne prend pas de plein droit la place de son prédécesseur, il peut être renvoyé par le Presidium dans une autre chambre.

[1] L'importante question du roulement a été l'objet de nombreux amendements. Le projet ne contenait aucune disposition sur ce point. Sur l'initiative du docteur Lasker, la Commission de justice voulut combler cette lacune, et en première lecture elle confia le roulement à une commission composée du Président et de deux membres du tribunal élus par leurs collègues; elle voulait ainsi assurer la majorité aux représentants élus du tribunal, et affaiblir l'autorité du Président, qui semblait devoir représenter plus spécialement l'Administration. D'autre part, elle décida que le règlement des travaux et la distribution des affaires entre les chambres seraient faits par le tribunal réuni en assemblée générale; c'était là chose trop importante, intéressant trop directement la justice et le tribunal, pour qu'elle fût confiée à une commission; la décision devait appartenir au tribunal tout entier. Des amendements composant la commission du Président, des vice-présidents et de deux juges tirés au sort (amendement Lasker) ou élus (amendement Bernard) furent rejetés.

En dernière lecture, la Commission vota l'article qui est devenu l'article 63 du Code. Par l'adjonction des vice-présidents, la majorité est enlevée aux représentants du tribunal et est rendue aux présidents.

affaire criminelle déterminée sera terminée par le juge d'instruction dont les pouvoirs expirent à la fin de l'année judiciaire; de même, si les débats d'une affaire déterminée ont commencé devant une chambre pendant le cours de l'année judiciaire, il peut décider que cette même chambre, composée des mêmes juges, continuera les débats et rendra le jugement après l'expiration de l'année judiciaire [1].

ART. 65. En cas d'empêchement du président ordinaire de la chambre, la présidence appartient au juge doyen de la chambre, et, s'il y a plusieurs juges de même ancienneté, au juge le plus âgé [2].

Le Président du tribunal est remplacé, dans toutes les autres fonctions qui lui sont attribuées par la présente loi, par le vice-président doyen, et, s'il y a plusieurs vice-présidents de même ancienneté, par le vice-président le plus âgé [3].

ART. 66. En cas d'empêchement du suppléant régulier d'un juge, un suppléant temporaire est désigné par le Président [4].

[1] L'article 64 suppose qu'un nouveau juge d'instruction a été nommé. Le second paragraphe s'applique aux affaires civiles et criminelles.

[2] Le juge doyen devenant président, il est remplacé comme juge par son suppléant désigné, lequel, quoique juge titulaire, ne pourrait prendre la présidence, même s'il était plus ancien que le juge doyen.

[3] Les articles 64, 66, 83 (nomination des Assesseurs des cours d'assises) et 89 attribuent au Président du tribunal des fonctions spéciales. Il faut ajouter tous les actes que la législature de certains pays réserve au Président; ainsi, en Prusse rhénane, l'ouverture des testaments, l'envoi en possession du légataire universel, et toutes les attributions spécifiées par les articles 832, 849, 861, 864 et 987 du Code de procédure civile rhénan, en Prusse, la légalisation de certaines signatures officielles, etc.; pour toutes ces fonctions, le Président du tribunal est remplacé par le vice-président doyen. En tant que président d'une chambre, il est remplacé par le juge doyen de la chambre.

[4] Le suppléant temporaire visé par l'article 66 est un membre du tribunal, et non un de ces juges auxiliaires que prévoit l'article 69.

L'empêchement doit être temporaire;

Art. 67. Les dispositions des articles 61-66 ne s'appliquent pas aux chambres commerciales [1].

Art. 68. Dans chaque chambre, le président de la chambre distribue les affaires aux juges de la chambre [2].

Art. 69. Lorsque le remplacement d'un membre du tribunal par un membre du même tribunal n'est pas possible, les mesures nécessaires doivent être prises sur la demande du Presidium par l'Administration de la justice de l'État.

La nomination d'un juge temporaire ne peut être rapportée, si elle a été faite pour une période de temps déterminée, avant l'expiration de cette période, et si elle a été faite pour une durée indéterminée aussi longtemps que persistent les circonstances qui l'ont nécessitée. Si une indemnité pécuniaire est attachée au remplacement, elle doit être fixée par avance pour toute la durée de la suppléance [3].

autrement, en cas de longue maladie par exemple, il y aurait lieu d'appliquer les dispositions du paragraphe 2 de l'article 62, et de modifier le roulement en désignant un autre suppléant ordinaire.

[1] Les juges commerciaux sont en effet des commerçants désignés par l'Administration, le président seul appartient à la magistrature (art. 109, 110).

[2] C'est le président de la chambre qui désigne les juges chargés des enquêtes, des rapports, de la rédaction des jugements, etc.

Un amendement qui permettait de confier dans certains cas la présidence à un juge de la chambre a été rejeté; le président de la chambre peut seul, à moins d'empêchement, la présider.

[3] L'article 69 a pour objet d'assurer aux juges auxiliaires, c'est-à-dire aux juges temporaires, les garanties et l'indépendance des juges titulaires.

Le juge, suppléant un magistrat empêché, peut être un juge titulaire du tribunal même (art. 62, 66); les garanties de l'article 69 sont dans ce cas inutiles et ne s'appliquent pas, — il peut être un juge titulaire désigné par l'Administration et emprunté à un autre tribunal, — enfin il peut être un juge temporaire; l'article 69, dans ce cas, est applicable.

Le juge auxiliaire doit avoir nécessairement la capacité judiciaire. L'article 69 ne le dit pas expressément, mais cette condition résulte, d'une part, des expressions: *juge auxiliaire*, employées par l'article, nul ne pouvant être juge s'il n'a satisfait aux conditions d'aptitude, et, d'autre part, des travaux préparatoires. L'article primitif mentionnait explicite-

Ne sont pas modifiées les dispositions législatives des États confédérés, qui établissent que les fonctions judiciaires ne peuvent être exercées que par des juges titulaires, ainsi que les dispositions qui réglementent le remplacement par des juges titulaires [1].

Art. 70. Les chambres civiles, y compris les chambres commerciales, connaissent de toutes les affaires civiles qui ne sont pas portées devant les tribunaux de bailliage [2].

Les tribunaux Régionaux sont exclusivement compétents, sans égard à la valeur de l'objet du litige, pour :

1° Les demandes formées contre le Trésor impérial en vertu de la loi du 1er juin 1870 sur les droits de flottage, ou de la loi du

ment cette exigence ; elle a été supprimée comme inutile. Les Assesseurs ayant subi le dernier examen exigé des candidats à la magistrature pourront en conséquence être nommés juges auxiliaires.

L'article 69 ne vise pas exclusivement le cas où un juge est empêché par suite de maladie ou d'élection à une chambre législative, mais aussi les cas de surcharge du rôle, de vacance d'un des sièges, en un mot tous les cas de nécessité temporaire. Les dispositions des deux paragraphes sont générales.

Les articles 62 et 66 s'appliquent aux juges auxiliaires.

La délégation peut être retirée avant l'expiration du temps fixé du consentement ou sur la demande du juge auxiliaire. (Interprétation authentique donnée par la Commission de justice dans la séance du 20 mai 1876.)

[1] La Bavière n'autorise le remplacement d'un juge que par des juges titulaires empruntés à un autre tribunal ou en disponibilité et dits *extra statum*. Le troisième paragraphe maintient en vigueur les lois locales.

[2] Le tribunal Régional connaît en conséquence :

1° De toutes les affaires du statut personnel, des affaires relatives au mariage (C. procéd. civ. art. 548) et de certaines demandes en interdiction ou en mainlevée. D'après le Code de procédure civile, c'est le tribunal de bailliage qui prononce ou lève l'interdiction, mais un recours en première instance contre la décision rendue est possible : le tribunal Régional est seul compétent pour prononcer sur ce recours (art. 606, 620, 624). De même en matière d'actions provocatoires, le jugement de forclusion peut être attaqué par voie d'action devant le tribunal Régional (art. 834);

2° Des affaires civiles et commerciales dont l'objet appréciable en argent a une valeur supérieure à 300 marks;

3° Des affaires spéciales spécifiées par l'article, alors même que la valeur du litige est inférieure à 300 marks.

31 mars 1873 sur les droits et devoirs des fonctionnaires de l'Empire [1];

2° Les demandes formées contre les fonctionnaires de l'Empire à raison d'abus de pouvoir ou d'omission irrégulière (*pflichtwidrig*) d'actes de leurs fonctions.

La législation particulière des États confédérés est libre de renvoyer exclusivement devant les tribunaux Régionaux, sans limitation de valeur, les demandes des fonctionnaires de l'État contre l'État à raison de leurs fonctions [2], — les demandes formées contre l'État à raison des agissements des autorités administratives [3], des fautes commises par les fonctionnaires de l'État et de la suppression des privilèges, — les demandes formées contre les fonctionnaires de l'État à raison d'abus de pouvoir ou d'omission irrégulière d'actes de leurs fonctions, — ainsi que les demandes relatives aux impôts publics [4 et 5].

---

[1] La loi fédérale du 1er juin 1870 a supprimé sur les rivières navigables et flottables tout droit de péage pour le flottage des bois, sauf dans certains cas spéciaux; elle a reconnu aux particuliers propriétaires de ces péages le droit à une indemnité. La demande en indemnité doit être adressée à la Chancellerie fédérale; si elle est repoussée, elle peut être portée dans les quatre-vingt-dix jours devant le tribunal compétent, qui est le tribunal Régional de Berlin; elle est dirigée contre le Trésor impérial.

La loi fédérale du 31 mars 1873 sur les droits et devoirs des fonctionnaires de l'Empire renvoie devant la justice les réclamations pécuniaires élevées par les fonctionnaires ou leurs héritiers, notamment en matière de traitement ou de pension (art. 149-153) ou à raison du montant du déficit découvert dans leur gestion et mis à leur charge par décision de l'autorité administrative, ou formées contre les fonctionnaires à raison d'abus de pouvoir (art. 154). Ces réclamations ne peuvent être portées en justice qu'après que l'administration supérieure s'est prononcée sur elles et seulement dans les six mois de la décision. Le tribunal compétent est le tribunal du domicile du fonctionnaire (art. 151).

[2] En matière de traitement ou de pension par exemple.

[3] Les demandes formées contre l'État à raison des actes des fonctionnaires ne sont pas exclusivement des demandes en indemnité; elles peuvent aussi avoir pour objet le retrait d'un arrêté administratif.

[4] Les impôts publics sont non seulement les impôts de l'État, mais aussi les taxes particulières à une province, à un cercle ou à une commune.

[5] Les tribunaux Régionaux peuvent

Aʀᴛ. 71. Les chambres civiles connaissent des appels et des Pourvois (*Beschwerde*) formés contre les décisions rendues en matière civile par les tribunaux de bailliage [1].

Aʀᴛ. 72. Les chambres criminelles (*Strafkammern*) sont compétentes pour rendre toutes les décisions qui concernent l'instruction et ses suites, lorsque ces décisions sont du ressort du tribunal d'après les prescriptions du Code de procédure pénale; elles jugent les Pourvois (*Beschwerde*) formés contre les ordonnances (*Verfügungen*) du juge d'instruction et du juge de bailliage et aussi contre les décisions des tribunaux d'Échevins [2]. Les dispositions qui règlent la compétence du Tribunal de l'Empire ne sont pas modifiées par le présent article [3].

Les chambres criminelles expédient en outre toutes les affaires

aussi être chargés de la juridiction volontaire.

[1] L'appel est la voie de droit par laquelle un jugement rendu en première instance est attaqué (art. 472, Code procéd. civ.).

Le Pourvoi ou opposition (*Beschwerde*) est au civil la voie de droit par laquelle les décisions ou ordonnances rendues sans débat public et oral sont attaquées (art. 530, Code procéd. civ.).

Les tribunaux Régionaux sont aussi juges des appels formés en matière commerciale contre les jugements des tribunaux de bailliage.

[2] La chambre criminelle d'un tribunal Régional a deux ordres d'attributions : elle est chambre du conseil et tribunal de jugement; elle rend des ordonnances et juge. L'article 72 réglemente la première de ces attributions ; les articles 73, 74 et 76, la seconde.

Nous avons exposé dans l'introduction le rôle de la chambre du conseil. En dehors des attributions que lui confère le Code de procédure pénale, c'est elle qui ordonne l'ouverture d'une session d'assises dans un autre lieu qu'au siège du tribunal Régional (art. 98, Code org. jud.); elle autorise également la substitution d'une peine corporelle à une peine pécuniaire prononcée par l'autorité administrative (art. 463, Code procéd. pén.).

Le Pourvoi (*Beschwerde*) est au criminel la voie de droit ouverte contre les ordonnances du président, du juge d'instruction et des juges délégués et contre les décisions rendues par le tribunal et ne constituant pas des jugements proprement dits (art. 346, Code procéd. pén.).

[3] Le Tribunal de l'Empire a une compétence spéciale en matière de haute trahison.

attribuées aux tribunaux Régionaux par le Code de procédure pénale [1].

Art. 73. Les chambres criminelles sont compétentes pour juger :

1° Les délits qui échappent à la compétence des tribunaux d'Échevins [2] ;

2° Les crimes punis de la peine des travaux forcés pendant cinq années au plus, laquelle peine édictée soit comme peine unique, soit conjointement avec d'autres peines [3]. Cette disposition ne s'applique pas aux cas prévus par les articles 86, 100, 106 du Code pénal [4] ;

3° Les crimes commis par des individus n'ayant pas, à l'époque du crime accompli, leur dix-huitième année ;

[1] En employant l'expression : tribunal Régional, le Code de procédure pénale entend parler chaque fois de la chambre criminelle.

Cf. Introduction sur les fonctions de la chambre criminelle.

La chambre du conseil se compose de trois juges (art. 77).

[2] Les délits qui échappent à la compétence du tribunal d'Échevins sont en principe les délits punis de trois mois à cinq années de prison ou de détention.

[3] Les crimes sont les infractions que les lois punissent de la mort, de la détention pendant plus de cinq ans ou des travaux forcés (art. 1er, C. pénal). La peine des travaux forcés (*Zuchthaus*) est perpétuelle ou temporaire, et dans ce dernier cas elle varie de un an à quinze ans. Les condamnés aux travaux forcés sont astreints au travail ; ils peuvent être occupés à des travaux hors de l'établissement où ils sont détenus, notamment à des travaux publics (art. 14, 15, C. pénal).

La détention (*Festungshaft*) est une peine qui consiste uniquement dans la privation de la liberté ; elle est subie dans les forteresses. Elle est perpétuelle ou temporaire de un jour à quinze ans (art. 17, C. pénal). Cette peine n'a pas le caractère déshonorant de l'emprisonnement ou des travaux forcés ; elle est généralement prononcée en cas de crimes ou de délits d'un ordre particulier, le duel par exemple. (Cf. Introduction sur les crimes et délits renvoyés devant la chambre criminelle.)

[4] L'article excepte de la compétence des tribunaux Régionaux les crimes d'acte préparatoire d'un attentat réputé haute trahison (art. 86), voies de fait sur la personne d'un prince du sang allemand (art. 100) et violences ou menaces contre un membre d'une assemblée législative pour l'empêcher de siéger ou de voter (art. 106) : le maximum des peines prévues contre ces crimes par le Code pénal étant cinq ans de travaux forcés, le tribunal Régional aurait été compétent sans l'exception apportée.

4° Le crime d'attentat aux mœurs dans le cas prévu par l'article 176 n° 3 du Code pénal;

5° Le crime de vol dans les cas prévus par les articles 243, 244 du Code pénal;

6° Le crime de recel dans les cas prévus par les articles 260, 261 du Code pénal;

7° Le crime de tromperie dans le cas prévu par l'article 264 du Code pénal [1].

ART. 74. Les chambres criminelles sont exclusivement compétentes pour juger [2] :

1° Les contraventions à la loi du 25 octobre 1867 sur la nationalité des navires de commerce [3];

[1] Les n°⁵ 4-7 font rentrer dans la compétence des tribunaux Régionaux les crimes d'attentat aux mœurs sur des mineurs de quatorze ans (art. 176, n° 3), — vol qualifié commis à l'aide d'effraction, d'escalade, de fausses clefs, la nuit, dans un édifice habité, par plusieurs ou par un voleur porteur d'armes, vol d'objets consacrés au culte dans l'édifice destiné au culte, et vol de bagages d'un voyageur sur un chemin public, dans les dépendances d'une gare de chemin de fer ou autre lieu analogue (art. 243), — récidive de vol (art. 244), — habitude ou récidive de recel (art. 260, 261), — et récidive de tromperie (art. 264).

La peine de ces différents crimes peut s'élever jusqu'à dix ans de travaux forcés.

Les délits et crimes politiques et les délits de presse sont soumis aux règles générales de la compétence.

[2] Si l'article 74 n'avait pas renvoyé devant le tribunal Régional les délits énumérés, le tribunal d'Échevins aurait été compétent, la plupart des peines prononcées étant inférieures à trois mois de prison.

[3] Aux termes de la loi fédérale du 25 octobre 1867, les navires marchands appartenant à la marine d'un des États confédérés n'ont le droit d'arborer le pavillon fédéral que s'ils sont la propriété de personnes ayant l'indigénat allemand et s'ils sont inscrits sur le registre maritime (*Schiffsregister*) (art. 1, 2, 3).

Le pavillon fédéral est noir, blanc, rouge; les couleurs sont disposées horizontalement (art. 54, 55, constitution de 1867; ordonnance du 25 octobre 1867).

Chaque navire doit être inscrit sur le registre de son port d'attachement (art. 5). La mention d'inscription indique le nom et l'espèce du navire, sa capacité, le lieu et la date de la construction, le port auquel il appartient, le nom et la nationalité de l'armateur, la date de l'in-

2° Les infractions prévues par les articles 206, 249 et 249 *a* de la loi du 11 juin 1870 sur les sociétés en commandite par actions et les sociétés par actions [1];

3° Les contraventions aux dispositions des articles 1, 2 et 3 de la loi du 8 juin 1871 sur les valeurs au porteur à primes [2];

4° Les infractions prévues par les articles 67 et 69 de la loi du 6 février 1875 sur l'état civil [3];

5° Les infractions prévues par l'article 59 de la loi du 14 mars 1875 sur les banques [4].

scription (art. 6). Toute modification survenue postérieurement doit être également inscrite (art. 11).

Il est délivré au navire un certificat constatant l'inscription; la délivrance du certificat entraîne le droit de porter le pavillon fédéral. Le certificat est rendu à l'autorité maritime si le navire vient à périr ou cesse d'appartenir à la marine allemande.

Si un navire arbore sans droit le pavillon fédéral, le capitaine est passible d'une peine maximum de 500 thalers d'amende ou de six mois de prison (art. 13). L'amende n'est que de 100 thalers et la peine de l'emprisonnement est réduite si le pavillon est arboré avant l'inscription du navire (art. 14). La peine prévue par l'article 14 est applicable à l'armateur qui ne déclare pas, dans les six semaines du jour où il en a eu connaissance, les modifications survenues postérieurement à l'inscription (art. 15).

[1] Les articles 206, 249 et 249 *a* de la loi sur les sociétés frappent de trois mois de prison au maximum les associés, membres des conseils de surveillance et administrateurs qui ont donné de fausses indications sur la souscription ou le versement du capital, ont laissé trois mois la société sans conseil de surveillance, ont donné sciemment dans les assemblées générales des explications fausses sur l'état des affaires, ou n'ont pas déclaré au tribunal, afin de faire déclarer la faillite, que le passif excédait l'actif.

[2] L'article 6 de la loi du 8 juin 1871 punit l'émission sans autorisation législative de valeurs à lots d'une amende égale au moins au cinquième de la valeur nominale des titres, sans qu'elle puisse être inférieure à 100 thalers, et la négociation desdits titres de trois mois de prison et de 100 thalers d'amende.

[3] L'article 67 de la loi sur l'état civil frappe de trois mois de prison ou 300 marks d'amende au maximum l'ecclésiastique qui a célébré le mariage religieux avant le mariage civil; l'article 69 frappe d'une amende de 600 marks au maximum l'officier de l'état civil qui a célébré un mariage sans observer les prescriptions de la loi.

[4] L'article 59 de la loi sur les banques punit les membres du conseil de direction

Art. 75. En cas de poursuite pour les délits de :

1° Résistance à l'autorité publique dans les cas prévus par les articles 113, 114, 117 § 1er et 120 du Code pénal;

2° Troubles contre l'ordre public dans les cas prévus par les articles 123 § 3 et 137 du Code pénal;

3° Attentat aux mœurs dans le cas prévu par l'article 183 du Code pénal;

4° Injures et voies de fait dans le cas où la poursuite ne peut être intentée que sur la plainte de la partie lésée;

5° Voies de fait dans le cas prévu par l'article 223 a du Code pénal;

6° Vol dans le cas prévu par l'article 242 du Code pénal;

7° Détournement dans le cas prévu par l'article 246 du Code pénal;

8° Complicité par assistance subséquente;

9° Recel dans les cas prévus par les articles 258 n° 1 et 259 du Code pénal;

10° Tromperie dans le cas prévu par l'article 263 du Code pénal;

11° Gains illicites dans les cas prévus par les articles 288 et 298 du Code pénal;

12° Dégradation et destruction de la chose d'autrui dans les cas prévus par les articles 303 et 304 du Code pénal;

d'une banque : de trois mois de prison au maximum s'ils ont présenté sciemment un état de situation faux ou incomplet, d'une amende de 5,000 marks au maximum s'ils ont émis plus de billets que la banque n'est autorisée à le faire, et d'une amende de 500 marks au minimum s'ils ont fraudé à l'impôt par une déclaration trop faible du montant de la circulation.

13° Les délits constituant un danger public dans les cas prévus par les articles 327 § 1ᵉʳ et 328 § 1ᵉʳ du Code pénal [1];

14° Les délits punis des peines de l'emprisonnement pendant six mois ou d'une amende de 1,500 marks au maximum, lesquelles peines prévues soit comme peine unique, soit conjointement entre elles, soit conjointement avec la confiscation [2], à l'exception

[1] Les délits énumérés sous les nᵒˢ 1-13 sont les délits de rébellion envers les agents de l'autorité, les gardes forestiers et les gardes-chasse (art. 113, 117), contrainte par violence ou menace pour forcer un fonctionnaire à remplir un acte de sa fonction ou à s'en abstenir (art. 114) et complicité d'évasion d'un détenu (art. 120), — violation de domicile par une personne avec armes ou par plusieurs personnes (art. 123 § 3), — détournement d'objets saisis (art. 137), — outrage public à la pudeur (art. 183), — injures et violences légères, lesquels délits ne peuvent être poursuivis que sur la plainte de la partie lésée (art. 232 C. pénal); ils sont portés devant les tribunaux d'Échevins si la poursuite est intentée par la partie civile (art. 27, Code org. jud.), devant le tribunal Régional, mais avec faculté de renvoi, si le ministère public poursuit; — violences sur les personnes commises avec une arme, ou avec préméditation ou par plusieurs personnes (art. 223 a), — vol simple (art. 242), — abus de confiance (art. 246), — complicité par assistance subséquente à l'effet de soustraire l'auteur du délit à l'action de la justice ou lui assurer le profit du fait délictueux (art. 257), — complicité par assistance subséquente d'un vol simple et d'un abus de confiance (art. 258 n° 1) et recel (art. 259), —

tromperie (art. 263), — détournement de ses biens par le débiteur menacé d'une exécution forcée (art. 288), — désertion par le matelot qui a reçu le prix de son engagement (art. 298), — dégradation de la propriété d'autrui (art. 303), des objets consacrés au culte, tombeaux, monuments publics et objets d'art, de science ou d'industrie conservés dans les collections publiques ou des objets d'utilité publique (art. 304), — et infraction aux mesures de surveillance prises en cas de maladie contagieuse (art. 327) ou d'épizootie (art. 328).

Les peines dont sont frappés ces délits varient de un jour à cinq années de prison.

[2] Les délits qui tombent sous l'application du n° 14 sont les délits de : refus de se disperser devant les sommations de la force publique (C. pénal, art. 116 § 1), — destruction d'affiches officielles (art. 134) et bris de scellés (art. 136), — infractions aux règlements destinés à prévenir l'abordage des navires en mer (art. 145), — conseil de faire une fausse affirmation (art. 160), — adultère (art. 172), — vente, distribution, etc. d'écrits obscènes (art. 184), — menace d'un attentat qualifié crime (art. 241), — tolérance de jeux de hasard par le maître d'un local destiné à des réunions publiques (art. 285), — pêche pendant la nuit, à l'aide de

des délits prévus par les articles 128, 271, 296 *a*, 301, 331 et 347 du Code pénal et des délits énumérés dans l'article 74 de la présente loi [1];

Et 15° Les contraventions aux prescriptions sur le recouvrement des taxes et impôts publics lorsque la peine consiste dans le payement d'un droit multiple ou toute autre prestation [2],

la chambre criminelle peut, en ordonnant la poursuite, ren-

torches ou de substances nuisibles (art. 296), — révélation de secrets professionnels (art. 300), — emploi par le directeur d'un chemin de fer ou d'un établissement télégraphique d'un employé condamné pour avoir entravé le service du chemin de fer ou le service télégraphique (art. 320). Il faut ajouter à cette énumération les délits punis par les lois fédérales spéciales de peines qui ne sont pas supérieures à six mois de prison ou 1,500 marks d'amende, par exemple les délits de contrefaçon des œuvres littéraires, artistiques, photographiques et des dessins industriels (lois fédérales des 7 mai 1874, 9, 10, 11 janvier 1876), la vente et colportage d'écrits interdits (loi fédérale sur les socialistes du 11 octobre 1878, art. 18), et notamment certains délits de presse, omission ou fausse déclaration faite de mauvaise foi du nom de l'imprimeur ou rédacteur responsable, appel au public pour la souscription des amendes, publication avant les débats d'actes de procédure criminelle, publication en temps de guerre de renseignements sur le mouvement des troupes après interdiction par le Chancelier, introduction d'un écrit étranger interdit, refus d'insertion des avis officiels et rectifications (art. 18, loi fédérale du 7 mai 1874).

[1] Les délits exceptés par le n° 14 sont les délits de participation à une association secrète (art. 128), — fausse déclaration dans les actes publics (art. 271), — pêche sans autorisation par un étranger dans les eaux territoriales de l'Allemagne (art. 296 *a*), — abus de l'inexpérience d'un mineur pour lui faire souscrire des obligations (art. 301), — corruption du fonctionnaire qui a accepté les dons à lui faits pour faire un acte de sa compétence alors même que cet acte n'est pas illégal (art. 331), — négligence du fonctionnaire en cas d'évasion d'un détenu confié à sa garde (art. 347). La nature spéciale de ces délits, la difficulté de la preuve ou leur importance exigeaient qu'ils fussent réservés à la justice plus expérimentée du tribunal Régional.

[2] La chasse sans autorisation sur le terrain d'autrui est punie d'une amende de 300 marks (375 francs) ou d'un emprisonnement de trois mois au maximum (art. 292); le tribunal d'Échevins est en conséquence seul compétent. Au contraire, la chasse pendant la nuit, en temps prohibé, en forêt, à l'aide d'engins prohibés, est punie de 600 marks (750 francs) d'amende ou de six mois de prison au maximum (art. 293); il

*

voyer, sur les réquisitions du ministère public, les débats et le jugement de l'affaire devant le tribunal d'Échevins, alors que ce tribunal n'est pas compétent de plein droit, s'il est à présumer d'après les circonstances de fait qu'il n'y aura pas lieu de prononcer à raison du délit une peine autre et plus forte que les peines prévues par l'article 27 n° 2, ni de condamner à une Composition (*Busze*)[1] supérieure à 600 marks[2].

Il n'y a pas lieu à Pourvoi (*Beschwerde*).

Si, dans le cas du n° 15, la poursuite a été intentée par les autorités administratives, ces autorités ont le même droit que le

en résulte que, dans ce cas, le délit appartient à la compétence du tribunal Régional, mais pourra être renvoyé devant le tribunal d'Échevins.

[1] La Composition (*Busze*) dont parle l'article est une indemnité d'une nature spéciale qui est prononcée contre le coupable par les tribunaux criminels, accessoirement à la peine et dans les limites d'un maximum fixé par la loi pénale. Elle tient lieu de dommages-intérêts et en proscrit la demande ultérieure. Elle est prévue par les lois pénales en matière de contrefaçon, usurpation de marque de commerce.

[2] Dans les cas énumérés par l'article, le tribunal Régional peut se dessaisir de la poursuite et la renvoyer devant le tribunal d'Échevins. La décision est prise par la chambre du conseil au moment où, sur l'acte d'accusation ou l'ordonnance de renvoi du juge d'instruction, elle est appelée à ordonner la poursuite et à ouvrir les débats. L'ordonnance d'ouverture des débats devant le tribunal Régional une fois rendue, le renvoi n'est plus possible. La chambre du conseil est maîtresse de sa décision, elle peut retenir l'affaire aussi bien que la renvoyer, mais elle ne peut prononcer le renvoi contre les conclusions du ministère public. Si le tribunal d'Échevins était de plein droit compétent d'après les résultats de l'instruction, la chambre du conseil ouvrirait purement et simplement les débats devant ce tribunal (art. 207 Code procéd. pén.).

La peine prévue par l'article 27 n° 2 est de trois mois de prison ou 600 marks d'amende. Le renvoi ne serait pas possible si la chambre du conseil estimait qu'il y a lieu de prononcer accessoirement la surveillance de la haute police ou l'exclusion des fonctions publiques.

Nous avons vu sous l'article 29 que le tribunal d'Échevins n'est pas lié par l'appréciation du tribunal Régional et qu'il peut prononcer le maximum de la peine prévue par l'article visé du Code pénal.

ministère public de demander le renvoi devant le tribunal d'Échevins [1].

Art. 76. Les chambres criminelles sont compétentes pour juger les appels interjetés contre les jugements des tribunaux d'Échevins [2].

Art. 77. Les chambres rendent jugement au nombre de trois juges, y compris le président. Les chambres criminelles se composent, pour les débats et le jugement d'une affaire, de cinq juges, y compris le président [3], mais elles jugent au nombre de trois juges, y compris le président, les appels en matière de contraventions et de délits poursuivis à la requête de la partie civile [4].

Art. 78. L'Administration de la justice des États confédérés peut, à raison du grand éloignement du siège du tribunal Régional, instituer auprès d'un tribunal de bailliage une chambre criminelle ayant juridiction sur le ressort d'un ou de plusieurs tribunaux de bailliage et lui attribuer pour ce ressort

[1] Le dernier paragraphe fait allusion à la procédure prévue par les articles 464, 465 du Code de procédure pénale. Si le ministère public refuse de poursuivre pour infractions aux lois fiscales, l'Administration peut poursuivre directement, et elle exerce alors tous les droits du ministère public.

[2] L'appel des jugements rendus par le juge de bailliage seul, dans le cas prévu par l'article 211 du Code de procédure pénale, est également porté devant la chambre criminelle. (Cf. Introduction et art. 25, note 1, page 22.)

[3] La chambre du conseil rentre dans la règle générale et ne se compose que de trois juges.

Aux termes de l'article 262 du Code de procédure pénale, la déclaration de culpabilité doit être prise à une majorité des deux tiers, c'est-à-dire par quatre voix sur cinq.

[4] Les délits poursuivis à la requête de la partie civile sont les délits d'injures et voies de fait. Le tribunal d'Échevins est compétent si la poursuite est intentée par la partie civile; le tribunal Régional au contraire est compétent en cas de poursuite par le ministère public. (Cf. art. 27 note 5, page 23.)

spécial la compétence de la chambre criminelle du tribunal Régional ou une partie de cette compétence [1].

Cette chambre criminelle se compose de membres du tribunal Régional ou de juges de bailliage appartenant au ressort spécial pour lequel la chambre est instituée. L'Administration de la justice de l'État nomme le président pour un temps illimité, les juges de bailliage pour la durée de l'année judiciaire; les autres membres de la chambre sont désignés par le Presidium du tribunal Régional conformément aux prescriptions de l'article 62 [2].

[1] La chambre détachée continue à faire partie du tribunal Régional. Elle a la totalité ou partie de la compétence de la chambre criminelle du tribunal Régional, et peut être chambre du conseil, chambre d'appel et chambre de jugement. En fait, elle ne sera jamais chambre d'appel afin de ne pas faire juger les appels du tribunal d'Échevins par les juges de bailliage.

Les différents tribunaux de bailliage relevant de la chambre détachée doivent appartenir au même tribunal Régional.

[2] Aucun juge d'instruction ou Procureur d'État indépendant ne peut être attaché à la chambre détachée; cela résulte implicitement des articles 60 et 142 qui n'attachent ces magistrats qu'au tribunal Régional. Mais rien n'empêche qu'un juge de bailliage ne soit délégué pour faire l'instruction d'une affaire déterminée ou qu'un substitut du Procureur d'État ne remplisse les fonctions du ministère public près la chambre détachée.

Le président est fixe, c'est-à-dire ne peut être rappelé contre sa volonté; il n'est pas nécessaire qu'il ait le rang de vice-président et il peut être un simple juge chargé de la présidence.

Les membres des chambres détachées ne sont pas astreints à la résidence au siège de la chambre.

TITRE VI.

DES COURS D'ASSISES.

Art. 79. Des cours d'assises se réunissent périodiquement auprès des tribunaux Régionaux pour juger les affaires criminelles [1].

Art. 80. Les cours d'assises connaissent des crimes qui ne sont pas de la compétence des chambres criminelles des tribunaux Régionaux ou du Tribunal de l'Empire [2].

[1] Le Code ne fixe pas le nombre des sessions qui doivent être tenues chaque année; la question est réservée aux législations locales.

Le jour d'ouverture de la session est fixé par le président des assises (art. 212, Code procéd. pén.) ou à son défaut par le président de la chambre criminelle du tribunal Régional (art. 83, Code org. jud.).

[2] Les crimes renvoyés devant les cours d'assises sont en principe les crimes punis de plus de cinq ans de travaux forcés.

Les principaux crimes qui sont de la compétence du jury sont les crimes de : haute trahison (Code pénal, art. 80-90); — offenses et voies de fait envers l'Empereur ou les souverains de l'État confédéré dans lequel siège la cour d'assises (art. 95, 96, 98, 100); — attentat par la force contre les assemblées législatives; violences et menaces contre les membres de ces assemblées pour les empêcher de siéger ou de voter (art. 106); — rébellion en bande (art. 115 §2, 116, 118, 119); — violences par les détenus sur les surveillants (art. 122); — violences exercées en bande sur les personnes ou les propriétés (art. 125); — fausse monnaie (art. 146, 147, 149); — parjure (art. 153, 154, 155); — supposition d'enfant, suppression et altération de l'état civil (art. 169); — attentat aux mœurs avec violences et viol (art. 176, 177, 178); — meurtre et assassinat (art. 211-217); — complicité d'avortement à prix d'argent (art. 219-220); — abandon d'enfant, s'il en est résulté une lésion grave ou la mort (art. 221); — voies de fait volontaires ayant entraîné la mort sans intention de la donner (art. 226); — administration de substances nuisibles à la santé (art. 229); — rapt avec violences, rapt d'un mineur, rapt d'une fille avec violences pour l'exciter à la débauche (art. 234-236); — vol avec violences corporelles, rapine (art. 249 et suiv.); — extorsion

Art. 81. Les cours d'assises se composent de trois magistrats de l'ordre judiciaire, y compris le président, et de douze jurés appelés pour prononcer sur la question de culpabilité [1].

Art. 82. Les décisions qui, d'après les dispositions de la présente loi ou du Code de procédure pénale, doivent être rendues par le tribunal, sont rendues dans les affaires pendantes devant la cour d'assises par les magistrats faisant partie de la cour d'assises [2]. Si ces décisions doivent intervenir en dehors de la durée d'une session, elles sont rendues par la chambre criminelle du tribunal Régional [3].

avec violences (art. 255); — incendie volontaire (art. 306 et suiv.), incendie d'un objet assuré (art. 265); — faux en écriture publique (art. 268 § 2, 272, 273) et usage, banqueroute frauduleuse (art. 281, 282); — inondation volontaire (art. 312, 313); — empoisonnement de sources (art. 324); — corruption de juges (art. 334); — abus de pouvoir dans les cas des articles 340, 344, 345, 349 et 351; — provocation à un crime d'un inférieur par un supérieur (art. 357), etc. etc.

[1] Les jurés ne jugent que le fait.

En cas de longueur présumée des débats, des jurés supplémentaires peuvent être appelés à siéger (art. 194, C.org.jud.).

[2] La cour d'assises se divise, comme en droit français, en deux éléments : la cour, c'est-à-dire les membres judiciaires, et les jurés. Les jurés jugent la question de fait, c'est-à-dire la culpabilité; c'est à la cour qu'il appartient de rendre toutes les décisions qui doivent intervenir en dehors de la question de fait : prononcé du huis clos, condamnation à l'amende d'un témoin défaillant, mesures de police d'audience, radiation d'un juré (Code procéd. pén. art. 279), fixation des questions à poser au jury à la suite des conclusions prises par la défense (art. 291), renvoi du jury dans la salle des délibérations pour compléter le verdict (art. 309), renvoi de l'affaire à une session suivante (art. 317), etc.; sur tous ces points, la décision est rendue par la Cour seule.

[3] En dehors de la session, le Code de procédure pénale exige dans certains cas l'intervention de la justice en matière d'affaires d'assises; c'est la chambre criminelle du tribunal Régional qui sera compétente : ainsi elle rejetera comme non recevable le recours en Revision formé contre l'arrêt de la cour d'assises lorsqu'il n'a pas été formé en temps utile (art. 386), connaîtra de la recevabilité de la demande en reprise de la procédure (art. 407), rendra les décisions nécessaires pour l'exécution des peines (art. 494), etc.

Si le tribunal Régional comprend plu-

Aʀт. 83. Le président de la cour d'assises est nommé pour chaque session par le Premier Président du tribunal régional Supérieur. Il est choisi parmi les membres du tribunal régional Supérieur ou des tribunaux Régionaux appartenant au ressort du tribunal régional Supérieur [1].

Le suppléant du président et les autres magistrats faisant partie de la cour d'assises sont désignés par le Président du tribunal Régional parmi les membres de ce tribunal [2].

Tant que la nomination du président de la cour d'assises n'est pas intervenue, le président de la chambre criminelle du tribunal Régional remplit les fonctions attribuées par le Code de procédure pénale au président de la cour d'assises.

Aʀт. 84. La fonction de juré est une fonction honorifique. Elle ne peut être exercée que par un Allemand.

Aʀт. 85. La liste générale établie pour le choix des Échevins sert également de liste générale pour le choix des jurés.

Les dispositions des articles 32-35, concernant les conditions de capacité exigées des Échevins, s'appliquent aux jurés.

Aʀт. 86. L'Administration de la justice de chaque État confé-

sieurs chambres criminelles, le Presidium déterminera lors du roulement la chambre spécialement chargée de ces attributions.

[1] Les présidents et vice-présidents du tribunal Supérieur ou des tribunaux Régionaux peuvent être nommés présidents de la cour d'assises, et le choix n'est pas nécessairement limité aux simples juges; l'expression *Mitglieder* comprend tous les membres du tribunal.

Le président des assises peut être indistinctement choisi parmi les membres du tribunal Régional près lequel siège la cour d'assises ou les membres des autres tribunaux Régionaux du ressort.

[2] Les assesseurs sont toujours des membres des tribunaux Régionaux, alors même que la cour d'assises est tenue au siège du tribunal Supérieur; ils n'appartiennent pas dans ce cas à ce tribunal ou cour d'appel ainsi que cela est usité en France.

En cas d'empêchement dans le cours de la session, le président des assises est remplacé par un suppléant nommé par le Président du tribunal Régional.

déré fixera le nombre de jurés nécessaire pour le service de chaque cour d'assises, et répartira ce nombre entre les ressorts des tribunaux de bailliage.

Art. 87. La commission qui se réunit chaque année au siège du tribunal de bailliage pour désigner les Échevins (art. 40) choisira en même temps sur la liste générale les personnes qu'elle propose comme jurés pour l'année judiciaire suivante. Le nombre des jurés proposés doit être triple du nombre de jurés fixé pour le contingent du bailliage [1].

Art. 88. Les noms des personnes proposées pour être jurés sont portés sur une liste distincte (liste de présentation, *Vorschlagsliste*).

Art. 89. La liste de présentation, ainsi que les protestations formées contre les personnes portées sur la liste, est transmise au Président du tribunal Régional [2].

Le Président fixe une audience du tribunal; cinq juges, y compris le Président et les vice-présidents, doivent siéger. Le tribunal Régional statue définitivement sur les protestations et choisit sur la liste de présentation le nombre de jurés et de jurés suppléants fixé pour le service de la cour d'assises [3].

---

[1] La commission n'a qu'un droit de proposition; aucune distinction n'est faite par elle entre les jurés et les jurés suppléants.

[2] Le Président du tribunal Régional reçoit en conséquence autant de listes qu'il y a de tribunaux de bailliage dans le ressort du tribunal.

[3] La liste définitive dressée par le tribunal Régional peut ne comprendre que des jurés appartenant au ressort d'un seul tribunal de bailliage; aucune disposition n'exige que le nombre des jurés soit réparti entre tous les tribunaux de bailliage du ressort.

C'est en réalité une commission du tribunal qui dresse la liste : les présidents et les juges qui la composent sont désignés par le Président du tribunal; il ne s'agit pas en effet d'une chambre proprement dite et l'article 62 n'est pas applicable. L'audience n'est pas publique, le

Doivent être choisies comme jurés suppléants les personnes domiciliées au siège de la cour d'assises ou dans les environs.

Art. 90. Les noms des jurés et des jurés suppléants sont portés sur des listes annuelles distinctes (*Jahreslisten*) [1].

Art. 91. Deux semaines au moins avant l'ouverture de la session, il est procédé en audience publique du tribunal Régional, en présence du ministère public, au tirage au sort de trente jurés; le tribunal se compose à cet effet du Président et de deux juges. Le tirage est fait par le Président [2].

Les jurés qui, dans le courant de l'année judiciaire, ont à une session antérieure rempli les fonctions de jurés, ne sont compris dans le tirage que s'ils en font la demande [3].

Le greffier dresse procès-verbal du tirage.

Art. 92. Le tribunal Régional [4] transmet au président de la

ministère public et le greffier n'y assistent pas. Des jurés incapables ou indignes portés à tort sur la liste de présentation peuvent être rayés d'office alors même qu'aucune protestation n'a été faite.

[1] Les jurés suppléants sont appelés à compléter la liste de session, lorsqu'elle se trouve réduite à moins de vingt-quatre noms au moment du tirage du jury de jugement (art. 280, Code procéd. pén.).

[2] Le Président désigne les deux juges qui doivent l'assister.

Il n'est tiré au sort que trente jurés, et il n'est pas procédé au tirage de jurés suppléants. La liste tout entière des jurés suppléants sert pour toute l'année, et ce n'est qu'en cas de nécessité, c'est-à-dire si le nombre des jurés de la session est in-

férieur à vingt-quatre, qu'il est procédé au tirage du nombre de jurés nécessaires pour compléter le nombre de trente (art. 280, Code procéd. pén.). Ce cas se présentera rarement, puisque la loi ne fait appel aux jurés suppléants que lorsqu'il manque plus de six jurés ordinaires.

[3] Le juré maintenu sur la liste après avoir siégé à une des sessions précédentes a le droit de se faire excuser (art. 94).

[4] La liste des jurés titulaires est seule envoyée au président des assises.

D'après le projet, le tribunal Régional dressait une liste de quarante-huit jurés, et le président des assises la réduisait à trente. Ce droit de réduction a été supprimé par le Parlement.

cour d'assises la liste des jurés tombés au sort (liste de session, *Spruchliste*).

Art. 93. Les jurés portés sur la liste de session sont, sur l'ordre du président de la cour d'assises, cités à comparaître à l'audience d'ouverture des assises; ils sont informés par la citation des conséquences légales de la non-comparution [1].

Entre la citation et l'audience d'ouverture des assises, il y aura un délai de trois jours au moins et autant que possible d'une semaine [2].

Art. 94. Les magistrats faisant partie de la cour d'assises, — et avant l'ouverture des assises le président des assises seul, — statuent, après avoir entendu le ministère public, sur les excuses et les motifs d'empêchement [3] présentés par les jurés. Il n'y a pas lieu à Pourvoi (*Beschwerde*).

A la place des jurés dispensés le président doit, s'il est encore

[1] Les articles 278, 280, 281, 282 du Code de procédure pénale règlent la fixation du jury de jugement. Il se compose de douze jurés tirés au sort en audience publique au commencement de chaque affaire.

Vingt-quatre jurés au moins doivent être présents au moment du tirage au sort; sinon, le nombre de trente jurés est complété par l'adjonction de jurés suppléants. Les jurés suppléants appelés à siéger sont tirés au sort en audience publique par le président, et font partie du jury pendant toute la session.

L'accusé et le ministère public ont le droit d'exercer un nombre égal de récusations, jusqu'à ce qu'il ne reste plus que douze noms dans l'urne.

L'article 288 donne le texte du ser-

ment; il est le même que celui des Échevins.

[2] La citation des jurés tombés au sort pour une session est faite par le Procureur d'État au moyen d'huissiers ou par la poste (art. 37, 213, Code procéd. pén.; 152, 176, Code procéd. civ.).

Si le délai de trois jours n'avait pas été observé, le juré aurait le droit de se faire excuser.

[3] L'article 94 prévoit toutes les causes d'excuse, incapacité, dispense, empêchement personnel, etc. (art. 33, 34, 35, 91, 97). Aucun délai n'est exigé pour la production des demandes d'excuse. Le juré incapable ou indigne, porté par erreur sur la liste, peut aussi être rayé d'office à l'audience même (art. 279, Code procéd. pén.).

temps [1], tirer au sort sur la liste de l'année d'autres jurés, les inscrire sur la liste de session et ordonner leur citation [2]. Le greffier dresse procès-verbal du tirage [3].

ART. 95. Si la session se prolonge au delà de l'année judiciaire, les jurés convoqués pour la session sont tenus de continuer à siéger jusqu'à la fin de la session [4].

ART. 96. Les dispositions des articles 55, 56 s'appliquent aux jurés. Les décisions prévues par l'article 56 sont prises en ce qui concerne les jurés par les magistrats faisant partie de la cour d'assises [5].

ART. 97. Nul ne peut être désigné pour remplir les fonctions d'Échevin et de juré pendant la même année judiciaire.

Si cependant une personne est appelée à remplir ces doubles fonctions dans le même ressort ou à remplir dans différents ressorts les fonctions d'Échevin et celles de juré pendant le cours de la même année judiciaire, elle doit remplir les fonctions auxquelles elle a été convoquée en premier lieu [6].

ART. 98. La chambre criminelle du tribunal Régional peut dé-

[1] *S'il est encore temps*, c'est-à-dire si les nouveaux jurés tombés au sort peuvent encore être cités en temps utile, trois jours au moins avant l'ouverture de la session.

[2] Le tirage au sort de nouveaux jurés titulaires n'a lieu que si la session n'est pas encore ouverte; après l'ouverture des assises, la liste du jury est complétée par des jurés suppléants. (Cf. art. 93, note 1.)

[3] La publicité de l'audience n'est pas exigée par la loi.

[4] Sans les prescriptions de l'article 95, les jurés auraient pu voir leurs pou-

voirs expirer à la fin de l'année, pendant le cours de la session, les listes étant dressées pour la durée de l'année.

[5] Le juré condamné à l'amende pour non-comparution est rayé de la liste de session (art. 280, Code procéd. pén.); il est relevé de l'amende s'il y a lieu par la cour d'assises pendant la durée de la session, par la chambre criminelle du tribunal Régional après la clôture de la session (art. 82).

Le Pourvoi contre la décision est porté devant le tribunal Supérieur (art. 123).

[6] L'article s'applique aux jurés et aux jurés suppléants.

cider que certaines audiences de la cour d'assises seront tenues non pas au siège du tribunal Régional, mais dans un autre lieu situé dans le ressort de la cour d'assises [1].

Dans ce cas et pour ces audiences, le tribunal Régional dresse une liste spéciale de jurés suppléants.

Art. 99. L'Administration de la justice peut, dans chaque État confédéré, décider que les ressorts de plusieurs tribunaux Régionaux seront réunis en un seul ressort d'assises et que les sessions seront tenues au siège d'un de ces tribunaux Régionaux [2].

Dans ce cas, le tribunal Régional au siège duquel se réunira la cour d'assises et le Président de ce tribunal rempliront, pour tout le ressort de la cour d'assises, les fonctions qui leur sont attribuées par les articles 82-98 [3].

Les membres de la cour d'assises, ainsi que le suppléant du président, pourront être pris parmi les membres des tribunaux Régionaux situés dans le ressort de la cour d'assises.

[1] Le déplacement du siège de la cour d'assises peut être ordonné pour une session tout entière ou une audience seulement.

Il peut être fait usage du droit consacré par l'article 98 en cas d'épidémie, de crime commis dans l'intérieur d'une prison, ou encore si la tenue de l'audience au siège ordinaire devrait entraîner des frais excessifs par suite du nombre de témoins éloignés qui seraient cités, ou pourrait compromettre la sûreté publique en exigeant le transfèrement d'un grand nombre de témoins ou d'accusés détenus.

La liste spéciale des jurés suppléants que prescrit l'article est dressée conformément à l'article 89.

Si des raisons particulières nécessi-

taient le renvoi d'une affaire devant une autre cour d'assises, le renvoi serait ordonné par le tribunal Supérieur et non par le tribunal Régional (art. 15, Code procéd. pén.).

[2] L'article 99 ne modifie en rien les règles de compétence relatives à l'instruction et à l'ordonnance de renvoi. Chaque tribunal Régional continue sur ce point à être compétent en ce qui concerne les crimes commis dans son ressort.

Les tribunaux Régionaux réunis en un seul ressort d'assises doivent relever du même tribunal Supérieur.

[3] C'est en conséquence le tribunal Régional au siège duquel se réunit la cour d'assises qui dressera les listes annuelles et les listes de session, et c'est son Président qui nommera les assesseurs.

TITRE VII.

DES CHAMBRES COMMERCIALES.

Art. 100. L'Administration de la justice de chaque État peut, si elle en reconnaît la nécessité, établir des chambres commerciales (*Kammern für Handelssachen*) près les tribunaux Régionaux pour tout le ressort du tribunal ou une partie déterminée de ce ressort.

Ces chambres peuvent avoir leur siège, dans les limites du ressort du tribunal Régional, à un autre lieu qu'au siège du tribunal Régional [1].

Art. 101. Les chambres commerciales connaissent, conformément aux dispositions suivantes, des affaires civiles attribuées en première instance aux tribunaux Régionaux [2], si la demande est formée :

[1] Le projet de Code établissait des tribunaux commerciaux indépendants. L'article 100 les a remplacés par des chambres commerciales faisant partie du tribunal Régional et créées exceptionnellement par la législation de l'État.

Ces chambres ne sont pas établies près chaque tribunal Régional; dans les ressorts où elles n'existent pas, les affaires commerciales sont portées, comme les affaires civiles, devant la chambre civile du tribunal Régional. Le ressort d'un tribunal Régional peut comprendre plusieurs chambres commerciales : dans ce cas, les articles 61-66 ne s'appliquant pas, c'est le Président du tribunal qui répartit les affaires entre les chambres commerciales.

La chambre civile a plénitude de juridiction; les affaires commerciales ne sont en conséquence portées devant la chambre spéciale qu'exceptionnellement, sur la demande des parties et dans certains cas déterminés.

La procédure est la même devant les chambres civiles et commerciales : le Code de procédure n'a en effet édicté aucune règle spéciale, et l'amendement, qui n'exigeait pas en matière commerciale l'assistance d'un avoué, a été rejeté.

[2] Il résulte du paragraphe 1er de l'article 101 que les chambres commerciales ne sont pas compétentes si la valeur du litige est inférieure à 300 marks. Il n'est dérogé en rien aux dispositions qui règlent la compétence des

1° Contre un commerçant (art. 4 du Code de commerce) à raison d'opérations qui, de la part des deux parties, constituent des actes de commerce (art. 271-276 du Code de commerce) [1];

2° Contre toute personne à raison d'une lettre de change dans le sens de la loi sur les lettres de change [2];

tribunaux de bailliage (art. 23 et 70). Le projet de Code renvoyait au contraire devant la chambre commerciale toutes les affaires de commerce indistinctement.

Les appels des jugements rendus en matière commerciale par les tribunaux de bailliage sont portés devant la chambre civile du tribunal Régional et non devant la chambre commerciale.

[1] Le Code de commerce allemand a été préparé, en vertu d'une décision de la diète fédérale rendue le 17 avril 1856, par une Commission de 27 membres (19 juristes, 8 commerçants) représentant 21 États allemands. Cette Commission s'est réunie à Nüremberg et à Hamburg du 15 janvier 1857 au 27 février 1861. Le projet élaboré par elle a été introduit successivement dans la plupart des États allemands; il a été déclaré par une loi du 5 juin 1869 loi de l'Allemagne du Nord, et par la Constitution du 16 avril 1871 loi de l'Empire.

Le Code de commerce allemand a été traduit par MM. Gide, Lyon-Caen, Dietz, Flach, et fait partie de la collection des Codes étrangers publiés par le Ministère de la Justice.

Le commerçant est celui qui fait par profession des actes de commerce (art. 4, Code comm.).

Les articles 271-276 du Code de commerce réputent actes de commerce

l'achat de choses mobilières pour les revendre, les opérations d'assurance, les entreprises de fourniture, de transport, de manufacture, de banque, de change, de commission, d'agence, les opérations d'imprimerie, de librairie et édition, enfin toutes les opérations d'un commerçant relatives à son commerce.

Deux conditions sont exigées par l'article 101 pour motiver la compétence des chambres commerciales : 1° l'opération doit avoir pour objet un acte de commerce à l'égard des deux parties; 2° le défendeur doit être commerçant. La nécessité de la réunion de ces deux conditions exclut dans un grand nombre de cas la compétence de la chambre commerciale; elle ne sera fondée en fait que lorsque les deux parties sont des commerçants. Au contraire, la chambre civile sera compétente si le défendeur n'est pas commerçant. Il n'est pas nécessaire que le demandeur soit commerçant, il suffit qu'il ait fait un acte de commerce.

[2] La loi sur le change a été préparée, sur la demande du Zollverein, par une Commission de 30 membres (10 commerçants, 20 juristes) qui se réunit à Leipzig du 20 octobre au 9 décembre 1847; elle a été publiée, par ordre de l'assemblée nationale de Francfort, dans le bulletin des lois du 25 novembre 1848, et a été successivement introduite dans les États fai-

3° A raison des droits et obligations réciproques des parties dans les contestations ci-après désignées :

a. Contestations entre les membres d'une société commerciale, entre un associé tacite (*stiller Gesellschafter*) et le chef d'une maison de commerce[1], entre les membres d'une association ayant pour objet des affaires commerciales ou l'exploitation d'un commerce (art. 10 du Code de commerce)[2], tant pendant la durée qu'après la cessation des relations d'affaires, entre les liquidateurs ou di-

---

sant partie du Zollverein pendant les années 1848-1850. Elle a été introduite dans la Confédération de l'Allemagne du Nord par la loi du 5 juin 1869, et déclarée loi de l'Empire par la Constitution du 16 avril 1871. La loi sur le change fait également partie de la collection des Codes étrangers.

La Commission parlementaire avait en première lecture renvoyé devant le tribunal civil toutes les affaires relatives au change (amendement Klotz); il lui semblait que ces affaires soulevaient souvent des questions de droit fort délicates, et que la chambre civile composée de juges serait plus compétente pour les juger. La deuxième lecture a modifié l'article.

L'annulation d'une lettre de change perdue ou détruite étant poursuivie par la voie de la procédure provocatoire (art. 837, Code procéd. civ.), le tribunal de bailliage est compétent en cette matière (art. 23, Code org. jud.).

[1] Le Code de commerce allemand reconnaît quatre espèces de sociétés de commerce :

La société ouverte (*offene*), c'est-à-dire en nom collectif, dans laquelle les associés exercent le commerce sans que leur responsabilité soit limitée à leur apport (art. 85-149);

La société en commandite contractée entre des associés responsables et des commanditaires à responsabilité limitée (art. 150-206);

La société anonyme ou par actions (art. 207-249);

La société tacite (*stille*), sorte de société par participation, par suite de laquelle l'associé tacite (*stiller Gesellschafter*) s'intéresse par un apport aux affaires commerciales d'une autre personne, et participe aux bénéfices et aux pertes dans la proportion de son apport (art. 250-265).

A côté de ces sociétés, le Code de commerce reconnaît l'existence d'associations de fait, se constituant sans écrit, ayant pour objet de faire de compte à demi une ou plusieurs opérations de commerce (art. 266-270).

[2] L'article 10 ne reconnaît pas, à raison de leur peu d'importance, le caractère de sociétés commerciales aux associations ayant pour objet un de ces commerces auxquels le Code n'applique pas les dispositions concernant la raison sociale et la tenue des livres de commerce, c'est-à-dire les revendeurs, fripiers, colporteurs, logeurs, rouliers, bateliers et tous ceux dont l'industrie se réduit à un travail manuel.

recteurs d'une société de commerce et la société ou les membres de la société ;

b. Contestations relatives à l'usage de la raison commerciale (*Handelsfirma*) [1] ;

c. Contestations relatives à la protection des marques de commerce, dessins et modèles industriels [2] ;

d. Contestations survenues entre les parties à raison de la vente d'un fonds de commerce ;

e. Contestations entre le procuriste (*Prokurist*) [3], le fondé de pouvoir (*Handlungsbevollmächtiger*) [4] ou le commis (*Handlungs-gehülfe*), d'une part, et le chef d'une maison de commerce, d'autre part, et contestations entre un tiers et toute personne responsable à raison d'une affaire de commerce en sa qualité de procuriste ou de fondé de pouvoir (art. 55 du Code de commerce) [5] ;

f. Contestations entre un courtier de commerce (*Handelsmä-*

---

[1] La raison commerciale est le nom sous lequel un commerçant exerce le commerce et signe dans ses affaires (art. 15, Code comm.).

[2] La loi fédérale du 30 novembre 1874 réglemente la protection due aux marques de commerce (demande en radiation de marque, en interdiction de marque, en dommages-intérêts pour apposition de la marque par un tiers, etc.). La loi fédérale du 11 janvier 1876 est relative au droit d'auteur sur les dessins et modèles industriels, en assure la transmission et réprime la contrefaçon.

[3] Le procuriste est la personne chargée par le chef d'une maison de commerce de gérer les affaires en son nom et à son compte ; il est autorisé à signer par procuration, *per procura*, en employant la raison commerciale. Il a un pouvoir général et complet de faire tous les actes et toutes les opérations que nécessite le commerce, mais il ne peut aliéner ni hypothéquer les immeubles (art. 41-45, Code comm.).

[4] Le fondé de pouvoir a des pouvoirs moins étendus que le procuriste : il ne peut ni emprunter ni ester en justice, il a seulement mandat d'exercer le commerce en général. Son mandat peut être restreint à certaines branches du commerce ou à certaines affaires spéciales (art. 46 et suiv. Code comm.).

[5] Le procuriste et le fondé de pouvoir sont responsables personnellement à l'égard des tiers avec lesquels ils ont contracté lorsqu'ils ont outrepassé leur mandat (art. 55, Code comm.).

kler) [1] et les parties à raison des actes de sa profession dans le sens du Code de commerce;

g. Contestations s'élevant en matière de droit maritime, et principalement contestations relatives à l'armement des navires, aux droits et devoirs de l'armateur, du représentant des armateurs (*Korrespondentrheder*) [2] et de l'équipage, contestations en matière de contrats à la grosse et d'avaries, contestations relatives aux indemnités en cas de collision de navires, contestations en matière de sauvetage ou de secours portés aux navires en détresse [3], enfin contestations relatives aux réclamations des créanciers de navire (*Schiffsgläubiger*) [4].

---

[1] Les courtiers sont les intermédiaires officiels et assermentés en matière de commerce (art. 66, Code comm.); ils négocient pour le compte de leurs mandants l'achat et la vente des marchandises, navires, lettres de change, valeurs d'État étrangères et nationales, actions et papiers de commerce; ils font le courtage des contrats d'assurance, prêts à la grosse, affrètements de navires, transports par terre et par eau (art. 67).

[2] Lorsqu'un navire n'appartient pas à un seul armateur, mais à plusieurs copropriétaires, et que l'armement du navire est fait au compte de tous, les armateurs peuvent charger un représentant (*Korrespondent*) de faire toutes les opérations qu'entraîne l'exploitation du navire, opérations de fret et d'affrètement, dépenses d'armement et d'avaries; c'est le *Korrespondent* qui seul este en justice, nomme et révoque le capitaine, etc. (art. 456, 459, 460, Code comm.).

[3] Toutes ces matières sont réglées par les lois fédérales du 27 décembre 1872 sur les gens de mer et du 17 mai 1874 sur les naufrages, et le titre V du Code de commerce (art. 432–756) sur les armements, affrètements, contrats à la grosse, avaries, abordages et sauvetages de navires.

[4] Un certain nombre de créances confèrent le droit de créancier de navire. Ce sont les créances pour frais de vente du navire, compris les frais de garde et distribution du prix, les créances pour impôts publics, droits de navigation et de port, gages de l'équipage, frais de sauvetage, les créances des prêteurs à la grosse, les créances résultant de la non-livraison ou détérioration des marchandises ou de la faute d'une personne de l'équipage, les créances nées d'actes juridiques accomplis par le capitaine dans la limite de ses pouvoirs.

Les créanciers de navire ont un droit de gage sur le navire et ses agrès (art. 757 et suiv. Code comm.).

Art. 102. L'affaire est portée devant la chambre commerciale si le demandeur en fait la demande dans l'exploit d'ajournement [1]. Le délai d'ajournement (art. 234 § 1 du Code de procédure civile) est de deux semaines au moins [2].

Dans les cas prévus par les articles 466, 467 du Code de procédure civile, le demandeur doit présenter la demande de renvoi devant la chambre commerciale pendant le débat oral ouvert devant le tribunal de bailliage [3].

Art. 103. Si la chambre commerciale est saisie d'une affaire qui n'est pas de sa compétence, l'affaire doit être renvoyée devant la chambre civile sur la demande du défendeur.

Si la demande principale ou la demande reconventionnelle considérée comme demande principale dans le cas de l'article 467 du Code de procédure civile n'est pas de la compétence de la chambre commerciale, cette chambre peut aussi d'office renvoyer l'affaire devant la chambre civile, tant que les débats sur le fond n'ont pas

[1] Le demandeur doit déclarer qu'il veut porter l'affaire devant la chambre commerciale; autrement la chambre civile serait saisie, et le renvoi ne serait plus possible que si le défendeur le demandait (art. 104).

[2] L'article 234 du Code de procédure civile désigne sous le nom de délai d'ajournement (*Einlassungsfrist*) le délai qui doit s'écouler entre l'assignation et l'appel de l'affaire pour être plaidée; ce délai est d'au moins un mois. L'article 102 le réduit en matière commerciale à deux semaines.

[3] L'article 466 du Code de procédure civile vise le cas où le tribunal de bailliage saisi d'une contestation est incompétent *ratione materiæ*; l'article 467 suppose qu'il devient incompétent par

suite de la formation d'une demande reconventionnelle ou de l'élévation du taux de la demande principale. Il doit se déclarer incompétent et renvoyer l'affaire commerciale devant la chambre commerciale si le demandeur en fait la demande, sinon devant la chambre civile du tribunal Régional. Lorsque l'affaire est portée devant le tribunal Régional par suite d'un renvoi pour incompétence ordonné par le tribunal de bailliage, les principes des articles 103, 104 s'appliquent et la chambre commerciale saisie à la requête du demandeur peut renvoyer l'affaire devant la chambre civile, de même que la chambre civile primitivement saisie peut, sur la requête du défendeur, ordonner le renvoi devant la chambre commerciale.

eu lieu et qu'aucune décision n'a été rendue. Le renvoi ne peut avoir lieu d'office sur le motif que le défendeur n'est pas commerçant [1].

Art. 104. Si la chambre civile est saisie d'une affaire qui est de la compétence de la chambre commerciale, l'affaire sera renvoyée devant la chambre commerciale sur la demande du défendeur. Le défendeur dont le nom n'est pas inscrit sur le registre du commerce ne peut pas demander le renvoi sur le motif qu'il est commerçant.

La demande en renvoi doit être rejetée si la demande reconventionnelle formée dans le cas de l'article 467 du Code de procédure civile, considérée comme demande principale, n'est pas de la compétence de la chambre commerciale.

La chambre civile n'a pas le droit de prononcer d'office le renvoi.

La chambre civile peut rejeter la demande en renvoi même si le demandeur a consenti au renvoi [2].

Art. 105. Si, dans le cours d'un procès pendant devant la

[1] La chambre commerciale est une chambre exceptionnelle; le législateur a strictement limité sa compétence. La chambre civile, au contraire, est la juridiction de droit commun; aussi, par opposition à l'article 103, l'article 104 ne permet pas le renvoi d'office pour cause d'incompétence de l'affaire commerciale portée devant la chambre civile.

L'exception contenue dans la dernière phrase du paragraphe 2 a pour objet de réserver au défendeur seul un motif de renvoi qui lui est personnel.

[2] L'article 104 applique le principe que la chambre civile a plénitude de juridiction : elle ne peut renvoyer d'office

puisqu'elle est valablement saisie, et peut refuser le renvoi demandé par le défendeur si elle se considère comme compétente.

La chambre commerciale n'a pas les mêmes droits (art. 103).

Lorsque l'affaire portée devant le tribunal de bailliage et renvoyée pour incompétence devant le tribunal Régional est par sa nature de la compétence de la chambre commerciale, la chambre civile doit néanmoins connaître de la contestation, aux termes du paragraphe 2 de l'article, s'il a été formé dans l'instance une demande reconventionnelle et si cette demande est de la compétence de la chambre civile.

chambre commerciale, la demande est élargie, conformément à l'article 253 du Code de procédure civile, par l'adjonction d'une nouvelle demande afin de faire établir un droit, ou si une demande reconventionnelle est formée, l'affaire doit être renvoyée devant la chambre civile sur la demande de la partie adverse, lorsque la demande élargie ou la demande reconventionnelle considérée comme demande principale n'est pas de la compétence de la chambre commerciale [1].

Dans les limites de l'article 103 § 2, la chambre peut ordonner le renvoi d'office. Ce droit lui appartient aussi lorsque, par suite de modification de la demande, l'affaire échappe à la compétence de la chambre commerciale.

Art. 106. La demande en renvoi devant une autre chambre n'est recevable qu'antérieurement à la plaidoirie sur le fond de la partie qui demande le renvoi.

Il doit être préalablement procédé aux débats et au jugement sur l'incident.

Art. 107. Aucun recours n'est admis contre le jugement rendu sur la demande en renvoi d'une affaire devant la chambre civile ou la chambre commerciale. Si le renvoi est prononcé, le jugement de renvoi lie la chambre devant laquelle l'affaire a été renvoyée. Le jour du nouveau débat oral est fixé d'office et porté à la connaissance des parties [2].

---

[1] L'article 253 du Code de procédure civile permet jusqu'à la clôture des débats au demandeur d'élargir la demande primitive, au défendeur de former une demande reconventionnelle afin de faire fixer judiciairement un point contesté pendant le cours du procès et d'où dépend en partie ou en totalité la solution du procès.

[2] Le jugement de renvoi n'est pas un jugement d'incompétence nécessitant la reprise de toute la procédure; c'est une simple décision de renvoi qui n'entraîne même pas la condamnation aux frais, et la procédure continue devant une autre chambre du même tribunal.

Le jour du débat est fixé par le président de la chambre devant laquelle l'affaire a été renvoyée.

Art. 108. La demande prévue par l'article 61 du Code de procédure civile ne peut être portée devant la chambre commerciale.
que si cette nouvelle demande rentre, d'après les dispositions de
l'article 101, dans la compétence de la chambre commerciale [1].

Art. 109. Les chambres commerciales se composent d'un
membre du tribunal Régional comme président et de deux juges
commerciaux [2].

Tous les membres de la chambre commerciale ont même droit
de vote.

Le président peut juger seul les contestations entre l'armateur
ou le capitaine et l'équipage d'un navire [3].

Art. 110. Dans le cas prévu par l'article 100 § 2, un
juge de bailliage peut être président de la chambre commerciale [4].

[1] L'article 61 du Code de procédure civile règle l'intervention d'un tiers dans le procès. La demande en intervention est dirigée contre les deux parties et a pour but la réclamation de la chose ou du droit qui fait l'objet du procès engagé ; elle peut être formée tant qu'il n'y a pas chose jugée et doit être portée devant le tribunal saisi de l'affaire. Elle ne peut être portée devant la chambre commerciale que si elle tombe sous l'application de l'article 101 du Code d'organisation judiciaire ; autrement elle devra être portée devant la chambre civile.

[2] Les articles 61-66 sur le roulement ne s'appliquent pas aux chambres commerciales (art. 67). C'est l'administration locale qui devra en régler l'organisation, le roulement, qui fixera le mode de nomination du membre judi-

ciaire et la durée de ses fonctions, réglementera les suppléances, etc.

Le membre du tribunal Régional chargé de présider la chambre commerciale peut être un simple juge. En qualité de président, il a tous les droits que le Code de procédure reconnaît au président d'une chambre concernant l'ouverture et la direction des débats, la distribution des affaires entre les membres de la chambre, etc.

[3] Les contestations prévues par le paragraphe 3 sont généralement très urgentes : elles peuvent s'élever au moment même où un navire met à la voile. Il était nécessaire de les faire juger sans délai.

[4] Le juge de bailliage doit, dans ce cas, appartenir au ressort de la chambre commerciale.

Art. 111. La fonction de juge commercial est une fonction honorifique [1].

Art. 112. Les juges commerciaux sont nommés pour trois ans sur la présentation motivée des représentants officiels des commerçants. Ils peuvent être réélus [2].

Art. 113. Peut être nommé juge commercial tout Allemand qui est ou a été inscrit sur le registre du commerce (*Handelsregister*) [3] en qualité de commerçant ou de président d'une société par actions, a accompli sa trentième année et est domicilié dans le ressort de la chambre commerciale.

Les personnes à qui une décision judiciaire a enlevé la libre disposition de leurs biens ne peuvent être nommées juges commerciaux [4].

Art. 114. Dans les places maritimes, les juges commerciaux peuvent aussi être pris parmi les hommes experts en matière de navigation [5].

[1] Les juges commerciaux ne reçoivent pas d'indemnité ni de frais de route comme les Échevins et les jurés.

[2] Les juges commerciaux sont nommés par le pouvoir exécutif. Leur nombre n'en est pas fixé; il sera déterminé par la législation locale.

Les représentants officiels des commerçants sont, en Prusse, les chambres de commerce. L'Allemagne n'a pas une organisation uniforme en cette matière.

[3] Le registre du commerce est un registre tenu par les tribunaux. Il est public, peut être consulté par tous et chaque personne a le droit de demander une expédition des mentions qu'il renferme (art. 12, Code comm.).

Il est destiné à recevoir toutes les mentions exigées par la loi. Chaque commerçant est tenu de faire insérer dans le registre du commerce sa raison de commerce et de déposer sa signature (art. 15, 19); il y fait également insérer les procurations générales qu'il donne à un procuriste et les retraits de procuration (art. 45).

Les constitutions de société sont également mentionnées sur le registre du commerce (art. 86).

[4] Les personnes interdites de leurs droits civiques (art. 31-35 du Code pénal) ne peuvent non plus être juges commerciaux.

[5] C'est-à-dire les capitaines de navires et les experts spéciaux (*nautische Techniker*).

Art. 115. Avant leur entrée en fonctions, les juges commerciaux doivent prêter serment de remplir les devoirs de leur charge [1].

Art. 116. Les juges commerciaux, pendant la durée de leurs fonctions et par rapport à elles, sont soumis aux mêmes devoirs et ont les mêmes droits que les membres du corps judiciaire [2].

Art. 117. Le juge commercial doit être relevé de ses fonctions s'il perd, pendant qu'il est en charge, une des qualités nécessaires pour sa nomination.

La mesure est prise par la première chambre civile du tribunal régional Supérieur, l'intéressé préalablement entendu [3].

Art. 118. Lorsque le jugement pourra dépendre d'un simple avis d'un commerçant ou lorsqu'il s'agira de constater l'existence d'usages commerciaux, la chambre commerciale pourra baser sa décision sur ses connaissances spéciales et son expérience personnelle [4].

---

[1] La formule du serment sera fixée par les législations locales.

[2] La même discipline régit les juges de droit commun et les juges commerciaux.

[3] L'article 117 ne fait pas allusion au cas de révocation du juge commercial par suite d'une condamnation criminelle ou d'une décision d'un tribunal disciplinaire : aucune distinction n'est faite sur ce point entre les juges commerciaux et les juges ordinaires et ils sont soumis aux mêmes règles.

L'article prévoit seulement le cas où le juge de commerce ne réunit plus les conditions spéciales nécessaires pour sa nomination, par exemple s'il cesse d'être domicilié dans le ressort du tribunal ou perd la nationalité allemande.

La loi n'exige pas qu'il soit procédé à un débat oral et public et que le ministère public soit entendu. Il suffit que les observations de l'intéressé aient été provoquées. Aucun recours n'est possible contre la décision.

[4] L'article 118 s'applique en matière de preuve par experts. Le Code de procédure civile, livre VIII, titre II, autorise la preuve par experts : la chambre commerciale peut ou ordonner l'expertise ou bien, en vertu de l'article 118, juger directement en s'appuyant sur ses connaissances spéciales. C'est là un droit exceptionnel que lui confère l'article et que n'a pas la chambre civile.

TITRE VIII.

DES TRIBUNAUX RÉGIONAUX SUPÉRIEURS.

Art. 119. Les tribunaux régionaux Supérieurs (*Oberlandesgerichte*) se composent d'un Président et du nombre nécessaire de présidents de chambre (*Senatspräsidenten*) et de conseillers.

Art. 120. Les tribunaux régionaux Supérieurs se divisent en chambres (*Senate*) civiles et criminelles [1].

Art. 121. Les dispositions des articles 61-68 sont applicables aux tribunaux régionaux Supérieurs avec cette modification que les deux plus anciens membres du tribunal font partie du Presidium [2].

Art. 122. Des juges titulaires (*ständig angestellte Richter*) peuvent seuls être appelés à faire office de juges auxiliaires [3].

[1] Aucune chambre commerciale n'est établie près les tribunaux Supérieurs.

[2] Le Presidium se compose en conséquence du Premier Président, des présidents de chambre et des deux conseillers doyens. Il comprend un membre de plus que le Presidium du tribunal Régional à raison de l'importance plus grande de la compagnie et afin d'assurer la même représentation aux simples conseillers.

[3] Il n'y a lieu d'appeler au tribunal Supérieur des juges auxiliaires qu'en cas d'encombrement des affaires.

Le projet de la Commission appliquait l'article 69 aux juges auxiliaires des tribunaux Supérieurs; l'article 121 n'en faisant plus mention, il en résulte que la nomination des juges auxiliaires n'est plus, en ce qui touche le tribunal Supérieur, soumise à aucune garantie et est abandonnée à la législation de chaque État. Une seule condition est exigée : le juge auxiliaire devra être un juge titulaire, c'est-à-dire un juge de bailliage, un juge de tribunal Régional ou un conseiller de tribunal Supérieur.

L'article 122 ne déroge pas aux lois locales qui interdisent toute suppléance près les tribunaux Supérieurs.

Art. 123. Devant les tribunaux régionaux Supérieurs sont portés :

1° Les appels des jugements définitifs (*Endurtheile*) [1] rendus par les tribunaux Régionaux en matière civile ;

2° Les recours en Revision (*Revision*) formés contre les jugements des chambres criminelles des tribunaux Régionaux jugeant en appel [2] ;

3° Les recours en Revision formés contre les jugements en première instance des chambres criminelles des tribunaux Régionaux, si le recours est fondé exclusivement sur la violation d'une règle de droit établie par les lois du pays [3] ;

4° Les Pourvois (*Beschwerde*) contre les décisions des tribunaux Régionaux en matière civile [4] ;

5° Les Pourvois contre les décisions rendues en matière criminelle [5] en première instance si la chambre criminelle du tribunal Régional n'est pas compétente, et contre les décisions

[1] Il faut entendre au civil par jugement définitif (*Endurtheil*) tout jugement qui termine le procès ; le jugement définitif ne doit pas être confondu avec le jugement passé en force de chose jugée ; il est susceptible d'appel dans les délais prévus par le Code de procédure civile.

[2] Les jugements des tribunaux d'Échevins sont susceptibles d'appel (art. 354, Code procéd. pén.). L'appel est porté devant le tribunal Régional, et l'arrêt qui intervient peut être frappé d'un recours en Revision.

Au criminel, la Revision ou cassation est le recours fondé sur la violation de la loi, c'est-à-dire sur la non-application ou l'application fausse d'une règle de droit (art. 376, Code procéd. pén.).

[3] Si la règle violée est une règle de droit fédéral, le recours est porté devant le Tribunal de l'Empire.

[4] et [5] Les Pourvois (cf. note, art. 72) peuvent être formés :

1° Au civil, contre les décisions qui ne nécessitent pas un débat oral préalable et par lesquelles des conclusions relatives à la procédure ont été rejetées (art. 530, Code procéd. civ.) ;

2° Au criminel, contre toutes les décisions, autres que les jugements, rendues par les tribunaux ainsi que contre les ordonnances rendues par un juge (art. 346, Code procéd. pén.). En principe, les décisions qui précèdent le jugement définitif, c'est-à-dire les jugements préparatoires, ne peuvent être attaquées par la

des chambres criminelles des tribunaux Régionaux rendues dans le cours d'une procédure en Pourvoi et d'une procédure d'appel [1] et [2].

Art. 124. Les chambres des tribunaux régionaux Supérieurs rendent jugement au nombre de cinq juges, y compris le président [3].

voie du Pourvoi, à moins qu'elles n'ordonnent des arrestations, des saisies, des mesures coercitives ou n'atteignent des tiers.

[1] Nous avons vu que les Pourvois contre les ordonnances du juge de bailliage, du juge d'instruction et du tribunal d'Échevins sont portés devant la chambre criminelle du tribunal Régional.

De leur côté, la chambre criminelle jugeant en première instance ou en appel et la cour d'assises peuvent être appelées à rendre des ordonnances : le Pourvoi formé contre ces ordonnances est porté devant le tribunal Supérieur. Enfin la décision rendue sur le Pourvoi par la chambre criminelle peut être frappée d'un nouveau Pourvoi (*weitere Beschwerde*) si l'ordonnance du juge inférieur a été rendue en matière d'arrestation (art. 352, Code procéd. pén.); le tribunal Supérieur est encore juge de ce second Pourvoi. C'est à ces trois cas que se rapporte le n° 5 de l'article 123.

[2] L'article 9 de la loi sur la mise en vigueur permet de réserver dans chaque pays à un seul tribunal Supérieur le jugement de tous les Pourvois criminels qui sont de la compétence des tribunaux Supérieurs.

[3] Les ordonnances du tribunal Supérieur sont également rendues par cinq juges.

TITRE IX.

DU TRIBUNAL DE L'EMPIRE.

ART. 125. Le siège du Tribunal de l'Empire (*Reichsgericht*) est fixé par une loi [1].

ART. 126. Le Tribunal de l'Empire se compose d'un Président et du nombre nécessaire de présidents de chambre (*Senatspräsidenten*) et de conseillers.

ART. 127. Le Président, les présidents de chambre et les conseillers sont nommés par l'Empereur sur la présentation du Conseil fédéral [2].

Pour être nommé membre du Tribunal de l'Empire, il faut être apte aux fonctions judiciaires dans un des États confédérés et être âgé de trente-cinq ans accomplis.

ART. 128. Le membre du Tribunal de l'Empire condamné par un jugement passé en force de chose jugée (*rechtskräftig*) à une peine quelconque à raison d'un fait déshonorant ou à une peine emportant privation de la liberté pendant plus d'une année peut être déclaré déchu de ses fonctions et de son traitement par décret du Tribunal de l'Empire réuni en assemblée générale (*Plenarbeschlusz*) [3].

[1] Conf. loi du 11 avril 1877.

[2] L'Empereur ne peut pas nommer un membre du tribunal qui ne lui aurait pas été proposé par le Conseil fédéral.

[3] La déchéance peut également intervenir de plein droit par suite d'une condamnation criminelle entraînant *ipso facto* l'exclusion des fonctions publiques, en cas de condamnation aux travaux forcés par exemple (art. 31, Code pénal), ou pro-

L'intéressé et le Procureur Supérieur de l'Empire doivent être entendus préalablement à la décision.

Art. 129. En cas de renvoi devant le tribunal compétent d'un membre du Tribunal de l'Empire à raison d'un crime ou d'un délit, la suspension provisoire pourra être prononcée, le Procureur Supérieur de l'Empire entendu, par décret du tribunal réuni en assemblée générale [1].

Si un ordre d'arrestation est lancé dans le cours d'une instruction criminelle contre un membre du Tribunal de l'Empire, la suspension provisoire a lieu de plein droit pendant la durée de la détention [2].

La suspension provisoire n'entraîne pas privation du traitement.

Art. 130. Si, par suite d'infirmités physiques ou d'affaiblissement des forces corporelles ou des facultés intellectuelles, un membre du tribunal devient d'une façon permanente incapable d'exercer ses fonctions, il est mis à la retraite avec pension.

Le montant de la pension est, jusqu'à l'accomplissement de la dixième année de service, des 20/60 du traitement; il s'augmente ensuite de 1/60 par chaque année de service jusqu'à l'accomplissement de la cinquantième année de service [3].

nonçant la privation des droits civiques comme peine accessoire (art. 32-36, 358, Code pénal).

La décision est rendue *in plenum*, c'est-à-dire toutes chambres réunies. Un débat oral n'est pas exigé.

La question de savoir si l'action reprochée est ou non déshonorante est une question de fait abandonnée à l'appréciation du tribunal.

[1] L'article 129 ne s'applique qu'au cas où l'ordonnance d'ouverture des débats, c'est-à-dire de renvoi devant la justice, a été rendue; il ne suffit pas que l'instruction soit ouverte. Si le juge est condamné, l'article 128 s'applique; s'il est acquitté, il remonte sur son siège.

[2] La mise en liberté provisoire fait cesser la suspension.

[3] La pension de retraite ne peut en conséquence être inférieure au tiers du traitement d'activité; après cinquante ans de service, elle est de l'intégralité de ce traitement, sans pouvoir lui être supérieure.

La mise à la retraite n'intervient

Dans le calcul des années de service est compté le temps passé soit au service de l'Empire, d'un État confédéré ou d'une commune, soit comme avoué, avocat, notaire, juge patrimonial ou professeur de droit à une université allemande.

ART. 131. Si la mise à la retraite n'est pas demandée par le membre du tribunal qui se trouve dans les conditions prévues par la présente loi [1], le Président doit inviter l'intéressé à présenter sa demande dans un délai déterminé. S'il n'est pas donné suite à l'invitation, la mise à la retraite est prononcée par décret du Tribunal de l'Empire réuni en assemblée générale.

L'intéressé et le Procureur Supérieur de l'Empire doivent être entendus préalablement à la décision [2].

ART. 132. Le Tribunal de l'Empire se divise en chambres (*Senate*) civiles et criminelles. Le Chancelier de l'Empire en fixe le nombre [3].

ART. 133. Les dispositions des articles 61-68 s'appliquent au Tribunal de l'Empire, avec cette modification que les quatre plus anciens membres du tribunal font partie du Presidium.

ART. 134. L'adjonction de juges auxiliaires n'est pas admise [4].

pas de plein droit, aucune limite d'âge n'existe; elle est demandée à l'Empereur.

L'article 130 ne s'applique pas en cas d'infirmités temporaires ou de maladies; un congé est seulement accordé avec maintien du traitement intégral.

[1] C'est-à-dire en cas d'infirmité (art. 130).

[2] Aucun recours n'est possible contre la décision.

La mise à la retraite prononcée d'office par le Tribunal de l'Empire entraîne, au point de vue de la pension, les mêmes conséquences que si elle avait été volontairement demandée.

En cas de démence, la mise à la retraite est demandée par le tuteur du magistrat.

[3] L'ordonnance du 27 septembre 1879 a fixé à huit le nombre des chambres.

Aucun juge d'instruction n'est attaché au Tribunal de l'Empire; un juge est délégué pour faire l'instruction, lorsqu'il y a lieu (art. 136, 138).

[4] Les juges empêchés sont remplacés

Art. 135. Au civil, le Tribunal de l'Empire connaît :

1° Des recours en Revision (*Revision*) formés contre les jugements définitifs (*Endurtheile*) des tribunaux régionaux Supérieurs;

2° Des Pourvois (*Beschwerde*) contre les décisions des tribunaux régionaux Supérieurs [1] et [2].

Art. 136. Au criminel, le Tribunal de l'Empire :

1° Est chargé de l'instruction et du jugement en première et dernière instance dans les cas de haute trahison et de trahison envers l'État, si ces crimes ont été commis contre l'Empereur ou l'Empire [3];

par leurs collègues suivant les dispositions de l'article 62.

[1] Les affaires commerciales sont comprises sous la dénomination : *au civil*.

Nous avons vu sous l'article 123, note 4, ce qu'il fallait entendre par le Pourvoi (*Beschwerde*).

La Revision ou cassation est au civil le recours fondé sur la violation de la loi, c'est-à-dire la non-application ou l'application fausse d'une règle de droit.

Tout jugement définitif rendu en cause d'appel par les tribunaux régionaux Supérieurs peut être attaqué par la voie de la Revision (Code procéd. civ. art. 507, 512). Cependant le recours en Revision n'est possible que si la valeur de l'objet du recours est supérieure à 1,500 marks (1,875 francs) et si la loi violée est une loi de l'Empire ou une loi dont l'application s'étend au delà du ressort du tribunal Supérieur. En effet, le tribunal fédéral a pour objet de maintenir l'unité de la jurisprudence; cette unité ne court aucun danger si la loi violée n'est applicable que dans le ressort d'un seul tribunal d'appel.

[2] En dehors des dispositions des articles 135 et 136, d'autres attributions sont conférées au Tribunal de l'Empire.

Ainsi, en cas de conflit de compétence entre tribunaux Supérieurs ou entre tribunaux appartenant à plusieurs États confédérés, le tribunal compétent est déterminé par le Tribunal de l'Empire (art. 36, Code procéd. civ. et art. 9, loi mise en vig. Code procéd. civ.).

Les articles 11, 17 de la loi sur la mise en vigueur du Code d'organisation judiciaire permettent d'étendre la compétence du tribunal fédéral et de renvoyer devant lui le jugement des conflits entre les tribunaux judiciaires et administratifs et l'examen des actes d'un fonctionnaire poursuivi au civil ou au criminel.

Au contraire, l'article 8 restreint sa compétence dans les États qui établiront un tribunal Suprême.

[3] L'article 75 de la Constitution du 16 avril 1871 avait renvoyé le jugement des crimes énumérés dans le n° 1 devant la cour d'appel de Lübeck.

Les crimes de haute trahison et trahison envers l'État sont les crimes prévus par les articles 80-89 du Code pénal. Ils ne

2° Statue sur les recours en Revision formés contre les jugements en première instance des chambres criminelles des tribunaux Régionaux, en tant que les tribunaux régionaux Supérieurs ne sont pas compétents, et contre les arrêts des cours d'assises [1].

En matière d'infractions aux dispositions qui réglementent la perception des impôts et revenus publics dont les produits doivent tomber dans la caisse de l'Empire [2], le Tribunal de l'Empire est aussi compétent pour statuer sur les recours en Revision formés contre les jugements des chambres criminelles jugeant en appel, si le renvoi devant le Tribunal de l'Empire est demandé par le ministère public lors de l'envoi des pièces au tribunal de revision [3] et [4].

sont pas jugés suivant une procédure particulière; les prescriptions du Code de procédure pénale sont observées. Aucun recours en Revision n'est admissible.

[1] D'après l'article 123, les tribunaux Supérieurs ne sont compétents pour juger les recours en Revision formés contre les jugements des chambres criminelles que si ces jugements ont été rendus sur appel ou si la Revision est fondée sur la violation d'une règle de droit local. Tous les autres recours en Revision sont portés devant le tribunal fédéral.

L'article 136 ne renvoie pas au criminel devant le Tribunal de l'Empire les Pourvois contre les décisions des tribunaux Supérieurs, ainsi que le fait l'article 135 en matière civile; en effet, aucun Pourvoi n'est possible contre leurs décisions (art. 346, Code procéd. pén.).

[2] Les impôts et revenus publics tombant dans la caisse de l'Empire sont les impôts sur le sucre de betterave, le sel, le tabac, l'eau-de-vie, la bière, les cartes à jouer et les produits des postes et télégraphes.

[3] Les infractions aux lois fiscales sont de la compétence des tribunaux d'Échevins et sont jugées en appel par les chambres criminelles des tribunaux Régionaux; les recours en Revision sont portés devant les tribunaux Supérieurs (art. 123 § 2); tel est le principe. L'article 136 § 2 apporte une exception et dans l'intérêt d'une perception régulière des impôts fédéraux permet, dans des cas déterminés, le renvoi des recours en Revision devant le Tribunal de l'Empire.

Le ministère public qui devra demander le renvoi est le ministère public près le tribunal Régional dont le jugement est attaqué. D'après les articles 381, 387 du Code de procédure pénale, la demande en Revision est déposée près le tribunal qui a rendu le jugement attaqué, c'est-à-dire, dans l'espèce, près le tribunal Régional, et le ministère public transmet les pièces au tribunal compétent. C'est à ce moment que le renvoi devant le Tribunal de l'Empire devra être demandé.

[4] L'article 160 du Code d'organisation

Art. 137. Si une chambre civile veut s'écarter sur un point de droit d'un jugement antérieurement rendu par une autre chambre civile ou par les chambres civiles réunies, elle doit renvoyer les débats et le jugement devant les chambres civiles réunies.

Le renvoi devant les chambres criminelles réunies a également lieu si une chambre criminelle veut, sur un point de droit, s'écarter d'un jugement antérieurement rendu par une autre chambre criminelle ou par les chambres criminelles réunies [1].

Art. 138. En cas de poursuite pour les crimes prévus par l'article 136 n° 1, la première chambre criminelle du Tribunal de l'Empire est chargée des fonctions attribuées à la chambre criminelle du tribunal Régional par l'article 72 § 1 [2].

Les débats ont lieu devant la deuxième et la troisième chambre criminelle réunies.

Art. 139. Les deux tiers au moins de tous les membres du tri-

judiciaire attribue au tribunal fédéral, dans certains cas, le jugement des oppositions aux ordonnances rendues en matière de commission rogatoire.

[1] La création d'une cour suprême fédérale a eu pour objet d'établir l'unité de la jurisprudence. Le législateur a paru craindre, ainsi qu'il résulte de l'exposé des motifs, que le grand nombre des chambres du Tribunal de l'Empire n'entraînât entre les diverses chambres des divergences et des contradictions dans l'application de la loi; la discipline allemande a vu là un danger, et l'article 137 a eu pour but d'écarter ce danger.

L'article ne prévoit pas les cas où les divergences d'appréciation se produiront entre une chambre civile et une chambre criminelle; ils seront vraisemblablement fort rares, non plus que les cas où une chambre modifiera sa jurisprudence antérieure. Enfin, il ne s'applique pas au cas où le tribunal fédéral fonctionnera comme haute cour de justice (art. 136 § 1).

Le renvoi sera prononcé au cours du délibéré, lorsque la chambre constatera que l'arrêt préparé devra modifier la jurisprudence antérieure.

[2] La première chambre criminelle fait fonction de chambre du conseil; elle est saisie par le réquisitoire du Procureur Supérieur, ouvre l'instruction et rend l'ordonnance de non-lieu ou d'ouverture des débats; elle juge les oppositions aux ordonnances du juge d'instruction.

Le juge d'instruction est désigné pour chaque affaire par le Président du tribunal fédéral (art. 184, Code procéd.

bunal ou des chambres réunies, y compris le président, doivent prendre part aux décisions rendues par le Tribunal de l'Empire réuni en assemblée générale, par les chambres civiles ou criminelles réunies, ou par les deux chambres criminelles réunies.

Le nombre des membres qui ont voix délibérative doit être impair. Si les membres présents se trouvent en nombre pair, le conseiller le moins ancien par ordre de nomination, ou, s'il y a plusieurs conseillers de même ancienneté de service, le plus jeune par rang d'âge, ou, si ce conseiller est rapporteur, le conseiller qui vient après lui n'a pas droit de vote [1].

Art. 140. Les chambres du Tribunal de l'Empire rendent jugement au nombre de sept juges, y compris le président.

Art. 141. L'ordre des travaux sera fixé par un règlement préparé en assemblée générale et approuvé par le Conseil fédéral.

pén.); il est choisi parmi les membres du tribunal. Des membres des tribunaux Régionaux ou de bailliage peuvent être chargés de faire des actes d'instruction.

[1] Si deux chambres sont réunies, onze conseillers au moins doivent prendre part au jugement. En effet, chaque chambre se composant de sept conseillers au minimum, on arrive, pour les deux chambres, au chiffre de quatorze; les deux tiers sont dix, et comme le nombre des juges doit être impair, on obtient ainsi le chiffre de onze.

L'article 139 déroge à l'article 194, qui exige la présence de tous les juges nécessaires de la chambre.

TITRE X.

DU MINISTÈRE PUBLIC.

Art. 142. Un ministère public (*Staatsanwaltschaft*) est institué près chaque tribunal [1].

Art. 143. Les fonctions du ministère public sont exercées :

1° Près le Tribunal de l'Empire, par un Procureur Supérieur de l'Empire (*Oberreichsanwalt*) et un ou plusieurs Procureurs de l'Empire (*Reichsanwalt*);

2° Près les tribunaux régionaux Supérieurs, les tribunaux Régionaux et les cours d'assises, par un ou plusieurs Procureurs d'État (*Staatsanwalt*) [2];

3° Près les tribunaux de bailliage et les tribunaux d'Échevins, par un ou plusieurs Procureurs de bailliage (*Amtsanwalt*) [3].

La compétence des Procureurs de bailliage ne s'étend pas sur les actes préparatoires à la poursuite, dont est chargé le juge de bailliage dans les affaires criminelles qui sont de la compétence de tribunaux autres que le tribunal d'Échevins [4].

[1] Les lois de procédure règlent la compétence et déterminent les cas d'intervention du ministère public.

D'après l'exposé des motifs, il n'est pas indispensable qu'un ministère public distinct soit attaché à chaque tribunal. Un Procureur d'État peut exercer ses fonctions à la fois près un tribunal Supérieur et un tribunal Régional ou près plusieurs tribunaux Régionaux.

[2] Le Procureur d'État près un tribunal Régional remplit les fonctions de ministère public près la cour d'assises tenue dans le ressort du tribunal.

[3] Les Procureurs de bailliage ne sont pas considérés par les codes judiciaires comme des membres réguliers du ministère public; aucune garantie de capacité n'est exigée d'eux, et ils n'ont en première instance qu'une faible part des attributions du ministère public. C'est sur le Procureur d'État que repose l'organisation du ministère public.

[4] Le juge de bailliage peut être chargé

Art. 144. La compétence territoriale des membres du ministère public est déterminée par la compétence territoriale du tribunal auquel ils sont attachés [1].

Un membre du ministère public incompétent doit, s'il y a péril en la demeure, procéder dans son ressort aux actes de son ministère [2].

Lorsque les membres du ministère public de divers États confédérés ne peuvent s'entendre sur le point de savoir auquel d'entre eux incombe la poursuite, le membre du ministère public qui est leur chef commun, et, à défaut d'un chef commun, le Procureur Supérieur de l'Empire tranche le débat [3].

de l'instruction ou d'enquêtes préparatoires relatives à des crimes ou à des délits qui ne sont pas de la compétence des tribunaux d'Échevins (art. 160, Code procéd. pén.). Le Procureur de bailliage n'a pas dans ce cas à intervenir; sa compétence se restreint exclusivement aux affaires qui sont portées devant les tribunaux d'Échevins. S'il est informé d'un crime ou d'un délit qui échappe à la compétence du tribunal d'Échevins, il doit en donner avis au Procureur d'État, et, en cas d'urgence, au juge de bailliage (art. 163, Code procéd. pén.). Il n'est pas chargé de l'exécution des peines (art. 483, Code procéd. pén.).

[1] En cas de crime ou de délit, le tribunal compétent est le tribunal du lieu du crime ou du domicile de l'accusé (art. 7, 8, Code procéd. pén.). Le tribunal du lieu de l'arrestation n'est compétent que si l'accusé n'a pas de domicile et si le fait délictueux a été commis à l'étranger (art. 9).

Si plusieurs tribunaux sont également compétents, le tribunal qui a le premier ouvert l'instruction reste saisi (art. 12).

L'article 144 applique ces règles aux membres du ministère public.

[2] Le paragraphe 2 de l'article 144 a trait à la compétence territoriale des membres du ministère public. Il permet à un procureur, incompétent pour intenter une poursuite aux termes des articles 7 et 8 du Code de procédure pénale, d'intervenir en cas d'urgence et par exemple d'ordonner une enquête ou même de faire arrêter l'auteur d'un crime, quoique le crime ait été commis et que le prévenu soit domicilié dans un autre ressort.

[3] Si le conflit, — lequel peut être aussi bien négatif que positif, — s'élève entre membres du ministère public appartenant au même État, c'est leur chef commun qui tranche le débat en vertu de l'article 148, c'est-à-dire le Procureur près le tribunal Supérieur si les deux parquets relèvent du même ressort, ou le ministre de la justice comme chef du ministère public de l'État s'ils relèvent de tribunaux Supérieurs distincts.

Art. 145. Si le ministère public d'un tribunal se compose de plusieurs membres, les membres adjoints au chef du ministère public agissent comme ses substituts; lorsqu'ils interviennent en son lieu et place, ils sont autorisés à remplir toutes les fonctions de son emploi sans délégation spéciale [1].

Art. 146. Les chefs du ministère public près les tribunaux régionaux Supérieurs et les tribunaux Régionaux ont le droit d'exercer par eux-mêmes les fonctions du ministère public près tous les tribunaux de leur ressort ou d'en charger un autre membre du ministère public que le membre titulaire.

Les Procureurs de bailliage ne peuvent remplir les fonctions du ministère public que près les tribunaux de bailliage et lés tribunaux d'Échevins [2].

Art. 147. Les membres du ministère public doivent, dans l'exercice de leurs fonctions, suivre les instructions de leur supérieur.

Dans les affaires de la compétence du Tribunal de l'Empire en

Si les parquets en conflit appartiennent à des États différents, le Procureur Supérieur de l'Empire est compétent, à moins que des traités n'aient réuni dans le ressort d'un même tribunal Supérieur les tribunaux auxquels ces parquets sont attachés.

[1] C'est la règle française : le ministère public est un et indivisible.

[2] L'article 146 applique le principe de l'unité du ministère public.

Le chef du parquet près un tribunal Supérieur peut faire fonction de ministère public près tous les tribunaux de son ressort et monter à l'audience du tribunal Régional ou du tribunal de bailliage.

Il en est de même du Premier Procureur régional, relativement aux tribunaux d'Échevins.

Le droit de délégation, consacré par le paragraphe 1 de l'article, autorise le Procureur Supérieur à appeler à siéger au tribunal Supérieur, dans certaines affaires, les Procureurs près les tribunaux Régionaux, par exemple à faire soutenir les recours en Revision par le membre du ministère public qui a poursuivi en première instance, ou encore à faire siéger un Procureur de bailliage près un autre tribunal d'Échevins que celui auquel il est attaché.

Le paragraphe 2 restreint le droit de délégation en ce qui concerne les Procureurs de bailliage, mais d'après l'exposé des motifs, rien n'empêche que, en dehors de l'audience, le Procureur de bailliage ne soit chargé par délégation d'actes d'enquête.

première et dernière instance, tous les membres du ministère public doivent se conformer aux instructions du Procureur Supérieur de l'Empire [1].

Art. 148. Le droit de surveillance et de direction appartient :

1° Au Chancelier de l'Empire, sur le Procureur Supérieur de l'Empire et les Procureurs de l'Empire ;

2° A l'Administration de la justice dans chaque État, sur tous les membres du ministère public de l'État ;

3° Aux chefs du ministère public près les tribunaux Régionaux Supérieurs et les tribunaux Régionaux, sur les membres du ministère public de leur ressort [2].

Art. 149. Le Procureur Supérieur de l'Empire et les Procureurs de l'Empire ne sont pas des fonctionnaires judiciaires [3].

[1] L'article 147 établit la dépendance absolue des membres du ministère public vis-à-vis de leur chef ; en droit comme en fait, ils doivent obéir à ses instructions.

Un amendement, qui avait maintenu leur indépendance à l'audience, voté en première lecture par la Commission, a été rejeté à la seconde délibération.

Le second paragraphe s'applique au cas où le Tribunal de l'Empire juge comme haute cour de justice les crimes de trahison (art. 136 § 1).

[2] Il résulte de l'article 148 que dans chaque État l'autorité (surveillance et direction) appartient :

1° Au ministre de la justice, sur les Procureurs Supérieurs près les tribunaux régionaux Supérieurs et tous les autres membres du ministère public de l'État ;

2° Au Procureur Supérieur, sur les membres de son parquet et les Procureurs régionaux et de bailliage de son ressort ;

3° Au Premier Procureur régional, sur les membres de son parquet et les Procureurs de bailliage de son ressort.

Le Procureur Supérieur fédéral a les mêmes droits d'autorité sur les membres de son parquet ; cela résulte de l'esprit, sinon du texte de l'article.

Le droit d'autorité comprend, dans la mesure prévue par les lois locales, le droit de prononcer des peines disciplinaires.

[3] Par leur nomination, les membres du parquet fédéral, s'ils occupaient antérieurement une place de juge, sortent de la magistrature et deviennent des fonctionnaires fédéraux. Les dispositions de la loi fédérale du 31 mars 1873 sur les fonctionnaires de l'Empire leur sont applicables.

Ne peuvent être nommés aux fonctions du ministère public près le Tribunal de l'Empire, les tribunaux Supérieurs et les tribunaux Régionaux, que des fonctionnaires qui ont la capacité judiciaire exigée pour les fonctions de juge [1].

Art. 150. Le Procureur Supérieur de l'Empire et les Procureurs de l'Empire sont nommés par l'Empereur, sur la présentation du Conseil fédéral.

Ils peuvent en tout temps être mis en disponibilité par ordonnance impériale; en ce cas, le traitement légal de disponibilité leur est alloué [2].

Art. 151. Le ministère public est, dans l'exercice de ses fonctions, indépendant des tribunaux [3].

---

[1] L'organisation du ministère public est, en règle générale, abandonnée aux législations locales. Le Code d'organisation judiciaire n'exige qu'une condition, la capacité judiciaire, et n'impose cette condition qu'aux membres des parquets près les tribunaux Régionaux et Supérieurs. Aucune condition de capacité n'est exigée des Procureurs de bailliage.

[2] L'article 25 de la loi fédérale du 31 mars 1873 sur les fonctionnaires fédéraux assure un traitement aux fonctionnaires mis en disponibilité. Ce traitement (*Wartegeld*) est en principe des trois quarts du traitement d'activité, mais il ne peut être inférieur à 150 thalers (562 fr. 50 cent.), ni supérieur à 3,000 thalers (11,250 francs).

La Commission avait voulu assurer dans de certaines limites l'indépendance des membres du ministère public. Les articles additionnels introduits par elle ont été retranchés; c'est aux législations locales qu'est abandonné le soin d'entourer l'exercice de leurs fonctions des garanties nécessaires.

[3] Du principe posé par l'article 151 résulte que les tribunaux ne peuvent donner des instructions au ministère public ou lui faire des réquisitions, mais eux aussi ne sont pas liés par les réquisitions qu'il prend et conservent leur indépendance. Ainsi la chambre du conseil peut, contre le réquisitoire du Procureur d'État, ordonner le renvoi d'un inculpé devant la justice criminelle (Code procéd. pén. art. 206). D'autre part, le président de l'audience peut refuser au membre du parquet qui siège le droit de poser des questions aux témoins (art. 238, 240) et le tribunal a le droit, dans certains cas, d'accorder un sursis à l'exécution d'une peine (art. 490).

Par dérogation au principe posé par

Art. 152. Les Procureurs d'État ne peuvent exercer des fonctions judiciaires [1]. Il ne peut leur être attribué aucun droit de surveillance sur les juges [2].

Art. 153. Les employés de la police et de la sûreté sont les auxiliaires du ministère public et sont en cette qualité tenus d'obéir aux prescriptions des Procureurs d'État près le tribunal Régional de leur ressort et des supérieurs de ces derniers.

Le Gouvernement de chaque État désignera plus spécialement les catégories d'employés auxquelles cette disposition s'applique [3].

l'article 151, le tribunal Supérieur peut, sur opposition formée par la partie intéressée contre le réquisitoire du parquet, ordonner au ministère public d'intenter l'action publique (art. 173).

[1] Les membres du ministère public ne font pas partie du tribunal proprement dit et ne sont pas considérés comme membres de la magistrature, ce sont des fonctionnaires représentants de l'État et de la société devant le tribunal.

Les lois judiciaires de quelques pays confiaient par délégation les fonctions du ministère public à des juges pris dans le tribunal et ces juges continuaient à siéger en cette qualité à l'audience civile. L'article 152 a pour objet de supprimer le cumul des fonctions. Les membres du parquet ne pourront à aucun titre exercer des fonctions judiciaires. Par *fonctions judiciaires* il faut entendre toutes les fonctions et tous les actes attribués aux juges : ainsi les membres du parquet n'assisteront pas aux assemblées disciplinaires et plénières du tribunal, si leur présence n'est pas exigée spécialement par la loi.

[2] L'article 152 § 2 ne s'applique qu'aux juges. Le parquet peut être chargé de la surveillance des greffiers, huissiers et autres employés.

[3] L'article 153 introduit un principe nouveau dans l'organisation allemande. Antérieurement au Code, dans la plupart des États, les membres du ministère public n'avaient pas sous leurs ordres les employés de la police et ne pouvaient leur donner des instructions directes; ils n'avaient que le droit de s'adresser par voie de réquisition à l'administration de la police. L'article range ces employés sous l'autorité immédiate du Procureur régional de leur ressort; le Procureur de bailliage n'a pas les mêmes pouvoirs.

Par *employés de la police et de la sûreté* il faut entendre les gendarmes, agents de police, gardes champêtres et forestiers.

En cas de crime de la compétence du Tribunal de l'Empire, tous les agents de police de l'Empire sont les auxiliaires du Procureur Supérieur de l'Empire.

TITRE XI.

DES GREFFIERS.

Art. 154. Un greffe (*Gerichtsschreiberei*) est établi près chaque tribunal. L'organisation du service est réglée : au Tribunal de l'Empire, par le Chancelier de l'Empire; dans les tribunaux de chaque État, par l'Administration de la justice de l'État [1].

[1] Les Codes de procédure pénale et de procédure civile déterminent les fonctions des greffiers. (Cf. *Introduction.*)

TITRE XII.

DES EMPLOYÉS CHARGÉS DES SIGNIFICATIONS ET EXÉCUTIONS.

Art. 155. Le service et les fonctions des employés (huissiers, *Gerichtsvollzieher*) chargés des significations (*Zustellungen*), citations (*Ladungen*) et exécutions (*Vollstreckungen*) [1] sont réglés : au Tribunal de l'Empire, par le Chancelier de l'Empire; dans les tribunaux de chaque État, par l'Administration de la justice de l'État.

Art. 156. La loi interdit à l'huissier d'instrumenter :

I. Dans les affaires civiles :

1° S'il est lui-même partie ou représentant légal d'une partie, ou s'il se trouve cocréancier ou codébiteur de l'une des parties ou tenu vis-à-vis d'elle à des dommages-intérêts;

[1] Les Codes de procédure ont énuméré les fonctions des huissiers et les lois locales ont réglementé leur institution. (Cf. *Introduction.*) L'article 155 se contente de poser les principes.

Au principe qui charge les huissiers des significations et citations, les lois judiciaires apportent de nombreuses exceptions. Ainsi, dans les procès pour lesquels l'assistance d'un avoué est nécessaire, les significations d'actes judiciaires peuvent être faites directement d'avoué à avoué (Code procéd. civ. art. 181). Dans les autres procès renvoyés devant le tribunal de bailliage, le greffier est chargé des significations, à moins de déclaration contraire de la partie, et il les exécute soit par l'intermédiaire d'un huissier, ce qui généralement augmente les frais, soit directement par la poste (art. 179). Le greffier est aussi chargé des significations aux absents et des significations des décisions du tribunal en matière d'interdiction et de procédure provocatoire; enfin les citations de témoins et d'experts en matière civile sont faites par le greffier (art. 342, 367), qui les exécute généralement par la poste.

Aux termes du Code de procédure civile, l'huissier procède à la saisie des biens du débiteur et à la vente publique des objets saisis (art. 712-771).

2° Si sa femme est partie, même après la dissolution du mariage;

3° S'il est en ligne directe parent ou allié de l'une des parties ou uni à elle par les liens de l'adoption, ou en ligne collatérale parent jusqu'au troisième degré ou allié jusqu'au deuxième degré, même après la dissolution du mariage qui a créé l'alliance.

II. Dans les affaires criminelles :

1° S'il a été personnellement lésé par le fait punissable;

2° S'il est ou a été le conjoint de la personne inculpée ou lésée;

3° S'il est avec la personne inculpée ou lésée dans l'un des liens de parenté ou d'alliance prévus par le n° I 3°.

TITRE XIII.

DE L'ASSISTANCE QUE DOIVENT SE PRÊTER LES TRIBUNAUX [1].

Art. 157. Les tribunaux [2] doivent, au civil et au criminel, se prêter assistance (*Rechtshülfe*).

Art. 158. La commission rogatoire (*Ersuchen um Rechtshülfe*) est adressée au tribunal de bailliage dans le ressort duquel l'acte judiciaire doit intervenir [3].

Art. 159. La commission rogatoire ne peut pas être refusée.

Cependant, lorsqu'elle émane d'un tribunal auquel le tribunal commis n'est pas subordonné dans l'ordre des instances, elle doit être refusée si le tribunal commis n'a pas la compétence territoriale, ou si l'acte requis est interdit par la loi du tribunal commis [4].

[1] Le titre XIII ne s'applique qu'aux tribunaux, et le ministère public reste en dehors de ses dispositions. Les membres du ministère public ayant en effet le droit de mettre en mouvement les autorités et agents de police non pas seulement dans leur ressort, mais dans tout l'Empire (C. procéd. pén. art. 159), aucune disposition spéciale n'était nécessaire. Si cependant une intervention quelconque est demandée par un procureur à un autre procureur, ce dernier aura le droit d'examiner la demande et d'agir en pleine indépendance et sous sa responsabilité. Si un désaccord s'élève entre les deux parquets, il sera tranché par voie administrative et par l'intervention des supérieurs communs (art. 144, 148).

Le titre ne s'occupe du ministère public que dans les articles 163, 164, relativement à l'exécution des peines.

[2] L'expression *tribunaux* comprend non seulement les tribunaux proprement dits, mais aussi toute émanation des tribunaux, les juges d'instruction, les juges enquêteurs, etc.

[3] Le tribunal commis a les mêmes pouvoirs qu'aurait le tribunal commettant s'il procédait à l'acte; par exemple, en cas de déposition de témoins, il peut condamner à l'amende (jusqu'à 300 marks) ou aux arrêts (pendant six semaines) le témoin qui refuse de déposer (art. 50, 69, Code procéd. pén.).

[4] Il résulte *a contrario* qu'en aucun cas le tribunal de bailliage ne peut re=

Art. 160. Si la commission rogatoire est refusée ou si elle est exécutée contrairement aux prescriptions de l'article 159 § 2, le tribunal régional Supérieur dans le ressort duquel se trouve le tribunal commis connaît du différend. La décision du tribunal régional Supérieur ne peut être attaquée que s'il a déclaré la commission rogatoire inadmissible et si le tribunal commettant et le tribunal commis appartiennent aux ressorts de tribunaux Supérieurs distincts. Le Pourvoi (*Beschwerde*) est porté devant le Tribunal de l'Empire [1].

Les décisions sont rendues sans débat oral préalable, sur la requête des intéressés ou du tribunal commettant.

Art. 161. Les actes judiciaires que nécessitent les exécutions, citations et significations, sont exécutés conformément aux prescriptions des Codes de procédure, sans qu'il y ait lieu de distinguer si ces actes doivent être exécutés dans l'État confédéré auquel appartient le tribunal saisi du procès ou dans un autre État confédéré [2].

fuser la commission rogatoire émanant du tribunal Régional et du tribunal Supérieur au ressort desquels il appartient, ou du Tribunal de l'Empire, tribunaux d'instance supérieure auxquels il est subordonné.

Un tribunal n'a pas la compétence territoriale si l'acte requis n'est pas exécutable dans son ressort.

[1] Le Pourvoi devant le tribunal Supérieur ou le Tribunal de l'Empire est de droit dans les cas prévus par les deux paragraphes de l'article, s'il est demandé par le tribunal commettant ou une partie intéressée, demandeur, défendeur, inculpé ou témoins.

[2] Les Codes de procédure soumettent dans toute l'Allemagne aux mêmes règles les actes judiciaires spécifiés par l'article. L'assistance du tribunal n'est pas nécessaire, les huissiers ou au criminel les agents de police sont saisis directement et sans son intervention; mais le nom des huissiers attachés à un tribunal étant souvent inconnu des autres tribunaux, un intermédiaire peut être nécessaire; l'article 162 désigne le greffier comme intermédiaire.

Par exécution (*Vollstreckung*) il faut entendre l'exécution de tout jugement, ordre ou mandat émanant des tribunaux civils ou criminels, à l'exception de l'exécution des peines privatives de liberté qui sont réglées par les dispositions spéciales des articles 163, 164.

Art. 162. Les tribunaux, le ministère public et les greffiers peuvent, lorsqu'il s'agira de commettre un huissier, requérir le concours du greffier du tribunal de bailliage dans le ressort duquel l'acte doit intervenir. L'huissier commis par le greffier est censé directement commis.

Art. 163. Toute peine privative de la liberté, dont la durée n'excède pas six semaines, doit être exécutée dans l'État dans lequel se trouve le condamné [1].

Art. 164. Si une peine privative de la liberté doit être exécutée dans le ressort d'un autre tribunal (que le tribunal de condamnation), ou si un condamné se trouvant dans le ressort d'un autre tribunal doit être arrêté et transféré à l'effet de subir sa peine, le ministère public près le tribunal Régional de ce ressort sera requis pour assurer la mise à exécution de ces mesures [2].

[1] L'article 163 contient une prescription formelle : la peine inférieure à six semaines ne peut être subie dans un autre État que celui dans lequel le condamné se trouve.

Il n'est fait aucune distinction entre les peines des arrêts, de l'emprisonnement ou de la détention, peines dont le minimum est de un jour.

Au contraire, il résulte du silence de la loi que toute peine supérieure à six semaines d'emprisonnement doit en principe être subie dans l'État auquel appartient le tribunal de condamnation; elle ne pourra donc être subie dans un autre État que par suite d'une entente entre les Gouvernements et du consentement du Procureur dans le ressort duquel se trouve le condamné. Il en est de même par analogie de la peine capitale. Le Pro-

cureur près le tribunal de condamnation n'a que le droit d'exiger le transfèrement du condamné arrêté. Cette distinction équitable a pour objet de laisser supporter respectivement par chaque État les frais considérables qu'entraîne l'exécution des longues peines d'emprisonnement prononcées par ses tribunaux.

[2] En cas de désaccord entre les deux parquets, les articles 144, 148 doivent être appliqués.

D'après l'article 483 du Code de procédure pénale, un extrait du jugement de condamnation doit être annexé à la demande.

L'article 164 vise les deux cas prévus par l'article 163 : exécution de la peine inférieure à six semaines de prison, et transfèrement du condamné à une peine supérieure.

Art. 165. Dans les cas où les autorités judiciaires de différents États confédérés se sont prêté assistance, les déboursés occasionnés par un transfèrement ou une exécution de peine doivent être restitués à l'autorité commise par l'autorité qui a commis.

Pour le surplus, les frais occasionnés par l'exécution de la commission rogatoire ne sont pas remboursés par l'autorité qui a commis.

S'il existe une partie condamnée aux frais, le montant des frais doit être recouvré par l'autorité qui a commis et transmis à l'autorité commise [1].

Ne sont pas compris dans le montant des frais les droits de timbre, d'enregistrement ou autres droits publics, qui frappent, d'après la loi de l'autorité commise, les pièces (titres, procès-verbaux) transmises par l'autorité qui a commis.

Art. 166. Le montant des taxes allouées aux témoins et experts cités en justice est fixé par le tarif en vigueur près le tribunal devant lequel ils sont cités.

Si le tarif du lieu de la résidence des personnes citées est plus élevé, l'application de ce tarif peut être exigée.

L'autorité requise est le Procureur d'État régional, seul chargé en principe de l'exécution des peines.

L'autorité qui requiert sera également, dans la plupart des cas, le Procureur d'État. Cependant le juge de bailliage peut être chargé de faire exécuter les peines prononcées par le tribunal d'Échevins et le président d'un tribunal doit veiller à l'exécution des peines de police prononcées à l'audience; dans ces deux cas, ce seront ces magistrats qui devront requérir le ministère public du tribunal dans le ressort duquel se trouvera le condamné.

[1] En principe, les déboursés seuls sont remboursés; ce sont les dépenses de transport, de nourriture du prisonnier, etc. (art. 165 § 1).

Tous les autres frais ne sont pas remboursés, à moins qu'il n'existe une partie condamnée aux frais; dans ce cas, les frais qui peuvent être recouvrés sont les frais de citation, de taxe des témoins, d'expertise, etc.; ils sont réclamés à la partie condamnée.

Le recouvrement est fait pour le compte du tribunal commis et c'est lui qui supporte définitivement la perte si la partie est insolvable.

En cas de grand éloignement de la résidence des témoins et experts cités, une avance sur le montant de la taxe doit leur être accordée sur leur demande [1].

Art. 167. Un tribunal ne peut, sans l'assentiment du tribunal de bailliage du lieu, procéder en dehors de son ressort à des actes judiciaires que s'il y a péril en la demeure. Dans ce cas, il doit en donner avis au tribunal de bailliage du lieu [2].

Art. 168. Les agents de la sûreté d'un État confédéré sont autorisés à continuer sur le territoire d'un autre État confédéré la poursuite d'un fugitif et à l'y arrêter [3].

[1] L'article 166 ne s'applique pas seulement au cas de commission rogatoire, mais aussi dans tous les cas de citation d'un témoin ou de nomination d'un expert.

Le témoin qui demandera une avance devra s'adresser directement ou par l'intermédiaire du tribunal de son district à l'autorité de qui émane la citation; cette autorité enverra les fonds. Il en sera de même si la citation émane d'une partie en cause; c'est à elle ou à son huissier que la personne citée devra s'adresser. L'article 166 donne implicitement au témoin, qui se trouverait dans les cas prévus et ne recevrait pas l'avance, le droit de faire défaut sans pouvoir être frappé d'une peine.

En cas de difficulté, le tribunal est juge de l'éloignement et de l'applicabilité de l'article 166.

[2] L'article 167 permet en principe à un tribunal, ou plutôt à un membre du tribunal délégué, de procéder, en se transportant hors de son ressort, à des actes judiciaires sur le ressort d'un autre tribunal de bailliage, même relevant d'un État voisin. Une commission rogatoire peut en effet quelquefois, et surtout en matière d'instruction criminelle, ne pas donner les résultats que la justice retirerait de l'intervention directe du juge saisi de l'affaire. Une seule condition est exigée : l'autorisation du tribunal étranger, et en cas d'urgence un simple avertissement.

L'article ne s'applique pas au ministère public.

[3] L'expression *fugitif* comprend les individus poursuivis en flagrant délit (interprétation authentique donnée par la Commission de justice, séance du 16 octobre 1875), les prévenus placés sous le coup d'un mandat d'arrêt, et les condamnés qui sont recherchés.

Par *agents de la sûreté* il faut entendre les agents de police, les gendarmes, les gardes et même les gardiens de maisons pénitentiaires à la recherche de détenus évadés.

L'individu arrêté doit être sans retard conduit devant le plus prochain tribunal ou le plus prochain officier de police de l'État sur le territoire duquel il a été arrêté [1].

Art. 169. Les dispositions en vigueur dans un État confédéré relativement à la communication des pièces par un fonctionnaire public à un tribunal de cet État seront également appliquées si le tribunal qui demande la communication appartient à un autre État confédéré.

[1] Le tribunal le plus voisin, devant lequel l'individu arrêté doit être conduit, est le tribunal de bailliage. Le juge de bailliage doit l'interroger dans les vingt-quatre heures et ordonner sa mise en liberté ou le conserver sous mandat d'arrêt (art. 128, Code procéd. pén.).

Lorsque l'individu arrêté est conduit devant l'officier de police du lieu, ce fonctionnaire ne peut qu'autoriser le transfèrement si l'arrestation a été faite en vertu d'un mandat judiciaire ou, en cas de flagrant délit, saisir le juge de bailliage le plus voisin, lequel agira conformément à l'article 128 du Code de procédure pénale.

TITRE XIV.

DE LA PUBLICITÉ ET DE LA POLICE DES AUDIENCES.

Art. 170. Les débats devant le tribunal de jugement, ainsi que la prononciation des jugements et décrets (*Beschlüsse*), ont lieu en audience publique [1 et 2].

Art. 171. Dans les affaires concernant le mariage (*Ehesachen*), la publicité doit être interdite si l'une des parties le demande [3].

Art. 172. Dans les procédures suivies sur opposition à l'ordonnance qui prononce l'interdiction pour cause de maladie mentale ou en repousse la mainlevée (art. 605, 620, Code procéd. civ.),

[1] Le titre XIV et l'article 170 s'appliquent au civil comme au criminel.

Les débats sont non seulement publics, mais aussi oraux (art. 119, Code procéd. civ.).

L'absence de publicité est une cause de nullité (art. 513, Code procéd. civ.; art. 377, Code procéd. pén.). Le procès-verbal de l'audience doit mentionner la publicité (art. 145, Code procéd. civ.; art. 272, Code procéd. pén.).

[2] Les Codes de procédure désignent sous le nom de décrets (*Beschlüsse*) toute décision émanant du tribunal entier dans le cours d'une instance et ne constituant pas le jugement proprement dit rendu sur le fond du procès, par exemple les décisions en matière de huis clos, de police d'audience, de récusation de juges,

d'assistance judiciaire, de fixation de délais, de rectification d'erreurs matérielles du jugement, de condamnation de témoin défaillant, etc.

[3] Les affaires dites matrimoniales (*Ehesachen*) sont les demandes en dissolution, nullité ou validité de mariage, rétablissement de la vie conjugale (art. 568, Code procéd. civ.); les contestations relatives aux conventions pécuniaires matrimoniales ne sont pas comprises sous cette dénomination.

Le huis clos est de droit si l'une des parties le demande; il peut aussi être prononcé d'office par le tribunal, par application de l'article 173.

Le projet du Code interdisait de plein droit la publicité dans les affaires matrimoniales.

l'interrogatoire de l'interdit se fera à huis clos ; la publicité des débats peut également être interdite sur la demande d'une des parties.

La procédure en interdiction ou en mainlevée d'interdiction (art. 593-604, 616-619, Code procéd. civ.) n'est pas publique [1].

ART. 173. Dans toutes les affaires, le tribunal peut ordonner que les débats en totalité ou en partie auront lieu à huis clos, si la publicité présente un danger pour l'ordre public ou les mœurs [2].

ART. 174. Dans tous les cas, le jugement sera prononcé en audience publique [3].

[1] Le Code de procédure civile règle, dans les articles 593-627, la procédure de l'interdiction ; l'article 172 fait allusion aux différentes phases de cette procédure.

L'interdiction est poursuivie devant le tribunal de bailliage sur requête présentée par le conjoint, le tuteur, un parent de l'interdit ou le Procureur d'État. Le tribunal interroge l'interdit, autorise tous les moyens de preuve, puis rend non pas un jugement, mais une ordonnance d'interdiction ou de rejet d'interdiction. C'est dans les mêmes formes que la mainlevée d'interdiction est demandée. Toute cette procédure est secrète, l'ordonnance elle-même n'est pas publiée (art. 172 § 2).

L'ordonnance rendue par le tribunal de bailliage peut être attaquée dans le délai d'un mois par l'interdit ou les personnes qui ont poursuivi l'interdiction ; l'affaire est portée devant le tribunal Régional qui juge. Les débats sont alors publics en principe ; le huis clos peut seulement être prononcé par application du principe général (art. 173) ou sur la demande de l'une des parties. L'interrogatoire seul est secret (art. 172 § 1).

La requête de l'une des parties n'entraîne pas nécessairement le huis clos comme en matière de mariage. Le tribunal est libre de le refuser.

L'article 172 ne s'applique qu'à l'interdiction pour aliénation mentale, et non à l'interdiction pour prodigalité.

[2] L'exposé des motifs énumère les crimes de fausse monnaie parmi les affaires dans lesquelles la publicité des débats présenterait un danger pour l'ordre public.

[3] L'article 174 ne s'applique qu'aux jugements et non aux décrets rendus par le tribunal. (Interprétation authentique donnée par la Commission de justice, séance du 24 mai 1876.)

Si le jugement n'a pas été encore rédigé au moment où il est prononcé, il suffit que le président en fasse connaître les dispositions principales (art. 267,

Art. 175. Les débats sur le huis clos n'ont pas lieu en audience publique.

Le décret qui ordonne le huis clos sera prononcé en audience publique [1].

Art. 176. L'accès de la salle d'audience peut être interdit pendant les débats publics aux enfants et aux personnes n'ayant pas la jouissance des droits civiques ou se présentant dans un état qui ne convient pas à la dignité du tribunal [2].

Le président peut autoriser la présence de certaines personnes dans la salle d'audience pendant les débats à huis clos [3].

Code procéd. pén.; art. 282, Code procéd. civ.).

L'article 174 a été introduit par le Parlement. Le projet étendait le huis clos au prononcé du jugement; en effet, en matière de crimes contre les mœurs par exemple, la publicité du jugement peut avoir le double inconvénient de nuire à la réputation de la victime et de froisser la pudeur publique par les détails nécessaires qu'il contient. Ces considérations ne parurent pas suffisantes au Parlement pour supprimer la garantie de la publicité.

Au civil, la lecture du jugement ne porte en principe que sur le dispositif (art. 282, Code procéd. civ.), et les motifs du jugement ne sont lus que si le tribunal le juge opportun. En conséquence, en matière de divorce, de nullité de mariage, etc., dans toutes les affaires civiles intéressant l'honneur des familles, la publicité du jugement ne présentera aucun inconvénient.

Le huis clos comprend, au criminel, aussi bien le résumé du président et le verdict du jury que les débats.

L'arrêt seul doit être prononcé publiquement.

[1] L'article 175 autorise implicitement des débats sur la question du huis clos. Au civil les parties, au criminel le ministère public, l'accusé, la partie civile doivent être entendus avant le jugement.

Par application de l'article 175, la demande en huis clos déposée, l'audience devient secrète, les débats sur le huis clos ont lieu, puis les portes sont rouvertes et le décret qui ordonne ou repousse le huis clos est rendu.

[2] C'est-à-dire les ivrognes, les personnes habillées d'une façon indécente ou accompagnées d'animaux.

[3] Pendant l'audience à huis clos, personne n'a le droit de pénétrer dans la salle, à l'exception des juges qui siègent et des personnes qui appartiennent à l'affaire.

Les juges ou les jurés qui ne siègent pas et les avocats sont compris dans la défense. Un amendement proposé par le Dr Grimm avait voulu leur donner le droit d'assister aux débats; il fut retiré. Il parut inutile de consacrer leur droit,

Art. 177. La police de l'audience appartient au président [1].

Art. 178. Les parties, les inculpés, les témoins, les experts ou les personnes étrangères aux débats, qui n'obéissent pas aux injonctions données pour le maintien de l'ordre, peuvent être, par décret du tribunal, expulsés de la salle d'audience et même être arrêtés et détenus pendant un temps que doit fixer la décision du tribunal et qui ne peut dépasser la durée de vingt-quatre heures.

Art. 179. Si les parties, les inculpés, les témoins, les experts ou les personnes étrangères aux débats se rendent coupables pendant l'audience d'un manquement quelconque (*Ungebühr*) [2], le tribunal peut, sans préjudice d'une poursuite criminelle, prononcer une peine de 100 marks d'amende ou de trois jours d'arrêts au maximum et en ordonner l'exécution immédiate.

Art. 180. Si un avocat-avoué ou un défenseur occupant dans l'affaire se rend coupable pendant l'audience d'un manquement quelconque, le tribunal peut, sans préjudice d'une poursuite crimi-

---

alors qu'en fait le président ne ferait jamais obstacle à leur présence. (Déclaration du D^r von Amsberg, commissaire du Gouvernement; séance de la Commission du 18 octobre 1875.)

L'autorisation du président peut être expresse ou tacite.

[1] Le président a la police de l'audience; il a le droit de réprimander et de rappeler à l'ordre toutes les personnes qui s'y trouvent. Les articles 178-180 énumèrent les personnes qui peuvent être frappées d'une peine et les peines qui peuvent être prononcées.

Le ministère public est soumis, lui aussi, à l'autorité du président. (Interprétation authentique donnée par la Commission de justice, séance du 18 octobre 1875.) Le président ne peut à la vérité le rappeler à l'ordre, lui retirer la parole ou le frapper d'une peine, les amendements qui lui accordaient ce droit ayant été rejetés; mais il peut refuser de laisser poser la question faite par le ministère public, et, s'appuyant sur son autorité, le rappeler à la modération, l'avertir que s'il continue les débats ne seront plus possibles, et, en cas de nécessité, lever l'audience.

[2] L'article ne définit pas le *manquement*; il faut entendre par là tout outrage, parole injurieuse, marque d'approbation ou de désapprobation, etc.

100 marks d'amende équivalent à 125 francs.

nelle ou disciplinaire, prononcer un peine de 100 marks d'amende au maximum [1].

Art. 181. Le président fera directement [2] exécuter les peines ci-dessus spécifiées.

Art. 182. Les pouvoirs spécifiés dans les articles 177-181 appartiennent aussi au juge agissant seul dans l'exercice de ses fonctions en dehors de l'audience [3].

Art. 183. Lorsqu'une peine a été prononcée dans les cas prévus par les articles 179, 180, 182, le Pourvoi (*Beschwerde*) peut être formé dans le délai d'une semaine après la notification de la décision, — à moins que la décision n'émane du Tribunal de l'Empire ou d'un tribunal régional Supérieur.

[1] L'expulsion de l'audience ou l'arrestation ne peut être ordonnée contre l'avocat ou le défenseur occupant. Si son attitude injurieuse persistait, le président pourrait à plusieurs reprises le frapper de l'amende et en dernier lieu lever l'audience. Dans ce dernier cas, les frais occasionnés par la remise de l'affaire (citation de témoins, etc.) seraient supportés par l'avocat (art. 145, Code procéd. pén.; art. 97, Code procéd. civ.).

Le Code de procédure pénale permet à l'inculpé de choisir comme défenseurs, en dehors des avocats-avoués, les professeurs de droit des universités allemandes et avec l'agrément du tribunal toute autre personne. L'avocat choisi pourra, du consentement de l'accusé, charger de la défense un Référendaire ayant deux ans de stage. Les Référendaires peuvent également être désignés d'office par le président (art. 138, 139, 144).

Les avocats qui n'occupent pas dans le procès sont considérés comme personnes étrangères aux débats et tombent sous le coup des articles 178, 179.

[2] C'est-à-dire sans l'intervention du ministère public.

[3] L'article 182 s'applique aux juges délégués, juges-commissaires, juges enquêteurs, juges d'instruction et leur donne dans le cours des instructions, enquêtes, etc., dont ils sont chargés les pouvoirs attribués au président ou au tribunal par les articles précédents.

L'article 162 du Code de procédure pénale donne notamment au juge d'instruction et au juge de bailliage chargé d'une enquête criminelle le droit, dans le cours d'un transport sur les lieux, de faire arrêter et détenir pendant la durée du transport toute personne qui entraverait l'instruction ou résisterait aux mesures ordonnées.

Le Pourvoi n'a pas d'effet suspensif dans le cas de l'article 179; il a un effet suspensif dans les cas des articles 180 et 182 [1].

Le tribunal régional Supérieur est juge du Pourvoi.

Art. 184. Lorsqu'une peine a été prononcée pour un manquement, ou lorsqu'un individu a été arrêté, ou lorsqu'une personne figurant dans les débats a été expulsée de l'audience, le décret du tribunal [2] et le fait qui l'a motivé doivent être mentionnés dans le procès-verbal [3].

Art. 185. Lorsqu'une action punissable est commise à l'audience, le tribunal doit constater les faits et communiquer à l'autorité compétente le procès-verbal dressé. L'arrestation provisoire du coupable sera ordonnée, s'il y a lieu [4].

[1] Les décisions émanant du Tribunal de l'Empire et des tribunaux Supérieurs ne peuvent être frappées de Pourvoi. De même le Pourvoi n'est pas possible contre les peines ordonnées par le président ou les mesures d'ordre prescrites par le tribunal (art. 177, 178).

Dans le cas de l'article 179, le Pourvoi n'ayant pas d'effet suspensif ne peut avoir pour objet qu'une satisfaction morale.

Les décisions prises contre les personnes qui ont troublé l'audience leur sont simplement notifiées (art. 35, Code procéd. pén.; art. 294, Code procéd. civ.). Si cependant elles s'étaient éloignées avant la notification, il y aurait lieu de leur signifier la décision.

[2] Ou du juge-commissaire (art. 182).

[3] Il s'agit du procès-verbal de l'audience que tient le greffier et qui mentionne le jour de l'audience, le nom des juges, du greffier, des parties et de leurs avocats-avoués, l'indication de l'affaire, les dépositions des témoins, etc. (Code procéd. civ. art. 145, 146; Code procéd. pén. art. 272).

[4] L'article 185 s'applique en cas de violences, outrages, faux témoignages, etc.

L'autorité compétente à laquelle le procès-verbal doit être envoyé est en règle générale le Procureur d'État régional (Code procéd. pén. art. 161).

En cas d'arrestation, l'individu arrêté doit être immédiatement conduit devant le juge de bailliage, qui le met en liberté ou le maintient sous mandat d'arrêt jusqu'à ce que le ministère public ait ouvert l'action publique et saisi le juge d'instruction. L'action publique doit être ouverte au moins dans les huit jours (art. 126, 128, 129, Code procéd. pén.).

TITRE XV.

DE LA LANGUE JUDICIAIRE.

Art. 186. La langue judiciaire est la langue allemande [1].

Art. 187. Dans le cas où des personnes figurant dans les débats ne possèdent pas la langue allemande, un interprète doit leur être donné [2]. Il ne sera pas dressé de procès-verbal annexe en langue étrangère ; cependant, si le juge l'estime nécessaire en égard à l'importance de l'affaire, les explications et dépositions faites en langue étrangère seront consignées dans cette langue sur le procès-verbal ou sur une annexe du procès-verbal. Dans ce cas, une traduction certifiée par l'interprète sera annexée au procès-verbal.

L'intervention d'un interprète n'est pas nécessaire si toutes les personnes figurant dans les débats connaissent la langue étrangère.

[1] Les différentes langues étrangères en usage dans l'Empire allemand sont le bohême, le danois, le français, le lithuanien, le polonais, le wallon et le wende.

L'article 12 de la loi sur la mise en vigueur contient pour l'Alsace-Lorraine une exception au principe de l'article 186 : la loi du 14 juin 1871 et l'ordonnance du 17 septembre 1874 restent en vigueur.

Lors de la deuxième et troisième lecture, les députés polonais, s'appuyant sur l'article 143 de l'ordonnance du 17 février 1817, avaient demandé, par deux amendements chaleureusement soutenus, le maintien de la langue polonaise ou tout au moins la rédaction d'un procès-verbal en langue polonaise. Après un vif débat, les amendements ont été rejetés.

L'allemand étant la langue judiciaire, tous les actes de procédure doivent être faits, les débats doivent avoir lieu, les jugements être rédigés et les procès-verbaux être dressés en allemand.

[2] Les personnes figurant dans l'instance sont les juges, les échevins et jurés, les parties ou l'accusé, la partie civile, les témoins et les experts.

L'assistance de l'interprète et son nom doivent être mentionnés dans le procès-verbal (art. 145, Code procéd. civ. ; art. 272, Code procéd. pén.).

Art. 188. Lorsque des personnes figurant dans les débats sont sourdes ou muettes et que les explications ne peuvent être échangées par écrit, il leur sera donné pour interprète une personne avec le secours de laquelle l'entente pourra être établie d'une autre manière.

Art. 189. Le tribunal appréciera si une partie qui est sourde peut prendre la parole dans les débats.

Cette disposition est applicable, dans les procès pour lesquels l'assistance d'un avoué est nécessaire, à la partie qui ne possède pas la langue allemande [1].

Art. 190. Les personnes qui ne possèdent pas la langue allemande prêtent serment dans la langue qui leur est familière [2].

Art. 191. L'interprète doit prêter serment :
De traduire fidèlement et consciencieusement [3].

S'il est assermenté d'une façon générale pour de semblables traductions, il suffit de lui rappeler le serment qu'il a prêté.

Art. 192. Les fonctions d'interprète peuvent être remplies par le greffier. Il n'a pas, dans ce cas, à prêter un serment spécial.

---

[1] D'après l'article 128 du Code de procédure civile, dans les affaires pour lesquelles l'assistance d'un avocat-avoué est prescrite par la loi, c'est-à-dire dans les procès portés devant le tribunal Régional, les parties ont le droit de prendre la parole après leur avocat; dans les autres affaires, c'est-à-dire devant les tribunaux de bailliage et les chambres commerciales, elles peuvent soutenir elles-mêmes leur demande sans être assistées d'un avocat-avoué. Tel est le principe. Pour les sourds, une exception générale est faite au principe par l'article 189; la parole peut leur être refusée dans toutes les affaires portées devant les tribunaux. Pour les personnes ne parlant pas l'allemand, l'exception est limitée aux affaires pour lesquelles l'assistance d'un avocat-avoué est nécessaire.

[2] Les sourds-muets prêtent serment par écrit ou par signes avec l'aide d'un interprète (art. 63, Code procéd. pén.; art. 445, Code procéd. civ.).

[3] Le parjure de l'interprète est puni des travaux forcés pendant dix ans au plus (art. 153-158, Code pénal).

Art. 193. Les dispositions sur les exclusions et récusations d'experts s'appliquent aux interprètes. La décision est prise par le tribunal ou le juge qui a fait appel à l'interprète [1].

[1] Les articles 22, 24, 74, Code procéd. pén.; 41, 42, 371, Code procéd. civ. énumèrent les causes de récusation : Les principales de ces causes sont la parenté et l'alliance avec le prévenu ou la partie en cause, le fait d'être intéressé dans l'affaire, ou d'avoir concouru à un jugement antérieur, ou d'avoir été entendu comme témoin. Les mêmes causes de récusation sont applicables aux juges, aux experts et aux interprètes.

TITRE XVI.

DE LA DÉLIBÉRATION ET DU VOTE.

Art. 194. Les décisions des tribunaux ne peuvent être rendues que par le nombre de juges fixé par la loi [1].

Dans les débats de longue durée, le président peut ordonner l'adjonction de juges supplémentaires, qui assisteront aux débats et remplaceront le juge empêché.

Les dispositions précédentes s'appliquent également aux échevins et aux jurés.

Art. 195. La délibération et le vote ne sont pas publics [2].

Cette disposition ne fait pas obstacle à la présence des personnes attachées au tribunal à l'effet de faire leur stage [3].

Art. 196. Le président dirige la délibération, pose les questions et recueille les votes.

[1] L'article 194 fixe le nombre de juges qui peuvent assister aux débats et prendre part au jugement; nous avons vu quel était ce nombre : trois devant les chambres civiles des tribunaux Régionaux, cinq devant les chambres criminelles et les tribunaux Supérieurs, sept devant le Tribunal de l'Empire.

La prescription est rigoureuse; sa violation entraînerait la nullité du jugement (art. 377, Code procéd. pén.; art. 513, Code procéd. civ.). Aucun autre juge, même de la chambre, ne peut monter à l'audience.

[2] L'article 195 n'interdit pas le délibéré à l'audience à voix basse. (Interprétation authentique donnée par la Commission de justice, séance du 24 mai 1876.)

Le Président et les autres juges du tribunal, le ministère public, le greffier n'ont pas le droit d'assister au délibéré. (Interprétation authentique, ibid.)

Les commissaires fédéraux avaient voulu attribuer le droit de présence au Président du tribunal et aux inspecteurs de la justice : le Parlement s'y est énergiquement opposé.

[3] C'est-à-dire les Référendaires. Le droit d'assister au délibéré leur sera accordé par le président de la chambre.

Les divergences d'opinion sur l'objet, la position et l'ordre des questions ou le résultat du vote sont tranchées par le tribunal [1].

Art. 197. Aucun juge, échevin ou juré ne peut refuser de voter sur une question sous prétexte que, sur une question précédemment votée, il s'est trouvé dans la minorité.

Art. 198. Les décisions sont rendues à la majorité absolue des voix, à moins que la loi ne décide le contraire [2].

S'il se forme plus de deux opinions sur le montant des sommes que le tribunal doit fixer, sans qu'aucune de ces opinions réunisse la majorité, les voix données pour la plus forte somme sont comptées avec les voix données pour la somme immédiatement inférieure, et ainsi de suite jusqu'à ce qu'il se forme une majorité.

Si, dans une affaire criminelle, et en dehors de la question de culpabilité [3], il se forme plus de deux opinions, sans qu'aucune réunisse la majorité, les voix les plus défavorables à l'inculpé seront comptées avec les voix immédiatement moins défavorables, et ainsi de suite jusqu'à ce qu'il se forme une majorité.

Art. 199. L'ordre du vote est fixé par l'ancienneté des services, et dans les tribunaux d'Échevins et les chambres commerciales par l'âge. Le moins ancien (ou le plus jeune) vote le premier, le président le dernier [4]. Si un rapporteur a été nommé [5], il vote le premier.

[1] Le tribunal est maître de son délibéré; la loi n'en réglemente pas la forme.

[2] La majorité doit être des deux tiers devant les chambres criminelles du tribunal Régional (art. 262, C. procéd. pén.), et de plus de sept voix devant les cours d'assises (art. 307).

Le président n'a pas voix prépondérante.

[3] En cas d'application de peine par exemple.

[4] De même le juge de bailliage dans les tribunaux d'Échevins ou le juge titulaire des chambres commerciales vote le dernier en qualité de président.

[5] Le Code de procédure pénale exige la nomination d'un rapporteur dans les procédures d'appel et de revision (art. 365, 391).

Pour les jurés, l'ordre du vote est fixé par le sort. Le chef du jury vote le dernier.

Art. 200. Les jurés et les échevins sont tenus de garder le secret des délibérations et du vote [1].

[1] Aucune sanction n'est attachée à l'article; il n'a qu'une valeur morale.

Il n'est pas question des juges, qui, en raison de leur situation officielle, sont tenus au secret professionnel, et seraient exposés à des peines disciplinaires s'ils violaient le secret des délibérations.

TITRE XVII.

DES VACANCES JUDICIAIRES.

Art. 201. Les vacances judiciaires commencent le 15 juillet et prennent fin le 15 septembre [1].

Art. 202. Pendant les vacances, les affaires portées en vacation (*Feriensachen*) seront seules appelées pour être plaidées et jugées [2].

Sont portées en vacation :

1° Les affaires criminelles (*Strafsachen*) [3] ;

2° Les demandes en contrainte (*Arrestsachen*) et en mesures provisoires (*Einstweilige Verfügung*) [4] ;

3° Les affaires de foires et marchés [5] ;

4° Les contestations en matière de louage de logements et autres locaux entre bailleurs et preneurs, à raison de la délivrance

[1] Aux vacances il faut ajouter les jours de fêtes légales reconnues par chaque État.

Le projet avait limité les vacances au 31 août.

[2] Le Code de procédure civile a fixé les délais à l'expiration desquels les actes de la procédure doivent intervenir ; le délai est d'un mois au moins entre l'ajournement et les débats (art. 194, 234). Ces délais ne courent pas pendant les vacances : il n'est fait d'exception que pour les causes de vacation (art. 201, Code procéd. civ.).

[3] Par *affaires criminelles* le législateur entend toutes les affaires portées devant la justice pénale, c'est-à-dire les crimes, délits et contraventions.

[4] La contrainte a pour objet d'assurer l'exécution forcée sur les biens meubles ou immeubles du débiteur : elle a lieu sur la personne ou les biens. Elle doit être ordonnée par jugement (art. 796-813, Code procéd. civ.).

Un tribunal peut ordonner des mesures provisoires relativement à l'objet litigieux, s'il est à craindre qu'une modification dans l'état des choses ne mette en péril le droit d'une partie sur cet objet (art. 814-822, Code procéd. civ.).

[5] Les affaires de foires et marchés comprennent toutes les opérations de commerce conclues dans une foire ou un marché.

et usage des lieux, de l'expulsion du preneur et de la rétention par le bailleur des meubles garnissant les lieux loués;

5° Les difficultés en matière de lettres de change;

6° Les difficultés en matière de construction, si la contestation porte sur la continuation de la construction commencée.

Le tribunal peut, en outre, sur la demande des parties, classer d'autres affaires comme causes de vacation si elles sont particulièrement urgentes. Le président a le même droit sous réserve de la décision du tribunal.

Art. 203. Pour l'expédition des affaires de vacation, des chambres de vacation peuvent être établies près les tribunaux Régionaux, les tribunaux régionaux Supérieurs et le Tribunal de l'Empire [1].

Art. 204. Les vacances sont sans effet sur les procédures d'avertissement (*Mahnverfahren*) et d'exécution forcée (*Zwangsvollstreckungsverfahren*), et les faillites [2].

En foi de quoi Nous avons signé de Notre main et fait apposer le sceau impérial.

Donné à Berlin, le 27 janvier 1877.

GUILLAUME.

Prince v. Bismarck.

---

[1] La composition des chambres de vacation est fixée par le Presidium (art. 62 et 63).

[2] La procédure d'avertissement a pour objet le payement immédiat de créances liquides et exigibles (art. 628-643, Code procéd. civ.).

La procédure d'exécution forcée a pour objet l'exécution des jugements définitifs sur les biens et la personne du débiteur et la distribution des fonds provenant des biens saisis (art. 642-822, Code procéd. civ.).

Les procédures énumérées par l'article 204 suivent leur cours pendant les vacances.

LOI

SUR LA MISE EN VIGUEUR

DU CODE D'ORGANISATION JUDICIAIRE[1],

EN DATE DU 27 JANVIER 1877.

ARTICLE PREMIER. Le *Code d'organisation judiciaire* entrera en vigueur dans toute l'étendue de l'Empire au jour fixé par une ordonnance impériale rendue sur l'avis conforme du Conseil fédéral, et au plus tard le 1er octobre 1879, concurremment avec la loi sur les frais de justice prévue par l'article 2 de la loi sur la mise en vigueur du Code de procédure civile [2].

ART. 2. Les dispositions du Code d'organisation judiciaire s'appliquent exclusivement en matière de justice ordinaire contentieuse [3].

ART. 3. La juridiction en matière civile et criminelle, réservée à

[1] *Einführungsgesetz zum Gerichtsverfassungsgesetze.*

[2] La loi fédérale sur les frais de justice comprend :

Une loi sur les frais de justice proprement dits, en date du 18 juin 1878;

Une loi sur le tarif des salaires des huissiers, en date du 24 juin 1878;

Une loi sur la taxe des témoins et experts, en date du 30 juin 1878;

Une loi, en date du 29 juin 1881, modificative de la loi du 18 juin 1878.

[3] *En matière de justice ordinaire con-*tentieuse, c'est-à-dire au civil, au criminel et en matière de faillite. (Cf. art. 12, note 1, page 7.)

À la règle posée par l'article 2 les articles 6-10 apportent les exceptions suivantes : ils permettent l'établissement de certains tribunaux spéciaux ou une procédure particulière devant les tribunaux ordinaires, et le renvoi devant une juridiction spéciale des affaires de presse, des affaires concernant les princes du sang et les seigneurs médiatisés, les crimes et délits commis par les militaires.

des tribunaux spéciaux, peut être attribuée aux tribunaux ordinaires par la législation particulière des États confédérés; cette attribution peut être faite suivant d'autres règles de compétence que celles prescrites par le Code d'organisation judiciaire.

De même la juridiction en dernière instance en pareille matière peut, sur la demande de l'État intéressé et sur l'avis conforme du Conseil fédéral, être attribuée au Tribunal de l'Empire par ordonnance impériale.

Dans les affaires civiles pour lesquelles est admise une procédure s'écartant des prescriptions du Code de procédure civile, la compétence des tribunaux ordinaires peut être réglée par la législation particulière des États confédérés suivant d'autres règles que celles prescrites par le Code d'organisation judiciaire [1].

Art. 4. Les prescriptions du Code d'organisation judiciaire sur la

[1] L'article 14 du Code énumère les tribunaux spéciaux qui peuvent être maintenus. Le premier paragraphe de l'article 3 permet de renvoyer devant les tribunaux ordinaires les affaires de la compétence de ces tribunaux, et dans ce cas les règles de la procédure peuvent être modifiées (art. 3, loi mise en vig. Code procéd. civ. et Code procéd. pén.). Ainsi trois partis peuvent être pris en ce qui concerne ces affaires :

1° Renvoi devant les tribunaux spéciaux avec une procédure particulière;

2° Renvoi devant les tribunaux ordinaires avec une procédure particulière;

3° Renvoi devant les tribunaux ordinaires avec la procédure ordinaire.

La troisième hypothèse est le droit commun tant que les États confédérés n'auront pas fait usage de la faculté qui leur est laissée par les articles 14 du Code et 3 des lois sur la mise en vigueur.

Le deuxième paragraphe de l'article ne s'applique que si des tribunaux spéciaux ont été établis ou si les règles de la procédure ont été modifiées. Autrement, en cas de compétence des tribunaux ordinaires, la troisième instance appartient naturellement au tribunal fédéral.

Le troisième paragraphe s'explique par les articles 11, 15 et 16 de la loi sur la mise en vigueur du Code de procédure civile, qui permettent aux législations locales de modifier les règles du Code de procédure en matière de procédure par voie de sommation publique et maintiennent en vigueur les lois particulières relatives au partage de succession, défense de payement en cas de perte d'effets au porteur, expropriation forcée, exécution forcée pour les réclamations de sommes d'argent contre le trésor public, etc. Ces affaires sont néanmoins portées devant les tribunaux ordinaires.

compétence des autorités (judiciaires) ne font pas obstacle à ce que les législations particulières confient à ces autorités toutes autres attributions judiciaires ainsi que les affaires de l'administration judiciaire. D'autres matières administratives ne doivent pas être déférées aux tribunaux ordinaires [1].

Art. 5. Les dispositions du Code d'organisation judiciaire ne s'appliquent aux souverains des États confédérés et aux membres des familles souveraines, ainsi qu'aux membres de la famille princière Hohenzollern, qu'autant qu'il n'y est pas dérogé par les prescriptions particulières des statuts domestiques ou des lois locales [2].

[1] L'article 4 permet de confier aux tribunaux toutes les affaires de la justice volontaire. L'administration judiciaire comprend la surveillance du personnel et l'administration des intérêts pécuniaires des tribunaux.

Il résulte de l'expression : *autorités*, employée par le législateur, que l'article s'applique aussi bien aux membres du ministère public qu'aux membres des tribunaux.

Le second paragraphe interdit les fonctions administratives aux tribunaux; il n'empêche pas toutefois que ces fonctions ne soient confiées à des membres des tribunaux individuellement désignés. Il ne sera fait que très exceptionnellement usage de cette faculté : il pourra cependant y être fait recours, ainsi que le constate l'exposé des motifs, pour faciliter par exemple l'administration des îles du Schleswig-Holstein, qui souvent pendant l'hiver n'ont plus aucune communication avec la terre ferme : il importait de pouvoir charger exceptionnellement de l'administration le juge de bailliage. (119ᵉ séance de la Commission de justice, en date du 11 février 1876.)

[2] Dans la plupart des États, des lois ou statuts domestiques renvoient devant une juridiction particulière les affaires civiles ou criminelles intéressant les membres de la famille souveraine. Ces lois ou statuts resteront en vigueur; ils pourront même être introduits ultérieurement dans les pays où ils n'existeraient pas, mais ils ne sont applicables que dans les limites mêmes de l'État.

Sont compétents : en Prusse, le Conseil privé de justice; en Bavière, le Conseil royal de famille pour les affaires intéressant le statut personnel et les tribunaux Supérieurs pour les autres affaires. Dans le grand-duché de Hesse, en Saxe, dans la Principauté de Waldeck et en Württemberg, les affaires intéressant le souverain sont en première instance portées devant les tribunaux Supérieurs. Bade, Brunswick, Oldenburg n'ont pas de tribunaux spéciaux.

En Mecklenburg et Saxe-Meiningen, la poursuite au civil était subordonnée au consentement du prince régnant. L'article 5 de la loi sur la mise en vigueur du Code de procédure civile a supprimé la nécessité de cette autorisation préalable.

Les princes de Hohenzollern ne sont

ART. 6. Ne sont pas abrogées les lois locales actuellement en vigueur sur la compétence des cours d'assises en matière d'actes punissables commis par la voie de la presse [1].

ART. 7. Le Code d'organisation judiciaire ne touche ni à la justice militaire [2] ni au droit à une justice arbitrale (*Recht auf Austräge*) accordé par les législations locales aux seigneurs médiatisés (*Standesherren*) [3].

pas princes du sang de la maison royale de Prusse; mais à raison de leur parenté avec la maison royale, la loi prussienne du 12 mars 1850 leur a reconnu une situation privilégiée.

Les souverains et princes du sang sont entendus comme témoins en leur demeure et ne sont pas cités à l'audience; ils prêtent serment en signant une formule mentionnant la teneur du serment (art. 196, 340, 441, 444, Code procéd. civ.; art. 71, Code procéd. pén.).

[1] L'article 6 déroge à l'article 80 du Code d'organisation judiciaire; il est le résultat d'un compromis. (Cf. *Introduction.*)

Les États dans lesquels le jury est compétent pour les délits de presse sont la Bavière, Bade, Oldenburg et le Württemberg.

L'article limite l'exception aux pays dans lesquels le jury fonctionne en matière de presse *actuellement*, c'est-à-dire au jour de la promulgation de la loi. Il interdit implicitement à tout autre État d'introduire le jury en pareille matière, et interdit de même, dans les pays auxquels il s'applique, toute extension future de la compétence.

[2] Les tribunaux militaires sont exclusivement criminels (art. 39 de la loi fédérale du 2 mai 1874) et n'ont juridiction que sur les militaires.

[3] La justice arbitrale, à laquelle les chefs seuls des familles médiatisées peuvent faire appel, prend son origine aux époques troublées de la féodalité. La faiblesse de la justice féodale, dont les arrêts n'étaient souvent respectés de personne, avaient amené au moyen âge les princes, prélats souverains et seigneurs indépendants à conclure des conventions (*Austräge*) par lesquelles ils renvoyaient devant des arbitres les difficultés de toute nature qui pouvaient surgir entre eux et étaient de la compétence des tribunaux. De pareilles conventions furent conclues entre les princes Électeurs en 1424.

La création de la cour de l'Empire (*Reichskammergericht*), en 1427, laissa subsister ces conventions. La justice arbitrale fut respectée par le temps et les révolutions; nous la retrouvons dans la Confédération allemande et elle s'exerce sur tous les membres de la Confédération.

En même temps, les princes souverains avaient droit à une justice privilégiée et leurs causes relevaient d'une juridiction spéciale.

Au commencement de ce siècle, un grand nombre de princes indépendants furent médiatisés; l'article 14 de la Constitution fédérale du 8 juin 1815 maintint leurs privilèges judiciaires.

Depuis, ces droits furent en partie

Art. 8. Les États confédérés, dans lesquels plusieurs tribunaux régionaux Supérieurs seront établis, pourront, en matière civile, renvoyer par voie législative devant un tribunal Suprême (*Oberstes Landesgericht*) les débats et le jugement des recours en Revision et des Pourvois (*Beschwerde*) qui sont de la compétence du Tribunal de l'Empire [1].

Néanmoins cette disposition ne s'applique pas aux contestations civiles qui sont de la compétence du tribunal supérieur fédéral de commerce (*Reichs-Oberhandelsgericht*), ou qui sont renvoyées devant le Tribunal de l'Empire par des lois fédérales spéciales [2].

réduits ou même supprimés : ils restèrent cependant en vigueur dans certains pays de l'Allemagne. Ainsi, en Prusse, les seigneurs médiatisés, dont les États avaient été incorporés au royaume de Prusse, avaient droit à une justice spéciale en matière criminelle et aussi dans toutes les affaires civiles intéressant leur statut personnel ou leurs terres patrimoniales.

Les privilèges judiciaires des seigneurs médiatisés étaient en conséquence d'une double nature : ils étaient justiciables en première instance, au civil et au criminel, des tribunaux Supérieurs, généralement des cours d'appel. Ce privilège a été supprimé par le Code d'organisation judiciaire. — Ils avaient droit à une justice arbitrale en vertu de conventions antérieures toujours fort anciennes. L'article 7 respecte ce privilège. La justice arbitrale est une justice rendue par les pairs de l'accusé; elle n'existe qu'au criminel. En Prusse, le tribunal arbitral est composé de cinq membres, choisis par l'accusé parmi ses pairs sur une liste de dix pairs proposée par le ministre de la justice. L'instruction est faite par un membre du tribunal Supérieur désigné par le Presidium. Les pairs choisis comme juges prêtent serment

devant le ministre de la justice. Le jugement doit être confirmé par le roi et est sans recours (instruct., 30 mai 1820).

[1] L'article 8 a pour objet de maintenir l'unité de la jurisprudence dans les pays régis par un grand nombre de lois civiles distinctes.

Le tribunal Suprême n'est compétent qu'en matière civile. La Bavière et la Prusse ont seules établi plusieurs tribunaux Supérieurs. De ces deux États, la Prusse a renoncé au droit que lui donnait l'article 8, la Bavière seule a établi un tribunal Suprême.

L'article 7 de la loi sur la mise en vigueur du Code de procédure civile a réglé la procédure devant le tribunal Suprême.

[2] Sont en dernier ressort de la compétence du tribunal Supérieur de commerce : les affaires commerciales, — les contestations en matière de droits de flottage (loi fédérale, 1er juin 1870), — les affaires de contrefaçon d'œuvres littéraires, artistiques et musicales (art. 32, loi fédérale, 11 juin 1870), — les demandes en responsabilité civile à raison de mort ou de blessures résultant de l'exploitation des chemins de fer, mines et manufactures (loi fédérale, 7 juin 1871), — les réclamations pécuniaires

Art. 9. Les États confédérés, dans lesquels plusieurs tribunaux régionaux Supérieurs seront établis, pourront, en matière criminelle, renvoyer par voie législative exclusivement devant l'un des différents tribunaux Supérieurs les débats et le jugement des recours en Revision et des Pourvois (*Beschwerde*) qui sont de la compétence des tribunaux régionaux Supérieurs [1].

Art. 10. Les dispositions générales du Code d'organisation judiciaire, aussi bien que les dispositions particulières des articles 126, 132, 133, 134, 137, 139, 140, 183 § 1, sont applicables aux tribunaux Suprêmes en leur qualité d'organes de la justice ordinaire contentieuse.

Art. 11. Sont abrogées les dispositions des lois des États confédérés qui subordonnent à des conditions spéciales la poursuite au civil ou au criminel des fonctionnaires publics à raison d'actes accomplis dans l'exercice ou à l'occasion de l'exercice de leurs fonctions.

Restent en vigueur les dispositions législatives locales qui subordonnent, soit sur la demande du fonctionnaire supérieur, soit dans tous les cas, la poursuite des fonctionnaires à la décision préalable d'une autorité spéciale, sous les réserves suivantes :

1° La décision préalable se bornera à établir si le fonctionnaire

des fonctionnaires de l'Empire en matière de traitement (art. 144-154, loi fédérale, 31 mars 1873), — les contestations en cas de naufrage (loi fédérale, 17 mai 1874), en matière de marques de commerce (loi fédérale, 30 novembre 1874), d'émission de billets de banque (loi fédérale, 14 mars 1875), — les affaires de contrefaçon des œuvres des arts figuratifs (loi fédérale, 9 janvier 1876), des œuvres photographiques (loi fédérale, 10 janvier 1876) et des modèles industriels (loi fédérale, 11 janvier 1876), — les contestations en matière de brevet (loi fédérale, 25 mai 1877).

Toute loi fédérale pourra de plus renvoyer exclusivement devant le Tribunal de l'Empire toute matière nouvelle et notamment le Code civil actuellement en préparation, et restreindre ainsi considérablement la compétence du tribunal Suprême.

[1] L'article 9 ne permet qu'une extension de la compétence territoriale; il ne modifie pas, comme l'article 8, la compétence *ratione materiæ*.

La Prusse a seule fait usage du droit ouvert par l'article.

s'est rendu coupable d'un excès de pouvoir ou de l'omission d'un acte nécessaire de ses fonctions;

2° La décision préalable sera rendue, dans les États confédérés qui ont un tribunal suprême administratif, par ce tribunal; dans les autres États, par le Tribunal de l'Empire [1].

Art. 12. Les dispositions en vigueur relatives à l'usage de la langue judiciaire en Alsace-Lorraine ne sont pas modifiées par les dispositions de l'article 186 du Code d'organisation judiciaire [2].

Art. 13. Dans les États dans lesquels il n'existe aucune prescription relative à la révocation d'un juge ou à son déplacement ou à sa mise à la retraite par voie de décision judiciaire, les prescriptions de l'article 8 du Code d'organisation judiciaire n'entreront en vigueur

[1] La responsabilité des fonctionnaires est le droit commun de l'Allemagne. La loi fédérale du 31 mars 1873 (art. 13) l'avait expressément déclaré pour les fonctionnaires fédéraux.

La Bavière, Bade, la Hesse, la Prusse, le Württemberg et l'Alsace-Lorraine exigeaient seuls une autorisation préalable. (Cf. *Introduction.*) L'article supprime cette autorisation.

Une seule exception est apportée par le paragraphe 2 de l'article; elle a été introduite sur la demande expresse du Conseil fédéral, lors de la troisième lecture de la loi, par le compromis qui a permis de mener à terme la réforme judiciaire. La Commission et le Parlement avaient au contraire repoussé toute restriction à la règle de la responsabilité illimitée.

Aux termes de cette exception, les lois particulières qui font dépendre la poursuite de la déclaration préalable d'excès de pouvoir sont seules maintenues.

Le paragraphe 2 n'autorise que le maintien des dispositions en vigueur au moment de la promulgation du Code : toute restriction ultérieure au principe de la responsabilité est interdite.

Il n'existe de cour Suprême administrative qu'à Bade, en Bavière, Hesse, Prusse et Württemberg.

[2] L'article 11 de la loi du 14 juillet 1871, maintenu en vigueur, est ainsi conçu : «Les procédures orales devant les tribunaux de commerce et de paix, ainsi que dans les affaires de simple police ou de police correctionnelle, pourront avoir lieu en langue française sans l'assistance d'un interprète, lorsque toutes les personnes qui y concourront connaîtront cette langue et que les parties, témoins ou experts ne sauront pas l'allemand.» Les articles 13 et 14 autorisent pendant trois ans l'usage de la langue française pour la rédaction des actes notariés et les plaidoiries devant les tribunaux. L'ordonnance impériale du 17 septembre 1874 a prorogé ce délai de trois ans.

que concurremment avec la loi qui, dans ces États, réglera la situation disciplinaire des juges [1].

Art. 14. Les causes pendantes devant le tribunal supérieur fédéral de commerce au jour de la mise en vigueur du Code d'organisation judiciaire seront renvoyées en l'état où elles seront devant le Tribunal de l'Empire [2].

Art. 15. Les débats et le jugement des affaires qui, d'après les lois de procédure antérieures, ressortissent au tribunal Suprême du pays, pourront, sur la demande de l'État et sur l'avis conforme du Conseil fédéral, être renvoyés devant le Tribunal de l'Empire par ordonnance impériale [3].

[1] L'article 13 s'applique particulièrement à la Bavière : d'après la loi de ce pays, les juges pouvaient être déplacés ou révoqués administrativement, sous la seule condition du maintien du traitement. Une loi du 26 mars 1881 a postérieurement réglé en Bavière la procédure disciplinaire.

[2] Les articles 14-22 contiennent des mesures transitoires.

Le Tribunal de l'Empire prend *ipso facto* et de plein droit la place du tribunal fédéral de commerce et jugera les affaires dont ce dernier tribunal était saisi. Quant à la haute cour criminelle de Lübeck, elle n'a jamais fonctionné; aucune disposition n'était donc à prendre pour assurer l'expédition des affaires pendantes.

[3] Le renvoi devant le Tribunal de l'Empire des affaires qui auraient dû être portées devant les cours Suprêmes supprimées n'a pas lieu de plein droit, comme le décide l'article précédent pour les affaires de la compétence du tribunal Supérieur de commerce : il importait d'éviter l'en-combrement du rôle du tribunal fédéral, ce qui aurait entravé la bonne administration de la justice. Les États auront le choix ou de demander ce renvoi ou de laisser les cours Suprêmes fonctionner jusqu'à l'épuisement du rôle. Les États de Prusse, Bade, Oldenburg, Anhalt, Schwarzburg - Sondershausen, Waldeck et les villes Hanséatiques ont seuls renvoyé devant le tribunal fédéral les affaires pendantes.

Toutes les affaires pendantes au 1er octobre 1879 seront instruites suivant les prescriptions des anciennes lois de procédure; les nouveaux Codes ne pourront leur être appliqués qu'en vertu d'une loi rendue dans chaque État confédéré (art. 18, loi mise en vig. Code procéd. civ.; art. 8, loi mise en vig. faillites, et art. 8, loi mise en vig. Code procéd. pén.). Ce sont ces affaires que vise l'article 15. Elles continueront à être portées en troisième instance devant le tribunal Suprême du pays, à moins qu'une ordonnance impériale ne les attribue au Tribunal de l'Empire.

Art. 16. Pour l'expédition des affaires renvoyées, d'après les dispositions de l'article précédent, devant le Tribunal de l'Empire, des chambres auxiliaires (*Hülfssenate*) peuvent être établies près le Tribunal de l'Empire par ordonnance impériale rendue sur l'avis conforme du Conseil fédéral [1].

Le Chancelier de l'Empire règle la composition des chambres auxiliaires et la distribution des affaires.

Des membres du Tribunal de l'Empire et des anciens tribunaux Suprêmes ou des tribunaux régionaux Supérieurs peuvent seuls être chargés dé fonctions judiciaires dans les chambres auxiliaires.

La délégation des membres de ces chambres qui ne font pas partie du Tribunal de l'Empire est irrévocable [2] jusqu'au jour où leur collaboration aux travaux de la chambre n'est plus nécessaire.

Art. 17. Une ordonnance impériale peut, sur la demande d'un État confédéré et sur l'avis conforme du Conseil fédéral, renvoyer devant le Tribunal de l'Empire les débats et le jugement des affaires prévues par l'article 17 [3] du Code d'organisation judiciaire.

Par affaires pendantes il faut entendre, au civil, les affaires introduites devant la justice au premier degré de l'instance avant la mise en vigueur du nouveau Code, c'est-à-dire les affaires dans lesquelles il y a eu assignation ou présentation de la demande, et en matière de faillite les affaires dans lesquelles la faillite a été ouverte avant le 1ᵉʳ octobre 1879 ; au criminel, les affaires terminées avant le 1ᵉʳ octobre 1879 par un jugement en première instance continueront à être régies par les anciennes lois de procédure en appel et en cassation ; au contraire, les affaires non encore jugées seront régies par le Code de procédure pénale.

Les dispositions de l'article 15, des articles 18 (procéd. civ.), 8 (faillites) et 8 (procéd. pén.) ont été inspirées par le principe de la non-rétroactivité des lois.

Il a été estimé par le législateur allemand que les affaires introduites avant le 1ᵉʳ octobre 1879 avaient un droit acquis aux anciennes lois de procédure.

[1] Les chambres auxiliaires sont exclusivement destinées à juger les affaires qui auraient été inscrites au rôle des anciennes cours Suprêmes. Elles ne pourront connaître des affaires introduites en justice depuis la mise en vigueur des Codes.

[2] *Irrévocable*, c'est-à-dire ne peut être retirée sans le consentement du juge. (Interprétation authentique donnée par la Commission de justice, séance du 3 juillet 1876.)

[3] Il s'agit du jugement des conflits entre tribunaux judiciaires et tribunaux administratifs. La Ville libre de Brême a renvoyé devant le Tribunal de l'Empire le jugement des conflits.

Lorsque les autorités spécifiées par l'article 17 du Code d'organisation judiciaire rseont déjà établies dans un État confédéré, mais que leur organisation et la procédure devront être modifiées conformément aux prescriptions des paragraphes 1 - 4 de l'article 17, les modifications pourront être introduites par une ordonnance du souverain de cet État, si au jour de la mise en vigueur du Code elles n'ont pas été antérieurement réglées par une disposition législative.

ART. 18. Les causes pendantes devant les tribunaux de chaque État au jour de la mise en vigueur du Code d'organisation judiciaire pourront être renvoyées par la législation locale devant les tribunaux ordinaires du pays, sans égard aux règles de compétence établies par le Code d'organisation judiciaire [1].

ART. 19. Les membres du tribunal supérieur fédéral de commerce seront, par ordonnance impériale, ou nommés membres du Tribunal de l'Empire ou mis à la retraite. Dans tous les cas, ils conserveront leur traitement [2].

ART. 20. Lors de la première organisation des tribunaux Régionaux, des tribunaux régionaux Supérieurs et des chambres criminelles établies près les tribunaux de bailliage, et pendant la durée de la

[1] L'article 18 permet de conserver à un tribunal les affaires dont il est chargé, alors même que le Code aurait restreint sa compétence : ainsi, par exemple, les affaires d'une valeur supérieure à 300 marks, pendantes devant le juge unique, pourront être expédiées par lui.

Les anciens tribunaux appliqueront à ces affaires les règles des anciennes lois de procédure (art. 18, loi mise en vig. Code procéd. civ.; art. 8, loi mise en vig. Code procéd. pén.).

[2] D'après le projet, les membres du tribunal fédéral de commerce non replacés devaient être mis en disponibilité et tenus à la disposition de l'Empereur, qui aurait pu ultérieurement les appeler à un siège au Tribunal de l'Empire. L'article a été modifié par la Commission sur l'amendement du Dr Lasker (par 13 voix contre 12, séance du 12 février 1876), et le Parlement a, malgré l'opposition des commissaires fédéraux, voté l'article modifié : il a semblé peu convenable que des hommes de l'âge, de l'importance et de l'autorité des membres de la cour de commerce fussent tenus en suspens sur la destination qui leur était réservée, et il a paru plus digue d'assurer d'une façon définitve leur situation.

première année judiciaire, la distribution des affaires, la répartition des membres dans les chambres, ainsi que la désignation de leurs suppléants ordinaires, seront faites dans chaque État par l'Administration de la justice.

Lors de la première organisation du Tribunal de l'Empire et pendant la durée de la première année judiciaire, la distribution des affaires, la répartition des membres dans les chambres, ainsi que la désignation de leurs suppléants ordinaires, seront faites par le Chancelier de l'Empire [1].

Art. 21. Pendant les deux années qui suivront la mise en vigueur du Code d'organisation judiciaire, l'Administration de la justice des États confédérés pourra, s'il est nécessaire de supprimer un siège de juge, ordonner contre sa volonté le déplacement du juge et l'attacher à un autre tribunal de même classe, sous condition du maintien de son traitement intégral et du remboursement des frais de déplacement [2].

Art. 22. Les dispositions de l'article 2 du Code d'organisation judiciaire, relatives aux garanties de capacité exigées des juges, ne sont applicables aux candidats qui, avant la mise en vigueur du Code, ont passé dans un des États confédérés le premier examen, que s'il n'existe pas dans cet État de dispositions contraires.

Pendant les quatre premières années qui suivront la mise en vigueur du Code, la durée du stage peut être réduite à deux ans dans chaque État confédéré [3].

[1] L'article 20 permet exceptionnellement une dérogation aux articles 61-64, 68, 78, 121, 133 du Code d'organisation judiciaire.

[2] L'article 21 déroge à l'article 8 du Code; il permet à l'Administration de la justice de chaque État de rectifier les erreurs commises, lors de la première organisation des tribunaux, dans la fixation du nombre des juges nécessaires à chaque tribunal. Ce droit est expiré le 30 septembre 1881.

Le juge déplacé doit nécessairement appartenir au tribunal trop nombreux.

[3] En Württemberg, le stage n'était, antérieurement au Code d'organisation judiciaire, que d'une année. En Mecklenbug, un seul examen était exigé des candidats. L'article 22 a pour but de faciliter la première application de la loi fédérale.

DEUXIÈME PARTIE.

LOIS ET ORDONNANCES

COMPLÉMENTAIRES

DU

CODE D'ORGANISATION JUDICIAIRE.

I

TRIBUNAL DE L'EMPIRE.

I

TRIBUNAL DE L'EMPIRE.

LOI

FIXANT LE SIÈGE DU TRIBUNAL DE L'EMPIRE [1].

EN DATE DU 11 AVRIL 1877.

ARTICLE PREMIER. L'article 8 de la loi sur la mise en vigueur du Code d'organisation judiciaire ne s'applique pas à l'État sur le territoire duquel siègera le Tribunal de l'Empire [2].

ART. 2. Le Tribunal de l'Empire a son siège à Leipzig.

[1] *Gesetz über den Sitz des Reichsgerichts.*

[2] L'article 8 de la loi sur la mise en vigueur accordait aux États ayant plusieurs tribunaux régionaux Supérieurs le droit d'avoir un tribunal Suprême; la compétence de ce tribunal était exclusivement civile et il devait connaître seulement des recours en Revision et des Pourvois formés en matière civile. L'article de la loi enlève ce droit à la Saxe.

LOI

CONCERNANT LE RENVOI DE CERTAINES AFFAIRES
DEVANT LE TRIBUNAL DE L'EMPIRE [1].

EN DATE DU 16 JUIN 1879.

ARTICLE PREMIER. Dans les articles :

12 de la loi du 23 mai 1873 sur la fondation et l'administration du fonds des invalides de l'Empire [2];

32 de la loi du 25 mai 1877 sur les brevets d'invention [3];

87 § 3, 91 § 1 de la loi du 31 mars 1873 sur les droits et devoirs des fonctionnaires de l'Empire, combinés avec l'article 1 de la loi du 23 décembre 1873, relative à l'Alsace-Lorraine, sur les droits et devoirs des fonctionnaires et instituteurs [4];

[1] *Gesetz betreffend den Uebergang von Geschäften auf das Reichsgericht.*

Le Tribunal de l'Empire remplace comme organe de la justice rendue en dernière instance le tribunal supérieur fédéral de commerce.

Les attributions du tribunal supprimé n'étaient pas restreintes à l'exercice de la justice commerciale et contentieuse : certaines fonctions spéciales lui avaient été dévolues par des lois fédérales. Sa suppression créait une lacune qu'il importait de combler : tel est le but que s'est proposé la loi du 16 juin 1879.

[2] Les membres du conseil d'administration du fonds des invalides de l'Empire prêtaient serment, avant leur entrée en fonctions, devant le tribunal fédéral de commerce. Ils prêteront serment devant le Tribunal de l'Empire. Cf. *Introduction.*

[3] La loi fédérale du 25 mai 1877 réglemente la matière des brevets d'invention; ils sont délivrés par un comité appelé office des brevets. L'appel contre les décisions de l'office est porté devant le tribunal fédéral de commerce (art. 22), remplacé en vertu de la loi par le Tribunal de l'Empire. Cf. *Introduction.*

[4] La loi fédérale du 31 mars 1873, sur les droits et devoirs des fonctionnaires fédéraux, confie l'exercice de la justice disciplinaire en première instance aux chambres de discipline, en appel à la cour de discipline. Cette cour, siégeant à

Le Tribunal de l'Empire sera substitué au tribunal supérieur fédéral de commerce.

De même, les attributions en matière de surveillance et de discipline, conférées au tribunal supérieur fédéral de commerce sur les magistrats d'Alsace-Lorraine par la loi du 14 juin 1871, sont dévolues au Tribunal de l'Empire[1].

ART. 2. Dans les causes qui doivent être jugées par le Tribunal de l'Empire suivant les anciennes lois de procédure, les frais de justice et les honoraires des avocats doivent être calculés d'après les règles qui auraient été appliquées si la cause avait été portée devant le tribunal Suprême du pays[2]. Les frais de justice sont versés dans la caisse de l'Empire.

ART. 3. La présente loi entrera en vigueur concurremment avec le Code d'organisation judiciaire.

Leipzig, se compose de 11 conseillers; le président et cinq membres doivent appartenir au tribunal fédéral (art. 87 et 91). Cf. *Introduction*.

[1] La loi du 14 juin 1871 avait transféré au tribunal fédéral de commerce, sur les magistrats d'Alsace-Lorraine, toutes les attributions disciplinaires de la Cour de cassation française.

[2] L'article 15 de la loi sur la mise en vigueur du Code d'organisation judiciaire autorise le renvoi devant le Tribunal de l'Empire des affaires pendantes, qui auraient dû être portées devant les tribunaux Suprêmes des États confédérés. Toutes ces affaires, introduites avant le jour de mise en vigueur du Code, seront instruites suivant les prescriptions des anciennes lois de procédure (art. 18 loi mise en vig. C. procéd. civ.; art. 8 loi mise en vig. C. procéd. pén.). L'article 2 de la loi applique les anciens tarifs de frais. C'est la conséquence du principe de la non-rétroactivité des lois.

Les ordonnances du 26 septembre 1879 ont énuméré les affaires qui seront renvoyées devant le Tribunal de l'Empire.

LOI

SUR LA JURIDICTION CONSULAIRE [1].

EN DATE DU 10 JUILLET 1879.

Une loi fédérale, postérieure à la promulgation du Code d'organisation judiciaire, a organisé la justice consulaire.

Les Consuls allemands exercent dans certains pays du Levant ou de l'extrême Orient [2], en première instance, un droit de juridiction sur les nationaux et les protégés de l'Empire. Ce droit est établi par des traités diplomatiques.

La deuxième et dernière instance est portée devant le Tribunal de l'Empire.

La compétence de la Cour fédérale est réglée par les articles suivants :

. . . .

ART. 18. Dans les affaires civiles qui sont de la compétence du Consul (art. 12 § 1) [3], aucune voie de recours n'est ouverte si la valeur de l'objet du litige n'excède pas 300 marks.

Dans les autres affaires civiles portées devant le Consul ou le tribunal consulaire [4], comme dans les affaires relatives à la faillite, le Tribunal de l'Empire connaît des Pourvois (*Beschwerde*) et des appels.

Aucun recours n'est admis contre les décisions du Tribunal de l'Empire.

---

[1] *Gesetz über die Konsulargerichtsbarkeit.*

[2] Japon, Chine, Siam, Turquie, îles Samoa, etc. Cf. *Annuaire de législation étrangère*, année 1880, notes et traduction de M. G. Louis.

[3] La justice consulaire est rendue par le Consul ou le tribunal consulaire (art. 5).

Au civil et en matière de faillite, le Consul a la même compétence que le tribunal de bailliage, il juge seul (art. 12 § 1). Les affaires commerciales sont comprises sous la dénomination d'affaires civiles.

[4] Le tribunal consulaire se compose du Consul, président, et de deux assesseurs (art. 6, 7).

Il a la compétence du tribunal Régional (art. 12 § 1). Ses jugements peuvent être frappés d'appel ou de Pourvoi (*Beschwerde*).

Art. 36. Le Tribunal de l'Empire connaît (en matière criminelle) des Pourvois (*Beschwerde*) formés contre les décisions du Tribunal consulaire et des appels [1].

Aucun recours n'est admis contre les décisions du Tribunal de l'Empire.

Art. 43. Dans les affaires que l'article 12 § 2 renvoie devant le Consul, la procédure est réglée par les prescriptions en vigueur dans les portions du territoire prussien désignées par l'article 3 § 1 [2], en tant que ces prescriptions n'impliquent pas l'existence d'institutions ou de conditions qui font défaut dans le ressort du tribunal consulaire.

Le Tribunal de l'Empire est compétent pour statuer sur les recours qui, d'après les prescriptions précitées, peuvent être formés contre les décisions du Consul.

[1] Au criminel, le tribunal consulaire, composé du Consul et suivant les cas de 2 ou 4 assesseurs, juge les contraventions, les délits et les crimes qui sont de la compétence des tribunaux d'Échevins et des chambres criminelles des tribunaux Régionaux (art. 22, 23, 28).

Aucune voie de recours n'est ouverte contre les jugements rendus en matière de contraventions. Les autres jugements du tribunal consulaire peuvent être frappés d'appel (art. 33, 34).

[2] L'article 12 § 2 renvoie devant le Consul toutes les affaires de la juridiction volontaire (*freiwillige Gerichtsbarkeit*) qui sont, en première instance, de la compétence des tribunaux de bailliage et Régionaux, aux termes du Code général prussien (*allgemeines Landrecht*).

Le Code général prussien a été choisi par le législateur entre tous les droits allemands pour être appliqué dans le ressort des tribunaux consulaires.

Les portions de territoire désignées par l'article 3 sont celles qui sont régies par le Code général.

ORDONNANCES IMPÉRIALES[1].

EN DATE DU 26 SEPTEMBRE 1879.

1. ORDONNANCE

DE RENVOI DEVANT LE TRIBUNAL DE L'EMPIRE

D'AFFAIRES ÉMANANT DE PRUSSE[2].

Nous, GUILLAUME, par la grâce de Dieu, Empereur d'Allemagne, Roi de Prusse, etc.

Au nom de l'Empire, par application des articles 3 et 15 de la loi sur la mise en vigueur du Code d'organisation judiciaire du 27 janvier 1877, après approbation du Conseil fédéral, avons ordonné ce qui suit :

[1] Douze ordonnances, toutes de la date du 26 septembre 1879, ont été rendues par l'Empereur, sur la demande des États intéressés et sur l'avis conforme du Conseil fédéral, par application des articles 3, 15, 17 de la loi sur la mise en vigueur. Elles ont pour objet d'étendre la compétence du Tribunal de l'Empire, soit en renvoyant devant la cour suprême fédérale les affaires pendantes devant les tribunaux Suprêmes locaux que le Code d'organisation judiciaire (art. 15 de la loi sur la mise en vigueur) supprimait, soit en lui reconnaissant la juridiction en troisième instance dans les matières réservées à des tribunaux particuliers (art. 14 du Code, art. 3 de la loi sur la mise en vigueur). Nous ne donnons la traduction que des ordonnances qui ont un intérêt général et permanent, trois autres ordonnances ont renvoyé devant le Tribunal de l'Empire les affaires pendantes au 1er octobre 1879 émanant de Bade, d'Oldenburg et des Villes Hanséatiques ; elles n'ont qu'un intérêt transitoire.

[2] La Prusse n'a pas profité de la faculté que lui laissait l'article 8 de la loi sur la mise en vigueur et n'a pas institué de tribunal Suprême. L'ancien tribunal Suprême prussien (*Obertribunal*) a été supprimé. L'ordonnance a pour but de renvoyer devant le Tribunal de l'Empire les affaires qui étaient de sa compétence.

ARTICLE PREMIER. Dans les contestations civiles qui, d'après les lois du Royaume de Prusse, sont en première instance de la compétence des Commissions Générales (*Generalkommissionen*) et des Collèges de jugement fonctionnant à la place des Commissions Générales (*Spruchkollegien*), — ou dans les affaires régies par la loi prussienne du 19 mai 1851, relative à la procédure à suivre dans les partages et rachats de services fonciers intervenant, d'après l'ordonnance sur les partages, dans les pays situés sur la rive gauche du Rhin [1], — la juridiction en dernière instance, en tant qu'elle appartenait antérieurement au tribunal royal Suprême de Berlin, sera transférée au Tribunal de l'Empire.

ART. 2. Dans les affaires civiles de la compétence du Conseil privé de justice (*Geheimer Justizrath*), établi près le tribunal royal régional Supérieur de Berlin, le Tribunal de l'Empire statuera sur les demandes en Revision et les Pourvois formés contre les décisions rendues par le Conseil privé de justice jugeant en appel [2].

L'article 3 renvoie devant le Tribunal de l'Empire les affaires pendantes devant le tribunal Suprême de Berlin, lequel est supprimé.

---

[1] Nous avons exposé en note sous l'article 14 du Code (p. 10 et suiv.) quels sont le fonctionnement et la compétence des tribunaux agraires. L'appel est porté devant le tribunal supérieur agraire.

Ces tribunaux n'existent pas dans toute la Prusse : dans la province Rhénane, les opérations agraires sont renvoyées en première instance devant les tribunaux Régionaux, en appel devant la Cour de Cologne, aux termes de la loi du 19 mai 1851.

L'ordonnance attribue la dernière instance, autrefois déférée au tribunal Suprême de Berlin, au Tribunal de l'Empire.

[2] Les membres de la famille royale sont justiciables au civil du Conseil privé de justice maintenu en vertu de l'article 5 de la loi sur la mise en vigueur du Code d'organisation judiciaire.

2. ORDONNANCE

DE RENVOI DEVANT LE TRIBUNAL DE L'EMPIRE

D'AFFAIRES ÉMANANT DE HESSE.

Dans les contestations civiles, concernant le Grand-duc et les membres de la famille ducale, renvoyées devant le tribunal régional Supérieur de Darmstadt par la loi ducale hessoise du 7 juin 1879 [1], qui règle en pareille matière la procédure et la compétence, les demandes en Revision et les Pourvois formés contre les décisions rendues dans les instances en appel ou en Pourvoi seront portés [2] devant le Tribunal de l'Empire.

---

3. ORDONNANCE

DE RENVOI DEVANT LE TRIBUNAL DE L'EMPIRE

D'AFFAIRES ÉMANANT DE SAXE-WEIMAR ET SAXE-MEININGEN.

Dans les affaires civiles qui sont renvoyées devant les autorités royales prussiennes [3] aux termes du traité, en date du 18 juin 1868, conclu entre le Royaume de Prusse et le Duché de Saxe-Meiningen à l'effet de confier aux autorités agraires prussiennes [4] le règlement des

[1] La loi du 7 juin 1879 a attribué au tribunal régional Supérieur de Darmstadt, en matière civile, la juridiction en première instance et en appel sur les affaires intéressant le Grand-duc et les princes du sang.

L'ordonnance renvoie ces affaires en troisième instance devant le tribunal fédéral.

[2] Par application de l'article 3 § 2 de la loi sur la mise en vigueur du Code d'organisation judiciaire.

[3] C'est-à-dire les Commissions Générales.

[4] Le traité du 18 juin 1868 a renvoyé en première instance devant la *General-Kommission* de Merseburg (Prusse, province de Saxe) les contestations agraires émanant du Duché de Saxe-Meiningen.

nouvelles répartitions de biens-fonds (*Grundstückzusammenlegungen*) et des rachats de droits de pacage (*Hutablösungen*)[1], et aux termes du traité, en date du 9 octobre 1877, conclu entre le Grand-duché de Saxe-Weimar et le Duché de Saxe-Meiningen, relativement aux nouvelles répartitions de biens et au rachat de droits de pacage à Kranichfeld et Stedten, — la juridiction en dernière instance, en tant qu'elle appartenait antérieurement au tribunal royal Suprême prussien[2], sera transférée[3] au Tribunal de l'Empire.

---

4. ORDONNANCE

DE RENVOI DEVANT LE TRIBUNAL DE L'EMPIRE

D'AFFAIRES ÉMANANT D'ANHALT.

Article premier. Dans les affaires civiles qui sont renvoyées devant les autorités royales prussiennes aux termes du traité, en date du 18 septembre 1874, conclu entre le Royaume de Prusse et le Duché d'Anhalt à l'effet de confier aux autorités agraires prussiennes le règlement des affaires agraires (partages de communautés et rachats de droits fonciers, *Separationen und Ablösungen*)[4], — la juridiction en dernière instance, en tant qu'elle appartenait antérieurement au

[1] Dans les notes de l'article 14 (p. 10 et suiv.) du Code d'organisation judiciaire nous avons donné des renseignements sur les tribunaux agraires et leur compétence et fait connaître en quoi consistait notamment la nouvelle répartition des biens-fonds (*Konsolidation*, *Verkoppelung* ou *Zusammenlegung*).

[2] Le tribunal Suprême prussien était compétent en troisième instance. Cf. note 2, p. 136.

[3] Par application de l'article 3 § 2 de la loi sur la mise en vigueur du Code d'organisation judiciaire.

[4] Le traité du 18 septembre 1874 a renvoyé en première instance devant la *General-Kommission* de Merseburg les contestations agraires émanant d'Anhalt. Cf. sur les partages de communautés les notes sous l'article 14 du Code d'organisation judiciaire (p. 10 et suiv.).

tribunal royal Suprême prussien, sera transférée[1] au Tribunal de l'Empire.

L'article 2 renvoie devant le Tribunal de l'Empire les affaires pendantes devant le tribunal supérieur d'appel de Jena, lequel est supprimé [2].

---

5. ORDONNANCE

DE RENVOI DEVANT LE TRIBUNAL DE L'EMPIRE

D'AFFAIRES ÉMANANT DE SCHWARZBURG-SONDERSHAUSEN.

ARTICLE PREMIER. Dans les affaires civiles qui sont renvoyées devant les autorités royales prussiennes aux termes du traité, en date du 9 octobre 1854, conclu entre le Royaume de Prusse et la Principauté de Schwarzburg-Sondershausen à l'effet de confier aux autorités agraires prussiennes le règlement des partages de communautés (*Gemeinheitstheilungen*) et des questions qui s'y rapportent[3], — la juridiction en dernière instance, en tant qu'elle appartenait antérieurement au tribunal royal Suprême prussien, sera transférée au Tribunal de l'Empire[4].

L'article 2 renvoie devant le Tribunal de l'Empire les affaires pendantes devant le tribunal supérieur de Jena, lequel est supprimé.

[1] Par application de l'article 3 § 2 de la loi sur la mise en vigueur.

[2] Les États de Thuringe, parmi lesquels il faut comprendre le Duché d'Anhalt, avaient établi un tribunal Suprême commun à Jéna. Ce tribunal disparaît dans la nouvelle organisation judiciaire et est remplacé par le Tribunal de l'Empire.

[3] C'est-à-dire le partage des terres et droits appartenant à des communes ou groupes d'habitants. Cf. les notes sous l'article 14 du Code.

Le traité du 9 octobre 1854 a renvoyé en première instance devant la *General-Kommission* de Merseburg les contestations agraires émanant du Schwarzburg-Sondershausen.

[4] Par application de l'article 3 § 2 de la loi sur la mise en vigueur.

6. ORDONNANCE

DE RENVOI DEVANT LE TRIBUNAL DE L'EMPIRE

D'AFFAIRES ÉMANANT DE SCHWARZBURG-RUDOLSTADT.

Dans les affaires civiles qui sont renvoyées devant les autorités royales prussiennes aux termes du traité, en date du 10 décembre 1855, conclu entre le Royaume de Prusse et la Principauté de Schwarzburg-Rudolstadt à l'effet de confier aux autorités agraires prussiennes sur le territoire de la Principauté le règlement des partages de communautés et des questions qui s'y rapportent [1], — la juridiction en dernière instance, en tant qu'elle appartenait antérieurement au tribunal royal Suprême prussien, sera transférée au Tribunal de l'Empire [2].

---

7. ORDONNANCE.

DE RENVOI DEVANT LE TRIBUNAL DE L'EMPIRE

D'AFFAIRES ÉMANANT DE WALDECK.

ARTICLE PREMIER. Dans les affaires civiles émanant des Principautés de Waldeck et Pyrmont, qui sont en première instance de la compétence de la Commission Générale royale prussienne de Cassel aux termes de l'article 5 de la loi royale prussienne, en date du 25 janvier 1869, introduisant dans les Principautés de Waldeck et Pyrmont l'ordonnance royale prussienne du 13 mai 1867 relative au rachat des servitudes (*Ablösung der Servituten*), au partage des communautés (*Theilung der Gemeinschaften*) et à la nouvelle répartition des biens-

[1] Le traité du 10 décembre 1855 a renvoyé en première instance devant la *General-Kommission* de Merseburg (Prusse, province de Saxe) les contesta-tions agraires émanant du Schwarzburg-Rudolstadt.

[2] Par application de l'article 3 § 2 de la loi sur la mise en vigueur.

fonds (*Zusammenlegung der Grundstücke*) sur le territoire de l'ancien Électorat de Hesse, — la juridiction en dernière instance, en tant qu'elle appartenait antérieurement au tribunal royal Suprême prussien, sera transférée au Tribunal de l'Empire [1].

Art. 2. Dans les contestations civiles, concernant le Prince de Waldeck et Pyrmont et les membres de la famille princière, qui sont en première instance de la compétence du tribunal régional Supérieur prussien de Cassel, les demandes en Revision et les Pourvois (*Beschwerde*) formés contre les décisions du tribunal régional Supérieur prussien de Francfort-sur-le-Main seront portés devant le Tribunal de l'Empire [2].

L'article 3 renvoie devant le Tribunal de l'Empire les affaires pendantes devant le tribunal Suprême prussien, lequel est supprimé.

---

8. ORDONNANCE

DE RENVOI DEVANT LE TRIBUNAL DE L'EMPIRE

D'AFFAIRES ÉMANANT DE SCHAUMBURG-LIPPE.

Dans les affaires civiles qui sont renvoyées devant les autorités

[1] Le Prince de Waldeck a, par un traité en date du 18 juillet 1867, renouvelé le 24 novembre 1877, abandonné à la Prusse l'administration de la Principauté.

La loi du 25 janvier 1869 a renvoyé les affaires agraires émanant de la Principauté devant la *General-Kommission* de Cassel.

Le tribunal Suprême prussien avait la juridiction en troisième instance. Par suite de sa suppression, il est remplacé par le Tribunal de l'Empire aux termes de l'ordonnance et par application de

l'article 3 § 2 de la loi sur la mise en vigueur.

[2] La loi du 1er septembre 1879 (art. 2) a renvoyé les contestations civiles concernant le Prince et les membres de sa famille en première instance devant le tribunal régional Supérieur de Cassel, et en deuxième instance devant le tribunal régional Supérieur de Francfort. L'ordonnance attribue au Tribunal de l'Empire la juridiction en troisième instance.

L'article 5 de la loi sur la mise en vigueur a autorisé le renvoi de ces affaires devant un tribunal spécial et exceptionnel.

royales prussiennes aux termes du traité, en date du 20 octobre 1872, conclu entre le Royaume de Prusse et la Principauté de Schaumburg-Lippe à l'effet de confier aux autorités agraires prussiennes sur le territoire de la Principauté le règlement du rachat des droits forestiers (*Forstberechtigungsablösungen*), et aux termes du traité, en date du 27 avril 1874, conclu entre les mêmes États à l'effet d'appliquer le traité antérieur en matière de rachat d'autres droits fonciers (*Grundgerechtigkeiten*), de partage de communautés et de nouvelle répartition de biens-fonds [1], — la juridiction en dernière instance, en tant qu'elle appartenait antérieurement au tribunal royal Suprême prussien, sera transférée au Tribunal de l'Empire [2].

9. ORDONNANCE

RELATIVE À LA COMPÉTENCE DU TRIBUNAL DE L'EMPIRE

DANS LES CONFLITS SOULEVÉS À BRÊME.

Le jugement des conflits de juridiction (*Streitigkeiten über die Zulässigkeit des Rechtsweges*) soulevés entre les tribunaux et les autorités administratives de la Ville libre Hanséatique de Brême (loi de Brême sur les conflits du 25 juin 1879) sera attribué au Tribunal de l'Empire [3].

---

[1] Les traités des 20 octobre 1872 et 27 avril 1874 ont attribué à la *General-Kommission* de Cassel (Prusse) la connaissance en première instance des contestations agraires du Schaumburg-Lippe.

[2] Par application de l'article 3 § 2 de la loi sur la mise en vigueur.

[3] La loi de Brême, du 25 juin 1879, a renvoyé devant le Tribunal de l'Empire, conformément à l'article 17 de la loi sur la mise en vigueur, le jugement des conflits soulevés par l'autorité administrative dans les affaires portées devant les tribunaux ordinaires.

LOI

FIXANT LA COMPÉTENCE DU TRIBUNAL DE L'EMPIRE

EN MATIÈRE DE CONFLITS ENTRE LE SÉNAT ET LA BOURGEOISIE DE LA VILLE LIBRE HANSÉATIQUE DE HAMBURG.

EN DATE DU 14 JUIN 1881.

Le Tribunal de l'Empire juge en chambres civiles réunies les conflits s'élevant entre le Sénat et la Bourgeoisie, dont la connaissance lui est attribuée par les articles 71 § 1 et 76 de la Constitution de la Ville libre Hanséatique de Hamburg [1]:

[1] La constitution revisée de Hamburg, du 13 octobre 1879, renvoie devant le Tribunal de l'Empire les conflits s'élevant entre le Sénat et la Bourgeoisie en matière constitutionnelle. Cf. *Introduction*. Le Tribunal de l'Empire, institution fédérale, ne pouvant être saisi directement par la loi d'un État confédéré, la loi fédérale du 14 juin 1881 a dû intervenir pour assurer sa compétence.

ARRÊTÉ

DU CHANCELIER DE L'EMPIRE [1].

EN DATE DU 27 SEPTEMBRE 1879.

Par application de l'article 132 du Code d'organisation judiciaire et de l'article 20 § 2 de la loi sur la mise en vigueur, en date du 27 janvier 1877, il est arrêté ce qui suit :

ARTICLE PREMIER. Le Tribunal de l'Empire comprend cinq chambres civiles et trois chambres criminelles [2].

ART. 2. L'année judiciaire du Tribunal de l'Empire est l'année du calendrier.

ART. 3. L'article 3 répartit les affaires portées devant le Tribunal de l'Empire, — pour le temps devant s'écouler entre le 1er octobre et le 31 décembre 1879, — entre :

1° Les cinq chambres civiles;

2° Les trois chambres criminelles [3];

3° Dans les cas où, aux termes de l'article 17 du Code d'organisation judiciaire, le Tribunal de l'Empire est appelé à juger un conflit de juridiction, le conflit est porté devant la chambre qui serait appelée à juger l'affaire elle-même [4];

[1] *Verfügung des Reichsjustizamts.*

[2] Le nombre des chambres est fixé par le Chancelier fédéral (art. 132).

Une quatrième chambre criminelle fonctionne depuis le 1er avril 1884.

[3] L'article 20 § 2 attribue au Chancelier la première répartition des affaires et des membres entre les diverses chambres du Tribunal de l'Empire. Le Presidium est chargé des répartitions ultérieures.

Nous donnons plus loin le règlement des travaux de l'année 1884. Il était inutile de reproduire une distribution des affaires qui n'est restée en vigueur que trois mois, et qui, sauf quelques modifications de détail, se trouve reproduite dans les règlements postérieurs.

[4] C'est-à-dire devant la chambre compétente, si l'affaire appartient à la juridiction des tribunaux.

4° S'il y a doute devant quelle chambre une affaire doit être renvoyée, le Premier Président du Tribunal de l'Empire décide.

Art. 4. L'article 4 désigne nominativement les présidents des chambres pour la période de temps qui doit s'écouler du 1er octobre au 31 décembre 1879.

Le Premier Président préside la quatrième chambre civile [1].

..... Le Premier Président, ou, s'il est empêché, le doyen des présidents de chambre présents, préside les chambres civiles réunies; le doyen des présidents de chambre présents préside les chambres criminelles réunies.

Art. 5. L'article 5 répartit nominativement les membres du Tribunal entre les différentes chambres.

Art. 6. L'article 6 organise le remplacement [2].

Art. 7. Des dispositions spéciales régleront l'organisation des chambres auxiliaires et la répartition des membres du Tribunal entre les chambres auxiliaires [3].

[1] Le Premier Président préside seul et n'est pas assisté d'un vice-président.

[2] Cf. ordonnance 18 novemb. 1883, p. 173.

[3] L'article 15 de la loi sur la mise en vigueur avait autorisé le renvoi devant le Tribunal de l'Empire des affaires pendantes devant les tribunaux Suprêmes locaux, que le Code supprimait. Aux termes de l'article 16, des chambres auxiliaires pouvaient être établies pour assurer l'expédition rapide de ces affaires et éviter l'encombrement du rôle. Une ordonnance impériale du 27 septembre 1879 a autorisé la création de chambres auxiliaires; une ordonnance du Chancelier de l'Empire, en date du 28 septembre 1879, en a fixé le nombre à 2, et a réglé la distribution des affaires. Une troisième chambre auxiliaire a été créée le 1er février 1880.

Sept États : Anhalt, Bade, Oldenburg, Prusse, Schwarzburg-Sondershausen, Waldeck et les Villes Hanséatiques avaient demandé le renvoi devant le Tribunal de l'Empire des affaires pendantes devant le tribunal Suprême.

Les chambres auxiliaires étaient présidées par un conseiller du Tribunal de l'Empire et se composaient en outre de conseillers nommés à titre auxiliaire et choisis parmi les membres des tribunaux Suprêmes ou des tribunaux Supérieurs.

Les trois chambres auxiliaires sont actuellement supprimées; elles ont cessé leurs fonctions, la troisième dans le courant de l'année 1880, la seconde le 1er octobre 1882 et la première le 30 juin 1883.

ARRÊTÉ

DU SECRÉTAIRE D'ÉTAT [1]

DU DÉPARTEMENT DE LA JUSTICE À LA CHANCELLERIE FÉDÉRALE.

EN DATE DU 14 MARS 1884.

Cet arrêté, qui n'a pas été publié, a créé une quatrième chambre criminelle au Tribunal de l'Empire; elle est entrée en fonction le 1er avril 1884.

[1] Cet arrêté a été rendu par le Secrétaire d'État, par délégation du Chancelier fédéral, conformément à l'article 13a du Code d'organisation judiciaire.

En prévision de cette création, le personnel du Tribunal avait été augmenté, par le projet de budget pour l'année 1884-1885, de 1 président de chambre et 2 conseillers.

ORDONNANCE DU PRESIDIUM

SUR LE REMPLACEMENT DES PRÉSIDENTS DE CHAMBRE EMPÊCHÉS.

EN DATE DU 26 FÉVRIER 1880.

Le Presidium, dans la séance du 26 février 1880, décide qu'en cas d'empêchement du président ordinaire d'une chambre, la présidence appartiendra toujours au membre ordinaire de la chambre qui sera le plus ancien dans l'ordre des nominations, ou au membre le plus âgé s'il y a plusieurs conseillers de même ancienneté de service, alors même que, pour compléter le nombre indispensable de juges, il serait lui-même remplacé par un membre d'une autre chambre plus ancien que lui.

Motifs :

Par l'expression : «le membre le plus ancien de la chambre», auquel l'article 65 du Code d'organisation judiciaire confie la présidence en cas d'empêchement du vice-président, il faut entendre le plus ancien membre ordinaire de la chambre, et non le plus ancien des membres appelés à siéger à l'audience.

En effet, aux termes des articles 62 et 63 du Code, le Presidium doit, avant le commencement de l'année judiciaire et pour la durée de cette année, désigner les membres ordinaires de chaque chambre et leurs remplaçants en cas d'empêchement; or, cette désignation n'a pas trait au vice-président, mais seulement aux autres membres de la chambre, c'est-à-dire aux simples juges. Le Presidium n'a pas à désigner le remplaçant du président, puisque ce remplaçant est désigné par la loi elle-même dans l'article 65. Il en résulte que le remplaçant désigné par le Presidium n'est jamais appelé à remplacer qu'un simple juge, et qu'en cas d'empêchement du président, ce remplaçant n'est appelé à siéger que parce que le membre doyen doit remplacer le président, et, par suite, être lui-même remplacé comme simple juge.

Le fait par le juge doyen de prendre la présidence est la condition même de l'appel du juge remplaçant et par conséquent ce dernier ne peut jamais être appelé à remplacer le président empêché.

RÈGLEMENT DES TRAVAUX

DU TRIBUNAL DE L'EMPIRE [1].

Par application de l'article 141 du Code d'organisation judiciaire en date du 27 janvier 1877, le Conseil fédéral a approuvé le règlement ci-joint des travaux du Tribunal de l'Empire [2].

Berlin, 8 avril 1880.

Le Chancelier de l'Empire.

Par délégation : v. Schelling.

RÈGLEMENT DES TRAVAUX.

DES CHAMBRES.

Article premier. Le Tribunal de l'Empire compte, jusqu'à nouvel arrêté du Chancelier de l'Empire [3], cinq chambres civiles et trois chambres criminelles (*Senate*).

Elles portent le nom de :

Première chambre civile, etc.

Première chambre criminelle, etc.

Chaque membre du Tribunal doit être membre permanent d'une

---

[1] *Geschäftsordnung.*

[2] Aux termes de l'article 141 du Code le règlement des travaux doit être fait par le Tribunal de l'Empire réuni en assemblée générale, et être soumis à l'approbation du Conseil fédéral.

[3] Le nombre des chambres du Tribunal de l'Empire est fixé par le Chancelier de l'Empire (art. 132 Code org. jud.); il est de huit aux termes de l'arrêté du 27 septembre 1879; il a été porté à neuf par arrêté du 14 mars 1884.

chambre, et chaque chambre se compose au minimum de sept membres permanents, compris le président de la chambre.

Chaque chambre expédie les affaires qui lui sont attribuées.

DES CHAMBRES RÉUNIES.

ART. 2. Les attributions en matière de surveillance et de discipline, conférées au Tribunal de l'Empire sur les fonctionnaires judiciaires d'Alsace-Lorraine par la loi du 14 juin 1871 et l'article 1 de la loi du 16 juin 1879 [1], sont renvoyées devant les chambres civiles réunies.

Les sentences d'arbitrage [2] sont rendues par les chambres civiles réunies, s'il n'en a été décidé autrement lors de la demande en arbitrage.

DES ASSEMBLÉES GÉNÉRALES.

ART. 3. Devant le Tribunal réuni en assemblée générale (*Plenum*) sont renvoyés, en dehors des affaires spécifiées par la loi [3] :

1° La discussion et le vote des modifications ou compléments du règlement des travaux (*Geschäftsordnung*) à proposer au Conseil fédéral [4], ainsi que toutes les affaires concernant l'ordre des travaux (*Geschäftsgang*) qui sont renvoyées par le Premier Président devant le Tribunal de l'Empire réuni en assemblée générale;

---

[1] La loi du 16 juin 1879, dont nous avons donné la traduction, renvoie devant le Tribunal de l'Empire les affaires antérieurement attribuées au tribunal fédéral de commerce. La loi du 14 juin 1871 avait donné à ce dernier tribunal, en matière de discipline et sur les magistrats d'Alsace-Lorraine, les attributions de la Cour de cassation française.

[2] L'article 14 du règlement traite spécialement des arbitrages par le Tribunal de l'Empire.

[3] D'après le Code d'organisation ju-

diciaire, la déchéance du membre du tribunal fédéral, qui est condamné à une peine supérieure à une année d'emprisonnement ou est poursuivi pour crime ou délit, est ou peut être prononcée par l'assemblée générale du Tribunal (art. 128, 129). De même, la mise à la retraite est prononcée en assemblée générale (art. 131).

[4] L'article 141 du Code d'organisation judiciaire confie au Tribunal réuni en assemblée générale le soin de dresser le règlement de ses travaux.

2° Les avis demandés au Tribunal de l'Empire, notamment en matière de législation.

DU PREMIER PRÉSIDENT.

Art. 4. Le Premier Président (*Präsident*) est chargé, en dehors des fonctions qui lui sont attribuées en qualité de président du Tribunal réuni en assemblée générale, de président du Presidium et de président de la chambre à laquelle il appartient, de la direction et de la surveillance générale des travaux du Tribunal.

Il fixe le local et les jours d'audience de chaque chambre et en cas de doute décide à quelle chambre appartient une affaire.

Il règle la distribution des affaires entre les fonctionnaires non judiciaires du Tribunal, reçoit leur serment, a la surveillance générale de leurs travaux, leur accorde des congés et a sur eux un pouvoir disciplinaire dans les limites de la loi fédérale du 31 mars 1873 [1].

En tant qu'il n'existe pas de prescriptions législatives fédérales ou édictées en vertu de lois fédérales par le Chancelier de l'Empire, le Premier Président donne les instructions nécessaires pour la tenue des livres officiels, registres et listes [2].

Il prend les dispositions nécessaires dans toutes les affaires d'administration, et notamment en ce qui concerne le budget du Tribunal, les bâtiments, la bibliothèque [3] et autres fournitures.

[1] Les fonctionnaires non judiciaires sont les greffiers ou secrétaires supérieurs, le chef des bureaux, le bibliothécaire, le directeur de la Chancellerie, les employés auxiliaires du secrétariat, les secrétaires de la Chancellerie, les concierges et les garçons de bureaux : le tribunal compte 72 fonctionnaires et employés de différents ordres.

Le Premier Président peut, aux termes de la loi du 31 mars 1873, en cas de faute disciplinaire, infliger aux fonctionnaires et employés non judiciaires une peine disciplinaire ou ordonner contre eux une instruction.

[2] Cf. sur les listes et registres les articles 19, 23, 24 du règlement. L'ordonnance fédérale sur les greffiers, en date du 23 septembre 1879, renferme les instructions nécessaires pour la tenue des registres. Il n'a pas été édicté d'autres instructions législatives.

[3] Le Premier Président a, par un règlement en date du 21 mars 1880, organisé le service de la bibliothèque. Cf. *Introduction*.

DE LA PRÉSIDENCE.

Vorsitz.

Art. 5. Le Premier Président préside les chambres civiles ou criminelles réunies, et les deuxième et troisième chambres criminelles
réunies en vertu de l'article 138 § 2 du Code d'organisation judiciaire [1]; s'il n'appartient à aucune des chambres réunies, la présidence
est dévolue au doyen des vice-présidents des chambres réunies (*Senatspräsidenten*).

Le Premier Président est remplacé dans toutes les affaires pour
lesquelles le remplacement n'est pas réglé par la loi [2] par le doyen
des présidents de chambre.

DES AUDIENCES.

Art. 6. Les audiences des chambres ont lieu chaque semaine aux
jours fixés une fois pour toutes, sauf les audiences extraordinaires
que les circonstances nécessitent.

Les jours des audiences extraordinaires, des assemblées générales
et des audiences des chambres civiles ou criminelles réunies sont fixés
suivant les besoins du service par les présidents.

Les audiences ne sont pas tenues, sauf en cas d'urgence, les dimanches et les jours fériés reconnus dans la ville de Leipzig :

Jour de l'an; 6 janvier, fête de l'Apparition du Christ; Vendredi
saint; lundi de Pâques; Ascension; lundi de la Pentecôte; 31 octobre,
fête de la Réforme; 25 et 26 décembre, fêtes de Noël; et les deux
jours de pénitence : le vendredi avant le troisième dimanche de Carême (*Okuli*) et le vendredi avant le dernier dimanche après la Trinité [3].

[1] Les deuxième et troisième chambres criminelles font fonction de Haute Cour de justice et jugent les crimes de haute trahison (Code, art. 138). Les chambres civiles ou criminelles siègent réunies dans le cas prévu par l'article 137.

[2] Dans la chambre à laquelle il appartient, le Premier Président est rem-placé en cas d'empêchement non par un vice-président, mais par le conseiller doyen de la chambre (art. 65, 133 Code org. jud.).

[3] Les Allemands donnent au troisième dimanche de carême le nom de *Okuli*.

Les protestants ne désignent pas comme les catholiques les dimanches qui suivent

DES RAPPORTEURS.

Art. 7. Dans les procédures en Revision (*Revision*) en matière criminelle, le rapporteur est nommé par le président de la chambre après la réception du dossier de l'affaire.

Le rapporteur doit avant les débats remettre au président de la chambre le dossier et un rapport écrit.

La décision en Revision par simple décret (*Beschlusz*) peut être rendue sur un rapport oral du rapporteur [1].

Art. 8. Dans les procédures en Revision en matière civile, le président de la chambre peut nommer un rapporteur à l'effet de préparer les débats et la décision [2].

Le rapporteur, à qui le greffe remet dès leur réception le dossier du procès (*Prozessakten*) [3], ainsi que les écritures préparatoires de la procédure en Revision qui ont été déposées (*vorbereitende Schriftsätze*) [4],

---

la Pentecôte ; ils les comptent non de la Pentecôte, mais de la Trinité. Le 24ᵉ et dernier dimanche après la Trinité correspond en conséquence au 25ᵉ dimanche après la Pentecôte.

[1] Nous avons vu dans l'Introduction quels étaient le but et la forme de la procédure en Revision : elle a pour objet la cassation du jugement pour violation de la loi.

Au criminel, la procédure peut se terminer par un simple décret ou par un jugement. C'est à cette double solution que fait allusion l'article 7.

Si le tribunal de revision estime qu'il n'est pas compétent ou que les formalités prescrites par la loi n'ont pas été observées, il rend un décret (*Beschlusz*) soit d'incompétence avec renvoi devant le tribunal compétent, soit de rejet ; dans ce cas, le rapport peut être oral. Dans le cas contraire, le rapport doit être écrit et il en est donné lecture avant le débat oral.

[2] Le Code de procédure civile n'exige pas en matière civile dans les procédures en Revision la nomination d'un rapporteur : le jugement peut être rendu sans rapport. En pratique, un rapporteur est toujours nommé, et il prépare le projet de jugement.

[3] Le dossier du procès est transmis au greffe du Tribunal de l'Empire par le greffier du tribunal dont le jugement est attaqué.

[4] Les écritures préparatoires sont la demande en Revision du demandeur et les conclusions en réponse de la partie adverse, lesquels actes sont signifiés entre parties.

Une copie de ces écritures est déposée au greffe.

doit remettre au président de la chambre les pièces et un rapport écrit huit jours au moins avant le jour fixé pour les débats.

.Le président de la chambre a le droit d'ordonner, avant le jour des débats, qu'un second rapport plus développé sera fait par un second rapporteur.

ART. 9. Dans les procédures en Pourvoi (*Beschwerde*), lorsqu'un débat oral ne précède pas la décision, la décision est rendue sur un rapport oral; le rapporteur est désigné par le président de la chambre[1].

ART. 10. Si, dans les procédures en Pourvoi, un jour a été fixé pour un débat oral, les articles 7 et 8 sont applicables.

ART. 11. Dans les affaires criminelles qui ressortissent en première instance au Tribunal de l'Empire (Code d'organisation judiciaire, art. 136 n° 1), les dispositions de l'article 7 § 1 s'appliquent aux attributions afférentes à la première chambre criminelle (Code d'organisation judiciaire, art. 138 § 1)[2].

ART. 12. L'article 7 est applicable dans les procédures d'appel en matière de brevets d'invention; l'article 7 ou l'article 8 est applicable dans les procédures d'appel relatives aux affaires qui ressortissent à la justice consulaire[3].

[1] Le Pourvoi (*Beschwerde*) n'est porté devant le Tribunal de l'Empire qu'en matière civile; il est formé contre les ordonnances des tribunaux régionaux Supérieurs.

Un débat oral préalable n'est pas exigé, mais est facultatif; en général il n'a pas lieu. Les articles 9 et 10 prévoient la double hypothèse. Le rapport sera oral s'il n'y a pas de débat oral, et écrit si la décision doit être précédée d'un débat oral.

[2] Le Tribunal de l'Empire juge comme Haute Cour de justice les crimes de haute trahison. La première chambre criminelle remplit les fonctions de chambre du conseil. L'article 11 prescrit pour ces affaires et devant cette chambre la nomination d'un rapporteur.

[3] Le Tribunal de l'Empire n'est que par exception tribunal d'appel. Nous avons vu quelle était sa compétence en matière de brevets d'invention ou de justice consulaire.

En matière de brevets d'invention, le jugement devra toujours être rendu sur rapport.

Dans les procédures d'appel contre les

Art. 13. Les dispositions des articles 7 et 8 s'appliquent dans les procédures relatives aux affaires portées, en vertu de l'article 137 du Code d'organisation judiciaire, devant les chambres civiles ou criminelles réunies [1].

Deux rapporteurs sont nommés : l'un d'eux doit appartenir à la chambre qui a renvoyé l'affaire devant les chambres civiles ou criminelles réunies.

Une copie des rapports doit être remise avant le jour des débats à chaque membre des chambres réunies.

DES ARBITRAGES.

Art. 14. Une procédure en arbitrage n'a lieu devant le Tribunal de l'Empire que si une sentence d'arbitrage (*Schiedspruch*) lui a été demandée par le Chancelier de l'Empire en exécution d'une décision du Conseil fédéral ou pour une autre cause [2], ou si l'arbitrage a été accepté par le Tribunal de l'Empire sous l'approbation du Chancelier de l'Empire à la suite d'une convention d'arbitrage. S'il s'agit de difficultés d'ordre privé entre particuliers, le Premier Président doit rejeter de suite la demande en arbitrage. S'il s'agit de toutes autres difficultés, le Premier Président doit consulter les chambres civiles sur l'admission de la demande d'arbitrage; la demande est admise si la majorité des chambres se prononce pour l'admission.

En matière d'arbitrage, le président (*Vorsitzende*) [3] nomme un ou deux rapporteurs.

---

jugements des tribunaux consulaires, l'article 7 sera applicable en matière criminelle, l'article 8 en matière civile.

[1] L'article 137 du Code d'organisation judiciaire renvoie devant les chambres réunies les affaires dans lesquelles la chambre régulièrement saisie veut s'écarter de la jurisprudence antérieure du Tribunal de l'Empire.

[2] Il n'est pas nécessaire que la demande d'arbitrage émane du Conseil fédéral. L'article, en disant : *pour une autre cause*, n'a voulu apporter aucune restriction au droit du Chancelier de l'Empire. Ainsi, par exemple, la demande d'arbitrage peut être provoquée, comme cela est résulté dans la pratique, par l'initiative de l'Empereur.

[3] Les arbitrages sont renvoyés non devant le Tribunal tout entier, mais devant les chambres civiles réunies ou devant l'une d'elles (art. 2).

Les décisions préparatoires (*Vorverfügungen*) qui ont pour objet l'audition des parties et la connaissance des circonstances de fait de l'affaire sont prises par le président et les rapporteurs. Ce sont eux aussi qui décident si, après l'échange des mémoires, un débat oral doit précéder la sentence.

Si la procédure n'a lieu que par écrit et aussi s'il est procédé à un débat oral, le premier rapporteur doit, après l'échange des mémoires, remettre les pièces au second rapporteur avec un rapport écrit exposant la question de fait et contenant son avis; le second rapporteur remet le tout au président avec son avis écrit. Le président provoque la réunion des chambres civiles réunies.

Si un débat oral a lieu, le premier rapporteur expose l'état de la question sur laquelle les parties doivent être entendues.

DU DÉLIBÉRÉ ET DU VOTE.

Art. 15. Le délibéré a lieu en l'absence du greffier sans constatation écrite de la marche du délibéré, du vote des membres et des motifs invoqués par chacun d'eux. Chaque membre a le droit de faire insérer dans le dossier (*Akten*) spécifié par l'article 24 § 2 [1] le vote qu'il a rendu en contradiction avec le vote de la majorité et d'en indiquer brièvement les motifs.

Dans les affaires jugées sur rapport, le délibéré commence par l'exposé de l'affaire que fait le rapporteur, et il opine le premier; si un second rapporteur a été désigné, il est ensuite immédiatement entendu.

Le vote par écrit et surtout le vote par circuit (*durch Umlauf*) [2] sont interdits.

La demande est présentée au Premier Président qui consulte les chambres civiles sur l'admission.

La nomination des rapporteurs et la convocation des chambres civiles émanent au contraire non du Premier Président, mais du président des chambres civiles réunies (art. 14, § 2, 3, 4), c'est-à-dire du Premier Président s'il appartient à une chambre civile, sinon du doyen des présidents des chambres civiles (art. 5).

[1] C'est-à-dire le dossier de l'affaire; conservé au greffe, il reste secret et l'opinion des conseillers dissidents ne peut être connue (art. 271 § 3 Code procéd. civ.).

[2] Le vote par circuit est un mode tout particulier de votation. Lorsqu'une

DE LA FORME DES DÉCISIONS.

Art. 16. Le tribunal rend tous les jugements, décrets (*Beschlüsse*), ordonnances (*Verfügungen*), rapports, commissions rogatoires, etc., sous la rubrique : « Le Tribunal de l'Empire ».

Si les décisions émanent d'une seule chambre ou des chambres réunies, il doit être ajouté comme complément : « Le Tribunal de l'Empire, première chambre civile », — « Le Tribunal de l'Empire, les chambres civiles réunies ».

DES JUGEMENTS.

Art. 17. Les jugements sont libellés avec la formule initiale : « Au nom de l'Empire », et la formule finale : « De par la loi ».

Le dispositif, encadré dans ces formules, précède généralement l'exposé du fait et les motifs.

Le jugement peut être prononcé avant qu'il ne soit signé par les juges qui ont pris part à la décision.

DES MOTIFS.

Art. 18. Les motifs doivent être rédigés en termes concis et se rapporter étroitement à l'objet de la décision ; l'emploi de mots étrangers et d'expressions peu usitées doit être évité.

Si les motifs n'ont pas été arrêtés au moment même où la décision est prise, la rédaction en est confiée au rapporteur qui se conformera à la décision prise. S'il n'y a pas de rapporteur, si le rapporteur n'appartient plus au tribunal, ou s'il est empêché, un membre désigné par le président de la chambre est chargé de la rédaction. Le projet

chambre n'a pas rendu le jugement immédiatement après les débats et a remis à statuer, le président peut, en cas d'urgence, envoyer le dossier de l'affaire successivement à tous les membres de la chambre, et chaque juge doit donner son vote par écrit. Le dossier fait ainsi le tour (*Umlauf*) de la chambre.

Ce procédé, qui en fait supprime le délibéré, offre par là même pour la bonne administration de la justice des dangers incontestables. Le règlement du Tribunal de l'Empire l'interdit.

Il est encore usité en Autriche.

est soumis d'abord au président ou à un membre désigné par lui. En cas d'observations faites contre la rédaction des motifs par le président ou le membre délégué ou tout autre membre de la chambre, si le rédacteur n'y donne pas satisfaction en modifiant le projet, les motifs sont arrêtés par décision judiciaire (*Gerichtsbeschlusz*)[1].

DES DÉCRETS.

Art. 19. Les décrets (*Beschlüsse*)[2] rendus après un débat oral doivent mentionner les noms des juges qui ont pris part à la décision et être signés par eux.

Pour les autres décrets, la signature du rapporteur et du président de la chambre suffit. L'audience dans laquelle le décret a été rendu doit être indiquée.

A l'effet de pouvoir établir les noms des membres qui ont pris part à l'expédition d'une affaire en matière de Pourvoi (*Beschwerdesachen*)[3], il sera dressé une liste d'audience (*Sitzungsliste*) qui indiquera quels membres ont siégé à chaque audience.

DES EXPÉDITIONS.

Art. 20. La forme des expéditions qui, aux termes de la loi, doivent être délivrées par les greffiers[4] est déterminée par les instructions

[1] La décision judiciaire est nécessairement prise par la chambre intéressée.

[2] L'article 19 ne s'occupe que des décrets. En ce qui concerne les jugements, les articles 286 du Code de procédure civile et 275 du Code de procédure pénale ont décidé que la minute devait être signée par tous les juges qui ont pris part au jugement. Les décrets (*Beschlüsse*) sont des décisions, ainsi dénommées par les Codes de procédure, que prennent les tribunaux en certaines matières, par exemple : en matière d'assistance judiciaire, de conflit, de huis clos, de police de l'audience, etc.

[3] Un débat oral préalable n'étant pas exigé pour le jugement des Pourvois, la minute ne sera signée que par le président et le rapporteur. Mais il peut y avoir un certain intérêt à connaître les noms des juges : c'est dans ce but que le troisième paragraphe de l'article prescrit l'établissement d'une liste d'audience. Cette liste, qui remplace le procès-verbal d'audience dressé dans les affaires jugées sur débat oral, mentionne les affaires et les juges qui ont siégé dans chaque affaire.

[4] Le greffier délivre les expéditions des jugements et des pièces du procès (Code procéd. civ., art. 271, 288 ; Code procéd. pén., art. 275).

qui ont été ou seront données par le Chancelier de l'Empire, conformément à l'article 154 du Code d'organisation judiciaire sur l'organisation du greffe du Tribunal de l'Empire[1].

Les autres expéditions sont signées par le Premier Président ou, s'il s'agit d'une décision émanant d'une chambre, par le président de la chambre, et contresignées par un greffier.

Le Premier Président peut ordonner que l'expédition des ordonnances de peu d'importance ne sera certifiée que par un greffier[2].

DES SCEAUX.

Art. 21. Le Tribunal de l'Empire a deux sceaux :

1° Un grand sceau, qui est semblable au grand sceau du département de la justice de la Chancellerie fédérale[3] ; il ne sert qu'aux expéditions officielles, notamment aux expéditions de jugements ;

2° Un petit sceau, qui est semblable au sceau employé dans les ambassades de l'Empire allemand[4] ; il porte l'exergue : «Empire allemand. Tribunal de l'Empire».

Le greffe fait usage d'un sceau qui porte l'aigle impériale avec l'exergue : «Empire allemand. Greffe du Tribunal de l'Empire».

DES FRAIS.

Art. 22. La perception et le décompte des frais de justice dans les affaires portées devant le Tribunal de l'Empire sont réglés par l'instruction du Conseil fédéral promulguée par le Chancelier de l'Empire le 8 juillet 1879[5].

---

[1] L'article 154 du Code d'organisation judiciaire confie au Chancelier fédéral l'organisation du greffe du Tribunal de l'Empire. En conformité de cet article un arrêté a été rendu à la date du 23 septembre 1879. Nous en donnons la traduction page 182.

[2] Aucune disposition n'a été prise sur ce point par le Premier Président.

[3] Le grand sceau porte l'aigle impériale sans exergue.

[4] Le petit sceau porte l'aigle impériale avec l'exergue : «Empire allemand. Tribunal de l'Empire».

[5] Le montant des frais de justice est calculé par le greffe; il est envoyé à un bureau spécial relevant du service général de la poste à Leipzig, lequel

DES LIVRES DE JURISPRUDENCE.

Art. 23. Chaque chambre tient un livre de jurisprudence (*Präju-dizienbuch*), destiné à mentionner les décisions intervenues lors de l'expédition des affaires dans les questions controversées importantes de droit et de procédure.

Doivent être insérées dans les livres de jurisprudence toutes les décisions rendues par les chambres civiles ou criminelles réunies conformément à l'article 137 du Code d'organisation judiciaire[1], et les décisions de chaque chambre dont l'insertion est ordonnée par la chambre sur la proposition du président ou d'un des membres.

Les livres de jurisprudence de toutes les chambres de même ordre[2] doivent concorder. En conséquence, les décisions rendues par les chambres réunies conformément à l'article 137 du Code d'organisation judiciaire doivent être insérées dans les livres de jurisprudence des chambres qui ont été réunies, et les décisions insérées sur l'ordre d'une chambre dans son livre de jurisprudence doivent être communiquées aux autres chambres de même ordre qui les feront insérer dans leurs livres de jurisprudence respectifs.

Dans chaque chambre, un membre est chargé de la tenue du livre de jurisprudence; il a pour mission de faire fixer par décision de la chambre le texte de l'insertion, de faire ou de faire faire sous son contrôle les insertions, et de communiquer aux autres chambres les décisions insérées.

Les livres de jurisprudence sont divisés en trois sections : décisions des chambres réunies, décisions de la chambre même à laquelle appartient le livre, décisions des autres chambres de même ordre. Dans chaque section, les insertions sont munies d'un numéro d'ordre. Une table alphabétique, placée à la fin du livre, renvoie à la section et au numéro.

---

est chargé de l'encaissement. Cf. note 2, p. 184.

[1] Les chambres civiles ou criminelles se réunissent pour juger une affaire lorsque la chambre saisie de l'affaire veut s'écarter de la jurisprudence antérieure du tribunal.

[2] C'est-à-dire civiles ou criminelles.

DES DOSSIERS ET REGISTRES.

Art. 24. L'organisation des dossiers (*Akten*), livres et registres est réglée par les instructions qui ont été ou seront données par le Chancelier de l'Empire, conformément à l'article 154 du Code d'organisation judiciaire sur l'organisation du greffe du Tribunal de l'Empire [1].

Les minutes des jugements sont conservées au Tribunal. Les travaux des rapporteurs sont conservés dans les dossiers qui sont formés en matière civile suivant les dispositions de l'article 271 § 3 du Code de procédure civile [2], ou en matière criminelle suivant des dispositions analogues; les pièces de ces dossiers ne sont communiquées aux avocats et aux parties ni en original ni en copie.

A l'aide des livres et registres, un relevé des travaux du Tribunal est fait à la fin de l'année judiciaire et envoyé au Chancelier de l'Empire.

DE L'ANNÉE JUDICIAIRE.

Art. 25. L'année judiciaire du Tribunal de l'Empire est l'année du calendrier.

DES VACANCES.

Art. 26. Pendant les vacances, dix membres au moins du tribunal, compris le Premier Président ou un des présidents de chambre, doivent être présents au siège du tribunal pour expédier les affaires de vacation [3]. Ces membres sont désignés par le Presidium.

Ils composent la chambre des vacations qui est présidée par le Premier Président ou le président de chambre présent, et, en cas d'empêchement, par le plus ancien conseiller.

Le président de la chambre des vacations a le droit, si elle n'est pas

---

[1] Cf. art. 20, note 1, p. 160.

Les articles 9, 10, 11, 17, 18, 20, 21, 23, 26, 27 de l'arrêté fédéral d'organisation du greffe énumèrent les registres qui doivent être tenus au greffe.

[2] L'article 271 § 3 compose le dossier des projets de jugements, décisions et ordonnances, des écritures préparatoires et des écrits concernant le vote ou les mesures d'ordre.

[3] L'article 202 du Code d'organisation judiciaire éuumère les affaires dites de vacation.

en nombre, de désigner les membres du tribunal qui devront siéger
à la place des membres empêchés de la chambre des vacations.

La chambre des vacations remplit, en cas d'urgence, les fonctions
attribuées à la première chambre criminelle par l'article 138 § 1 du
Code d'organisation judiciaire [1].

Les affaires qui sont de la compétence du tribunal réuni en assemblée générale ou des chambres civiles ou criminelles réunies ne
sont pas expédiées par la chambre des vacations.

L'expédition des affaires attribuées au Premier Président, le service
du greffe ou des huissiers ne subissent aucune interruption pendant les
vacances.

Lorsque la chambre des vacations ordonne l'insertion d'une décision
dans les livres de jurisprudence, cette décision est communiquée aux
chambres permanentes civiles ou criminelles, qui la font insérer dans
leurs livres de jurisprudence.

DES CONGÉS.

Art. 27. En dehors des vacances et des jours fériés énumérés
sous l'article 6 § 3, le Premier Président ne doit pas s'absenter sans
congé du siège du Tribunal pendant plus de huit jours et un autre
membre pendant plus de vingt-quatre heures.

Les congés sont accordés : au Premier Président par le Chancelier
de l'Empire; aux autres membres du Tribunal par le Premier Président
jusqu'à un mois, par le Chancelier de l'Empire au delà d'un mois.

DU SERMENT.

Art. 28. Les nouveaux membres du Tribunal, les avocats admis au
Tribunal de l'Empire, le président de l'ordre des avocats au Tribunal
de l'Empire [2], les membres du conseil d'administration du fonds des

[1] La première chambre criminelle
fait fonction de chambre du conseil en
cas de poursuite pour crimes de haute
trahison, crimes déférés au Tribunal de
l'Empire.

[2] Les avocats au Tribunal de l'Empire constituent une chambre ou collège
d'avocats : ils élisent un conseil de
neuf membres, lesquels sont nommés
pour quatre ans. Le président du conseil
ou bâtonnier de l'ordre prête serment
en cette qualité.

invalides de l'Empire[1] prêtent serment devant une des chambres à une audience fixée par le Premier Président.

DE L'ANCIENNETÉ DE SERVICE.

ART. 29. L'ancienneté de service des présidents de chambre et des conseillers se compte, dans tous les cas où elle est prise en considération[2], du jour de la nomination; si plusieurs nominations datent du même jour, elle se détermine par le rang fixé par l'ordre de nomination. En cas d'égalité de service, l'âge décide.

DISPOSITIONS TRANSITOIRES.

ART. 30, 31, 32.

Ces articles règlent le fonctionnement des chambres auxiliaires instituées pour juger les affaires pendantes le 1er octobre 1879 devant les tribunaux Suprêmes locaux [3].

Ils n'ont plus d'intérêt pratique, la dernière des chambres auxiliaires ayant cessé de fonctionner le 30 juin 1883.

[1] Cf. loi du 16 juin 1879, note 2, p. 132.

[2] Par exemple, lorsqu'il s'agira de désigner le conseiller doyen qui devra occuper la présidence en l'absence du vice-président empêché, ou le vice-président appelé à suppléer le Premier Président.

[3] Cf. sur les chambres auxiliaires la note de la page 146.

ORDONNANCE DU PRESIDIUM

SUR LA DISTRIBUTION DES AFFAIRES ET LE ROULEMENT DES MAGISTRATS POUR L'ANNÉE JUDICIAIRE 1884 [1].

EN DATE DU 18 NOVEMBRE 1883.

SECTION I.

Pour la durée de l'année judiciaire commençant le 1er janvier 1884, les affaires renvoyées devant le Tribunal de l'Empire sont réparties ainsi qu'il suit, en tant qu'elles ne sont pas attribuées par la loi à une chambre déterminée ou aux chambres réunies [2].

A. Au civil, sont expédiées par :

Ire CHAMBRE CIVILE [3].

a. Les affaires de commerce (c'est-à-dire les demandes formées

---

[1] Aux termes des articles 62 et 133 (Code org. jud.), le Presidium du Tribunal de l'Empire, composé du Premier Président, des présidents de chambre et des quatre conseillers doyens, fixe chaque année l'ordre des travaux des chambres, c'est-à-dire la nature des affaires renvoyées devant chacune d'elles, et procède au roulement des conseillers. Une ordonnance (*Verfügung*) est rendue à cet effet avant le commencement de l'année judiciaire.

Les ordonnances successives du Presidium portent les dates des 24 novembre 1879, 3 décembre 1880, 2 décembre 1881, 3 décembre 1882 et 18 novembre 1883.

[2] Le Code d'organisation judiciaire (art. 128, 129, 131, 137, 138) et la loi du 14 juin 1881 renvoient certaines affaires déterminées devant l'assemblée générale ou les chambres réunies.

L'ordonnance du 18 novembre 1883 n'a apporté que peu de changements et sur des points secondaires aux ordonnances antérieures. Une ordonnance du 23 mars 1884 a légèrement modifié l'ordonnance du 18 novembre 1883, à raison de la création d'une quatrième chambre criminelle. Nous donnons le texte rectifié. Cf. note 2, p. 166, notes 1, 3, 4, p. 168, et note 2, p. 172.

[3] Pour l'intelligence de la distribution des affaires, nous rappellerons que

contre un commerçant à raison d'actes de commerce, art. 4, 271-276 du Code de commerce, et les affaires spécifiées par l'article 101 n° 3 *a*, *b*, *d*, *e*, *f* du Code d'organisation judiciaire), les difficultés en matière d'assurances et les affaires de change (Code d'organisation judiciaire, art. 101 n° 2) [1], émanant des ressorts des tribunaux régionaux Supérieurs de Berlin, Breslau, Hamm, Königsberg, Marienwerder, Naumburg, Posen, Stettin [2] et des ressorts des tribunaux consulaires.

b. Toutes les affaires maritimes (art. 101 n° 3 *g* du Code d'organisation judiciaire et art. 44 de la loi sur les naufrages en date du 17 mai 1874).

c. Toutes les affaires civiles [3] émanant des ressorts des tribunaux

les différents tribunaux régionaux Supérieurs sont ainsi répartis :

Berlin, Breslau, Hamm, Königsberg, Marienwerder, Naumburg, Posen et Stettin relèvent de la Prusse (anciennes provinces), de la Principauté de Schwarzburg-Sondershausen et du Duché d'Anhalt;

Cologne relève de la Prusse (Prusse rhénane);

Cassel, Celle, Francfort et Kiel relèvent de la Prusse (provinces annexées en 1867) et des Principautés de Waldeck et de Lippe;

Colmar relève de l'Alsace-Lorraine;

Carlsruhe relève du Grand-duché de Bade;

Augsburg, Bamberg, Munich, Nüremberg et Zweibrücken relèvent de la Bavière;

Brunswick relève du Duché de Brunswick.

Hamburg relève des Villes Hanséatiques;

Darmstadt relève du Grand-duché de Hesse;

Rostock relève des Grand-duchés de Mecklenburg;

Oldenburg relève du Grand-duché d'Oldenburg et de la Principauté de Schaumburg-Lippe;

Dresde relève de la Saxe;

Jena relève des États de Thuringe;

Stuttgart relève du Württemberg.

[1] L'article 101 du Code d'organisation judiciaire et les articles 4, 271-276 du Code de commerce énumèrent les affaires commerciales : ce sont en principe les demandes formées contre un commerçant à raison d'actes de commerce, et en outre un certain nombre de contestations d'une nature particulière entre personnes déterminées.

[2] Le texte primitif de l'ordonnance ajoutait Jena.

[3] L'expression *affaires civiles* prise au général comprend toutes les affaires (civiles, commerciales, change, etc.) qui ne relèvent pas des lois criminelles.

régionaux Supérieurs de Hamburg et Rostock, ainsi que du territoire de la ville de Francfort-sur-le-Main [1].

d. Toutes les contestations en matière de flottage (art. 2 de la loi du 1er juin 1870), de banque (art. 50 de la loi du 14 mars 1875), et de brevets d'invention (art. 32 et 37 de la loi du 25 mai 1877) [2].

e. Les contestations prévues par les lois en matière de droits d'auteur et de protection des photographies, marques de commerce, dessins et modèles [3], émanant des ressorts des tribunaux régionaux Supérieurs autres que ceux attribués à la deuxième chambre civile.

IIe CHAMBRE CIVILE.

a. Toutes les affaires civiles émanant des ressorts des tribunaux régionaux Supérieurs de Carlsruhe, Cologne, Colmar et Zweibrücken, et du ressort du tribunal Régional de Mayence, à l'exception des affaires spécifiées sous les n[os] I *b* et *d* [4].

[1] Il est probable que c'est le mouvement considérable des affaires et par suite le nombre des procès qui a fait séparer, dans la distribution des affaires, le territoire de la ville de Francfort du reste du ressort du tribunal Supérieur de Francfort. En effet, lors de la discussion du Code d'organisation judiciaire, M. Reichensperger a déclaré que la ville de Francfort renvoyait à elle seule autant d'affaires devant la troisième instance que la province rhénane tout entière.

Les affaires civiles émanant du reste du ressort sont renvoyées devant la troisième chambre.

[2] Les affaires énumérées sous le n° I *d* émanent de tout l'Empire.

Les lois fédérales sur le flottage (1er juin 1870), les banques (14 mars 1875), établissent la compétence du Tribunal de l'Empire en dernière instance. La loi fédérale du 25 mai 1877 sur les brevets d'invention (art. 32 et 37) renvoie devant le Tribunal fédéral l'appel formé contre les décisions de l'office des brevets et en dernière instance toutes les affaires civiles dans lesquelles est élevée une prétention se fondant sur les dispositions de la loi sur les brevets. Cf. *Introduction.*

[3] Toutes ces contestations spéciales sont régies par les lois fédérales des 11 juin 1870, 30 novembre 1874, 9, 10, 11 janvier 1876; elles sont considérées comme affaires commerciales, ce qui établit en troisième instance la compétence du Tribunal de l'Empire. — Cf. *Introduction* sur la nature de ces affaires.

[4] Le paragraphe *a* comprend toutes les affaires civiles, à l'exception des affaires maritimes et des affaires en matière de flottage, banque et brevets d'invention,

b. Les mêmes affaires émanant des ressorts des tribunaux régionaux Supérieurs de Augsburg, Bamberg, Munich, Nüremberg et Dresde [1].

IIIe CHAMBRE CIVILE.

a. Toutes les affaires civiles, à l'exception des affaires spécifiées sous les n^{os} I *b*, *d* et *e* et V *d* [2], émanant des ressorts des tribunaux régionaux Supérieurs de Celle, Francfort-sur-le-Main (non compris le territoire de la ville de Francfort), Cassel, Kiel et Stuttgart [3].

b. Les affaires civiles émanant des ressorts des tribunaux régionaux Supérieurs de Brunswick, Darmstadt (non compris le ressort du tribunal Régional de Mayence), Jena [4] et Oldenburg.

c. Les contestations non comprises sous les n^{os} I *a*, *b*, *d* et *e* [5], émanant des parties du ressort du tribunal régional Supérieur de Naumburg qui dépendent des États de Thuringe et d'Anhalt [6].

d. Les affaires spécifiées par l'ordonnance du 26 septembre 1879

---

[1] Le texte primitif de l'ordonnance ajoutait Stuttgart.

[2] C'est-à-dire à l'exception des affaires maritimes, de naufrage, de flottage, d'émission de banque, de brevets d'invention, de droits d'auteur, de protection des photographies, etc., et de droit minier.

[3 et 4] Aux termes du texte primitif de l'ordonnance, les affaires civiles émanant de Stuttgart étaient attribuées à la deuxième chambre civile et les affaires commerciales émanant de Jena à la première chambre civile.

[5] C'est-à-dire toutes les affaires civiles, à l'exception des affaires commerciales, de change, maritimes et de naufrage, de flottage, de banque, de brevets d'invention, de droits d'auteur, de protection des photographies, etc.

[6] Parmi les États de Thuringe, les quatre Duchés de Saxe-Weimar, Meiningen, Coburg et Altenburg, les deux Principautés de Reusz et la Principauté de Schwarzburg-Rudolstadt ont, par un traité du 19 février 1877, établi un tribunal régional Supérieur commun à Jena.

Au contraire, en vertu de traités conclus avec la Prusse les 7 et 9 octobre 1878, la Principauté de Schwarzburg-Sondershausen et le Duché d'Anhalt relèvent du tribunal régional Supérieur prussien de Naumburg.

Les affaires civiles en général, émanant du ressort du tribunal Supérieur de Naumburg, sont renvoyées devant la troisième ou la quatrième chambre, suivant qu'elles émanent des territoires thuringiens ou prussiens du ressort.

relative aux affaires émanant de la Hesse, et par l'article 2 de l'ordonnance de même date relative aux affaires émanant de Waldeck [1].

e. Les affaires civiles émanant du ressort du tribunal Régional de Greifswald, qui ne sont pas renvoyées devant les première (I *a*, *b*, *d* et *e*) ou cinquième chambres civiles [2].

IV° CHAMBRE CIVILE.

a. Pour tout l'Empire, la désignation du tribunal compétent dans les cas prévus par les articles 36 du Code de procédure civile et 9 de la loi sur la mise en vigueur du Code de procédure civile, la décision préalable en matière civile dans les cas prévus par l'article 11 de la loi sur la mise en vigueur du Code d'organisation judiciaire, les décisions prévues par l'article 17 du Code d'organisation judiciaire combiné avec l'article 17 de la loi sur la mise en vigueur, et par l'article 160 du Code d'organisation judiciaire [3].

b. Les affaires civiles émanant des ressorts des tribunaux régionaux Supérieurs de Berlin, Breslau, Hamm, Königsberg, Marienwer-

[1] Les ordonnances du 26 septembre 1879, visées par le n° *d*, renvoient en dernière instance devant le Tribunal de l'Empire les affaires civiles concernant les souverains et princes du sang de la Hesse ou de Waldeck.

[2] C'est-à-dire toutes les affaires civiles, à l'exception des affaires de commerce, de change, maritimes, de naufrage, flottage, banque, brevets d'invention, droits d'auteur, protection des photographies, etc., droit minier et certaines affaires spéciales attribuées à la cinquième chambre.

Le tribunal de Greifswald relève du tribunal Supérieur de Stettin.

[3] Les articles 36 du Code de procédure civile et 9 de la loi sur la mise en vigueur concernent le règlement de compétence par le Tribunal de l'Empire en cas de conflits entre plusieurs tribunaux.

L'article 11 de la loi sur la mise en vigueur du Code d'organisation judiciaire est relatif à la décision préalable que doit rendre, dans certains pays, le Tribunal de l'Empire en cas de poursuite contre les fonctionnaires, lorsqu'il n'existe pas dans le pays de haute cour administrative.

L'article 17 du Code d'organisation judiciaire et l'article 17 de la loi sur la mise en vigueur renvoient devant le Tribunal de l'Empire le jugement des conflits de juridiction entre tribunaux judiciaires et administratifs dans les pays qui n'ont pas organisé un tribunal spécial.

L'article 160 du Code d'organisation judiciaire renvoie devant le Tribunal de l'Empire le Pourvoi contre les décisions des tribunaux Supérieurs en matière de commission rogatoire.

der, Naumburg, Posen et Stettin (le ressort du tribunal Régional de Greifswald non compris [1]), ainsi que des ressorts des tribunaux consulaires, en tant que ces affaires ne sont pas renvoyées devant les première (1 *a*, *b*, *d*, *e*), troisième (III *c*, *e*) ou cinquième chambres civiles [2].

c. Les affaires spécifiées par l'article 2 de l'ordonnance du 26 septembre 1879, relative au renvoi devant le Tribunal de l'Empire d'affaires émanant de Prusse [3].

V° CHAMBRE CIVILE.

a. Les affaires de responsabilité (*Haftpflichtsachen*) [4] émanant des ressorts des tribunaux régionaux Supérieurs de Berlin, Breslau, Hamm, Königsberg, Marienwerder, Naumburg (à l'exception des territoires spécifiés sous le n° III *c* [5]), Posen et Stettin, ainsi que des ressorts des tribunaux consulaires.

b. Les demandes en dommages-intérêts en cas de quasi-délit et quasi-contrat, émanant des ressorts des tribunaux régionaux Supérieurs énumérés sous le n° IV *b* [6].

---

[1] Les affaires civiles proprement dites émanant du ressort du tribunal Régional de Greifswald sont renvoyées devant la troisième chambre.

[2] C'est-à-dire toutes les affaires civiles, à l'exception des affaires commerciales, de change, maritimes, de naufrage, flottage, banque, brevets d'invention, droits d'auteur et protection des photographies, etc., de droit minier et de certaines autres affaires renvoyées devant la cinquième chambre, et en outre en ce qui concerne les ressorts de Naumburg et Stettin, à l'exception des affaires émanant des États de Thuringe, du Duché d'Anhalt et du ressort du tribunal Régional de Greifswald.

[3] L'ordonnance du 26 septembre 1879 renvoie par son article 2 devant le Tribunal de l'Empire les affaires civiles intéressant le Roi de Prusse et les princes du sang.

[4] Les affaires de responsabilité sont les demandes en indemnité à raison de mort ou de blessures occasionnées par l'exploitation des chemins de fer, mines, usines, etc. (loi fédérale du 7 juin 1871).

[5] C'est-à-dire des territoires dépendant d'Anhalt et de Thuringe.

[6] C'est-à-dire les tribunaux régionaux Supérieurs de Berlin, Breslau, Hamm, Königsberg, Marienwerder, Naumburg, Posen et Stettin et les tribunaux consulaires.

c. Les demandes en nullité des actes faits par un débiteur pendant ou en dehors de la faillite, émanant des mêmes ressorts [1].

d. Les contestations en matière de mines, émanant des ressorts de tous les tribunaux régionaux Supérieurs prussiens, le tribunal régional Supérieur de Cologne excepté.

e. Les contestations en matière de droit réel (*Sachenrechtliche*), émanant des ressorts énumérés sous le n° IV *b*, y compris les contestations en matière d'acquisition par achat ou échange de biens-fonds et de droits fonciers, les difficultés relatives à l'article 41 de la loi sur l'acquisition de la propriété immobilière en date du 5 mai 1872 [2], et les contestations en matière de louage et de fermage d'immeubles et en matière d'expropriation [3].

f. Les affaires énumérées par la loi fédérale du 15 mars 1881, article 1, n°s 1-11, sur l'admissibilité du recours en Revision [4].

[1] Les articles 22-34 de la loi fédérale sur la faillite du 10 février 1877 et l'article 3 de la loi fédérale du 21 juillet 1879 sur les actes faits en dehors de la faillite énumèrent les actes qui pourront être attaqués par les créanciers comme faits en fraude de leurs droits.

[2] L'article 41 de la loi du 5 mai 1872 décide qu'en cas d'aliénation d'un immeuble hypothéqué, l'action personnelle du créancier frappe, à la place du débiteur, l'acquéreur, si ce dernier s'est chargé de payer sur son prix de vente la créance garantie par l'hypothèque inscrite, à moins que le créancier n'ait déclaré par une dénonciation entendre conserver ses droits sur le débiteur.

[3] La matière de l'expropriation a été réglée en Prusse par la loi du 11 juin 1874.

[4] Par dérogation aux articles 506, 511 du Code de procédure civile, qui n'autorisent le recours en Revision que si la loi violée est une loi fédérale ou une loi en vigueur dans les ressorts de plusieurs tribunaux Supérieurs, la loi fédérale du 15 mars 1881 admet la revision pour violation : des lois sur les mines en Württemberg, Hesse, Brunswick, Saxe-Weimar, Saxe-Altenburg, Saxe-Coburg-Gotha, Anhalt, Waldeck et Reusz branche cadette (art. 1, n°s 1-9), — de la loi d'Oldenburg spéciale à la Principauté de Lübeck, en date du 28 janvier 1879, sur l'acquisition des biens-fonds, les charges foncières et la tenue des livres fonciers (n° 10), — et de la loi de Saxe-Coburg-Gotha, en date du 1er mars 1877, sur les livres fonciers (n° 11).

Ces lois ne sont applicables que dans les limites de l'État qui les a faites et ne sont pas appliquées simultanément par plusieurs tribunaux Supérieurs.

Les affaires renvoyées par le paragraphe *f* devant la cinquième chambre civile émanent des ressorts des tribunaux

Les affaires renvoyées en deuxième instance devant le Collège de revision de Berlin et attribuées par ordonnance impériale au Tribunal de l'Empire sont considérées comme émanant du ressort du tribunal régional Supérieur dans lequel est situé le bien-fonds objet du litige [1].

B. Au criminel [2], sont expédiées par :

Ire CHAMBRE CRIMINELLE.

a. Pour tout l'Empire, la désignation du tribunal compétent dans les cas prévus par les sections I et II du livre I du Code de procédure pénale [3].

b. Les affaires criminelles émanant des ressorts des tribunaux régionaux Supérieurs de Augsburg, Bamberg, Carlsruhe, Cassel, Colmar, Cologne, Darmstadt, Francfort, Munich, Nüremberg, Stuttgart et Zweibrücken, des ressorts des tribunaux Régionaux de Halberstadt et Halle et des ressorts des tribunaux consulaires.

II° CHAMBRE CRIMINELLE.

Les affaires criminelles émanant des ressorts des tribunaux régionaux Supérieurs de Berlin, Königsberg, Marienwerder et Stettin.

IIIe CHAMBRE CRIMINELLE.

Les affaires criminelles émanant des ressorts des tribunaux régio-

régionaux Supérieurs de Stuttgart, Darmstadt, Brunswick, Jena, Naumburg, Hamburg (pour la Principauté de Lübeck) et Cassel (pour Waldeck).

Les affaires en matière de mines, émanant d'autres ressorts que ceux énumérés par les n^{os} *d* et *f*, rentrent dans la dénomination générale d'affaires civiles.

[1] Il s'agit ici des affaires agraires jugées en première instance par les Commissions Générales. Le tribunal Supérieur agraire de Berlin, ou Collège de revision, est compétent en appel.

Les ordonnances du 26 septembre 1879 ont renvoyé en dernière instance devant le Tribunal de l'Empire les affaires agraires émanant de Prusse, Anhalt, Saxe-Weimar, Saxe-Meiningen, Schwarzburg-Sondershausen, Schwarzburg-Rudolstadt, Schaumburg-Lippe et Waldeck.

[2] A raison de la création d'une quatrième chambre criminelle, et de son fonctionnement à partir du 1er avril 1884, l'ordonnance du 23 mars 1884 a procédé à un remaniement général de la distribution des affaires criminelles.

[3] C'est-à-dire en cas de conflit de compétence ou d'empêchement du tribunal compétent (art. 14, 15, 19).

naux Supérieurs de Brunswick, Celle, Dresde, Hamburg, Jena, Kiel, Oldenburg, Rostock et Naumburg (non compris les ressorts des tribunaux Régionaux de Halberstadt et Halle).

IV° CHAMBRE CRIMINELLE.

Les affaires criminelles émanant des ressorts des tribunaux régionaux Supérieurs de Breslau, Hamm et Posen.

SECTION II.

A. En ce qui concerne la présidence des différentes chambres et des chambres civiles ou criminelles réunies, il n'est rien modifié aux dispositions antérieures [1].

B. Le paragraphe B répartit les membres du tribunal, non compris les vice-présidents, entre les différentes chambres, et désigne nominativement les membres de chaque chambre.

Les chambres sont, pour l'année 1884, ainsi composées :

Première chambre civile. . . . .   8 conseillers.
Deuxième chambre civile.   8
Troisième chambre civile.   7
Quatrième chambre civile   7
Cinquième chambre civile.   7
Première chambre criminelle.   7
Deuxième chambre criminelle.   7
Troisième chambre criminelle.   6
Quatrième chambre criminelle. . . . .   6 [2]

[1] Cf. arrêté du Chancelier de l'Empire, en date du 27 septembre 1879, art. 4, p. 146. Les mêmes présidents président les mêmes chambres. Le Premier Président préside la quatrième chambre civile, la seule qui ait à juger des affaires touchant à la politique ou à l'administration générale, les poursuites contre fonctionnaires et les conflits par exemple.

[2] Au 18 novembre 1883, le Tribunal de l'Empire ne comptait que 61 conseillers, répartis en 8 chambres.

Depuis, deux nouvelles places de conseiller et une place de président de chambre ont été créées au budget de l'année 1884-1885 et une quatrième chambre criminelle est entrée en fonction.

Nous donnons dans le texte l'état des chambres au 1er avril 1884, avec les modifications introduites dans le cours de l'année Le Tribunal de l'Empire compte en conséquence : 1 Premier Président, 8 vice-présidents et 63 conseillers.

La composition des chambres est rare-

C. Se remplacent réciproquement:

Les membres de la première chambre civile et les membres de la deuxième chambre civile.

Les membres de la quatrième chambre civile et les membres de la cinquième chambre civile.

Les membres de la première chambre criminelle et les membres de la quatrième chambre criminelle.

Les membres de la deuxième chambre criminelle et les membres de la troisième chambre criminelle.

Les membres de la troisième chambre civile sont remplacés par les membres de la première chambre civile.

En cas de remplacement par un membre d'une autre chambre, le membre moins ancien de la chambre est appelé à siéger avant le membre plus ancien.

ment modifiée d'une année à l'autre.

Dans les chambres qui comptent, en dehors du président, plus de six membres, les membres de la chambre montent à l'audience dans un ordre de service fixé par le président de la chambre.

En cas d'empêchement de l'un d'eux, le conseiller empêché est remplacé par le plus jeune des autres membres de la chambre, et il n'est fait appel aux membres des autres chambres qu'en cas de nécessité.

DISTRIBUTION DES AFFAIRES [1]

ENTRE LES CHAMBRES DU TRIBUNAL DE L'EMPIRE

PAR ORDRE ALPHABÉTIQUE DES TRIBUNAUX SUPÉRIEURS.

Pour l'année 1884.

I. — AFFAIRES CRIMINELLES.

TRIBUNAUX RÉGIONAUX SUPÉRIEURS.	CHAMBRES CRIMINELLES.
Augsburg	1
Bamberg	1
Berlin	2
Brunswick	3
Breslau	4
Carlsruhe	1
Cassel	1
Celle	3
Colmar	1
Cologne	1
Darmstadt	1
Dresde	3
Francfort-sur-le-Main	1
Hamburg	3
Hamm	4
Jena	3
Kiel	3
Königsberg	2
Marienwerder	2
Munich	1
Naumburg [2]	3
Nüremberg	1
Oldenburg	3
Posen	4
Rostock	3
Stettin	2
Stuttgart	1
Zweibrücken	1
Les tribunaux consulaires	1

[1] *Vertheilung der Geschäfte.*
Le tableau indique devant quelles chambres du tribunal fédéral sont renvoyées les affaires émanant du ressort de chacun des tribunaux Supérieurs allemands.

[2] Non compris les ressorts régionaux de Halberstadt et Halle qui sont attribués à la première chambre criminelle.

II. — Affaires civiles.

TRIBUNAUX RÉGIONAUX SUPÉRIEURS.	CHAMBRES CIVILES.
AUGSBURG, BAMBERG, CARLSRUHE, COLMAR, COLOGNE, DRESDE, MUNICH, NÜREMBERG, ZWEIBRÜCKEN [1].	
1. Affaires de flottage, naufrage, banque, brevets d'invention et affaires maritimes [2].	1
2. Conflits de compétence, décision préalable en cas de poursuite civile contre des fonctionnaires, conflits de juridiction, affaires de commission rogatoire [3].	4
3. Toutes les autres affaires civiles [4].	2
BERLIN, BRESLAU, HAMM, KÖNIGSBERG, MARIENWERDER, POSEN, STETTIN [5].	
1. Affaires de flottage, naufrage, banque, brevets d'invention et affaires maritimes.	1
2. Affaires de droits d'auteur et protection des photographies, marques de commerce, etc.	1
3. Conflits de compétence, décision préalable, conflits de juridiction, affaires de commission rogatoire.	4

[1] États de Bade, Bavière, Prusse rhénane compris la Principauté oldenbourgeoise de Birkenfeld (traité du 20 août 1878), Saxe et Alsace-Lorraine.

[2] Cf. l'ordonnance du 18 novembre 1883 et les notes sur la nature des affaires dont l'énoncé sommaire est simplement indiqué dans le tableau alphabét que.

Ainsi que nous l'avons vu, l'expression *affaires civiles* embrasse toutes les affaires portées devant les chambres civiles; le n° 3 comprend par conséquent les affaires de droits d'auteur. etc., qui sont renvoyées devant la seconde chambre comme les affaires civiles proprement dites.

[3] Les conflits de compétence sont élevés entre tribunaux judicaires et les conflits de juridiction entre tribunaux judiciaires et tribunaux administratifs.

[4] Il n'est fait exception que pour les contestations en matière de droit minier émanant du ressort du tribunal Supérieur de Stuttgart; ces affaires, spécifiées par la loi du 15 mars 1881 (art. 1er n° 1), sont renvoyées devant la cinquième chambre et non devant la deuxième.

[5] Prusse, provinces de Brandenburg, Poméranie, Posen, Prusse, Silésie et Westphalie.

Dans le ressort de Stettin, les affaires civiles, autres que celles énumérées sous les n°s 1-8, sont renvoyées devant la troisième chambre civile (et non la quatrième) lorsqu'elles émanent du ressort du tribunal Régional de Greifswald.

TRIBUNAUX RÉGIONAUX SUPÉRIEURS.	CHAMBRES CIVILES.
4. Affaires de commerce, d'assurance et de change.........	1
5. Affaires de responsabilité (*Haftpflichtsachen*)...........	5
6. Affaires de mines................................	5
7. Contestations en matière de droits réels..............	5
8. *a.* Demandes en dommages-intérêts à raison de quasi-délits (droit général [*Allgemeines Landrecht*], 1re part., tit. VI) ou de quasi-contrats........................	5
b. Contestations en matière de louage et de fermage d'immeubles...................................	5
c. Demandes en nullité des actes faits par un débiteur pendant la faillite ou en dehors de la faillite..........	5
9. Les autres affaires civiles [1].....................	4
BRUNSWICK, OLDENBURG [2].	
1. Affaires de flottage, naufrage, banque, brevets d'invention et affaires maritimes................................	1
2. Affaires de droits d'auteur et protection des photographies, marques de commerce, etc.....................	1
3. Conflits de compétence, décision préalable, conflits de juridiction, affaires de commission rogatoire...........	4
4. Affaires de mines [3].............................	5
5. Les autres affaires civiles......................	3
CASSEL, CELLE, KIEL, STUTTGART [4].	
1. Affaires de flottage, naufrage, banque, brevets d'invention et affaires maritimes.............................	1

[1] Sous la rubrique *affaires civiles,* il faut aussi comprendre les affaires spécifiées par l'article 2 de l'ordonnance du 26 septembre 1879, c'est-à-dire les affaires concernant les membres de la famille royale de Prusse.

[2] Duchés de Brunswick, d'Oldenburg et Principauté de Schaumburg-Lippe rattachée au tribunal Supérieur d'Oldenburg par le traité du 23 octobre 1878.

[3] Il est fait exception pour le ressort du tribunal Supérieur d'Oldenburg, dans lequel les affaires de droit minier sont renvoyées devant la troisième chambre civile.

[4] Prusse (provinces de la Hesse Électorale, Hanovre et Schleswig-Holstein), Princi-

TRIBUNAUX RÉGIONAUX SUPÉRIEURS.	CHAMBRES CIVILES.
2. Affaires de droits d'auteur et protection des photographies, marques de commerce, etc.	1
3. Conflits de compétence, décision préalable, conflits de juridiction, affaires de commission rogatoire.	4
4. Affaires de mines.	5
5. Toutes les autres affaires civiles.	3

DARMSTADT [1].

I. Ressort du tribunal Régional de Mayence.

1. Affaires de mines.	5

2. Pour les autres affaires, Cf. Augsburg.

II. Ressort des tribunaux Régionaux de Darmstadt et Giessen. Cf. Brunswick.

FRANCFORT-SUR-LE-MAIN [2].

I. Ressort du tribunal Régional de Francfort dans les parties qui se confondent avec la ville de Francfort.

1. Affaires de droits d'auteur et protection des photographies, marques de commerce, etc.	1
2. Conflits de compétence, décision préalable, conflits de juridiction, affaires de commission rogatoire.	4
3. Affaires de mines.	5
4. Toutes les autres affaires civiles [3].	1

II. Ressort des tribunaux Régionaux de Hechingen, Limburg, Neuwied, Wiesbaden et le reste du ressort du tribunal Régional de Francfort.

1. Affaires de commerce, d'assurance et de change.	1

pautés de Waldeck (Cassel), de Pyrmont (Celle), de Lippe (Celle) et Württemberg. Le traité du 18 juillet 1867, renouvelé le 24 novembre 1877, a rattaché la Principauté de Waldeck et Pyrmont aux tribunaux Supérieurs de Cassel et Celle, et le traité du 4 janvier 1879 la Principauté de Lippe au tribunal Supérieur de Celle.

[1] Grand-duché de Hesse.

[2] Prusse.

[3] Compris les affaires de flottage, naufrage, banque et affaires maritimes.

TRIBUNAUX RÉGIONAUX SUPÉRIEURS.	CHAMBRES CIVILES.
2. Affaires de flottage, naufrage, banque, brevets d'invention et affaires maritimes............................	1
3. Affaires de droits d'auteur et protection des photographies, marques de commerce, etc......................	1
4. Conflits de compétence, décision préalable, conflits de juridiction, affaires de commission rogatoire............	4
5. Affaires de mines...............................	5
6. Les autres affaires civiles........................	3
HAMBURG [1], ROSTOCK [2].	
1. Affaires de droits d'auteur et protection des photographies, marques de commerce, etc....................	1
2. Conflits de compétence, décision préalable, conflits de juridiction, affaires de commission rogatoire............	4
3. Affaires concernant les registres des biens-fonds (*Grundbuchsachen*) (loi ducale d'Oldenburg du 28 janvier 1879 concernant la Principauté de Lübeck) [3]............	5
4. Toutes les autres affaires civiles [4]..................	1
JENA [5].	
1. Affaires de flottage, naufrage, banque, brevets d'invention et affaires maritimes............................	1

[1] Villes Hanséatiques de Brême, Hamburg et Lübeck, et Principauté oldenbourgeoise de Lübeck.

[2] Grands-duchés de Mecklenburg.

[3] La Principauté de Lübeck, enclavée entre le Schleswig-Holstein et la Ville libre de Lübeck, appartient au Grand-duché d'Oldenburg. Un traité du 30 septembre 1878 l'a réunie pour l'administration de la justice au ressort du tribunal Régional de Lübeck. Elle relève en conséquence du tribunal Supérieur de Hamburg.

Une loi oldenbourgeoise en date du 28 janvier 1879, spéciale à la Principauté, a réglé le régime des biens-fonds et des charges foncières et la tenue des livres hypothécaires.

[4] Compris les affaires de flottage, naufrage, etc.

[5] Grand-Duché de Saxe-Weimar, Duchés de Saxe-Meiningen, Saxe-Altenburg et Saxe-Coburg-Gotha, Principautés de Schwarzburg-Rudolstadt et de Reusz.

TRIBUNAUX RÉGIONAUX SUPÉRIEURS.	CHAMBRES CIVILES.
2. Affaires de droits d'auteur et protection des photographies, marques de commerce, etc...................	1
3. Conflits de compétence, décision préalable, conflits de juridiction, affaires de commission rogatoire...........	4
4. Affaires de mines..............................	5
5. Affaires concernant les registres des biens-fonds émanant de Saxe-Coburg-Gotha [1].....................	5
6. Toutes les autres affaires civiles..................	3
NAUMBURG [2].	
I. Parties du ressort appartenant aux États de Thuringe et d'Anhalt.	
1. Affaires de flottage, naufrage, banque, brevets d'invention et affaires maritimes........................	1
2. Conflits de compétence, décision préalable, conflits de juridiction, affaires de commission rogatoire...........	4
3. Affaires de droits d'auteur et protection des photographies, marques de commerce, etc...................	1
4. Affaires commerciales, d'assurance et de change.........	1
5. Affaires de mines..............................	5
6. Les autres affaires civiles.......................	3
II. Parties prussiennes du ressort.	
1. Affaires de flottage, naufrage, banque, brevets d'invention et affaires maritimes........................	1
2. Affaires de droits d'auteur et protection des photographies, marques de commerce, etc...................	1
3. Conflits de compétence, décision préalable, conflits de juridiction, affaires de commission rogatoire...........	4
4. Affaires commerciales, d'assurance et de change.........	1
5. Affaires de mines..............................	5

[1] La loi du 1ᵉʳ mars 1877 a réglé en Saxe-Coburg-Gotha la tenue des livres hypothécaires.

[2] Prusse (province de Saxe), Duché d'Anhalt (traité du 9 octobre 1878) et Principauté de Schwarzburg-Sondershausen (traité du 7 octobre 1878).

TRIBUNAUX RÉGIONAUX SUPÉRIEURS.	CHAMBRES CIVILES.
6. Affaires de responsabilité.	5
7. Contestations en matière de droits réels.	5
8. *a.* Demandes en dommages-intérêts à raison de quasi-délits (droit général [*Allgemeines Landrecht*], 1re part., tit. VI) ou de quasi-contrats.	5
b. Contestations en matière de louage et de fermage d'immeubles.	5
c. Demandes en nullité des actes faits par un débiteur en dehors ou dans le cours de la faillite.	5
9. Les autres affaires civiles.	4
TRIBUNAUX CONSULAIRES.	
1. Affaires de flottage, naufrage, banque, brevets d'invention et affaires maritimes.	1
2. Affaires de droits d'auteur et protection des photographies, marques de commerce, etc.	1
3. Affaires commerciales, d'assurance et de change.	1
4. Affaires de responsabilité.	5
5. Conflits de compétence, décision préalable, conflits de juridiction, affaires de commission rogatoire.	4
6. Contestations en matière de droit réel.	5
7. *a.* Demandes en dommages-intérêts à raison de quasi-délits (droit général [*Allgemeines Landrecht*], 1re part., tit. VI) ou de quasi-contrats.	5
b. Contestations en matière de louage et de fermage d'immeubles.	5
c. Demandes en nullité des actes faits par un débiteur en dehors ou dans le cours de la faillite.	5
8. Toutes les autres affaires civiles.	4

ARRÊTÉ

DU CHANCELIER DE L'EMPIRE

INSTITUANT LE GREFFE DU TRIBUNAL DE L'EMPIRE [1].

EN DATE DU 23 SEPTEMBRE 1879.

CHAPITRE PREMIER.

DISPOSITIONS GÉNÉRALES.

ARTICLE PREMIER. Les fonctionnaires du greffe du Tribunal de l'Empire (Chef des bureaux et Secrétaires supérieurs, *Bureauvorsteher, Obersekretäre*) sont nommés par le Chancelier de l'Empire [2].

Des employés auxiliaires (*Hülfsbeamten*) peuvent être engagés par le Premier Président du Tribunal de l'Empire; ils sont nommés sous réserve du droit de dénonciation de l'engagement (*auf Kündigung*) et reçoivent une rémunération (*Diäten*) [3].

Ne peuvent être nommés à un des emplois ci-dessus désignés ou

---

[1] L'article 154 du Code d'organisation judiciaire remet au Chancelier fédéral le soin d'organiser le greffe du Tribunal de l'Empire.

[2] Le Chancelier de l'Empire nomme également le bibliothécaire, le Directeur de la Chancellerie et les Assistants du secrétariat (*Sekretariatsassistenten*). Les Secrétaires de Chancellerie et les employés inférieurs (messagers, portier, garçons de bureau, etc.) sont nommés au nom de l'Empereur par le Premier Président.

Un certain nombre de fonctionnaires et employés du greffe sont attachés au parquet du Procureur Supérieur pour le service des bureaux.

[3] Les *Diäten* ne constituent pas un traitement annuel et fixe, mais une rémunération par jour ou par mois et proportionnelle au temps de travail.

être acceptés comme employés auxiliaires que ceux qui ont acquis dans un des États confédérés la capacité nécessaire pour être greffier [1].

Art. 2. Le greffe se divise en sections (*Abtheilungen*) conformément au règlement fait par le Premier Président [2].

Les dispositions prises par le Chef des bureaux pour l'expédition des affaires doivent être observées par les autres fonctionnaires du greffe jusqu'à décision contraire du Premier Président.

Les greffiers sont tenus de se remplacer réciproquement et de s'entr'aider en cas d'encombrement des travaux.

Art. 3. En dehors des fonctions spécifiées par les Codes de procédure [3], les greffiers sont tenus de faire, sur les instructions données par les magistrats, les expéditions, les travaux de calcul (*Rechnungsarbeiten in Parteisachen*) [4] et les copies; ils ont à calculer d'après les prescriptions en vigueur les frais de justice et à contribuer à leur recouvrement; ils ont à veiller au rangement et à la conservation des dossiers et autres écritures; ils sont chargés de la tenue des registres et listes [5] et en délivrent les extraits, dressent le relevé des travaux et doivent en général faire tous les travaux que les intérêts du service font juger nécessaires.

Il appartient au Chef des bureaux, entre autres devoirs :

---

[1] La législation de chaque État fixe les conditions d'admissibilité aux emplois de greffier. Ces conditions peuvent varier dans les détails, mais toutes les législations exigent un stage et un examen. Aucune condition spéciale n'est exigée des greffiers du Tribunal de l'Empire.

[2] Aux termes de l'ordonnance du Premier Président en date du 7 octobre 1879, une section du greffe est attachée à chaque chambre; il y a de plus un bureau spécial pour les frais de justice.

[3] Cf. *Introduction* sur les fonctions des greffiers.

[4] Les travaux de calcul consistent dans les calculs et comptes nécessités par le jugement des affaires civiles portées devant le Tribunal fédéral et dans la vérification des frais de justice dans les pourvois en matière de frais.

[5] Notamment les listes et les registres tenus par le greffe (art. 3, 9, 10, 11, 17, 18, 20, 21, 23, 26 et 27 du présent arrêté) et les listes de présence (art. 19 du règlement des travaux).

1° De procurer, suivant les instructions à lui données [1], les ustensiles, les imprimés, les objets de bureau, le matériel d'éclairage et de chauffage et autres fournitures ;

2° De veiller à l'observation des mesures prises pour l'ordre extérieur et la sécurité du local des bureaux ;

3° D'établir les relevés de travaux (*Geschäftsübersichten*) sur les renseignements que doit lui donner chaque greffier.

Le fonctionnaire du greffe chargé du service des frais de justice expédie les affaires attribuées au greffe par l'instruction du 8 juillet 1879 concernant le recouvrement et le décompte des frais dans les causes portées devant le Tribunal de l'Empire et par l'instruction du 10 septembre 1879 relative à l'exécution de la loi sur la justice consulaire, à l'exception de ce qui est relatif au calcul des frais et déboursés [2]. Le Directeur de la Chancellerie vérifie les pièces justificatives et les bordereaux produits par ce fonctionnaire.

[1] Aucune instruction particulière n'a été donnée. Le Chef des bureaux est juge de la nécessité de la fourniture et des prix ; il vise les mémoires.

Les objets du matériel sont portés sur un état tenu par salle et constatant les entrées et les sorties.

Aux termes d'une ordonnance du Premier Président en date du 11 octobre 1879, le Directeur de la Chancellerie est chargé d'assurer la conservation du matériel et d'en dresser les inventaires.

[2] Le calcul des frais de justice est fait pour chaque affaire par les greffiers.

En outre, un fonctionnaire spécial du greffe est chargé des fonctions attribuées au greffe par l'instruction du 8 juillet 1879.

Cette instruction est relative à la perception des frais de justice dans les affaires portées devant le Tribunal de l'Empire.

D'après ses dispositions, il doit être tenu au greffe un livre spécial, dit livre des recettes à percevoir (*Solleinahmebelag*), sur lequel est porté le montant des frais de chaque affaire. Ce livre est dressé par colonnes et mentionne le jour de l'inscription, le numéro du dossier, la partie tenue aux frais, la nature de l'affaire, le montant des frais, l'autorité chargée du recouvrement et les circonstances de l'encaissement ; il est certifié à la fin de l'année (art. 1).

Le recouvrement est fait dans chaque État par l'autorité locale chargée de ce service au lieu du domicile de la partie condamnée aux frais. Le montant des encaissements est versé, au compte du Trésor de l'Empire, à un bureau spécial de la poste de Leipzig (art. 2).

L'administration, le catalogue et l'usage de la bibliothèque sont réglés par une instruction du Premier Président [1].

Le Directeur de la Chancellerie (*Kanzleidirektor*) [2] tient pour chaque

Le greffe envoie à l'autorité chargée du recouvrement une copie du compte avec indication du numéro du dossier, de la nature de l'affaire et du nom de la partie tenue aux frais. Le recouvrement opéré, le fonctionnaire qui en a été chargé mentionne sur le compte l'encaissement, le montant des sommes perçues et la date du versement à la poste de Leipzig; il indique également, s'il y a lieu, le motif et la durée des sursis accordés, ou les causes de radiation, et renvoie au greffe la copie du compte ainsi complété. Le greffier remplit alors sur le livre des recettes les colonnes restées vides et constatant les circonstances de l'encaissement, c'est-à-dire le montant des sommes encaissées ou radiées et de l'arriéré (art. 2 et 4).

Si des délais ont été accordés, le greffe les mentionne sur le livre et adresse à l'autorité de recouvrement à l'expiration de chaque délai une nouvelle copie du compte (art. 4).

En cas de radiation des frais (radiation que l'article 8 de la loi sur les frais de justice en date du 18 juin 1878 permet aux tribunaux d'ordonner), le greffe en fait mention sur le livre des recettes. Il tient en outre un registre des radiations (*Niederschlagungsliste*), divisé en colonnes, sur lequel il mentionne le numéro du dossier, la nature de l'affaire, le nom de la partie tenue aux frais, le montant des frais, la cause de la radiation et l'autorité qui l'a ordonnée, le numéro du livre des recettes. Le greffe doit certifier à la fin de l'année que les frais radiés

sont en concordance avec les ordonnances de radiation et que la radiation n'a pas pour cause la prescription des frais (art. 4).

La poste de Leipzig verse dans le Trésor de l'Empire, chaque trimestre, pendant la première quinzaine des mois de janvier, avril, juillet et octobre les sommes qu'elle a encaissées. Un double du quitus est transmis au Tribunal de l'Empire.

A la fin de chaque année, le greffe adresse au Trésor impérial le registre des radiations et un extrait certifié du livre des recettes constatant le montant des frais, les frais perçus et l'arriéré (art. 7).

Lorsque l'affaire portée devant le Tribunal de l'Empire émane d'un ressort consulaire, l'autorité de recouvrement est le Consul, et le greffe fédéral lui envoie la copie du compte par l'intermédiaire du Ministère des affaires étrangères (instruction du 10 septembre 1877, art. 44).

Toutes ces fonctions attribuées au greffe par l'instruction du 8 juillet 1879 sont, aux termes du présent article 3, remplies par un fonctionnaire spécial du greffe.

[1] Le service de la bibliothèque a été réglé par une instruction du Premier Président en date du 21 mai 1880.

[2] En dehors des greffiers, fonctionnaires judiciaires, chargés de fonctions spéciales par les Codes de procédure, le greffe comprend des bureaux ou Chancellerie. Les employés de la Chancellerie exécutent les écritures; ils portent le

section du greffe un livre journal (*Tagebuch*) conforme au modèle n° 1 [1], qui mentionne les travaux de bureau (*Kanzleiarbeiten*) à faire, — une feuille de travail (*Arbeitsliste*) conforme au modèle n° 2 pour chaque employé de la Chancellerie et chaque expéditionnaire (*Lohnschreiber*) [2] — et un état conforme au modèle n° 3 des travaux exécutés à l'aide de la presse à réimpression [3].

En règle générale, les travaux ordinaires de bureau doivent être exécutés dans les vingt-quatre heures, les travaux de grande étendue, les jugements par exemple, dans les huit jours, les affaires urgentes dans un délai plus court (il en est de même des copies autographiées).

Le Directeur de la Chancellerie présente chaque mois un relevé, dont il certifie l'exactitude, des travaux que les employés de la Chancellerie ont exécutés en dehors de la tâche (*Pensum*) qui leur est assignée, des travaux exécutés par les expéditionnaires et des travaux imprimés qui ont été livrés, et demande un ordre de payement [4].

titre de Secrétaires de Chancellerie (*Kanzleisekretäre*) et employés de bureaux.

[1] Il est tenu par la Chancellerie un livre journal par section du greffe; il se divise en 9 colonnes, constatant : la section du greffe qui a donné le travail à faire et le numéro de son livre journal, la date de la commande du travail, le nom de l'employé chargé du travail et la date à laquelle il en a été chargé, la date de la remise par l'employé du travail terminé, les dates auxquelles le travail a été collationné, remis à l'impression, revêtu du sceau et livré au greffe, et enfin les observations.

[2] Il est tenu une feuille de travail pour chaque employé de la Chancellerie.

Cette feuille est tenue par mois; elle constate le nombre des jours de travail du mois, des dimanches et fêtes, et des jours pendant lesquels l'employé a été malade ou en congé. Elle comprend les

7 colonnes suivantes : section du greffe qui a ordonné le travail, numéro de son livre journal, date de la commande du travail, date de la remise, nombre des rôles et des demi-rôles, observations.

[3] L'état des travaux d'impression est tenu par mois : il mentionne dans 22 colonnes la date de la remise du travail, la section du greffe qui l'a ordonné et le numéro de son livre journal, et si ce numéro fait défaut la nature du travail, le nombre des rôles et des exemplaires, la quantité de papier employé et le format des exemplaires, enfin le jour de la livraison du travail.

[4] Les employés de la Chancellerie reçoivent en dehors de leur traitement une rémunération spéciale proportionnelle aux travaux supplémentaires qu'ils ont faits.

La somme de travail exigée des employés de la Chancellerie a été minutieu-

Art. 4. Chaque salle (*Geschäftsraum*) affectée au service du Tribunal de l'Empire doit être pourvue d'un numéro et porter une inscription désignant sa destination. Un tableau de toutes les salles doit être affiché dans le vestibule du Palais de justice; un tableau des salles de l'étage doit être affiché à chaque étage.

Un extrait de l'inventaire du mobilier doit être affiché dans chaque salle.

Les casiers et tablettes des armoires renfermant les dossiers doivent porter des étiquettes apparentes.

Les dossiers et pièces ne doivent se trouver en dehors de leur place que s'ils se rapportent à un travail en cours d'exécution.

Il est défendu de fumer dans les salles, vestibules et corridors.

Art. 5. Les heures de bureau (*Dienststunden*) sont de 8 heures du matin à 3 heures du soir, s'il n'en est pas décidé autrement par le Premier Président [1].

En cas de travaux urgents, il n'est fixé aucune limite aux heures de travail.

Le greffe doit être ouvert au public au moins deux heures par jour pendant la semaine. Le Premier Président fixe une fois pour toutes les heures d'ouverture (*Sprechstunden*) [2]. Le public en est averti par une mention portée sur le tableau du Tribunal (*Gerichtstafel*).

sement réglementée. Ils doivent livrer par jour de travail 32 pages d'écritures à 240 syllabes la page, c'est là le *Pensum*. Tout travail exécuté au delà du *Pensum* est payé à l'employé 7 pfennige (8 cent. 3/4) la page; de même l'employé qui n'a pas exécuté le *Pensum* exigé doit verser au Trésor, à moins de maladie ou de congé, la même somme de 7 pfennige par page arriérée.

Les expéditionnaires qui n'ont pas de traitement fixe sont payés, proportionnellement aux travaux qu'ils exécutent, au même prix de 7 pfennige la page.

Les feuilles qui comptent moins de 120 syllabes sont comptées comme demi-feuilles.

L'ordre de payement émane du Premier Président.

[1] Les heures de travail indiquées par l'article 5 n'ont pas été modifiées.

[2] Aux termes de l'ordonnance du Premier Président en date du 11 octobre 1879, les heures d'ouverture du greffe sont de midi à 2 heures.

Les messagers (*Boten*) doivent aller chercher le *courrier* à la poste aux heures fixées par le Premier Président :

trois fois par jour pendant la semaine;

une fois par jour les dimanches et jours de fête.

Aux mêmes heures, le gardien (*Kastellan*) du Tribunal (les dimanches et jours de fête, le messager de service) doit retirer les pièces déposées dans la boîte aux lettres établie dans le vestibule du Palais de justice. Les heures de levée doivent être indiquées sur la boîte [1].

Un fonctionnaire du greffe doit être, à tour de rôle et dans un ordre établi par le Premier Président, présent au greffe sans interruption pendant la semaine à partir de 3 heures du soir, les dimanches et jours de fête à partir d'une heure fixée par le Premier Président [2]; il est chargé de veiller à la présentation (*Präsentation*) [3] des pièces adressées au greffe et d'expédier les affaires qui ne souffrent aucun retard.

Des heures déterminées peuvent être fixées pour la remise des dossiers et actes aux juges ou aux autres sections du greffe et pour les communications verbales relatives au service (*Geschäftsverkehr*) des employés entre eux [4].

[1] L'ordonnance du Premier Président en date du 11 octobre 1879 a décidé que les messagers iraient chercher les dépêches à la poste à 8 et 11 heures du matin, 2 et 5 heures du soir en semaine, et à 8 heures du matin les jours fériés. La levée de la boîte du Palais de justice est faite aux mêmes heures.

[2] Le fonctionnaire du greffe qui est de garde doit être présent au greffe en semaine de 3 à 6 heures du soir, et dans ce cas il est dispensé du service de midi à 3 heures, et les jours fériés de 11 heures du matin à 1 heure de l'après-midi. Les fonctionnaires du greffe s'entendent entre eux chaque semaine pour déterminer ceux qui seront de garde pendant la semaine suivante et ils en donnent avis chaque samedi au Chef des bureaux (ordonnance du Premier Président en date du 11 octobre 1879).

[3] Par présentation (*Präsentation*) il faut entendre l'apposition sur la pièce de la date de la remise. Certains actes de procédure doivent en effet être déposés au greffe dans les limites de délais fixes, sinon l'action judiciaire ne serait plus recevable.

[4] Chaque jour, à 3 heures de l'après-midi, à moins d'urgence, deux voitures, accompagnées d'un messager, portent les dossiers au domicile des membres du Tribunal de l'Empire chargés de l'affaire; elles reviennent les chercher chaque matin à 8 heures.

Art. 6. Les plis cachetés adressés au Tribunal de l'Empire sont ouverts par le président de la chambre mentionnée sur l'adresse, et, si cette mention fait défaut, par le Premier Président.

Le Premier Président et les présidents de chambre peuvent respectivement décider que le Chef des bureaux ouvrira les plis cachetés qui n'émaneront pas du cabinet de Sa Majesté l'Empereur, des autorités supérieures fédérales ou des autorités supérieures (*Centralbehörden*) des États confédérés [1].

Les plis cachetés adressés au greffe sont ouverts par le greffier de la section mentionnée sur l'adresse, et, si cette mention fait défaut, par le Chef des bureaux. Le Chef des bureaux doit également recevoir les plis non cachetés adressés au Tribunal ou au greffe s'il y a doute sur la section à laquelle ils sont destinés; il en fait le dépouillement et les renvoie à la section compétente.

Lors de la présentation d'une pièce, il doit être fait mention sur la pièce de l'heure de la réception, du nombre de pièces annexées et du montant des frais de poste à porter comme déboursés dans le compte des frais. Si la pièce n'est pas parvenue au greffe au jour indiqué, il doit en être fait une mention spéciale. Lorsqu'une pièce est présentée, un timbre portant la mention : *Tribunal de l'Empire, remis*. . . est apposé.

Art. 7. Les mandats (*Postanweisungsbeträge*) et les envois postaux avec déclaration de valeur (*Sendungen mit Werthangabe*) adressés au Tribunal de l'Empire ou à une des chambres sont reçus et les lettres qui les accompagnent sont ouvertes par le Premier Président. Il délivre les récépissés après que le Chef des bureaux a mentionné l'envoi sur le livre de réception des envois postaux (*Posteingangsnotizbuch*).

Le livre de réception des envois postaux est divisé en neuf colonnes portant les titres suivants : 1° jour de la réception; 2° numéro du

[1] Le Chef des bureaux a été autorisé par ordonnance du P. emier Président en date du 11 octobre 1879 à recevoir et à ouvrir tous les plis cachetés, manuscrits ou imprimés, adressés au Tribunal de l'Empire, à une chambre ou au greffe, sauf ceux exceptés par l'article 6 § 2.

reçu ou de l'avertissement postal; 3° adresse; 4° lieu de l'expédition; 5° indication de la valeur en marks; 6° nom de l'employé de la poste qui a fait la remise; 7° jour et heure de la remise, certifiés par l'apposition du timbre du jour; 8° indication de l'affaire; 9° indication de la destination (*Verbleib*) donnée à l'argent.

Le bureau de poste doit être invité à n'effectuer, contre la remise du reçu, les payements comptants et la remise des envois déclarés *que* sur la présentation du livre de réception des envois postaux [1]. L'employé de la poste chargé de la remise certifie l'exactitude des mentions portées dans ledit livre, en inscrivant dans la colonne 7, en face de la mention relative au dernier des envois reçus le même jour, son nom et le nombre des envois, et en apposant le timbre du jour.

En cas de réception de valeurs, les pièces qui accompagnent l'envoi (*Begleitschreiben*), et, si ces pièces font défaut, les certificats, qui doivent être immédiatement dressés à l'effet de constater l'envoi, doivent être munis d'une mention constatant la destination donnée à la valeur.

Le Premier Président ouvre également les envois postaux recommandés (*Eingeschriebene*) qui sont adressés au Tribunal de l'Empire ou à une des chambres et délivre le récépissé qui doit être remis à la poste. Sur l'accord intervenu avec l'autorité postale, les envois recommandés seront également inscrits dans le livre de réception des envois postaux; sinon un livre spécial sera dressé par un employé affecté à ce service [2].

Le Premier Président peut charger le Chef des bureaux ou un Secrétaire supérieur de recevoir les envois recommandés et de délivrer les récépissés [3].

[1] Par lettre du Premier Président en date du 11 octobre 1879, le bureau (Postamt) de la poste impériale, à Leipzig, a été informé de l'obligation imposée par l'article 7.

[2] Il est tenu au greffe un livre spécial pour les lettres qui sont recommandées.

Les deux livres de réception des envois postaux sont conservés par le Chef des bureaux.

[3] Le Chef des bureaux a été autorisé par une ordonnance du Premier Président en date du 11 octobre 1879 à recevoir les envois recommandés et à en délivrer les récépissés.

Les envois avec déclaration de valeur, les valeurs et les envois recommandés adressés au greffe sont remis au Chef des bureaux et ouverts par lui. Il signe les récépissés et mentionne les envois dans le livre de réception des envois postaux ci-dessus spécifié ou dans l'état des envois recommandés, à moins que la tenue d'un livre spécial au greffe ne soit ordonnée [1].

Art. 8. Il est formé un dossier (*Akten*) de toutes les pièces concernant une seule et même affaire judiciaire; les pièces concernant des affaires distinctes de même ordre peuvent être réunies en un dossier général (*Generalakten*) [2].

Chaque dossier reçoit un signe distinctif (*Aktenzeichen*), consistant dans la lettre de l'alphabet du registre et le numéro d'inscription sous lequel le dossier est inscrit dans le registre, avec indication de l'année [3]; le signe distinctif des dossiers généraux consiste dans la lettre

[1] Il n'est tenu en pratique aucun livre spécial au greffe.

[2] Les affaires dont les pièces peuvent être réunies en dossiers généraux sont les affaires disciplinaires, d'administration, etc. Cf. art. 11.

[3] La lettre de l'alphabet qui entre dans la composition du *signe distinctif* des dossiers est la lettre qui sert à désigner le registre dans lequel le dossier est inscrit sous un numéro d'ordre.

Il n'est fait usage de ce mode de désignation des registres que par le ministère public et en matière criminelle. Le livre journal porte la lettre A, le registre des dossiers généraux la lettre B, et les autres registres sont ainsi désignés :

C. Registre des affaires criminelles portées devant le Tribunal de l'Empire en première et dernière instance.

D. Registre des recours en Revision.

E. Registre des Pourvois.

F. Registre des affaires disciplinaires. Cf. note 3, p. 205.

G. Registre des affaires portées devant le Tribunal d'honneur. Cf. note 3, p. 205 et 206.

Un dossier portant le signe D 25/83 sera en conséquence un dossier inscrit sous le n° 25 du registre des recours en Revision de l'année 1883.

Au civil, les registres sont moins nombreux; ce sont, en dehors du livre journal et du registre des dossiers généraux, le registre des recours en Revision et des appels, et le registre des Pourvois. Contrairement à ce que semble indiquer la généralité des termes de l'article 8, il n'a pas paru nécessaire de désigner ces registres par une lettre de l'alphabet, et cette lettre est remplacée dans le signe distinctif du dossier par le numéro de la chambre civile devant laquelle l'affaire est renvoyée; s'il s'agit d'un Pourvoi (*Be-*

de l'alphabet ou le numéro d'ordre du chapitre du registre avec indication du numéro d'inscription dans le chapitre. Lorsqu'en matière criminelle les dossiers ont été inscrits dans les registres tenus par le secrétariat du Parquet du Procureur Supérieur de l'Empire, le signe distinctif des dossiers est le même pour le Parquet fédéral et pour le Tribunal de l'Empire. Le greffe du Tribunal ne tient pas pour ces affaires criminelles de registre spécial.

Les dossiers sont reliés et les feuillets sont numérotés; les dossiers généraux sont munis d'une table qui est reliée en tête du dossier.

Sur la couverture du dossier est mentionnée la nature de l'affaire.

Lorsqu'un dossier est classé (*Weglegung*) [1] ou envoyé à un autre tribunal, ou lorsqu'il est formé un nouveau volume [2], on doit inscrire sur le verso de la couverture le nombre des feuilles du dossier, avec la date et la signature du greffier.

Les affaires d'arrestation (*Haftsachen*), les affaires anciennes de plus d'une année (*überjährige*) [3] doivent être désignées comme telles par une mention apparente apposée sur la couverture du dossier comme sur toute pièce de procédure qui doit être présentée au Tribunal et expédiée; il en est de même des affaires qui exigent une expédition

schwerde), la lettre B est ajoutée au numéro de la chambre. En conséquence, le signe distinctif des dossiers sera, par exemple : I 17/83, ce qui signifiera que le dossier est inscrit sous le n° 17 du registre des recours en Revision de la première chambre civile pour l'année 1883, — ou IV B 26/83, indiquant que cette affaire est un Pourvoi renvoyé devant la quatrième chambre civile et inscrit sous le n° 26 du registre des Pourvois pour l'année 1883.

[1] Nous avons traduit par classement l'expression allemande *Weglegung*, qui signifie, à proprement parler, mise à l'écart. Ce classement intervient lorsque l'affaire est terminée.

[2] Il s'agit des volumes constitués par la réunion des dossiers classés dans les dossiers généraux. Il est formé un nouveau volume lorsque le volume précédent devient trop considérable pour pouvoir être facilement consulté.

[3] Les *affaires d'arrestation* sont les affaires criminelles dans lesquelles le condamné qui s'est pourvu est en état d'arrestation; ces affaires doivent nécessairement être plus rapidement expédiées.

Il en est de même des affaires dites *überjährige*, c'est-à-dire qui n'ont pas été jugées dans l'année qui suit leur inscription au rôle, et des affaires urgentes.

C'est afin d'activer leur expédition que la mention d'un signe distinctif est exigée.

rapide, lesquelles sont désignées comme affaires urgentes (*Eilsachen*).

Lorsque l'affaire est terminée, le dossier est classé en vertu d'une ordonnance du Tribunal.

L'année pendant laquelle le dossier est classé est mentionnée sur la couverture.

Il n'est pas tenu de registre spécial pour les dossiers classés. Ils sont conservés dans l'ordre dans lequel ils sont inscrits sur le registre de l'année.

Les actes et pièces des procédures d'appel, de Revision et de Pourvoi sont, en règle générale, annexés aux dossiers de première instance [1].

Les pièces dont la conservation au greffe en original ou en copie est ordonnée en vertu de dispositions générales ou spéciales sont réunies en dossiers par le greffier. Si le tribunal ordonne la conservation de la minute de la décision, l'expédition qui doit être annexée au dossier de première instance (art. 506, 529 Code procéd. civ.) doit être également revêtue des mentions dont les articles 286 § 3, 662 § 2, 670 et 703 du Code de procédure civile ordonnent l'apposition sur la minute [2].

Lorsque la décision du tribunal d'appel qui est attaquée est cassée ou modifiée par le jugement du Tribunal de l'Empire, le greffier doit adresser une expédition complète du jugement au greffe du tribunal

[1] Aux termes des articles 506, 529 du Code de procédure civile, après la décision en Revision, les pièces sont renvoyées au greffier du tribunal dont la décision a été frappée de Revision. Le dossier conservé au greffe du Tribunal de l'Empire ne contiendra plus dans ce cas que les procès-verbaux des débats, les projets de jugements, les rapports, les pièces concernant les votes, etc. (art. 271 Code procéd. civ.).

Une ordonnance du Premier Président en date du 12 octobre 1880 autorise les présidents de chambre à introduire pour les affaires de leur chambre des exceptions à la règle posée par l'article.

[2] Les articles 506, 529 (Code procéd. civ.) décident que, lors du renvoi des pièces au tribunal dont la décision a été frappée d'un recours, une copie certifiée du jugement rendu sur le recours doit être annexée aux pièces renvoyées.

La copie certifiée devra être revêtue de la formule exécutoire (art. 662 Code procéd. civ.) porter les mentions du jour du jugement (art. 286) et de la date de l'expédition (art. 670), être signée par le greffier et revêtue du sceau du Tribunal (art. 662 § 2 et 703).

d'appel. En matière criminelle, cette expédition est annexée au dossier et transmise au greffe compétent par le secrétariat du Parquet [1].

Le Premier Président décide si :

a. Les dossiers des Pourvois (*Beschwerdesachen*),

b. Les écritures concernant la désignation du tribunal compétent [2],

c. Les minutes ou les copies des jugements, décisions, etc., conservées au greffe après la fin de l'instance,

seront classés par matières ou par ressorts de tribunaux ou tout à la fois par matières et par ressorts [3].

Art. 9. Le livre journal (*Tagebuch*) que doit tenir par cahiers mensuels chaque section du greffe [4] et les registres des Pourvois spécifiés par les articles 23 et 27 doivent mentionner quels actes ont été déposés, à quels dossiers ils appartiennent ou à quelles autorités ils ont été remis.

Les actes de signification ne sont inscrits que s'ils ont donné lieu à une ordonnance (*Verfügung*).

[1] Une ordonnance du Premier Président en date du 17 mars 1880 a décidé que le greffier devrait envoyer au greffe du tribunal d'appel une expédition intégrale du jugement dans *tous les cas*, et non pas seulement dans les cas de cassation.

[2] Les articles 36 du Code de procédure civile et 9 de la loi sur la mise en vigueur décident qu'en cas de conflit de compétence entre plusieurs tribunaux relevant de tribunaux Supérieurs distincts et n'appartenant pas au même État, le Tribunal de l'Empire réglera la compétence.

[3] Aux termes de l'ordonnance du Premier Président en date du 11 octobre 1879, les dossiers spécifiés par l'article sont classés dans chaque section du greffe par ressorts de tribunaux.

[4] Le livre journal de chaque section du greffe mentionne tous les procès-verbaux dressés par le greffe et toutes pièces, conclusions, requêtes, pourvois, qui entrent au greffe et sur lesquels une décision doit intervenir.

Le livre journal se divise en 12 colonnes sous les rubriques : numéros d'ordre par année, — date de l'entrée de la pièce, — signe distinctif du dossier auquel la pièce se rapporte, — nature de l'affaire, — nom de la partie, — date de la pièce, indication de son contenu et du nombre des pièces annexées, — nom du juge, — date de la remise au juge, — date du retour de la pièce au greffe, — date de la décision rendue, — indication de la suite de l'affaire, — date de l'insertion de la pièce dans le dossier.

Les pièces annexées à un acte sont indiquées comme appartenant à l'acte (par ex. au n° 56), si leur importance particulière nécessite leur inscription ou si cette inscription paraît nécessaire pour éviter des erreurs.

Le signe distinctif des dossiers et le numéro du livre journal (ou du registre des Pourvois) qui doit être inscrit sous le signe distinctif constituent le numéro d'ordre (*Geschäftsnummer*). Ce numéro d'ordre doit être inscrit sur chaque pièce à la première page à gauche. Le signe distinctif des dossiers du Tribunal de l'Empire entre dans la composition du numéro d'ordre, même si la pièce appartient au dossier d'un autre tribunal ou d'une autre autorité.

L'inscription dans le livre journal doit avoir lieu le jour même de l'entrée de la pièce; si la pièce n'est pas arrivée au greffe au jour indiqué, il doit être fait mention des deux dates [1] dans la colonne 2.

Un état des numéros du livre journal doit être inséré en tête du dossier. Cet état porte en tête l'indication de l'année, et mentionne ensuite dans leur ordre les numéros du livre journal [2]. Lorsqu'une pièce est reliée dans le dossier (*Einheftung*) ou en sort, le numéro doit être rayé et dans ce dernier cas une note inscrite à côté du numéro indique la destination de la pièce [3].

Aussi longtemps que la pièce reste au greffe, il n'est besoin d'aucune indication pour mentionner le degré d'avancement de l'affaire. La colonne 11 [4] ne doit être remplie que lorsque la pièce sort du greffe.

---

[1] C'est-à-dire de la date d'entrée effective et de la date indiquée.

[2] Cet état n'indique naturellement que les numéros relatifs aux pièces du dossier.

[3] Les différentes pièces d'un dossier sont réunies dans une cote et reliées au moyen d'un fil.

L'état des numéros mentionne toutes les pièces relatives à l'affaire dans le dossier de laquelle il est inséré, et a pour objet d'assurer le contrôle des pièces.

Le numéro spécial à une pièce est rayé lorsque la pièce a repris sa place dans le dossier et est reliée avec les autres ou lorsqu'elle sort définitivement du dossier et est, par exemple, insérée dans un autre dossier ou renvoyée à la partie ou au greffe de première instance; par conséquent, un numéro non rayé indique qu'une pièce, appartenant au dossier, n'a pas encore été définitivement classée, soit par son insertion dans le dossier, soit par sa sortie du dossier.

[4] La colonne 11 du livre journal est affectée à l'indication de la suite donnée à l'affaire.

Le greffier peut dresser des feuilles spéciales (*Notizblätter*), tenues chronologiquement, concernant les recours en Revision, les revisions de droits d'enregistrement, les pièces soumises à la signature, etc.; dans ces feuilles, la colonne 11 ne doit pas être remplie. Elles sont réunies en livres (*Blattsammlungen*) [1].

Les pièces relatives à l'encaissement des frais de justice sont contrôlées au moyen de la colonne 9 du livre des recettes à percevoir (*Solleinnahmebelag*); après l'expédition de l'affaire, elles sont insérées à la suite des pièces de l'affaire dans les dossiers du greffe de la chambre civile ou criminelle compétente.

ART. 10. Les dossiers sont inscrits sur des registres [2]. Lorsque ces registres sont tenus par année, les résultats constatés par le relevé des travaux doivent être mentionnés à la fin de l'année. Un dossier inscrit n'est reporté sur un nouveau registre, auquel cas son signe distinctif doit toujours lui être conservé, que si au commencement de la troisième année et en matière civile au commencement de la quatrième année il n'a pas encore été classé ou n'est pas sorti du greffe. Si une date est mentionnée sur le registre d'une année antérieure, l'année de l'insertion doit être ajoutée.

A la fin de chaque année judiciaire, dans chaque registre des dossiers, — à l'exception du registre des dossiers généraux, — les numéros des affaires inachevées doivent être inscrits les uns après les autres sans qu'aucune des autres colonnes soit remplie. Lorsque l'affaire est terminée, la colonne qui mentionne la solution doit être remplie en concordance avec le registre qui sert de contrôle, et la date du classement du dossier doit être mentionnée.

ART. 11. Le registre des dossiers généraux est tenu conformément

---

[1] Ces feuilles spéciales ne sont pas tenues en pratique.

[2] Nous avons vu sous l'article 8, note 3, p. 191, quels étaient les différents registres tenus au greffe du Tribunal de l'Empire. Au civil comme au criminel, ils correspondent aux différentes affaires portées devant la justice fédérale, et chacun d'eux est affecté à une nature spéciale d'affaires : recours en Revision, appels, Pourvois, affaires disciplinaires, etc.

an formulaire n° 5. Il se divise en sections par matières. Doivent être
considérés comme dossiers généraux les dossiers des affaires de surveillance et d'administration judiciaire, et tous les autres dossiers
qui ne doivent pas être inscrits sur un registre spécial [1].

Art. 12. Les affaires dont l'expédition est réservée au greffier sont
expédiées par lui alors même que la demande a été adressée au Tribunal au lieu d'être adressée au greffe. Si la demande n'est pas recevable, elle est rejetée, et si elle a été formée par écrit, elle est rendue
au demandeur avec la mention du rejet.

Les communications, avis et requêtes adressés par le greffier aux
autorités ou à d'autres greffes doivent être, en règle générale, transmis
en original. Le Premier Président décidera dans quels cas des copies
ou de simples extraits devront être conservés dans les dossiers.

Le greffier doit, dans toutes les affaires, signer de son nom et de
sa qualité les citations, les avis et toutes les pièces qui émanent de lui.

Les expéditions, extraits, légalisations et certifications qu'il doit
délivrer aux termes de la loi doivent être dressés de même et revêtus
du sceau du Tribunal.

Art. 13. Les affaires que le greffier ne peut pas expédier seul [2]
doivent être communiquées (*vorgelegt*) au juge (chargé de les expédier)
avec les pièces du dossier. Les actes de signification ne sont communiqués que s'il en a été ainsi ordonné par le Tribunal ou si le greffier qui
doit les examiner trouve qu'ils n'ont pas été dressés régulièrement.

Les copies des écritures préparatoires (*vorbereitende Schriftsätze*) [3],

---

[1] Le registre des dossiers généraux se divise en 8 colonnes : numéros d'ordre, indication des dossiers, nombre des volumes formés par la réunion des dossiers, années pendant lesquelles le volume a été commencé et classé, année jusqu'à laquelle les dossiers doivent être conservés, année pendant laquelle les dossiers sont détruits, observations.

Les dossiers généraux comprennent les dossiers des affaires de législation, d'administration générale, d'administration de la caisse, les dossiers du personnel, etc.

[2] Par exemple : en matière de requête à fin d'ordonnance rendue par le juge.

[3] Les écritures préparatoires sont le pourvoi et les conclusions en réponse. Les parties se les signifient réciproquement et copie en est remise au greffe (art. 124 Code procéd. civ.).

qui, après signification à la partie adverse, sont déposées au greffe, doivent être de suite insérées dans le dossier et ne doivent être communiquées que s'il en a été ainsi ordonné soit pour une catégorie d'affaires, soit pour une affaire déterminée.

Les assignations (*Ladungen*) émanant d'une partie, soit qu'elles soient contenues dans un acte de procédure, soit qu'elles soient données par acte distinct, seront immédiatement communiquées après leur remise. L'indication du jour inscrite sur l'original de l'acte doit être reportée par le greffier sur la copie destinée au Tribunal [1].

Art. 14. Les actes en cours d'exécution sont classés au greffe suivant le degré d'exécution ; par exemple :

1° Actes qui doivent être munis d'un numéro d'ordre (affaires nouvelles) ;

2° Actes qui doivent être communiqués pour être revêtus d'un arrêté ou d'une ordonnance ;

3° Actes relatifs à des affaires qui doivent être expédiées par le greffier, le bureau des écritures (*Schreibstube*), l'huissier, etc. ;

4° Actes exécutés.

Le Premier Président peut ordonner une répartition plus détaillée.

Sont annexés aux écritures en cours d'exécution les dossiers (*Vorstücke*) desquels elles dépendent. Lorsque des motifs particuliers et notamment le volume du dossier et de ses annexes ne le permettent pas, le dossier sera conservé à part tant que la pièce en cours d'exécution n'aura pas pu lui être réunie.

Le registre des dossiers constate le renvoi (*Abgabe*) définitif des dossiers, le tableau des numéros constate le renvoi définitif des différentes pièces [2].

---

[1] Aux termes du Code de procédure civile, l'ajournement ou assignation (*Ladung*) donnée par le demandeur doit être présentée au greffe, afin de faire fixer par le président un jour pour les débats ; le jour doit être fixé dans les vingt-quatre heures.

[2] Il s'agit du renvoi devant la chambre compétente, devant le tribunal de première instance, etc.

Art. 15. Les écritures (expéditions) dont l'exécution est ordonnée doivent être rédigées dans un style concis et clair. Chaque écrit porte la mention de l'affaire et du numéro d'ordre. Le mode de la remise de l'acte (par exemple : signification par la remise à la poste, signification par la poste, signification ordinaire, recommandation, etc. [1]) doit être indiqué au-dessous de l'adresse, afin que les copies et écritures au net soient exécutées en conséquence. Il y a lieu d'observer que l'huissier doit facilement voir sur les actes qui lui sont remis à la requête de qui et à qui la signification doit être faite, si l'acte doit être remis avec ou sans procès-verbal, si l'affaire est ou non urgente. Le greffier doit en conséquence veiller à ce que les indications nécessaires (conformément à la teneur de l'ordonnance et de l'expédition) soient portées par le bureau des écritures sur l'acte, et si ces indications manquent, il doit les faire compléter. En cas de simple remise des actes (*Behändigung*) [2], ces mentions doivent être portées sur une couverture qui enveloppe l'acte dans le cas où une lettre d'envoi ne contient pas les indications nécessaires. Le mode de signification ou de remise de l'acte peut être mentionné par abréviation intelligible.

Les rapports doivent être transcrits au net sur une feuille à mi-marge. Les lettres de réponse à une autorité doivent mentionner le numéro de la pièce à laquelle il est répondu. En cas d'application de formulaires, la formule employée doit être mentionnée (par exemple, conformément au formulaire n° 12 *b*), si elle n'a pas été indiquée dans

[1] Aux termes du Code de procédure civile, les différentes formes de signification sont la signification ordinaire, la signification par la poste et la signification par remise à la poste (art. 152-190).

Dans la signification ordinaire (*gewöhnliche*), l'huissier se transporte et remet directement la copie à la partie.

Dans la signification par la poste, l'huissier met à la poste une enveloppe cachetée revêtue de son sceau, contenant la copie et portant l'adresse de la partie. Le facteur dressera un acte de signification constatant la remise du pli, et cet acte sera renvoyé par la poste à l'huissier.

Lorsque la partie n'est pas domiciliée au siège du tribunal et n'a pas constitué de fondé de pouvoirs, la signification est valablement effectuée par la remise à la poste de l'acte à l'adresse de la partie, alors même que la lettre serait retournée comme n'ayant pu être remise au destinataire ; dans ce cas, la lettre pourra être recommandée.

[2] C'est-à-dire sans signification.

l'ordonnance. Les écritures exécutées par le greffier sur l'ordre du Tribunal sont soumises à une vérification.

Si le texte de l'ordonnance a été intégralement donné par le juge, de telle sorte qu'il puisse être immédiatement recopié, le greffier doit cependant vérifier les formalités indiquées et les faire compléter s'il y a lieu [1].

En cas de sortie de dossiers, des copies ne sont gardées que s'il en a été expressément ordonné.

Le greffier doit collationner sur l'original les copies exécutées ou légalisées par un juge ou le greffe et les contresigner si elles sont signées par un juge.

ART. 16. Le greffier mentionne sur un agenda (*Geschäftskalender*), qui doit être tenu conformément au formulaire n° 6, les fixations de jour (*Termine*) [2], — à l'exception des jours fixés en matière civile pour le débat oral et en matière criminelle pour le débat principal, — et les délais à observer d'office.

[1] La rectification ne peut naturellement être faite que par le juge de qui émane l'ordonnance.

[2] Les lois de procédure ont réglementé avec un soin minutieux la question des délais et ajournements. Devant le Tribunal de l'Empire, en matière de Revision, le recours formé, un jour est fixé par le président pour les débats, un délai d'un mois au moins doit séparer le jour des débats du jour de la signification de la demande, et les conclusions en réponse du défendeur doivent être signifiées dans les deux premiers tiers du délai fixé. De même des jours et délais sont fixés en matière de Revision au criminel, de Pourvoi, etc. Le greffe doit dresser un tableau des délais et jours fixés. L'agenda dont l'article 16 prescrit la tenue comprend deux parties. La première concerne les ajournements (*Termine*), c'est-à-dire les jours auxquels les débats ou autres opérations judiciaires doivent intervenir; elle se divise en 7 colonnes : numéros inscrits par jour, signe distinctif du dossier, numéro du livre journal, nature de l'affaire, heure de l'ajournement, juge devant lequel l'opération doit intervenir, et observations. La seconde partie est relative aux délais (*Fristen*), c'est-à-dire aux périodes de temps pendant lesquelles un acte judiciaire doit être fait; elle comprend les 8 colonnes suivantes : numéros inscrits par jour, signe distinctif du dossier, numéro du livre journal, date de la décision qui fait courir le délai, nature de l'affaire, date de l'expiration du délai, numéro du livre journal en vertu duquel le délai expire, observations.

Les procès-verbaux de fixation de jour ne doivent être déposés au greffe qu'après complète exécution [1]; le procès-verbal est mentionné sur l'agenda dès qu'il a été muni du numéro d'ordre.

Art. 17. Un agenda constatant l'affichage des actes doit être tenu ; il contient les colonnes suivantes :

1° Numéro courant (par année);

2° Indication de l'acte;

3° Numéro d'ordre;

4° Jour :

    a. De l'affichage;

    b. De l'expiration du délai d'affichage;

    c. De la levée de l'affiche;

5° Observations.

Les attestations qui sont apposées sur l'acte au moment de l'affichage et de la levée de l'affiche doivent être ainsi conçues : « Affiché au tableau du Tribunal » et « Déposé du tableau du Tribunal » avec indication des lieu, date, signature et qualité du fonctionnaire. Les actes sont affichés et déposés par le Chef des messagers (*Botenmeister*), lorsque cette opération ne rentre pas dans les devoirs du greffier (art. 19). Le Chef des messagers tient l'agenda d'affichage sous la surveillance du Chef des bureaux.

Art. 18. En dehors des dispositions ci-dessus indiquées, la communication des dossiers est soumise à un contrôle particulier organisé conformément au formulaire n° 7 [2].

---

[1] C'est-à-dire lorsqu'ils ont été signés par le président et le greffier.

[2] Le livre des communications de dossiers (*Aktenausgabebuch*) comprend les mentions suivantes : date de la communication, signe distinctif du dossier, indication des dossiers communiqués, nombre des volumes des dossiers communiqués, nom de la personne à qui la communication est faite ou de l'affaire à laquelle le dossier est annexé, jour du renvoi du dossier.

Art. 19. Une instruction rendue par le Premier Président règle les rapports des greffiers et des huissiers entre eux [1].

Lorsque la signification par notification publique (*öffentliche Zustellung*) [2] a lieu par l'affichage sur le tableau du Tribunal d'une copie certifiée, le greffier, qui peut d'ailleurs réclamer à cet effet le concours du Chef des messagers, doit surveiller l'affichage et la levée de l'affiche, et certifier les mentions relatives à l'affichage prescrites par l'article 17.

Les simples remises d'actes, lesquelles ne sont pas constatées par un acte, sont effectuées : au siège du Tribunal, par les messagers du Tribunal de l'Empire; ailleurs, par la poste.

Le greffe, lorsqu'il expédie une dépêche par la poste, doit indiquer sur l'enveloppe que la dépêche émane de lui.

CHAPITRE II.

AFFAIRES CIVILES.

Art. 20. Le registre des affaires d'appel [3] et des recours en Revision sera tenu conformément au formulaire n° 8 [4].

[1] L'instruction présidentielle prévue par l'article n'a pas été faite. Cf. sur le service des huissiers l'arrêté du 11 mai 1883, p. 211.

[2] Si la résidence d'une partie est inconnue, la signification se fait par notification publique, elle doit être autorisée par ordonnance du Tribunal sur la requête de la partie adverse. Elle a lieu par affiche apposée sur le tableau du Tribunal et contenant copie certifiée de la pièce à signifier.

[3] Le Tribunal de l'Empire n'est qu'exceptionnellement juge d'appel, dans les affaires portées en première instance devant la justice consulaire par exemple.

[4] Les recours en Revision et les appels sont inscrits sur le même registre.

Ce registre comprend 11 colonnes : numéros d'ordre inscrits par année, — indication et siège du tribunal dont le jugement est attaqué, — nature de l'instance antérieure et numéro du dossier devant cette instance, — noms, profession, domicile des parties, — noms des avocats, — objet du procès, — jour du débat oral, — dates de la confirmation ou de la cassation du jugement attaqué ou de la cassation avec renvoi devant le premier tribunal, — désistement et arrangement, — indication du dossier qui contient les pièces conservées au greffe du Tribunal de l'Empire, — observations.

Les colonnes 1-5 seront remplies après la fixation des jours, les autres colonnes après l'expédition de l'affaire. Si le débat s'est continué pendant plusieurs jours, le dernier jour sera seul mentionné dans la colonne 6.

Les causes d'appel seront distinguées par un trait de couleur.

Parmi les pièces du dossier (*Prozessakten*) sont comprises les demandes en délivrance du certificat constatant que le jugement a acquis l'autorité de la chose jugée ou en délivrance d'une expédition revêtue de la formule exécutoire, ainsi que toutes les demandes concernant l'exécution forcée, lorsque le Tribunal de l'Empire est compétent.

Le renvoi du dossier au tribunal de première instance intervient après l'expédition de l'appel ou de la Revision. La procédure est considérée comme terminée, lorsque la fin régulière de l'instance ne ressort pas des pièces du dossier, si aucune partie n'a formé de demande en continuation de l'instance pendant un an ou pendant le délai prolongé prévu par l'article 94 n° 1 de la loi sur les frais de justice [1]. Si l'instance est postérieurement reprise ou continuée, l'affaire doit être inscrite comme cause nouvelle et il doit être fait mention du nouveau numéro du registre à côté de l'ancien et réciproquement.

Art. 21. Il est tenu pour chaque chambre civile, conformément au formulaire n° 9, un agenda spécial à tous les débats oraux [2].

Ce registre est muni de deux tables contenant par ordre alphabétique les noms des demandeurs et des défendeurs.

[1] Aux termes de l'article 94 n° 1 de la loi sur les frais de justice en date du 18 juin 1878, le délai d'un an peut être prolongé sur la demande des parties par décision du Tribunal.

[2] L'agenda des débats oraux se divise en 14 colonnes : numéros d'ordre par jour d'audience, — signe distinctif des dossiers, — indication du tribunal dont la décision est attaquée et signe distinctif du dossier devant cette instance, — noms des parties et de leurs représentants, — heure de l'ajournement, — objet du procès, — nom du rapporteur ou suivant les cas du juge rédacteur du jugement, — date de la remise du dossier au Parquet, au rapporteur, au président, — numéros relevés par année des débats contradictoires, — résultats du débat oral : ordonnance de preuve, arrangement, jugement, autres solutions, — expiration de l'ajournement sans débat oral, — dates de la remise du jugement par le juge qui l'a rédigé, de la remise de la minute aux assesseurs pour signa-

Les débats devant les chambres civiles réunies seront inscrits dans l'agenda de la quatrième chambre civile et signalés comme tels dans la dernière colonne.

Le jour du débat oral sera inscrit en tête du relevé des délais.

Après la fixation des jours, les colonnes 1-7 seront remplies et le nom de l'avocat de la partie adverse sera inscrit dès qu'il sera connu.

Dans la colonne 10, les subdivisions a-d [1] seront remplies et constateront le résultat du débat oral en ce qui concerne les chefs de la demande, une partie d'un chef, un moyen présenté à l'appui de la demande ou de la défense. La colonne 10 est remplie par l'insertion d'un trait vertical (|). Cette insertion est faite, si elle n'a pas été faite par le président de la chambre, par le greffier après le dépôt des procès-verbaux.

Si l'appel est rejeté comme non recevable, la colonne 9 sera remplie par l'insertion d'une croix (+).

Un tableau des jours d'audience (affectés à chaque affaire) sera affiché avant le commencement du débat oral dans la chambre des avocats.

Art. 22. L'affichage des jugements que prescrit l'article 287 du Code de procédure civile aura lieu conformément au formulaire n° 10 [2]. Les placards affichés seront, après la levée de l'affiche, rassemblés par année.

Art. 23. Le registre des Pourvois en matière civile sera tenu con-

ture, de la remise au président pour examen et signature, du retour de la minute au greffe, — date de l'affichage du jugement, — observations. Un exemplaire de l'agenda, ne contenant que les colonnes 1-7, est remis au président de la chambre et lui sert pour la fixation des jours d'audience.

[1] La colonne 10 $a. b. c. d.$ est relative aux résultats du débat oral.

[2] Aux termes de l'article 287, le greffier doit afficher les jugements prononcés et signés sur un tableau exposé au greffe pendant huit jours au moins.

L'affiche porte les en-têtes suivants : numéros d'ordre, signe distinctif du dossier de l'affaire, noms, profession, domicile des parties, noms des avocats, jour de la prononciation du jugement ; elle porte sous la signature du greffier la date à laquelle elle a été apposée et enlevée.

formément au formulaire n° 11 [1]; il mentionnera tous les Pourvois formés contre les décisions préparatoires (*vorinstanzliche*) et pour lesquels les chambres civiles sont compétentes. Les demandes en nouveau Pourvoi (*weitere Beschwerde*) [2] seront insérées dans la colonne 8.

Le numéro inscrit dans la colonne 1 sert à la fois de signe distinctif du dossier et de numéro d'ordre. Si le Pourvoi est admis, la date de la décision doit être soulignée.

CHAPITRE III.

AFFAIRES CRIMINELLES, AFFAIRES DISCIPLINAIRES ET AFFAIRES DU TRIBUNAL D'HONNEUR.

ART. 24. En matière criminelle, en matière disciplinaire et en matière de poursuites contre les avocats portées devant le tribunal d'honneur [3], les registres des dossiers seront tenus par le secrétariat du Parquet du Procureur Supérieur de l'Empire.

[1] Le registre des Pourvois est divisé en 18 colonnes principales, avec les mentions : numéros inscrits par année, jour de l'entrée de la demande, nature de l'affaire, indication de l'instance antérieure et du numéro du dossier devant cette instance, objet et date de la décision attaquée, nom du demandeur, date et objet du Pourvoi, numéros inscrits par année des demandes en nouveau Pourvoi, nom du rapporteur, date et objet des actes intervenant postérieurement, date de la communication de ces actes, date de la décision, date de l'expédition du Pourvoi par décision ou sans décision, date du renvoi du dossier, indication du dossier qui contient les pièces de procédure conservées au greffe du Tribunal de l'Empire, observations.

Le registre doit contenir une table alphabétique des demandeurs en Pourvoi, laquelle renvoie aux numéros du registre.

[2] La demande en nouveau Pourvoi est formée contre une décision rendue sur Pourvoi. Les décisions des tribunaux Supérieurs rendues sur Pourvoi ne peuvent être frappées d'un nouveau recours porté devant le Tribunal de l'Empire que si ce recours repose sur un grief nouveau et indépendant (art. 531 Code procéd. civ.).

[3] Les poursuites disciplinaires contre les fonctionnaires fédéraux sont portées en première instance devant les chambres disciplinaires et en appel devant la cour disciplinaire. Cette cour se compose de quatre membres du Conseil fédéral et de six membres du Tribunal de l'Empire et

Les greffiers des chambres criminelles du Tribunal de l'Empire sont tenus de suivre les instructions du Procureur Supérieur de l'Empire en ce qui concerne la remise des dossiers [1] et de permettre au secrétariat du Parquet l'examen des dossiers.

Aussi longtemps que les dossiers seront conservés au Tribunal de l'Empire, les greffiers en seront chargés, ainsi que des actes qui doivent leur être annexés, conformément aux instructions.

Art. 25. Les décisions qui doivent être signifiées ou exécutées seront transmises, s'il n'existe pas d'ordre contraire, au Parquet du Procureur Supérieur de l'Empire.

Si la décision doit être signée par les membres du Tribunal ou un juge, il y a lieu de joindre les expéditions [2].

Les dossiers en matière de Revision, d'appel et de Pourvoi sont renvoyés au tribunal d'instance inférieure par les soins du ministère public fédéral.

Art. 26. Un agenda relatif au débat principal sera tenu :

a. Conformément au formulaire n° 12 [3], pour les affaires portées en

---

fonctionne au siège même du Tribunal fédéral (loi fédérale du 31 mars 1873).

De même, l'avocat poursuivi disciplinairement est traduit en première instance devant le conseil de l'Ordre des avocats et en appel devant un tribunal d'honneur composé du Premier Président, de trois membres du Tribunal de l'Empire et de trois avocats au Tribunal de l'Empire. Ce tribunal siège près le Tribunal fédéral (loi fédérale sur les avocats-avoués, du 1er juillet 1878).

[1] Le Procureur Supérieur peut ordonner que des dossiers du greffe seront annexés aux dossiers d'affaires criminelles pendantes.

[2] Les jugements sont signés par tous les membres du Tribunal ou de la chambre qui les a rendus. Les expéditions nécessaires pour leur exécution doivent être délivrées par le greffier, et sont attestées et certifiées exécutoires par lui (art. 483 Code procéd. pén.).

[3] Le registre tenu suivant le formulaire 12 renferme les 12 rubriques suivantes : numéros d'ordre par jour d'audience, — signe distinctif du dossier, — nom de l'accusé, — heure de l'ajournement, — nom du défendeur, — nature du crime, — nom du rapporteur, — dates de la remise du dossier au ministère public, au rapporteur et au président, — mode de l'expédition de l'affaire : par jugement, sans jugement, — relevé par année du nombre des personnes condamnées ou acquittées, —

première instance devant les deuxième et troisième chambres criminelles (art. 136 n° 1 Code d'organisation judiciaire);

b. Conformément au formulaire n° 13 [1], pour les affaires d'appel et
de Revision portées devant les chambres criminelles conformément à
l'article 36 de la loi du 10 juillet 1879 [2] et aux articles 136 n° 2 et
§ 2 et 137 § 2 du Code d'organisation judiciaire.

Les débats devant les chambres criminelles réunies seront inscrits
dans l'agenda de la première chambre criminelle et signalés comme
tels dans la dernière colonne.

Les colonnes mentionnant le résultat de l'instance seront remplies
par le président de la chambre, sinon par le greffier, au moyen de
l'insertion d'un trait vertical (|).

Un tableau des jours d'audience (affectés à chaque affaire) sera
affiché à une place spéciale avant le commencement des débats [3].

Art. 27. Le registre des Pourvois contre les décisions prépara-

dates de la remise du jugement par le
juge qui l'a rédigé, de la remise de la
minute aux assesseurs pour la signature,
de la remise au président pour examen
et signature, du retour au greffe, — observations. Un exemplaire du registre,
ne contenant que les 7 premières colonnes,
est entre les mains du président et lui
sert pour la fixation des jours d'audience.

[1] Le formulaire 13 se divise en 15 colonnes, avec les mentions : numéros
d'ordre par jour d'audience, — signe
distinctif du dossier, — indication et
siège du tribunal dont la décision est attaquée, — nature des instances antérieures et numéros des dossiers devant
ces instances, — nom de l'accusé, —
heure de l'ajournement, — nom de la
partie civile ou de l'autorité administrative qui poursuit, — nom du défenseur
ou du représentant de la partie, — nature du fait délictueux, — nom du rap-

porteur, — dates de la remise du dossier
au ministère public, au rapporteur et
au président, — mode de l'expédition de
l'affaire : par jugement, sans jugement,
— relevé par année des jugements
de cassation du jugement antérieur et
des jugements de rejet du pourvoi,
— dates de la remise du jugement par
le juge qui l'a rédigé, de la remise de
la minute aux assesseurs pour la signature, de la remise au président pour
examen et signature, du retour au
greffe, — observations. Le président
conserve un exemplaire de ce registre
qui lui sert pour la fixation des jours
d'audience.

[2] L'article 36 de la loi du 10 juillet
1879 renvoie devant le Tribunal de
l'Empire les appels et les Pourvois formés en matière criminelle contre les
décisions des tribunaux consulaires.

[3] Ce tableau est affiché dans le ves-

toires, portés devant les chambres criminelles, sera tenu conformément au formulaire n° 14 [1].

Le numéro inscrit dans la colonne 1 sert à la fois de signe distinctif du dossier et de numéro d'ordre. Si le Pourvoi est admis, la date de la décision doit être soulignée.

CHAPITRE IV.

DISPOSITIONS FINALES.

Art. 28. Dans les affaires de la compétence du Tribunal de l'Empire, dont la procédure n'est pas réglée par les lois fédérales, le Premier Président édicte les dispositions nécessaires pour la tenue des livres, registres et listes, et pour les autres travaux dont sont chargés les employés du greffe [2]. Lorsque des doutes s'élèvent sur la question de savoir si une affaire déterminée doit être expédiée par le greffe ou par le secrétariat du Parquet, le Premier Président du Tribunal de l'Empire et le Procureur Supérieur de l'Empire prennent en commun la décision.

tibule du palais, sur le tableau du tribunal, et dans la chambre des avocats.

[1] Le formulaire 14 comprend 17 colonnes; il est identique au formulaire 11 concernant les Pourvois en matière civile avec cette seule distinction que la 8ᵉ colonne de ce dernier registre, qui est relative aux demandes en nouveau Pourvoi, fait défaut. Une table alphabétique mentionne les noms des demandeurs en Pourvoi et renvoie aux numéros du registre.

[2] Aucune disposition spéciale n'a encore été prise en ce qui concerne ces affaires par le Premier Président; mais l'ordonnance du Premier Président en date du 11 octobre 1879 décide que les règles en usage dans les pays confédérés et les règlements du tribunal supérieur fédéral de commerce continueront à être observés.

ORDONNANCE

DU PREMIER PRÉSIDENT

SUR L'ORGANISATION DU GREFFE.

EN DATE DU 7 OCTOBRE 1879.

ARTICLE PREMIER. En exécution des prescriptions de l'article 2 de l'arrêté du 23 septembre 1879, sur l'organisation du greffe du Tribunal de l'Empire, il est ordonné ce qui suit :

Un greffe est attaché à chacune des cinq chambres civiles et des trois chambres criminelles établies par arrêté du Chancelier de l'Empire en date du 27 septembre 1879, ainsi qu'à chacune des deux chambres auxiliaires établies par arrêté du Chancelier de l'Empire en date du 28 septembre 1879 [1].

Suit la désignation nominative des Secrétaires supérieurs (*Obersekretäre*) attachés à chacune des huit chambres.

Les Secrétaires supérieurs des quatrième et cinquième chambres civiles sont aussi chargés du greffe des chambres auxiliaires.

..... Les Secrétaires supérieurs des quatrième et cinquième chambres civiles sont assistés d'un employé auxiliaire pendant la durée de l'existence des chambres auxiliaires [2].

ART. 2. Le Chef des bureaux (*Bureauvorsteher*) est chargé, en dehors des fonctions à lui attribuées par l'article 3 n°s 1, 2, 3 de l'arrêté du

----

[1] Un greffe est également établi à la quatrième chambre criminelle créée en 1884 (ordonn. du Premier Président en date du 24 mars 1884). Les greffes des cinq chambres civiles se composent de 5 secrétaires supérieurs, 1 commis greffier et 3 auxiliaires; les greffes des 4 chambres criminelles comprennent 3 secrétaires supérieurs et 1 commis greffier, et 2 auxiliaires.

[2] Les chambres auxiliaires ont cessé de fonctionner le 1er juillet 1883.

23 septembre 1879, du service général (*Generalien*) concernant la surveillance et l'administration de la justice.

Il a en même temps la surveillance du greffe, de la Chancellerie et des employés inférieurs.

Art. 3. Le service des frais de justice est confié à M. le Secrétaire supérieur... Il a à expédier les affaires spécifiées par l'article 3 de l'arrêté du 23 septembre 1879.

Art. 4. Il y a lieu de se reporter à l'article 3 précité en ce qui concerne les fonctions du Directeur de la Chancellerie.

Art. 5. L'organisation du service de la bibliothèque (administration, catalogue et ouverture de la bibliothèque) demeure réservée [1].

[1] Le service de la bibliothèque a été réglé par une instruction du Premier Président en date du 21 mai 1880. Cf. *Introduction.*

ARRÊTÉ

DU CHANCELIER DE L'EMPIRE
SUR LE SERVICE DES FONCTIONNAIRES CHARGÉS DES SIGNIFICATIONS
PRÈS LE TRIBUNAL DE L'EMPIRE.

EN DATE DU 11 MAI 1883.

ARTICLE PREMIER. Les significations à exécuter d'office seront faites par les employés inférieurs (*Unterbeamten*) [1] du Tribunal de l'Empire.

ART. 2. Les autres significations seront faites par des fonctionnaires du greffe agissant en qualité d'huissiers.

ART. 3. Les fonctionnaires du greffe faisant fonction d'huissier sont au nombre de trois; ils sont désignés, ainsi que leurs remplaçants en cas d'empêchement, par le Premier Président du Tribunal de l'Empire; la délégation est révocable. Le Premier Président règle la distribution du service entre eux [2].

ART. 4. Les huissiers ont un sceau; il porte l'aigle impériale avec l'exergue : «Huissier près le Tribunal de l'Empire».
Le sceau leur est fourni aux frais du Trésor impérial.

ART. 5. L'huissier doit faire suivre de sa qualité l'indication de son nom, en y ajoutant : «agissant comme huissier», par exemple : N,

---

[1] C'est-à-dire les messagers.
[2] La distribution du service a été réglée par ordonnance du Premier Président du 17 mai 1883. Cf. *Introduction*

Assistant du Secrétariat près le Tribunal de l'Empire, agissant comme huissier.

Art. 6. L'huissier est obligé d'exécuter les actes dont il est chargé par les avocats-avoués près le Tribunal de l'Empire, et il n'est autorisé à exécuter que ces actes. Les actes sont adressés à « l'office des huissiers (*Gerichtsvollzieheramt*) près le Tribunal de l'Empire » et remis à l'huissier qui, aux termes de la distribution du service, est chargé de l'exécution.

L'huissier à qui la signification d'un acte a été demandée en dehors des heures de bureau peut faire la signification alors même qu'il n'en serait pas chargé par le règlement du service [1].

Lorsqu'un acte est remis pour être signifié, l'huissier doit dans tous les cas mentionner sur l'original et les copies l'heure de la remise.

Art. 7. Les actes doivent être exécutés sans retard. Si l'acte doit être exécuté dans un délai déterminé, l'huissier exécutera l'acte dans ce délai ou le fera exécuter par un autre huissier.

Art. 8. Les vacances sont sans influence sur le service des huissiers.

Art. 9. L'huissier doit faire les significations suivant les prescriptions des articles 152-178 du Code de procédure civile [2].

Art. 10. L'huissier doit préparer la signification dont il est chargé de telle sorte qu'aucune difficulté et aucun retard ne puissent se produire au moment de l'exécution de l'acte et que la validité de la signification ne puisse être attaquée.

[1] Les trois huissiers sont également compétents pour tous les actes de leur ministère, et la distribution du service n'est qu'une règle d'ordre intérieur qui n'a pas d'influence sur la validité des actes.

[2] Les articles 152-178 du Code de procédure civile réglementent la matière des significations, spécifient les personnes et les lieux à qui les actes signifiés doivent être remis, et les mentions qu'ils doivent contenir. Nous avons vu (p. 199) quels sont les différents modes de signification.

Notamment il vérifiera si les pièces sont signées, les copies certifiées, si dans la citation le lieu et le jour de la comparution sont indiqués, et si le nom, la profession et le domicile de la personne à qui l'acte doit être signifié sont suffisamment spécifiés.

ART. 11. La signification doit être faite, à moins d'instructions contraires de la personne qui a donné l'ordre de signification (*Auftraggeber*), au plus tard dans les vingt-quatre heures, les dimanches et jours de fête exceptés.

ART. 12. L'huissier dresse acte de toute signification exécutée, conformément aux prescriptions des articles 173 et 174 du Code de procédure civile [1].

L'acte de signification signé par l'huissier est revêtu de son sceau si la personne de qui émane l'ordre de signification l'exige.

L'original est remis ou envoyé à cette personne sans retard et au plus tard le jour qui suit la signification.

ART. 13. La procédure à suivre en cas de signification par la poste est réglée par les articles 177 et 178 du Code de procédure civile [2].

La signification est la remise officielle de tout acte notifié par une partie à une autre; les citations sont signifiées comme les jugements.

[1] Aux termes de l'article 173, l'acte de signification est écrit sur l'original de l'acte à signifier ou sur une feuille annexée; copie en est donnée sur la copie de la pièce signifiée ou sur une feuille annexée.

L'acte de signification doit mentionner les jour, heure et lieu de la signification, la partie au nom de laquelle elle est faite et la personne à qui elle est faite, la personne qui a reçu l'acte, la remise de la copie de la pièce signifiée et de l'acte de signification; il est signé par l'huissier qui a fait la signification (art. 174).

[2] La signification peut être faite par la poste; dans ce cas, l'huissier remet à la poste une enveloppe cachetée avec son sceau, renfermant la pièce à signifier, et portant l'adresse de la personne à qui la signification doit être faite. Le facteur remet l'enveloppe à son adresse, dresse l'acte de signification qui constate la remise du pli, avec indication du cachet, de l'adresse et du numéro d'ordre, et le signe.

L'original de l'acte de signification est transmis par le facteur au bureau de poste, lequel le renvoie à l'huissier (art. 177, 178).

L'huissier indiquera, dans l'attestation exigée par l'article 177 [1], la personne pour laquelle la signification est faite.

L'adresse doit mentionner les noms, profession, domicile de la personne à qui la signification est faite avec assez d'exactitude pour que le destinataire soit facilement et sûrement trouvé et que toute erreur soit impossible.

En haut et à gauche de l'enveloppe sera indiqué le numéro sous lequel l'ordre de signification est inscrit sur le Registre de service. Sous ce numéro l'huissier indique qu'il est l'expéditeur en mentionnant sa qualité.

L'original et la copie de l'acte de signification, préparés par l'huissier, sont joints à l'enveloppe, et comme preuve de l'exécution de cette prescription l'huissier inscrit sur l'enveloppe, au bas, à gauche : « Ci-joint une formule de l'acte de signification et de la copie ».

L'original et la copie de l'acte de signification sont dressés avec les modifications nécessaires sur des formules préparées et délivrées par la poste sans frais. Avant la remise du pli à la poste, l'huissier remplit l'en-tête des formules et inscrit sur le verso de la formule destinée à l'original de l'acte de signification son adresse, dont l'indication est nécessaire pour le renvoi des pièces. La remise à la poste de l'enveloppe cachetée et des formules de l'original et de la copie de l'acte de signification comprend par elle-même l'invitation par l'huissier à la poste de faire la signification (art. 177 Code procéd. civ.). Un écrit spécial ou une invitation expresse n'est pas nécessaire.

L'exécution de la signification par la poste est contrôlée sur le Registre de service, et à cet effet les dates de la remise à la poste et du retour de l'acte de signification doivent être mentionnés dans la colonne 5.

L'huissier vérifie sur l'acte de signification que lui remet la poste si la signification a été régulièrement faite, et, après avoir fait rectifier par la poste les erreurs qui ont pu se produire, il remet de suite à la personne de qui émane l'ordre de signification l'acte de signi-

[1] L'huissier doit attester sur l'original de l'acte à signifier ou sur une feuille annexée que la remise à la poste a été effectuée dans la forme indiquée.

fication avec l'original de l'acte signifié et l'attestation dressée par lui en conformité de l'article 177 du Code de procédure civile [1].

L'huissier est tenu d'affranchir, au compte de la personne qui l'a commis, les plis qu'il adresse à la poste et d'avancer les frais de poste.

Art. 14. La signification d'avocat à avocat dont l'huissier est chargé est constatée simplement par un récipissé écrit et daté, que signe l'avocat à qui l'acte est remis. L'huissier ne dressera acte de la signification que si l'avocat de qui la signification émane l'exige, ou si le récépissé est refusé ou ne peut être délivré à raison de l'absence de l'avocat adverse ou pour toute autre cause. Dans ce cas, la signification est faite et l'acte de signification est dressé dans les formes ordinaires.

Art. 15. L'huissier doit inscrire sur l'original des actes dressés par lui le décompte des frais et déboursés exposés pour l'acte. Il ne distinguera pas suivant que ces frais et déboursés doivent être prélevés par lui ou versés dans le Trésor impérial.

Les frais et déboursés doivent être mentionnés par articles séparés.

A côté du décompte est indiqué le numéro sous lequel l'affaire a été inscrite dans le Registre de service. Copie du décompte est reportée sur la copie de l'acte.

Si le décompte des frais est délivré sur une feuille séparée, l'huissier doit indiquer brièvement l'affaire et l'acte, et signer.

Le compte des frais et déboursés est dressé conformément aux prescriptions de la loi allemande sur les émoluments des huissiers [2].

Art. 16. L'huissier doit, immédiatement après l'exécution d'un acte, recouvrer les frais et déboursés relatifs à cet acte sur la personne qui l'en a chargé, en remettant copie du compte.

---

[1] Cf. la note précédente.

[2] La loi fédérale sur les émoluments des huissiers est du 24 juin 1878.

Les fonctionnaires du greffe chargés des fonctions d'huissier remplissent ces fonctions à titre accessoire et sans préjudice de leurs occupations au greffe. Ils touchent en sus de leur traitement les honoraires alloués aux huissiers pour les actes de leur ministère par la loi fédérale.

Art. 17. Si l'huissier a été chargé de la signification par l'avocat désigné à la partie qui a obtenu l'assistance judiciaire en matière de procédure en Revision, il doit se contenter de l'affirmation par l'avocat que la partie a l'assistance judiciaire.

Art. 18. Chaque huissier doit tenir un Registre de service (*Dienstregister*) [1].

Les Registres de service des trois huissiers se distinguent entre eux par l'inscription d'une lettre différente de l'alphabet, *A*, *B*, *C*.

Cette lettre doit être inscrite en tête du numéro d'ordre d'un acte.

Art. 19. Le Registre de service se divise en colonnes, portant les mentions suivantes :

1° Numéros;

2° Date de la remise de l'acte qui doit être exécuté;

3° Indication de l'acte à exécuter;

4° Date de l'exécution de l'acte;

5° Mode d'exécution;

6° Montant de ce que doit toucher l'huissier :

    a. En frais,

    b. En frais de poste;

7° Montant de ce qui a été touché :

    a. En frais,

    b. En frais de poste;

8° Montant de ce qui doit être recouvré pour le compte du Trésor impérial, en matière d'assistance judiciaire :

    a. En frais;

    b. En frais de poste;

9° Observations.

[1] Un registre analogue est tenu par le messager chef et contrôle l'exécution des significations d'office dont sont chargés les messagers.

Art. 20. Le Registre de service sert à donner un aperçu des actes exécutés par l'huissier, de la date et du mode d'exécution, des frais et déboursés prélevés par l'huissier ou versés dans le Trésor de l'Empire.

Le Registre, en format d'in-folio, est tenu par année. Les pages sont numérotées et le Registre est relié solidement. Chaque page doit contenir vingt numéros.

Le registre est, avant d'être commencé, présenté au Premier Président qui mentionne sur la dernière page le nombre de feuillets et signe.

L'huissier doit inscrire tous les actes dont il est chargé sur le Registre dans l'ordre où ils lui sont remis et le jour même de la remise.

Le jour de la remise, la lettre et le numéro du Registre doivent être mentionnés sur tous les actes.

La colonne 3 doit spécifier la nature de l'affaire et la signification.

Dans la colonne 4, en cas de signification par la poste, il doit être mentionné que l'original de signification dressé par la poste a été remis à la partie de qui émane l'acte.

L'article 13 § 7 indique la manière dont est contrôlée dans la colonne 5 l'exécution régulière des significations par la poste.

Les colonnes 6, 7, 8 mentionnent les frais et déboursés. Ils doivent concorder exactement avec le compte des frais qui est dressé sur l'original de l'acte.

À la fin de l'année, le total des frais et déboursés portés sur le Registre doit être dressé.

Art. 21. Les frais (*Gebühren*) mentionnés dans les colonnes 6 et 7 sont acquis à l'huissier chargé de la signification.

Il n'est alloué à l'huissier aucune indemnité pour les actes qu'il a faits en matière d'assistance judiciaire.

Les frais de poste en pareille matière lui sont remboursés sur les fonds du Tribunal de l'Empire.

Art. 22. En matière d'assistance judiciaire, l'huissier doit dresser le compte des frais dès que l'acte a été exécuté, et le remettre au greffier compétent contre reçu, afin que ce compte soit porté sur le compte général des frais qui est dressé après la fin de l'instance en Revision.

L'huissier tient par mois un État, qui comprend, en dehors des colonnes 1-8 du Registre de service, les colonnes suivantes :

   9. Date de la remise du compte des frais au greffe;

   10. Mention du reçu délivré par le greffe.

Art. 23. Cet État est présenté à la fin de chaque mois au Premier Président qui, après avoir comparé les insertions faites dans le Registre et dans l'État, et vérifié si le compte des déboursés portés dans la colonne 8 de l'État a été arrêté par le fonctionnaire compétent[1], transmet à la caisse de la poste de Leipzig[2] avec l'État un ordre de payement en remboursement des déboursés constatés (art. 21 § 3)[3].

Art. 24. Le Registre de service de l'huissier est vérifié tous les trois mois par un des Procureurs de l'Empire désigné par le Procureur Supérieur de l'Empire.

La vérification est mentionnée sur le Registre. Les observations qui peuvent se produire sont communiquées au Premier Président, qui fera le nécessaire.

Art. 25. Le présent arrêté entrera en vigueur le 1ᵉʳ juin 1883.

[1] C'est-à-dire le greffier chargé du service des frais de justice.

[2] La poste générale de Leipzig fait le service de la caisse du Tribunal de l'Empire et perçoit les frais de justice.

[3] L'État est conservé à la caisse de la poste comme pièce justificative.

COSTUME OFFICIEL DES MEMBRES DU TRIBUNAL DE L'EMPIRE.

I. Rapport du Chancelier de l'Empire.

Berlin, le 20 octobre 1879.

J'ai l'honneur de prier Votre Majesté de bien vouloir ordonner le port d'un costume officiel (*Amtstracht*) par les membres du Tribunal de l'Empire de Leipzig.

J'ai l'honneur de proposer la forme reproduite par les quatre dessins ci-joints :

Le n° 1 représente le costume d'un conseiller, le n° 2 le costume d'un président de chambre, le n° 3 le costume du Premier Président, le n° 4 le costume d'un greffier.

Le Procureur Supérieur de l'Empire portera le costume des présidents de chambre, les Procureurs de l'Empire porteront le costume des conseillers.

Il convient à la situation du Tribunal de l'Empire, Cour suprême de tous les États confédérés, de choisir pour le costume de ses membres une couleur qui se distingue de la couleur choisie pour le costume de tous les autres membres du corps judiciaire, et, à cet effet, la couleur rouge cramoisi sombre semble se recommander.

Les feuilles ci-jointes donnent une idée de l'effet que le costume produira à l'œil. Le costume des conseillers et présidents de chambre (feuilles 1 et 2) consistera en une robe et une toque (*Barett*) en étoffe de laine de couleur rouge et en une cravate blanche à nœuds pendants. La robe aura la coupe que Votre Majesté a daigné approuver pour la Prusse par l'ordre du 4 juillet de cette année [1]. La

[1] L'arrêté du Ministre de la justice de Prusse, en date du 12 juillet 1879, rendu en vertu de l'ordonnance royale du 4 juillet, décrit ainsi la forme de la robe :

« La robe descend jusqu'au bas de la

garniture de la robe et le bord retroussé de la toque sont de velours rouge. Le bord de la toque est garni : pour les conseillers, de deux galons de soie rouge ; pour les présidents de chambre, de deux galons d'or.

La robe du Premier Président (feuille 3) est de la même étoffe de laine rouge, avec une garniture et un col de velours rouge descendant sur les épaules. Le col est garni à son extrémité inférieure d'une fourrure gris argent. La toque est également de velours rouge ; le bord de la toque est garni de trois galons d'or.

jambe ; elle a des plis nombreux, avec deux larges manches ouvertes, et se ferme sur la poitrine ; elle est en étoffe de laine (noire). Autour du cou court une garniture, large de 16 centimètres, ayant la forme d'un col rabattu posé à plat, laquelle garniture se continue sur le devant sur une largeur de 11 centimètres, et descend sur les deux côtés de la robe jusqu'au bord inférieur. »

Cette garniture est analogue à la simarre de soie des robes des magistrats français.

« Les manches ont à leur bord inférieur une garniture large de 8 centimètres. La garniture est en velours noir pour les robes des juges et Procureurs d'État, en soie noire pour les robes des avocats. La robe des greffiers a un étroit col rabattu et n'a pas de garniture. »

En Prusse, les robes des magistrats de tous ordres sont semblables et noires.

Aux termes du rapport du Chancelier fédéral, la garniture de la robe, qui est en Prusse de velours noir, sera de velours rouge pour les membres du Tribunal de l'Empire.

« La toque consiste en une coiffe ronde, légèrement plissée ; un bord retroussé, raide, large de 8 centimètres,

entoure la coiffe ; il tient par le bas à la partie inférieure de la coiffe et est libre dans le haut ; il est échancré en triangle sur les deux côtés de la tête... La toque est en outre garnie de galons à la partie supérieure du bord retroussé..... Ces galons ont 7 millimètres de large.... »

En Prusse, la toque est en laine noire. Le bord retroussé, noir également, est en velours pour les magistrats, en soie pour les avocats, en laine pour les greffiers ; il est garni de deux galons d'or pour les Premiers Présidents des tribunaux Supérieurs, d'un galon d'or pour les présidents de chambre et les Procureurs Supérieurs, de deux galons d'argent pour les Présidents des tribunaux Régionaux, et d'un galon d'argent pour les vice-présidents et Premiers Procureurs.

L'arrêté du Ministre prussien ajoute :

« Un Procureur d'État ou un avocat qui prend la parole doit se couvrir de sa toque, mais il peut se découvrir pendant qu'il parle. Pendant une prestation de serment ou la lecture d'un jugement, les personnes intéressées aux débats (c'est-à-dire les juges, membres du ministère public, avocats) doivent toujours se couvrir. »

Le costume des greffiers (feuille 4) se compose d'une robe d'étoffe de laine noire avec un petit col rabattu, lequel est garni d'une étoffe de laine rouge semblable à l'étoffe qui sert pour les robes des conseillers, d'une toque de laine rouge dont le bord est garni de deux galons de laine, et d'une cravate blanche.

Pour le Chancelier de l'Empire :
FRIEDBERG.

À Sa Majesté l'Empereur et Roi.

II. ORDONNANCE IMPÉRIALE.

En date du 29 octobre 1879.

Sur le vu de votre rapport en date du 20 octobre, j'ordonne que les juges, les membres du ministère public et les greffiers du Tribunal de l'Empire porteront dans les audiences publiques un costume officiel qui sera conforme au modèle proposé par votre rapport et reproduit par les quatre dessins annexés.

III. INSTRUCTION DU SECRÉTAIRE D'ÉTAT
DU DÉPARTEMENT DE LA JUSTICE PRÈS LA CHANCELLERIE FÉDÉRALE.

En date du 2 novembre 1879.

Votre Excellence recevra ci-joint la copie certifiée d'une ordonnance impériale en date du 29 du précédent mois, par laquelle Sa Majesté l'Empereur a daigné ordonner que les juges, les membres du ministère public et les greffiers du Tribunal de l'Empire porteront un costume officiel dans les audiences publiques.

Ci-joint sont annexés quatre dessins indiqués par l'ordonnance impériale comme modèles du costume officiel, ainsi qu'une copie du rapport en date du 20 du précédent mois. J'ajoute que, par lettre du chef du cabinet civil privé, en date du 31 octobre, Sa Majesté, modifiant les propositions du rapport, a daigné décider que le col de velours de la robe du Premier Président ne sera pas garni dans sa partie inférieure d'une fourrure gris argent, mais d'une fourrure de renard bleu de l'Amérique du Nord.

En ce qui concerne le costume officiel des avocats au Tribunal de l'Empire, j'ai cru devoir m'abstenir présentement d'en proposer le port jusqu'à ce que le désir d'un costume officiel soit exprimé par le barreau lui-même.

A Monsieur le Premier Président du Tribunal de l'Empire, conseiller privé, Son Excellence le Dr Simson.

A Monsieur le Procureur Supérieur près le Tribunal de l'Empire, le baron D^r von Seckendorff,

A Leipzig.

IV. Arrêté du Premier Président du Tribunal de l'Empire.

En date du 5 novembre 1879.

I. L'instruction du département de la justice fédérale en date du 2 de ce mois, l'ordonnance impériale visée et la copie du rapport du 20 octobre, ainsi que le présent arrêté, seront imprimés.

Quatre exemplaires seront remis à M. le Procureur Supérieur.

En outre, un exemplaire sera remis :

1° A chaque membre du Tribunal;

2° A chaque fonctionnaire du greffe;

3° A chacun de MM. les Avocats au Tribunal de l'Empire.

II. Les quatre dessins seront déposés au bureau central et communiqués à tout requérant.

TABLEAU

DES SALLES ET JOURS D'AUDIENCE
DES CHAMBRES DU TRIBUNAL DE L'EMPIRE [1].

JOURS.	SALLE N° 1.	SALLE N° 2.	SALLE N° 3.	SALLE N° 4.	SALLE N° 5.
Lundi.......	3° chambre criminelle.	1re chambre criminelle.	//		4° chambre civile.
Mardi.......	4° chambre criminelle.	2° chambre criminelle.	2° chambre civile.		3° chambre civile.
Mercredi.....	//	//	5° chambre civile.		1re chambre civile.
Jeudi.......	3° chambre criminelle.	1re chambre criminelle.	//	Réservée aux audiences extraordinaires [2].	4° chambre civile.
Vendredi....	4° chambre criminelle.	2° chambre criminelle.	2° chambre civile.		3° chambre civile.
Samedi......	//	//	5° chambre civile.		1re chambre civile.

[1] Ce tableau donne l'indication des salles et jours d'audience à la date du 1er avril 1884.

Les assemblées générales, les audiences des chambres civiles ou criminelles réunies se tiennent dans la salle n° 2.

Aucune modification n'a été apportée au fonctionnement du Tribunal de l'Empire depuis sa création ; chaque chambre siège deux jours par semaine.

[2] Les audiences extraordinaires ont principalement lieu en matière disciplinaire et aussi en cas de réunion du tribunal d'honneur. Cf. page 205, note 3.

TRAITEMENT

DES MEMBRES DU TRIBUNAL DE L'EMPIRE.

FONCTIONS.	TRAITEMENT.	INDEMNITÉ de LOGEMENT.
Premier Président	25,000 marks. (31,250 francs.)	Avec logement.
Présidents de chambre	14,000 marks. (17,500 francs.)	900 marks. (1,125 francs.)
Conseillers	12,000 marks. (15,000 francs.)	*Idem.*
Procureur Supérieur de l'Empire . .	14,000 marks. (17,500 francs.)	*Idem.*
Procureurs de l'Empire	12,000 marks. (15,000 francs.)	*Idem.*

TRAITEMENT

DES FONCTIONNAIRES ET EMPLOYÉS[1] ATTACHÉS AU TRIBUNAL DE L'EMPIRE.

FONCTIONS.	TRAITEMENT.	INDEMNITÉ de LOGEMENT.
Bibliothécaire................	5,000 marks. (6,250 francs.)	540 marks. (675 francs.)
Chef des bureaux.............	5,400 marks. (6,750 francs.)	Idem.
Secrétaires supérieurs..........	3,000-5,400 marks. (3,750-6,750 fr.)	Idem.
Directeur de la Chancellerie......	3,000-5,400 marks. (3,750-6,750 fr.)	Idem.
Assistants du Secrétariat........	2,100-2,700 marks. (2,625-3,375 fr.)	360 marks. (450 francs.)
Secrétaires de chancellerie.......	1,800-3,300 marks. (2,250-4,125 fr.)	Idem.
Messager chef et gardien.........	1,650 marks. (2,062 fr. 50 c.)	144 marks. (180 francs.)
Messagers..................	1,200-1,500 marks. (1,500-1,875 fr.)	Idem.
Garçon de bureau et portier.......	1,200-1,500 marks. (1,500-1,875 fr.)	Idem.

[1] En dehors des fonctionnaires ayant un traitement fixe, des expéditionnaires payés au rôle sont attachés au greffe.

II

ALSACE-LORRAINE.

ALSACE-LORRAINE.

REGULATIV

SUR LES EXAMENS ET LA PRÉPARATION

AUX FONCTIONS DE LA MAGISTRATURE.

EN DATE DU 27 JANVIER 1882.

Par application des articles 2 et 3 du Code d'organisation judiciaire en date du 27 janvier 1877 et de l'article 16 de la loi du 14 juillet 1871 relative aux modifications de l'organisation judiciaire [1], les dispositions suivantes, concernant les examens et la préparation aux fonctions judiciaires et abrogeant le *Regulativ* du 17 février 1872, entreront en vigueur le 1er février 1882.

I. DU PREMIER EXAMEN.

ARTICLE PREMIER. Le premier examen est passé près le tribunal régional Supérieur [2], devant une Commission d'examen dont le président et les membres sont nommés pour la durée de trois années par le Ministère [3] et pris parmi les juges et les membres du ministère

[1] La loi du 14 juillet 1871 a modifié l'organisation judiciaire française.

Elle n'a plus d'objet par suite de la promulgation du Code d'organisation judiciaire. L'article 16 de la loi décidait qu'après un délai transitoire de cinq années l'aptitude aux fonctions judiciaires ne serait acquise qu'après trois années d'étude dans une Université, deux examens et un stage pratique.

[2] Le tribunal régional Supérieur siège à Colmar.

[3] Le Ministère organisé par l'ordonnance du 23 juillet 1879 est présidé par un secrétaire d'État. Il comprend quatre sections : intérieur, cultes et instruction publique; justice; finances et domaines; commerce et travaux publics. A la tête de chaque section se trouve un sous-secrétaire d'État. La section de

public du tribunal régional Supérieur et les professeurs de la faculté de droit et de sciences politiques de l'Université de Strasbourg [1].

Art. 2. Les diverses épreuves de l'examen sont passées devant trois membres de la Commission, compris le président.

Le président désigne les membres qui doivent faire passer l'examen, ainsi que son remplaçant pour le cas où il serait empêché.

Il doit veiller à ce que les membres de la Commission soient, autant que possible, appelés également à faire passer les examens.

Un professeur doit toujours être au nombre des examinateurs.

Si le président ne prend pas part à l'examen oral, il doit appeler un quatrième membre à siéger.

Le président doit, à moins d'empêchements graves, prendre part à chaque examen et à la décision rendue.

Art. 3. L'examen est écrit et oral.

Il porte sur le droit public et privé, l'histoire du droit et les principes des sciences politiques. Il a pour objet d'établir si le candidat a acquis, en matière de droit et de sciences politiques, les connaissances nécessaires pour sa future mission.

Art. 4. La demande d'admission à l'examen est adressée au Premier Président du tribunal régional Supérieur et au Procureur Supérieur; il doit être joint à la demande :

1° Le certificat de maturité délivré par un gymnase allemand [2];

2° Le certificat constatant la situation militaire du candidat;

3° Le certificat de départ de l'Université (*Abgangszeugniss*) [3];

la justice est chargée de la surveillance générale de l'administration de la justice, des grâces, réhabilitations et extraditions, enfin de tout ce qui concerne les examens.

[1] L'Université de Strasbourg a été créée par la loi du 28 avril 1878.

[2] Ce certificat constate que l'examen de maturité, analogue au baccalauréat, qui termine les études secondaires, a été passé. Il est délivré par un gymnase ou lycée.

[3] A la fin des études universitaires, lorsque l'étudiant quitte l'Université, il lui est délivré par le *Rector magnificus* un certificat, dit *de départ*, constatant les cours qu'il a suivis et les peines disciplinaires qu'il a pu mériter.

4° Un exposé de vie (*Lebenslauf*), rédigé en allemand et mentionnant notamment la marche des études universitaires.

Le candidat doit écrire lui-même la demande et l'exposé de vie.

Art. 5. La demande du candidat est, après examen, admise ou rejetée.

Il y a lieu principalement d'examiner s'il résulte du certificat de départ de l'Université ou d'autres certificats la preuve que le candidat a fait les études de droit prescrites (art. 3 du *Regulativ* et art. 2 du Code d'organisation judiciaire).

Si les prescriptions exigées par l'article 4 ont été remplies, la demande ne peut être rejetée que sur l'avis conforme du Ministère.

Art. 6. Le président de la Commission remet au candidat admis à l'examen le sujet d'un mémoire qui doit être fait par écrit.

Le sujet est emprunté, au choix du candidat, au droit civil commun, au droit commercial, à la procédure civile, au droit ecclésiastique ou au droit pénal.

Art. 7. Le mémoire doit être fait, suivant l'appréciation du président, dans un délai de quatre à six semaines; ce délai peut être porté à deux mois pour motifs graves.

L'ordre des parties traitées et l'enchaînement des idées doivent être indiqués en tête du mémoire.

Le candidat doit certifier à la fin du mémoire qu'il l'a fait seul et indiquer les sources auxquelles il a puisé.

Art. 8. Après examen du mémoire par les membres de la Commission devant lesquels l'examen oral doit être passé, le candidat est appelé à l'examen oral.

L'examen n'est pas public. Plusieurs candidats, six au plus, peuvent être appelés à passer l'examen.

Art. 9. Il est décidé, à la majorité, d'après les résultats de l'examen écrit et de l'examen oral, si le candidat doit être admis et en cas d'admission si la note *bien* doit lui être donnée.

En cas de partage, la voix du président est prépondérante.

Art. 10. L'examen terminé, la Commission doit consigner dans le dossier le sujet du mémoire écrit, le résultat de l'examen écrit, les matières sur lesquelles a porté l'examen oral et le résultat de tout l'examen.

Art. 11. Le candidat qui n'a pas été admis est ajourné par la Commission à six mois au moins afin de compléter sa préparation.

Si le mémoire écrit a été jugé suffisant par l'unanimité des membres examinateurs de la Commission (art. 8), l'épreuve orale peut seule devoir être recommencée.

Si le candidat échoue une seconde fois, il ne peut plus entrer dans le service préparatoire aux fonctions judiciaires.

Art. 12. Le candidat admis reçoit du président de la Commission un certificat d'aptitude, lequel doit constater, s'il y a lieu, que l'examen a été passé avec la note *bien*.

Art. 13. Si le candidat admis veut commencer le stage aux fonctions judiciaires, il doit, sur la production du certificat d'aptitude, demander au Premier Président du tribunal régional Supérieur et au Procureur Supérieur sa nomination en qualité de Référendaire (*Referendar*).

La demande ne peut être rejetée que sur l'avis conforme du Ministère.

II. Du stage.

Art. 14. Le stage (*Vorbereitungsdienst*) commence au jour de la prestation de serment ordonnée par le Premier Président du tribunal régional Supérieur et par le Procureur Supérieur, et dure trois ans et demi.

Pendant ce temps, les Référendaires doivent être attachés d'abord au service de la justice pendant deux ans et demi, — pendant lequel temps ils sont attachés neuf mois au moins à un tribunal de bailliage, ensuite un an au moins à un tribunal Régional, compris le parquet du Procureur d'État, et enfin six mois au moins à un avocat-avoué, — puis au service administratif pendant un an; pendant le temps du stage administratif, ils sont attachés, sur les instructions du Président de district, à une direction de cercle et à une présidence de district [1].

Le Ministère peut, dans des circonstances spéciales, autoriser le Référendaire à faire concurremment son stage dans plusieurs branches du service et à reporter le stage administratif sur une période antérieure du stage.

De même, le Premier Président du tribunal régional Supérieur et le Procureur Supérieur peuvent autoriser des modifications dans l'ordre précité du stage.

Le temps du stage peut être réduit à trois ans par le Ministère pour les Référendaires dont les études universitaires ont duré trois ans et demi au moins.

Art. 15. Les Présidents des tribunaux Régionaux et les Premiers Procureurs d'État près ces tribunaux [2] sont chargés de la surveillance et de la direction du stage des Référendaires.

Le Premier Président du tribunal régional Supérieur et le Procureur Supérieur conservent la haute surveillance. Ils doivent, au commencement de chaque année, adresser au Ministère un état des Référendaires, comprenant pour chacun d'eux une courte indication de la marche du stage.

Les juges, les membres du ministère public et les avocats-avoués, auxquels les Référendaires sont attachés, ont un devoir spécial de surveillance. Ils doivent, à la fin du stage fait près d'eux, délivrer un certificat sur la conduite du Référendaire pendant le service et en

[1] Le district (*Bezirk*) correspond au département et le cercle à l'arrondissement; le président du district est le chef de l'administration et a les attributions du préfet; le directeur du cercle a les attributions du sous-préfet.

[2] Le Premier Procureur d'État est le chef du ministère public près un tribunal Régional, ses substituts portent le titre de Procureur d'État.

dehors du service et sur les travaux qu'il a faits, et l'adresser au Président du tribunal Régional et au Premier Procureur d'État.

Pendant la durée du stage dans les services administratifs, les Référendaires sont sous la surveillance du Président de district.

Les directeurs de cercle et les membres de la Présidence de district [1], près lesquels les Référendaires sont employés, délivrent le certificat requis et le remettent au Président de district, qui le transmet avec son approbation au Premier Président du tribunal régional Supérieur et au Procureur Supérieur.

Art. 16. Les personnes chargées de la direction du stage doivent veiller avant tout à ce que l'instruction scientifique et pratique des Référendaires soit le but exclusif du stage et en conséquence ils éviteront toute occupation des Référendaires qui, destinée à aider et soulager les fonctionnaires, ne serait pas justifiée par le but même du stage.

Ils prendront en considération les dispositions et les désirs des Référendaires qui sont confiés à leur direction, autant que le permettra l'éducation générale que ces derniers doivent recevoir.

Les Présidents et vice-présidents des tribunaux Régionaux veilleront notamment à ce que les Référendaires assistent régulièrement aux audiences, fassent le rapport oral des affaires qui leur sont confiées, exposent de vive voix leur avis, et soient même invités à donner leur avis dans d'autres affaires que celles dont ils sont chargés.

Art. 17. Si les Référendaires sont chargés temporairement de fonctions judiciaires, ou s'ils sont chargés de remplacer un avocat-avoué, ou si les fonctions de Procureur de bailliage leur sont confiées, ces occupations doivent être comptées dans la partie correspondante du stage [2].

---

[1] Les membres de la Présidence ont pris la place des conseillers de préfecture français.

[2] Aux termes du Code de procédure pénale, l'avocat peut charger de la défense, du consentement de l'accusé, un Référendaire ayant deux ans de stage (art. 139), et d'autre part le Président du tribunal peut confier d'office à un Référendaire la défense d'un accusé (art. 144).

Elles peuvent également être comptées en partie dans d'autres branches du stage. La décision à prendre sur ce point appartient au Ministère.

Art. 18. Le temps pendant lequel un Référendaire interrompt son stage par suite de maladie, congé, service militaire ou pour d'autres motifs doit être compté dans le temps prescrit du stage s'il ne dépasse pas huit semaines dans le cours d'une année.

Si le Référendaire interrompt son stage pendant plus de huit semaines, le temps qui dépasse les huit semaines ne peut être compté que du consentement du Ministère.

Art. 19. Le Référendaire doit tenir un relevé des travaux (*Geschäfts-verzeichnisz*) qui donne l'exposé général de ses occupations avec indication des affaires importantes dont il a été chargé.

Ce relevé doit être remis chaque mois à la personne chargée particulièrement de la direction du stage, laquelle en prend connaissance et l'annote.

III. Deuxième examen ou examen d'État.

Art. 20. Le deuxième examen est passé devant la Commission d'examen d'État (*Staatsprüfungskommission*), dont le président et les membres sont nommés pour trois ans par le Ministère.

Un des membres est désigné comme suppléant du président.

Art. 21. Les diverses épreuves de l'examen sont passées devant quatre membres de la Commission, compris le président.

Le président de la Commission désigne les membres qui doivent faire passer l'examen.

Un membre de l'Administration supérieure doit toujours être au nombre des examinateurs.

Les dispositions de l'article 2 § 6 s'appliquent au président.

Art. 22. L'examen d'État est écrit et oral et doit avoir un caractère essentiellement pratique.

Le droit public et privé en vigueur forme le fond de l'examen.

Art. 23. La demande d'admission à l'examen d'État est adressée au Premier Président du tribunal régional Supérieur et au Procureur Supérieur, et est remise au Président du tribunal Régional et au Premier Procureur d'État, qui la transmettent avec leur rapport.

Il doit être justifié dans la demande que le Référendaire a satisfait aux obligations du service militaire ou est dispensé en totalité ou en partie du service militaire. Le relevé des travaux doit être joint à la demande.

Art. 24. L'admission à l'examen des Référendaires qui ont satisfait aux conditions prescrites est proposée au Ministère par le Premier Président du tribunal régional Supérieur et le Procureur Supérieur; à cet effet, ils lui adressent un rapport avec leur avis sur la préparation régulière du Référendaire et lui transmettent les pièces.

Art. 25. Le Ministère charge la Commission de l'examen d'État de faire passer l'examen.

Art. 26. L'examen écrit consiste dans un mémoire scientifique sur une question de droit et un rapport sur un procès (*Relation aus Prozeszakten*).

Le sujet du mémoire scientifique peut, à moins de difficultés, être donné au Référendaire pendant le dernier trimestre de son stage.

Art. 27. Le président de la Commission communique au Référendaire admis à l'examen le sujet du mémoire scientifique et après la remise du mémoire le dossier du procès dont il doit faire le rapport.

Chacun des deux travaux doit être fait dans le délai de six semaines; le président de la Commission peut, pour motifs graves, porter ce délai à deux mois.

A la fin de chaque travail, le Référendaire doit certifier qu'il l'a fait seul et indiquer les sources auxquelles il a puisé.

Art. 28. Le rapport doit contenir un exposé complet des points de fait et de droit, un avis motivé et un projet de jugement.

Il peut être fait sur les pièces d'un procès terminé ou pendant.

Les Présidents des tribunaux doivent communiquer au président de la Commission, sur sa demande, les dossiers d'affaires propres à l'examen.

ART. 29. Les travaux écrits sont examinés par les membres de la Commission devant lesquels le Référendaire doit passer l'examen oral.

S'ils estiment que les deux travaux sont complètement insuffisants, le Référendaire peut être ajourné, sur leur rapport, de trois à neuf mois par le Ministère afin de compléter sa préparation.

Le Premier Président du tribunal régional Supérieur et le Procureur Supérieur règlent l'occupation du Référendaire pendant ce délai.

ART. 30. Après approbation des travaux écrits, le Référendaire est appelé à l'examen oral.

A l'examen oral est joint un développement oral (*Freier Vortrag*) sur une affaire (*Akten*) communiquée au Référendaire trois jours avant l'examen.

ART. 31. L'examen n'est pas public.

Plusieurs Référendaires, six au plus, peuvent être appelés à passer l'examen.

ART. 32. En ce qui concerne le vote sur les résultats de l'examen et le certificat, les articles 9 et 12 sont applicables.

Une note spéciale constate les connaissances du candidat en matière de droit administratif.

ART. 33. La Commission de l'examen d'État adresse au Ministère un rapport sur les résultats de la mission qui lui a été donnée.

Les Référendaires qui n'ont pas été admis sont ajournés à neuf mois au moins, afin de compléter leur préparation.

Le Premier Président du tribunal régional Supérieur et le Procureur Supérieur prennent des dispositions pour régler l'occupation du Référendaire pendant le délai d'ajournement.

Art. 34. L'examen d'État ne peut être recommencé qu'une seule fois.

Art. 35. Dans le cas où l'examen doit être recommencé, il peut être décidé que le mémoire scientifique, ou le rapport, ou ces deux travaux écrits ne seront pas recommencés, si l'un ou l'autre de ces travaux ou tous les deux ont été jugés suffisants par l'unanimité des membres examinateurs de la Commission (art. 29).

Si le mémoire scientifique doit être recommencé, le Référendaire peut en demander le sujet après l'expiration des deux tiers du délai d'ajournement.

Art. 36. Les Référendaires reçus, qui désirent entrer au service de la justice, doivent, sur la production du certificat d'aptitude, demander au Ministère leur nomination en qualité d'Assesseurs (*Gerichts-assessoren*).

Le Gouverneur (*Statthalter*)[1] les nomme et fixe l'ordre d'ancienneté[2].

IV. Dispositions finales.

Art. 37. Les présidents des Commissions d'examen doivent, au commencement de chaque année, adresser au Ministère un rapport général sur les examens subis dans le cours de l'année écoulée et leurs résultats.

Art. 38. L'admission au stage dans le cas prévu par l'article 3 du Code d'organisation judiciaire[3] est prononcée par le Ministère.

[1] La loi fédérale du 4 juillet 1879 a confié le gouvernement de l'Alsace-Lorraine à un Gouverneur (*Statthalter*) nommé par l'Empereur et assisté d'un Ministère; le Gouverneur exerce tous les pouvoirs antérieurement attribués au Chancelier fédéral.

[2] Le point de départ de l'ancienneté de service des magistrats est fixé au jour de leur nomination comme Assesseurs.

En cas de nomination de plusieurs Assesseurs le même jour, il importe que le décret de nomination fixe l'ordre d'ancienneté.

[3] L'article 3 du Code d'organisation judiciaire décide que quiconque a subi le premier examen dans un État confédéré peut être admis au stage dans tout autre État. Le présent article donne au Ministère le droit de prononcer l'admission.

Il y a lieu de décider, au moment de l'admission, si et en quelle mesure le temps de stage passé dans un autre État confédéré peut être compté dans les différentes parties du stage (art. 14).

Les candidats admis sont nommés Référendaires par le Premier Président du tribunal régional Supérieur et le Procureur Supérieur, et prêtent serment en cette qualité.

ART. 39. Quiconque a acquis dans un autre État de l'Empire l'aptitude aux fonctions judiciaires peut être nommé Assesseur.

ART. 40. En ce qui concerne les Référendaires faisant leur stage au 1ᵉʳ février 1882, le Premier Président du tribunal régional Supérieur et le Procureur Supérieur décideront en quelle mesure le temps de stage déjà écoulé peut être compté dans les différentes parties du stage spécifiées par l'article 14.

LOI

CONCERNANT LES CONDITIONS DE NOMINATION

DES GREFFIERS ET DES HUISSIERS

EN ALSACE-LORRAINE.

EN DATE DU 10 JUILLET 1872.

Les dispositions relatives à la nomination des greffiers et des huissiers sont abrogées. Le Chancelier de l'Empire est autorisé à réglementer les conditions d'aptitude et de nomination de ces fonctionnaires.

———

REGULATIV

CONCERNANT LES CONDITIONS DE NOMINATION

DES GREFFIERS ET DES HUISSIERS

EN ALSACE-LORRAINE.

EN DATE DU 15 AVRIL 1884.

Par application de la loi du 10 juillet 1872, concernant les conditions de nomination aux fonctions de greffier et d'huissier en Alsace-Lorraine, il est *ordonné* ce qui suit :

ARTICLE PREMIER. Pour pouvoir être nommé greffier ou huissier, il faut :

1° Être âgé de vingt et un ans accomplis;

2° Avoir satisfait aux obligations du service militaire dans l'armée active ou dans la flotte ou être définitivement libéré du service en temps de paix;

3° Avoir passé un examen.

Le passage dans la réserve est assimilé, dans l'esprit de la disposition du n° 2, à la libération définitive du service en temps de paix.

Art. 2. Un stage de deux ans au moins doit précéder l'examen.

Les anciens militaires (*Militäranwärter*) peuvent être admis à l'examen d'huissier après un stage d'un an au moins.

Les anciens militaires qui veulent seulement obtenir l'aptitude nécessaire pour être commis greffiers (service d'*Assistent*) peuvent être admis à un examen spécial après un stage de six mois au moins.

Ne peut être admis au stage que celui qui a accompli sa dix-huitième année.

Toute autre personne que les anciens militaires doit, pour être admise au stage de greffier, avoir les connaissances scolaires exigées des volontaires d'un an.

Art. 3. L'examen est oral et écrit.

L'examen de greffier est passé près le tribunal Supérieur devant une Commission dont les membres sont nommés par le Ministère.

L'examen de commis greffier (art. 2 § 3) et l'examen d'huissier sont passés près les tribunaux Régionaux devant une Commission composée d'un membre du tribunal nommé par le Président et d'un membre du ministère public nommé par le Premier Procureur d'État.

Art. 4. L'admission au stage et à l'examen de greffier et commis greffier est prononcée par le Premier Président du tribunal Supérieur et le Procureur Supérieur. Après l'examen de greffier, la Commission d'examen décide de la délivrance du certificat d'aptitude; après l'examen de commis greffier, le Premier Président et le Procureur Supérieur décident de la délivrance du certificat d'aptitude.

L'admission au stage et à l'examen d'huissier est prononcée par le Procureur Supérieur. Il désigne le tribunal Régional devant lequel l'examen doit être passé et décide de la délivrance du certificat d'aptitude.

Le certificat d'aptitude doit constater si l'examen a *été* passé avec la note *bien* ou *suffisant*.

En cas de refus du certificat, les autorités qui prononcent l'admission au stage et à l'examen doivent décider si et dans quelles conditions l'examen peut être recommencé.

Art. 5. Ceux qui ont passé le premier examen pour les fonctions de la magistrature (art. 1 et suiv. du *Regulativ* en date du 27 janvier 1882) [1] peuvent obtenir du Ministère le certificat d'aptitude aux fonctions de greffier après une année de stage pratique passée près un tribunal.

Art. 6. L'aptitude aux fonctions de greffier comporte l'aptitude aux fonctions d'huissier.

Art. 7. L'aptitude aux fonctions de commis greffier donne le droit de remplir les fonctions de greffier.

Cependant ceux-là seuls qui ont satisfait aux conditions nécessaires pour être nommés greffiers peuvent délivrer des expéditions revêtues de la formule exécutoire ou des certificats constatant que le jugement est passé en force de chose jugée, tenir le registre prescrit par l'article 784 du Code civil [2], faire les insertions dans les registres du commerce, des sociétés ou des modèles, et en cas de faillite poser et lever les scellés et faire des inventaires.

Art. 8. Les candidats qui sont aptes à être nommés doivent jusqu'à leur nomination, s'ils ne font pas leur service militaire, s'occuper afin de compléter leur instruction.

Les candidats qui, dans les trois mois de la délivrance du certificat d'aptitude ou de la mise en vigueur de ce *Regulativ*, n'ont pas trouvé à s'occuper ou qui sont restés plus de trois mois sans occupation sont rayés de la liste des candidats.

Le Ministère peut réintégrer sur la liste.

[1] C'est-à-dire les Référendaires. — [2] Registre des renonciations à succession.

Art. 9. Le présent *Regulativ* entrera en vigueur le 1er mai 1884.

Le Ministère donnera les instructions nécessaires pour son application.

Le Ministère peut, pour des motifs particuliers, dispenser des conditions exigées par le *Regulativ*, à l'exception des conditions inscrites dans l'article 1 sous les n°s 1 et 2.

LOI

D'INTRODUCTION

DU CODE D'ORGANISATION JUDICIAIRE

EN ALSACE-LORRAINE [1].

EN DATE DU 4 NOVEMBRE 1878.

TITRE PREMIER.

DES JUGES.

ARTICLE PREMIER. Les juges, compris les juges commerciaux, sont nommés par l'Empereur.

ART. 2. Le juge de bailliage a le même rang que le juge régional.

ART. 3. Les traitements et augmentations de traitement inscrits au budget sont alloués aux juges d'après l'ordre d'ancienneté de service. Les règles qui fixent l'ancienneté de service sont établies par ordonnance impériale [2].

L'allocation d'une augmentation de traitement demeure suspendue aussi longtemps que le magistrat se trouve sous le coup d'une poursuite disciplinaire, d'une instruction criminelle ou d'une poursuite judiciaire pour crime ou délit [3]. Si la déchéance est prononcée, le montant des augmentations retenues n'est pas payé au magistrat déchu.

---

[1] *Gesetz betreffend die Ausführung des Gerichtsverfassungsgesetzses.*

[2] Une ordonnance impériale en date du 18 février 1880 a réglé l'ordre d'ancienneté. Nous en donnons la traduction page 264.

[3] Le traitement des magistrats alsaciens s'augmente par classe personnelle, à raison de l'ancienneté des services. L'article 3 § 2 décide que cette augmentation n'est pas provisoirement allouée au magistrat qui se trouve sous le coup de poursuites au moment même où l'époque de l'augmentation vient à arriver.

Art. 4. Les juges ne peuvent rien recevoir pour leurs fonctions judiciaires en sus du traitement et des indemnités [1] fixés par la loi.

Le présent article n'interdit pas l'allocation de secours en cas de besoins extraordinaires [2].

Art. 5. Les Assesseurs sont attachés, par ordonnance du Chancelier de l'Empire [3], à un tribunal de bailliage, à un tribunal Régional ou au parquet d'un Procureur d'État.

Il en est de même des personnes spécifiées par l'article 27 du *Regulativ* du 17 février 1872 [4].

Art. 6. Les Référendaires peuvent, après un stage de deux ans au moins, être temporairement chargés, par ordonnance du Chancelier de l'Empire, de fonctions judiciaires près un tribunal de bailliage.

Mais ils ne peuvent rendre de jugements, ordonner des perquisitions, saisies, arrestations, ni remplacer le juge de bailliage dans les opérations ayant pour objet la constitution des tribunaux d'Échevins et des Cours d'assises [5].

[1] Les fonctionnaires allemands, et parmi eux les magistrats, reçoivent des indemnités de logement et des frais de déménagement.

[2] Dans certains pays de l'Allemagne, et notamment en Prusse, les magistrats peuvent recevoir des gratifications ou secours extraordinaires qui sont accordés par le Ministre de la justice suivant son bon plaisir.

Cette pratique, très vivement critiquée, et à juste titre, lors de la discussion du Code d'organisation judiciaire, n'a pas été interdite. L'article 4 en étend l'usage à l'Alsace.

[3] La loi fédérale du 4 juillet 1879 a transféré au Gouverneur d'Alsace-Lorraine (*Statthalter*) toutes les attributions du Chancelier.

[4] L'article 27 du *Regulativ* du 17 février 1872, actuellement abrogé, permettait au Chancelier fédéral d'attacher à un tribunal d'arrondissement, sous la surveillance du Premier Président et du Procureur général, les personnes aptes à un emploi judiciaire aux termes de la loi du 14 juillet 1871, c'est-à-dire tous ceux qui, d'après les lois françaises, auraient rempli les conditions nécessaires pour entrer dans la magistrature. C'était un article transitoire.

[5] Les opérations visées par l'article 6 *in fine* ont pour objet de dresser les listes des Échevins et des jurés, de fixer les jours d'audience des tribunaux d'Échevins et l'ordre d'audience des Échevins. Cf. les art. 38-57, 87-90 du Code d'organisation judiciaire.

TITRE II.

DE LA JUSTICE.

ART. 7. Les justices de paix prennent le titre de tribunaux de bailliage; le tribunal d'appel prend le titre de tribunal régional Supérieur.

Les tribunaux de commerce sont supprimés.

Les tribunaux ordinaires sont, aux termes du Code d'organisation judiciaire, les tribunaux de bailliage, les tribunaux Régionaux et le tribunal régional Supérieur.

ART. 8. Sont abrogées les dispositions législatives qui renvoient devant les autorités ou les tribunaux administratifs les contestations à raison de contrats passés entre l'Administration et les entrepreneurs de travaux publics ou de fournitures, entre les associations syndicales et les entrepreneurs de leurs travaux.

Est également abrogé l'article 4 § 3 de la loi du 28 pluviôse an VIII, qui établit la compétence des tribunaux administratifs en matière de demandes en dommages-intérêts formées contre les entrepreneurs de travaux publics ou de fournitures [1].

ART. 9. Dans les affaires spécifiées par l'article 8 § 1, l'autorité administrative compétente peut, jusqu'à ce qu'une décision judiciaire définitive soit intervenue, prendre les mesures provisoires nécessaires pour l'exécution du contrat.

ART. 10. Les affaires introduites devant les anciens tribunaux au jour de la mise en vigueur du Code d'organisation judiciaire [2], de même que les affaires pendantes au même jour devant les autorités

---

[1] L'article 4 § 3 de la loi française du 28 pluviôse an VIII renvoie devant les conseils de préfecture les réclamations des particuliers qui se plaignent de torts et dommages provenant du fait personnel des entrepreneurs et non du fait de l'Administration.

[2] C'est-à-dire le 1er octobre 1879.

administratives pour lesquelles la compétence judiciaire est dorénavant admise, sont renvoyées devant les tribunaux ordinaires, conformément aux dispositions du Code d'organisation judiciaire et de la présente loi, s'il n'est pas encore intervenu un jugement ou une décision équivalente à un jugement.

Les affaires pendantes au même jour devant les tribunaux de commerce sont renvoyées devant les tribunaux Régionaux.

Art. 11. La décision préalable prévue par l'article 11 § 2 de la loi sur la mise en vigueur du Code d'organisation judiciaire n'est exigible que sur la demande du supérieur hiérarchique [1].

TITRE III.

DES TRIBUNAUX DE BAILLIAGE [2].

Art. 12. La tenue d'assises judiciaires (*Gerichtstage*) en dehors du siège du tribunal de bailliage peut être ordonnée par le Chancelier de l'Empire [3].

Art. 13. Le tribunal de bailliage nomme les experts et reçoit leur serment dans les cas prévus par les articles 17-19 de la loi du 22 frimaire an VII et les articles 1 et 2 de la loi du 15 novembre 1808.

[1] L'article 11 de la loi fédérale sur la mise en vigueur du Code a supprimé en principe toutes les dispositions restrictives limitant le droit de poursuivre au civil et au criminel les fonctionnaires publics.

Le § 2 permet seulement le maintien des lois locales qui exigent une déclaration préalable d'excès de pouvoir.

L'article 11 de la loi d'Alsace n'exige cette déclaration que si le supérieur hiérarchique du fonctionnaire poursuivi le juge nécessaire.

[2] L'Alsace-Lorraine compte 73 tribunaux de bailliage comprenant un personnel de 89 juges de bailliage.

68 tribunaux de bailliage n'ont que 1 seul juge; les tribunaux de bailliage de Colmar et de Thionville en ont 3 chacun; ceux de Metz, Mulhouse et Strasbourg 5 chacun.

[3] En d'autres termes, le juge de bailliage peut être appelé à tenir des audiences périodiques en dehors du chef-lieu.

Ces assises sont tenues dans 12 localités.

La décision appartient maintenant au Gouverneur.

Il reçoit les témoignages dans les cas prévus par l'article 8 de la loi du 22 pluviôse an VII [1].

TITRE IV.

DES TRIBUNAUX D'ÉCHEVINS.

Art. 14. Les délégués de la commission (Code d'organisation judiciaire, art. 40) [2] sont élus par les assemblées de cercle. Si le ressort d'un tribunal de bailliage appartient à plusieurs cercles, le juge de bailliage fixe, en tenant compte de la population du cercle, le nombre des délégués que chaque assemblée doit élire.

Les articles 32, 33 du Code d'organisation judiciaire s'appliquent aux délégués [3].

L'élection est faite à la majorité absolue des suffrages.

TITRE V.

DES TRIBUNAUX RÉGIONAUX [4].

Art. 15. En cas d'empêchement d'un juge du tribunal, le Président du tribunal Régional peut appeler un juge de bailliage pour le

---

[1] Les articles 17-19 de la loi française du 22 frimaire an VII et la loi du 15 novembre 1808 ont trait aux expertises en matière d'enregistrement. Une expertise peut être demandée par l'Administration si le prix déclaré paraît inférieur à la valeur vénale de l'immeuble aliéné. D'après la loi française, la demande en expertise est portée devant le tribunal de première instance de la situation de l'immeuble; les experts nommés prêtent serment devant le juge de paix.

La loi française du 22 pluviôse an VII prescrit des formalités pour les ventes publiques d'objets mobiliers. Aux termes de l'article 8, les préposés de l'enregistrement dressent procès-verbal des contraventions et fraudes reconnues; la preuve testimoniale est admissible.

[2] Il s'agit de la commission qui dresse les listes d'Échevins et de jurés.

[3] Les articles 32, 33 du Code énumèrent les cas d'indignité ou d'excuse des Échevins.

[4] L'Alsace-Lorraine compte 6 tribunaux Régionaux siégeant à Colmar, Metz, Mulhouse, Sarreguemines, Strasbourg et Saverne.

Le personnel est de 6 présidents,

remplacer à certaines audiences ou dans certaines fonctions, en tant toutefois que le remplacement par un autre membre du tribunal Régional n'est pas possible.

Art. 16. Les tribunaux Régionaux connaissent exclusivement, quelle que soit la valeur de l'objet en litige, des affaires énumérées par l'article 70 § 3 du Code d'organisation judiciaire [1].

Le présent article ne s'applique pas aux contestations en matière de droits d'octroi.

Art. 17. Sont renvoyées devant les tribunaux Régionaux les affaires qui n'appartiennent pas à la justice ordinaire contentieuse, et qui étaient antérieurement attribuées aux tribunaux de commerce [2].

TITRE VI.
DES COURS D'ASSISES [3].

Art. 18. Les assises criminelles se tiendront en général tous les trois mois; les sessions seront fixées par le Premier Président du tribunal régional Supérieur.

11 vice-présidents, 50 juges et 21 membres du ministère public, se décomposant ainsi :

Colmar : 1 président, 2 vice-présidents, 7 juges;

Metz : 1 président, 2 vice-présidents, 10 juges;

Mulhouse : 1 président, 2 vice-présidents, 8 juges;

Sarreguemines : 1 président, 1 vice-président, 6 juges;

Strasbourg : 1 président, 3 vice-présidents, 12 juges;

Saverne : 1 président, 1 vice-président, 7 juges.

[1] C'est-à-dire les demandes des fonctionnaires de l'État contre l'État à raison de leurs fonctions, les demandes formées contre l'État à raison des agissements ou des fautes des fonctionnaires, les demandes formées contre les fonctionnaires à raison d'abus de pouvoir, et les demandes relatives aux impôts publics.

[2] L'article 17 renvoie devant les tribunaux Régionaux la tenue des registres du commerce, des registres des sociétés, des livres des dessins et modèles, la publication des contrats de mariage des commerçants, etc.

[3] Des assises ne sont pas tenues au siège de chaque tribunal Régional, mais seulement à Colmar, Metz et Strasbourg.

TITRE VII.

DES CHAMBRES COMMERCIALES [1].

ART. 19. Les présidents des chambres commerciales [2] sont désignés par le Chancelier de l'Empire [3]. Ils sont désignés pour un an au moins jusqu'à la fin de l'année 1884, et pour cinq ans au moins après cette époque.

ART. 20. Les dispositions législatives qui réglementent la surveillance et la discipline des juges sont applicables aux juges commerciaux.

ART. 21. Les affaires spécifiées par les articles 10 § 2 et 17 de la présente loi sont renvoyées devant les chambres commerciales.

TITRE VIII.

DU TRIBUNAL RÉGIONAL SUPÉRIEUR [4].

ART. 22. Le tribunal régional Supérieur fait fonction de Cour de cassation dans toutes les affaires pour lesquelles la procédure en cassation est maintenue [5]. Il désigne le tribunal compétent dans les

[1] La création de chambres commerciales n'est pas obligatoire dans chaque tribunal Régional. En fait, les tribunaux de Colmar, Mulhouse et Strasbourg ont seuls une chambre commerciale composée de 6 juges à Colmar, 8 à Mulhouse, 10 à Strasbourg.

[2] Le président de la chambre commerciale est un simple juge du tribunal Régional et exceptionnellement un juge de bailliage (C. org. jud., art. 100, 110).

[3] Actuellement par le Gouverneur.

[4] Le tribunal régional Supérieur siège à Colmar; il comprend : 1 Premier Président, 2 présidents de chambre, 14 conseillers, 1 Procureur Supérieur et 2 Procureurs.

[5] La procédure en cassation a disparu dans le Code de procédure allemand, elle est remplacée par le recours en Revision. Elle n'est maintenue que dans les cas que ne prévoit pas le Code fédéral, par exemple, dans les poursuites disciplinaires contre les notaires, en matière d'expropriation, dans les affaires portées devant les prud'hommes, les décisions des juges de bailliage en matière électorale. Dans tous ces cas, le pourvoi en cassation sera porté devant le tribunal régiona Supérieur de Colmar.

affaires qui n'appartiennent pas à la justice ordinaire contentieuse [1]. La décision est rendue par la première chambre composée de sept membres; la chambre est complétée, s'il est nécessaire, par les conseillers les plus anciens appartenant aux autres chambres.

Aucun pourvoi en cassation n'est admissible contre les jugements du tribunal régional Supérieur.

TITRE IX.
DU MINISTÈRE PUBLIC.

ART. 23. Les Procureurs d'État sont nommés par l'Empereur.

ART. 24. Les personnes qui sont aptes aux fonctions judiciaires [2] peuvent seules être chargées des fonctions du ministère public près le tribunal régional Supérieur et les tribunaux Régionaux.

ART. 25. Les Procureurs de bailliage sont révocables [3].
Ils sont nommés par le chef du ministère public près le tribunal

[1] En cas de conflit de compétence entre plusieurs tribunaux de même ordre, relevant du même tribunal régional Supérieur, le tribunal compétent est désigné par le tribunal régional Supérieur (art. 36 Code procéd. civ.). L'article 22 étend cette règle en matière de justice volontaire.

[2] Pour être membre du ministère public comme pour être juge, il faut en conséquence avoir fait le stage réglementaire et passé les deux examens de Référendaire et d'Assesseur.

[3] Une distinction importante existe entre les membres du ministère public près les tribunaux Régionaux et le tribunal régional Supérieur d'Alsace-Lorraine d'une part, et les fonctionnaires remplissant les fonctions du ministère public près les tribunaux de bailliage d'autre part.

Les premiers doivent être aptes aux fonctions judiciaires; de plus, ils ont les mêmes droits que les fonctionnaires fédéraux (loi fédérale du 31 mars 1873, loi pour l'Alsace-Lorraine du 23 décembre 1873); ils peuvent en conséquence être déplacés et mis en disponibilité avec traitement de disponibilité, mais ils ne peuvent être destitués qu'à la suite d'une instruction disciplinaire et par décision rendue par le tribunal disciplinaire.

Au contraire, les membres du ministère public près les tribunaux de bailliage n'ont à justifier d'aucune condition de capacité, ils sont révocables, et leur révocation est prononcée par l'autorité même qui les a nommés, c'est-à-dire le Ministère.

régional Supérieur, d'accord avec le Président de district [1], et sont choisis en règle générale parmi les fonctionnaires de l'administration de la police.

Les fonctions du ministère public près un tribunal de bailliage peuvent être confiées à un Procureur d'État, un Assesseur ou un Référendaire.

Art. 26. En cas d'urgence, le maire du chef-lieu du bailliage ou son remplaçant légal doit remplacer le Procureur de bailliage empêché.

Art. 27. Les Procureurs de bailliage sont les auxiliaires des Procureurs d'État dans les affaires qui ne sont pas de la compétence du tribunal de bailliage et du tribunal d'Échevins.

TITRE X.

DES GREFFIERS ET DES HUISSIERS.

Art. 28. Les greffiers sont nommés [2] par le Premier Président et le chef du ministère public près le tribunal régional Supérieur.

Art. 29. Sont abrogées les dispositions qui permettent aux greffiers de procéder au nom des parties à des ventes publiques aux enchères.

Art. 30. Les greffiers près les tribunaux de bailliage et les huissiers peuvent, dans les cas prévus par les articles 112, 113 de la loi sur la faillite, apposer les scellés et faire les constatations authentiques [3].

[1 et 2] Les Procureurs près les tribunaux de bailliage, comme les greffiers et les commis greffiers, sont dorénavant nommés par le Ministère (loi du 31 juillet 1880).

Le Président de district est le chef administratif d'un district et correspond au préfet en France.

[3] Le syndic d'une faillite peut faire apposer les scellés afin d'assurer la conservation des objets faisant partie de la masse (art. 112); un état sera dressé par lui sous la surveillance d'un officier public ou d'un fonctionnaire revêtu du droit d'instrumenter (art. 113).

Art. 31. L'article 156 du Code d'organisation judiciaire s'applique aux affaires qui n'appartiennent pas à la justice ordinaire contentieuse [1].

TITRE XI.

DISPOSITIONS FINALES.

Art. 32. Les articles 157-160, 162, 164, 167 du Code d'organisation judiciaire relatifs aux commissions rogatoires, les articles 177-185 sur la police des audiences et les articles 194-199 sur le délibéré et le vote s'appliquent aux affaires qui n'appartiennent pas à la justice ordinaire contentieuse [2].

Art. 33. Le montant des frais de route alloués aux jurés, aux délégués et aux Échevins sera fixé par une loi [3]. Jusqu'à la promulgation de cette loi, le titre I, chapitre viii, du décret du 18 juin 1811, dans sa partie relative aux jurés, est applicable.

Art. 34. La présente loi entrera en vigueur concurremment avec le Code d'organisation judiciaire [4].

[1] L'article 156 prévoit les cas dans lesquels les huissiers ne peuvent instrumenter.

[2] Le Code d'organisation judiciaire ne réglemente que la justice ordinaire contentieuse; l'article 32 étend en Alsace-Lorraine ces prescriptions aux affaires de la justice volontaire.

[3] Cf. loi du 31 mars 1880.

[4] C'est-à-dire le 1er octobre 1879.

ORDONNANCE

D'INTRODUCTION

DES LOIS FÉDÉRALES JUDICIAIRES.

EN DATE DU 13 JUIN 1879.

En exécution du Code d'organisation judiciaire du 27 janvier 1877, du Code de procédure pénale du 1ᵉʳ février 1877 et de la loi sur la mise en vigueur du Code de procédure pénale, il est *ordonné* pour l'Alsace-Lorraine ce qui suit :

ARTICLE PREMIER, L'année judiciaire est l'année du calendrier.

Est considérée comme première année judiciaire, en ce qui concerne la confection des listes annuelles des Échevins et des jurés, la période de temps s'écoulant du 1ᵉʳ octobre 1879 au 31 décembre 1880 ; sous tous les autres rapports, la première année judiciaire court du 1ᵉʳ octobre au 31 décembre 1879.

ART. 2. Dans les tribunaux de bailliage composés de plusieurs juges (art. 22 Code d'org. jud.), les affaires sont réparties entre les juges par circonscription, ou, si le service de la justice l'exige, par nature d'affaires ou à la fois par circonscription et par nature d'affaires [1]. La répartition des affaires est faite d'avance et pour la durée d'une année judiciaire par le Presidium du tribunal Régional, le ministère public entendu. Le Chancelier de l'Empire [2] a le droit de poser les principes généraux qui régleront cette distribution.

---

[1] En d'autres termes, il est affecté à chaque juge soit toutes les affaires émanant d'une circonscription distincte du ressort de bailliage. soit les affaires de même ordre, par exemple, les difficultés entre bailleur et locataire, ou entre patrons et ouvriers, ou les actions provocatoires, etc., émanant de tout le ressort.

[2] Actuellement le Gouverneur.

Les différents juges du même tribunal de bailliage se remplacent réciproquement.

Art. 3. Le nombre des jurés nécessaire pour chaque Cour d'assises est fixé à 300, dont 270 jurés titulaires et 30 jurés suppléants [1]. Le nombre de jurés affecté à chaque ressort de tribunal de bailliage est déterminé par le Premier Président du tribunal régional Supérieur et le chef du ministère public près le tribunal régional Supérieur.

Les mêmes magistrats déterminent le nombre d'Échevins et d'Échevins suppléants nécessaire pour chaque tribunal de bailliage.

Art. 4. Les listes générales des Échevins et des jurés (art. 36, 85 Code org. jud.) doivent être dressées [2] chaque année dans la première moitié du troisième mois précédant le commencement de la future année judiciaire [3]; elles doivent être publiées [4] assez tôt pour qu'elles puissent être transmises au juge de bailliage (art. 38 Code org. jud.) avant l'expiration du même mois au plus tard. Un procès-verbal, constatant l'annonce faite suivant les formes usitées dans le pays de la date de la publication (art. 36 § 2 Code org. jud.) et de la durée de cette publication, doit être envoyé avec les listes.

Art. 5. Le fonctionnaire administratif qui siège dans la commission chargée de dresser les listes d'Échevins et de jurés (art. 40, 87 Code org. jud.) est nommé par le Président du district. Il lui est nommé un suppléant.

La commission doit se réunir au plus tard dans la première semaine du dernier mois qui précède le commencement de la future année judiciaire [5].

---

[1] Le service des trois Cours d'assises exigera en conséquence l'inscription de 900 jurés.

[2] Les listes générales sont transmises par le maire de chaque commune au juge de bailliage.

[3] C'est-à-dire dans les deux premières semaines d'octobre.

[4] La publication (*Auslegung*) consiste dans l'exposition de la liste à la mairie.

[5] C'est-à-dire en décembre.

La liste de présentation des jurés (art. 89 § 1 Code org. jud.) est transmise sans retard au Président du tribunal Régional près lequel les assises sont tenues.

ART. 6. Le tirage au sort des Échevins titulaires (art. 45 § 2 Code org. jud.) [1] a lieu avant la fin de la semaine qui suit la confection de la liste.

ART. 7. Les articles 3-6 s'appliquent à la confection des listes annuelles des Échevins et des jurés qui doivent être dressées avant la mise en vigueur du Code de procédure pénale (art. 2 loi sur la mise en vigueur du Code de procédure pénale) avec cette modification que la commission se réunira pendant le mois d'août au plus tard.

Les fonctions attribuées au juge de bailliage par le Code d'organisation judiciaire seront remplies [2] par les juges de paix; les fonctions des tribunaux Régionaux, par les tribunaux d'arrondissement de Colmar, Metz et Strasbourg, dans les limites du ressort des anciennes Cours d'assises.

ART. 8. Des chambres commerciales seront établies près les tribunaux Régionaux de Colmar, Mulhouse et Strasbourg; leur juridiction s'étendra sur tout le ressort du tribunal Régional.

ART. 9. Chaque chambre se composera de quatre juges commerciaux au moins, de dix juges commerciaux au plus.

ART. 10. Les juges commerciaux seront nommés sur la présentation de la chambre de commerce siégeant au siège du tribunal Régional [3]. La liste de présentation devra comprendre un nombre de noms double du nombre des juges à nommer; elle est envoyée au Président du tribunal.

[1] C'est-à-dire le tirage au sort des jours d'audience affectés à chaque Échevin.

[2] Jusqu'au jour de la mise en vigueur des lois judiciaires.

[3] Ils sont nommés par l'Empereur.

Art. 11. Les juges commerciaux prêtent serment en audience publique du tribunal Régional. Ils prêtent serment de :

«remplir fidèlement les devoirs de leur charge».

Les dispositions de l'article 51 § 2-6 du Code d'organisation judiciaire sont applicables.

Art. 12. Les juges commerciaux sont appelés par le président de la chambre à siéger chaque semaine à tour de rôle dans l'ordre de leur nomination.

En cas d'empêchement d'un juge commercial, il est remplacé par le juge qui suit sur l'ordre du tableau. L'ordre primitif des convocations n'est pas modifié.

Art. 13. Le remplaçant ordinaire du président de la chambre commerciale est désigné par le Presidium pour toute la durée de l'année judiciaire; le Président du tribunal Régional désigne parmi les membres du tribunal le remplaçant temporaire [1].

Art. 14. Les officiers auxiliaires du ministère public dans le sens de l'article 153 du Code d'organisation judiciaire sont, en dehors des Procureurs de bailliage (art. 28 loi d'introduction du Code d'organisation judiciaire en date du 4 novembre 1878) :

1° Les maires et leurs adjoints, les commissaires de police et les gendarmes;

2° Les gardes forestiers et les gardes champêtres en ce qui concerne les infractions aux lois sur les forêts, la police rurale, la chasse et la pêche;

3° Les employés des douanes, des contributions et de l'octroi, en ce qui concerne les infractions aux lois sur les douanes, les contributions et les octrois;

4° Les maîtres miniers et leurs aides techniques, en tant qu'ils ont les attributions des fonctionnaires de la police et de la sûreté;

[1] En cas d'empêchement imprévu du remplaçant ordinaire.

5° Les vérificateurs des poids et mesures, compris les jaugeurs de tonneaux, et leurs aides techniques, en ce qui concerne les infractions aux prescriptions relatives aux poids et mesures;

6° Les huissiers, en ce qui concerne l'exécution des mandats d'amener et d'arrêt et les ordres d'arrestation.

Art. 15. Les dispositions de l'article 2 § 2 du Code d'organisation judiciaire remplacent en ce qui concerne les notaires l'article 1 du *Regulativ* en date du 17 février 1872, relatif à la préparation aux fonctions judiciaires en Alsace-Lorraine [1].

Art. 16. Les candidats greffiers sont admis à l'examen et déclarés aptes aux fonctions de greffier (art. 6, 9 du *Regulativ* du 18 juillet 1872) par le Premier Président du tribunal régional Supérieur et le chef du ministère public près ce tribunal [2].

Les dispositions de l'article 9 du *Regulativ* sont prorogées de cinq années.

[1] La loi du 24 mars 1882 et le *Regulativ* du 2 mai 1882 réglementent actuellement les conditions d'examen et de stage des notaires. Deux examens et un stage, telles sont les conditions exigées. Après avoir passé le premier examen judiciaire, le candidat notaire doit faire un stage de trois ans, pendant lequel il est attaché successivement : six mois à un tribunal de bailliage et deux ans et demi à un notaire. Le stage est fait sous la surveillance générale du Premier Procureur d'État et de la Chambre des notaires, et sous la surveillance spéciale du notaire auquel le candidat est attaché.

Le second examen est passé à Colmar, devant une Commission composée par moitié égale de magistrats et de notaires. Trois membres de cette Commission, dont un notaire, sont juges de l'examen. Il est écrit et oral.

L'épreuve écrite comprend un travail sur des points de droit civil, et la confection d'un ou de plusieurs actes notariés faits sous la surveillance d'un membre de la Commission et sans autre aide que les textes de lois.

L'épreuve orale consiste en des interrogations sur le droit civil et les lois relatives au notariat; elle n'est pas publique.

L'admission au second examen est prononcée par le Ministre. En cas d'échec, il ne peut être recommencé qu'une fois.

[2] L'article 16 a été abrogé; les dispositions du § 1 ont été reproduites par l'article 4 du *Regulativ* du 15 avril 1884, qui a remplacé le *Regulativ* du 18 juillet 1872.

Art. 17. Les médecins légistes (*Gerichtsärzte*, art. 87 Code procéd. pén.) sont les médecins de cercle et de canton [1].

En cas de nécessité, d'autres médecins peuvent aussi être désignés par le Premier Président du tribunal régional Supérieur et le chef du ministère public près ce tribunal pour remplir les fonctions de médecin légiste dans des circonscriptions déterminées.

Art. 18. L'autorité de conciliation (*Vergleichsbehörde*) dans le cas prévu par l'article 420 du Code de procédure pénale est le maire de la commune dans laquelle les parties habitent, ou, s'il est empêché, son suppléant légal [2].

Art. 19. Les parties peuvent comparaître en conciliation sans citation préalable.

L'autorité de conciliation doit, sur la demande de la partie lésée, lui remettre un certificat écrit constatant le jour et le lieu de la comparution en conciliation.

Art. 20. Si le demandeur ne comparaît pas, la procédure en conciliation n'a pas lieu. Si le prévenu ne comparaît pas, il en est conclu qu'il se refuse à la conciliation.

Un certificat de non-conciliation ne peut être délivré au demandeur que s'il a comparu.

Le certificat doit être revêtu de la signature du maire et du cachet officiel de la mairie. Il doit indiquer la date de l'injure et de la demande en conciliation, le lieu et la date auxquels il a été délivré.

[1] L'article 87 du Code de procédure pénale décide qu'en matière de justice criminelle l'examen du cadavre ne peut être fait que par un médecin, et que l'autopsie doit être confiée à deux médecins, dont un doit être un médecin légiste.

[2] L'article 420 du Code de procédure pénale décide que la poursuite pour injure ne sera recevable devant un tribunal de répression que si elle a été précédée d'une procédure en conciliation devant une autorité spéciale.

ARRÊTÉ[1]

CONCERNANT L'EXÉCUTION DES PEINES

DANS LES AFFAIRES DE LA COMPÉTENCE

DES TRIBUNAUX D'ÉCHEVINS.

EN DATE DU 21 SEPTEMBRE 1879.

Par application de l'article 483 § 3 du Code de procédure pénale [2], les juges de bailliage sont chargés de l'exécution des peines emportant privation de la liberté, prononcées par le tribunal d'Échevins ou le tribunal de bailliage [3]. Si le tribunal de jugement se trouve au siège d'un tribunal Régional, l'exécution des peines reste confiée au Procureur d'État près le tribunal Régional.

La présente disposition s'applique aux peines prononcées par les tribunaux de simple police et non encore exécutées au 1er octobre 1879.

[1] *Anordnung.*

[2] L'article 483 du Code de procédure pénale décide que le ministère public est chargé de l'exécution des peines en général. Les Procureurs de bailliage seuls n'ont pas ce droit, mais les États confédérés peuvent confier aux juges de bailliage l'exécution des peines prononcées par les tribunaux d'Échevins.

La présente ordonnance a fait usage de cette faculté.

[3] Nous avons vu dans l'*Introduction* et dans la note 1, sous l'article 25 du Code (p. 21), que le juge de bailliage pouvait dans certains cas juger sans l'assistance d'Échevins.

ORDONNANCE IMPÉRIALE

FIXANT

LE TITRE DES MAGISTRATS DE L'ALSACE-LORRAINE.

EN DATE DU 1ᵉʳ DÉCEMBRE 1879.

Nous, GUILLAUME, ETC.,

En vertu de l'article 17 de la loi fédérale du 31 mars 1873, introduite par la loi du 23 décembre 1873 concernant les fonctionnaires et les instituteurs [1],

ORDONNONS pour l'Alsace-Lorraine ce qui suit :

Les présidents des chambres des tribunaux Régionaux, que ne préside pas le Président du tribunal [2], ont le titre de vice-président du tribunal Régional (*Landgerichtsdirektor*).

Les membres des tribunaux Régionaux ont le titre de juge régional (*Landrichter*).

Le chef du ministère public près le tribunal régional Supérieur a le titre de Procureur Supérieur d'État (*Oberstaatsanwalt*) [3].

Les membres du ministère public qui assistent le Procureur Supérieur d'État, lesquels portaient antérieurement le titre d'avocat général, ont le titre de Procureur d'État près le tribunal Supérieur (*Staatsanwalt bei dem Oberlandesgericht*).

Le chef du ministère public près les tribunaux Régionaux a le titre de Premier Procureur d'État (*Erster Staatsanwalt*).

[1] L'article 17 de la loi du 31 mars 1873 décide que le titre, le rang et l'uniforme que doivent porter les fonctionnaires fédéraux sont fixés par ordonnance impériale.

La loi du 23 décembre 1873 a appliqué la loi du 31 mars aux fonctionnaires et instituteurs d'Alsace-Lorraine.

[2] Nous avons vu au Code d'organisation judiciaire qu'aucun vice-président n'est donné à la chambre que préside le Président du tribunal.

[3] Les magistrats du tribunal régional Supérieur portent, aux termes du Code, le titre de Président, présidents de chambre et conseillers.

Les membres du ministère public qui assistent le Premier Procureur d'État ou qui avec le même rang sont attachés au parquet du tribunal régional Supérieur [1] ont le titre de Procureur d'État (*Staatsanwalt*).

Je me réserve la faculté de donner à certains juges des tribunaux Régionaux et de bailliage le titre de conseiller de tribunal Régional (*Landgerichtsrath*) ou de conseiller de tribunal de bailliage (*Amtsgerichtsrath*).

Ce titre appartiendra aux magistrats qui auront été ainsi désignés dans le décret de nomination.

[1] C'est-à-dire les substituts du procureur général.

ORDONNANCE[1]

CONCERNANT

LES OFFICIERS AUXILIAIRES DU MINISTÈRE PUBLIC.

EN DATE DU 26 JANVIER 1880.

Sont officiers auxiliaires du ministère public dans le sens de l'article 153 du Code d'organisation judiciaire, — outre les fonctionnaires énumérés par l'article 14 de l'ordonnance du 13 juin 1879, — les fonctionnaires chargés de la police de la pêche, de la police fluviale et de la police des routes en ce qui concerne les infractions aux lois sur la pêche, les eaux et les chemins.

[1] Cette ordonnance a été rendue par le Gouverneur d'Alsace-Lorraine, le *Statthalter* baron de Manteuffel, feld-maréchal.

ORDONNANCE IMPÉRIALE

FIXANT L'ORDRE D'ANCIENNETÉ DE SERVICE

DES JUGES ET DES MEMBRES DU MINISTÈRE PUBLIC.

EN DATE DU 18 FÉVRIER 1880.

Nous, GUILLAUME, ETC.,

Par application de l'article 3 de la loi du 4 novembre 1878,

ORDONNONS pour l'Alsace-Lorraine ce qui suit :

ARTICLE PREMIER. Dans l'état des traitements comprenant les Présidents des tribunaux Régionaux, les présidents de chambre au tribunal régional Supérieur et le Procureur d'État près le tribunal régional Supérieur, et de même dans l'état des traitements comprenant les conseillers au tribunal régional Supérieur, les vice-présidents à un tribunal Régional et le Premier Procureur d'État près les tribunaux Régionaux, l'ordre d'ancienneté est déterminé par la date de la nomination à une des fonctions portées sur le même état.

ART. 2. Dans l'état des traitements comprenant les juges régionaux, les juges de bailliage et les Procureurs d'État, l'ordre d'ancienneté est déterminé par la date de la nomination en qualité d'Assesseur [1].

ART. 3. Si des personnes qui étaient antérieurement à un autre

---

[1] Tous les magistrats d'Alsace-Lorraine ne sont pas portés à la date de leur entrée dans la carrière sur le même état des traitements, et par conséquent l'ordre d'ancienneté n'a pas pour tous un point de départ unique. Il est au contraire dressé, aux termes des articles 1 et 2, trois états des traitements; l'ancienneté se règle par chaque état, et a pour point de départ la nomination à un des postes qui sont portés sur l'état.

Cette fixation de l'ancienneté a une grande importance; le traitement s'augmente en effet par classe personnelle à raison de l'ancienneté.

titre au service du pays (même en qualité de notaire), au service de l'Empire ou au service d'un des États confédérés, ou qui exerçaient antérieurement la profession d'avocat, sont nommées à un emploi judiciaire ou aux fonctions du ministère public, je fixerai spécialement leur ordre d'ancienneté dans le décret de nomination et je me réserve le droit de compter tout ou partie du temps qu'ils ont passé dans un des services précités.

ART. 4 [1]. L'ordre d'ancienneté des magistrats qui ont occupé avant le 1er octobre 1879 le poste de conseiller à un tribunal d'arrondissement, Procureur d'État ou juge de paix, est déterminé, dans l'état des traitements spécifié par l'article 2, par un règlement spécial dressé par l'administration judiciaire sous l'observation des règles suivantes :

1° L'ordre d'ancienneté antérieur des conseillers des tribunaux d'arrondissement et des Procureurs d'État d'une part, et l'ordre d'ancienneté des juges de paix d'autre part, ne doivent pas être modifiés;

2° Chaque magistrat doit rester dans la classe de traitement à laquelle il appartenait antérieurement ou monter à une classe supérieure;

3° L'augmentation de traitement allouée à ces magistrats par le budget pour la demi-année courant du 1er octobre 1879 au 1er avril 1880 doit être attribuée également à chaque ordre de magistrats, en tant que le n° 2 n'y fait pas obstacle;

4° Si l'application des règles précitées n'amenait aucune solution ou entraînait des injustices, l'ordre d'ancienneté sera déterminé en tenant compte de toutes les circonstances pouvant être prises en considération, particulièrement de la date d'entrée au service (art. 2) [2], et le rang de ces magistrats peut même être fixé contrairement à l'ordre d'ancienneté antérieur.

[1] L'article 4 n'a qu'une application transitoire. — [2] En qualité d'Assesseur.

LOI

SUR LA TAXE DES JURÉS ET DES ÉCHEVINS.

EN DATE DU 31 MARS 1880.

Des frais de voyage (*Reisekosten*) sont alloués aux jurés en matière criminelle, aux délégués spécifiés par l'article 40 du Code d'organisation judiciaire et aux Échevins, lorsqu'ils sont obligés de se transporter à plus de 2 kilomètres de leur résidence.

Ces frais sont, par chaque kilomètre commencé de l'aller et du retour, de :

1° 15 pfennige, si le voyage peut être fait par chemin de fer ou en bateau à vapeur;

2° 30 pfennige au cas contraire;

sans que l'indemnité puisse être inférieure à 3 marks [1].

S'ils sont obligés de faire dans l'intérieur de leur résidence un parcours de plus de 2 kilomètres, ils reçoivent une indemnité de 3 marks.

[1] Le mark vaut 1 fr. 25 cent. et se divise en 100 pfennige.

15 pfennige valent donc 18 centimes 3/4 et 30 pfennige valent 37 centimes 1/2.

3 marks représentent 3 fr. 75 cent.

ORDONNANCE IMPÉRIALE

PORTANT CRÉATION

DES CHAMBRES PRÈS LE TRIBUNAL RÉGIONAL SUPÉRIEUR

DE COLMAR.

EN DATE DU 29 AVRIL 1880.

Le tribunal régional Supérieur de Colmar comprend trois chambres civiles. La troisième chambre civile expédie en même temps les affaires criminelles.

LOI

CONCERNANT

LA NOMINATION DES EMPLOYÉS SUBALTERNES DES TRIBUNAUX.

EN DATE DU 30 JUILLET 1880.

Les Secrétaires près les tribunaux et les parquets des Procureurs d'État, — compris les greffiers des tribunaux de bailliage, les commis greffiers et les expéditionnaires (*Aktuarc*), — les Procureurs de bailliage et les huissiers sont nommés par le Ministère. La résidence des huissiers est également fixée par le Ministère [1].

[1] Le droit de nomination appartenait antérieurement au Premier Président et au Procureur Supérieur (art. 25, 28 loi du 4 novembre 1878).

III

TRIBUNAUX ET PERSONNEL.

TRAITEMENTS.

TRIBUNAUX ET PERSONNEL.

TRAITEMENTS.

I. Tribunaux et personnel.

TRIBUNAUX.	PREMIER PRÉSIDENT.	PRÉSIDENTS DE CHAMBRE.	CONSEILLERS.	PROCUREURS SUPÉRIEURS.	PROCUREURS.
Tribunal de l'Empire..........	1	8	63	1	3
Tribunal Suprême de Bavière....	1	2	24	// [1]	//

[1] Les fonctions du ministère public près le tribunal Suprême bavarois sont exercées par le Procureur Supérieur près le tribunal Supérieur de Munich.

ÉTATS.	TRIBUNAUX SUPÉRIEURS.	POPULATION du RESSORT [2].	Tribunaux Supérieurs.	Tribunaux Régionaux.	Cours d'assises.
		habitants.			
....	Berlin.......	3,389,155	1	9	9
....	Breslau......	4,007,925	1	14	14
....	Cassel.......	772,975	1	3	3
et Waldeck...........	....	48,551	//	//	//
....	Celle.......	2,145,008	1	8	8
Pyrmont...........	....	7,971	//	//	//
et Lippe...........	....	119,439	//	1	1
....	Cologne.....	3,462,115	1	9	9
et Birkenfeld (Oldenburg).	....	38,685	//	//	//
....	Francfort....	977,713	1	5	5
....	Hamm......	2,456,810	1	8	8
....	Kiel........	1,127,149	1	3	3
....	Königsberg...	1,933,936	1	7	7
....	Marienwerder.	1,338,835	1	5	5
....	Naumburg...	2,270,633	1	8	8
Schwarzb.-Sondershausen.	....	71,107	//	//	//
et Anhalt...........	....	232,592	//	1	1
....	Posen.......	1,770,460	1	7	7
....	Stettin......	1,540,034	1	5	5
A reporter...............		27,711,093	13	93	93

(The left brace groups these rows under PRUSSE [3].*)*

[1] Nous donnons l'état du personnel au 1er janvier 1884.

[2] Nous donnons pour tous les États du tableau le chiffre de la population au 1er janvier 1881.

[3] Quelques petits États, les Principautés de Waldeck et Pyrmont, Lippe, Schwarzburg-Sondershausen, d'Anhalt, la Principauté oldenbourgeoise de Birkenfeld enclavée dans le ressort de Saarbruck sont, en traités conclus avec la Prusse, compris dans les ressorts de tribunaux Régionaux ou de tribunaux S prussiens et relèvent des tribunaux auxquels ils ont été judiciairement annexés. Leur population tot 518,345 habitants; ils comptent 2 tribunaux Régionaux et 31 tribunaux de bailliage.

ET PERSONNEL [1].

NAUX.

Chambres commerciales	Tribunaux de bailliage	Assises de justice	PERSONNEL — TRIBUNAUX SUPÉRIEURS			TRIBUNAUX RÉGIONAUX			TRIBUNAUX de bailliage	MINISTÈRE PUBLIC — TRIBUNAUX SUPÉRIEURS		TRIBUNAUX RÉGIONAUX	
			Premiers Présidents.	Présidents de chambre.	Conseillers.	Présidents.	Vice-présidents.	Juges.	Juges.	Procureurs Supérieurs.	Procureurs.	Premiers Procureurs.	Procureurs.
7[4]													
2[5]	101	30	1	9	49	9	30	133	326	1	2	9	23
1	128	34	1	4	28	14	24	119	390	1	2	14	26
//	73	15	1	1	8	3	5	26	99	1	//	3	4
1	3	//	//	//	//	//	//	//	8	//	//	//	//
//	107	70	1	2	15	8	15	69	216	1	1	8	9
//	1	//	//	//	//	//	//	//	1	//	//	//	//
8[6]	9	2	//	//	//	1	1	5	14	//	//	1	1[7]
//	108	24	1	4	25	9	17	88	175	1	1	9	16
1	2	//	//	//	//	//	//	//	3	//	//	//	//
7	52	13	1	1	10	5	8	38	120	1	//	5	5
1	108	40	1	4	25	8	17	77	232	1	1	8	10
2	70	11	1	1	8	3	7	32	104	1	//	3	5
2	71	20	1	2	12	7	13	64	185	1	1	7	14
1	40	20	1	1	10	5	9	47	132	1	1	5	10
//	112	30	1	2	16	8	12	59	230	1	//	8	11
//	5	2	//	//	//	//	//	//	12	//	//	//	//
1	11	11	//	//	//	1	1	6	26	//	//	1	1
//	58	33	1	3	16	7	15	62	180	1	1	7	12
2	59	28	1	2	12	5	7	36	132	1	//	5	7
36	1,118	383[8]	13	36	234	93	181	861[9]	2,585	13	10	93	154

[4] Les 7 chambres commerciales du ressort de Berlin siègent toutes à Berlin.
[5] Les 2 chambres commerciales du ressort de Breslau siègent à Breslau.
[6] Des 8 chambres commerciales du ressort de Cologne, 2 siègent à Cologne même.
[7] Il porte le titre de substitut (*Staatsanwaltsgehülfe*).
[8] Il faut ajouter en outre 25 assises de justice consacrées exclusivement à la justice forestière.
[9] Compris 2 sièges de juge créés en 1884 à Allenstein (ressort de Königsberg) et à Cottbus (ressort de Berlin).

TR...

ÉTATS.	TRIBUNAUX SUPÉRIEURS.	POPULATION du RESSORT [1].	Tribunaux Supérieurs.	Tribunaux Régionaux.	Cours d'assises.
		habitants.			
Report		27,711,093	13	93	93
Bavière	Augsburg	907,734	1	5	1
	Bamberg	1,175,290	1	6	2
	Munich	1,380,266	1	7	2
	Nüremberg	1,144,207	1	6	2
	Zweibrücken	677,281	1	4	1
Alsace-Lorraine	Colmar	1,566,670	1	6	3
Bade	Carlsruhe	1,570,254	1	7	5
Brunswick	Brunswick	349,367	1	2	2
Hesse	Darmstadt	936,340	1	3	3
Mecklenburg-Schwerin	Rostock	577,055	1	3	1
et Mecklenburg-Strelitz		100,269	//	1	//
Oldenburg	Oldenburg	263,648	1	1	1
et Schaumburg-Lippe		35,374	//	1	1
Saxe	Dresde	2,972,805	1	7	7
États de Thuringe	Jena [2]	1,185,982	1	8	2
Brême	Hamburg	156,723	1	1	1
Hamburg		453,869	//	1	1
Lübeck (ville)		63,571	//	1	1
et Lübeck (Principauté)		35,145	//	//	//
Württemberg	Stuttgart	1,971,118	1	8	8
TOTAUX		45,234,061	28	171	137

[1] Nous donnons les chiffres de la population au 1er janvier 1881 et l'état du personnel au 1er janvier 188.
[2] Le ressort du tribunal Supérieur de Jena comprend les Duchés de Saxe-Weimar, Saxe-Meiningen, Saxe-Gotha et Saxe-Altenburg, les Principautés de Schwarzburg-Rudolstadt et de Reusz, et enfin les trois cerc
siens de Schleusingen, Schmalkalden et Ziegenrück. — Nous renvoyons à l'*Introduction* pour la répart
tribunaux Regionaux et des tribunaux de bailliage entre les 7 États de Thuringe ; 7 tribunaux de bailliage
relèvent également du tribunal Supérieur de Jena.
[3] Des 5 chambres commerciales du ressort de Munich, 4 siègent à Munich même.

ET PERSONNEL (1).

NAUX.

PERSONNEL.

Chambres commerciales	Tribunaux de bailliage	Assises de justice	Tribunaux Supérieurs — Premiers Présidents	Tribunaux Supérieurs — Présidents de chambre	Tribunaux Supérieurs — Conseillers	Tribunaux Régionaux — Présidents	Tribunaux Régionaux — Vice-présidents	Tribunaux Régionaux — Juges	Tribunaux de bailliage — Juges	Ministère public · Tribunaux Supérieurs — Procureurs Supérieurs	Ministère public · Tribunaux Supérieurs — Procureurs	Ministère public · Tribunaux Régionaux — Premiers Procureurs	Ministère public · Tribunaux Régionaux — Procureurs
36	1,118	383	13	36	234	93	181	861	2,585	13	10	93	154
3	49	//	1	1	12	5	6	46	121	1	1	5	8
6	70	//	1	1	14	6	9	61	170	1	1	6	15
5[3]	60	//	1	4	32	7	15	86	177	1	3	7	21
4	61	//	1	1	14	6	9	60	153	1	//	6	12
1	30	//	1	1	6	4	4	28	50	1	1	4	8
3	72	13	1	2	14	6	11	50	88	1	2	6	15
2	57	3	1	2	17	7	10	71	83	1	//	7	9
1	24	5	1	1	8	2	4	19	51	1	//	2	2
5	49	1	1	1	10	3	7	37	106	1	//	3	7
//	43	5	1	1	7	3	5	24	65	1	//	3	4
//	10	1	//	//	//	1	1	6	11	//	//	1	//
//	14	//	1	//	5	1	1	8	24	1	//	[4]	3
8[5]	2	2	//	//	//	1	1	5	3	//	//	1	//
1	103	43	1	5	21	7	40	116[6]	213	1	1	7	38
2	76	21	1	2	16	8	9	50	172	1	1	8	8
3[7]	2	1	1	1	10	1	3	8	11	1	1	1	2
1	3	//	//	//	//	1	6	22	18	//	//	[8]	5
//	1	//	//	//	//	1	1	6	4	//	//	1	//
1	3	//	//	//	//	//	//	//	4	//	//	//	//
	64	//	1	3	12	8	12	97	133	1	//	8	19
82	1,911	478	28	62	432	171	335	1,661	4,242	28	21	169	330[9]

(4) Le Procureur Supérieur exerce en même temps les fonctions de Premier Procureur près le tribunal Régional.
(5) Les tribunaux de Dresde et Leipzig ont chacun 2 chambres commerciales.
(6) 4 juges auxiliaires siégeant à Leipzig sont compris dans le nombre de 116 juges.
(7) Les 3 chambres commerciales siègent à Hamburg.
(8) Le Procureur Supérieur exerce en même temps les fonctions de Premier Procureur près le tribunal Régional.
(9) Parmi les Procureurs sont compris les troisièmes Procureurs de Bavière et les substituts de Saxe, Lippe, Saxe-Coburg, Hamburg, Oldenburg et Württemberg.

II. Traitements. — Tribunal suprême de Bavière [1].

FONCTIONS.	TRAITEMENT.
Premier Président........................	15,750 francs.
Premier Président de chambre...............	9,900 francs.
Deuxième Président de chambre..............	8,250 à 9,900 francs.
Conseillers...............................	Minimum : 7,200 francs.

[1] Nous ne pouvons que renvoyer ici à ce que nous avons dit dans l'*Introduction* sur les classes personnelles et les augmentations successives de traitement des conseillers et du deuxième vice-président.

TRAITEMENTS [1]. — TRIBUNAUX RÉGIONAUX SUPÉRIEURS.

FONCTIONS.	ALSACE.	BADE.	BAVIÈRE.	BRUNSWICK.	HESSE.	MECKLENBURG.	OLDENBURG.	PRUSSE.	SAXE.	ÉTATS DE THURINGE.	VILLES HANSÉATIQUES.	WÜRTTEMBERG.
	francs.	francs.	francs.	francs.	francs.	francs.	francs.	francs.	francs.	francs.	francs.	francs.
Premier Président.........	18,750	12,500	12,150	12,500	11,250	18,750	10,625	17,500	18,000	11,250	20,000	12,000
Présidents de chambre.....	11,250 à 12,500	8,750	7,650 à 9,900	9,375 à 10,000	9,375	13.125	" [2]	9,375 à 12,375	13.875	9,375	17.500	8,750 et 9,250
Conseillers.............	7,500 à 9,000	5,000 à 7,750	Minimum 5,700	6,875 à 8,125	7,500 à 8,125	12,000	7,500 à 8,750	6,000 à 8,250	7,500 à 11,250	7,500	12,500 à 16,250	7,000 à 8,000
Procureur Supérieur......	15,000	5,000 [3] à 7,750	8,250 à 9,900	9,375 à 10,000	9.375	13,125	7,500 [4] à 8,750	9,375 à 12,375	13.875	9,375	12,500	8,750 à 9,250
Procureurs [5]...........	7,500 à 9,000	"	4,650	"	"	"	"	3,000 à 6,000	9,375	5,625	6,250 à 12,500	"

[1] Cf. *Introduction* sur les augmentations de traitement par classes.

Dans certains États, les magistrats touchent en dehors de leur traitement une indemnité de logement, et il est alloué un supplément de traitement (*Funktionszulage*) aux membres du ministère public. Cf. *Introduction*.

[2] Le Tribunal Supérieur d'Oldenburg n'a pas de présidents de chambre.

[3] [4] Le Procureur Supérieur touche en outre un supplément de traitement de 750 francs à Bade et de 500 francs dans le Grand-duché d'Oldenburg.

[5] A Bade, en Brunswick, en Hesse, Mecklenburg, Oldenburg et Württemberg, le Procureur Supérieur n'est pas assisté de Procureurs.

TRAITEMENTS [1]. — TRIBUNAUX RÉGIONAUX ET DE BAILLIAGE.

FONCTIONS.	ALSACE.	ANHALT.	BADE.	BAVIÈRE.	BRUNSWICK.	HESSE.	LIPPE.	MECKLEN-BURG-SCHWERIN.	MECKLEN-BURG-STRELITZ.	OLDENBURG.	PRUSSE. WALDECK.	SAXE.
	francs.	francs.	francs.	francs.	francs.	francs.	francs.	francs.	francs.	francs.	francs.	francs.
Président de tribunal Régional...	11,250 à 12,500	10,000	8,750	Minimum 7,200	9,375 à 10,000	9,375	4,125 [2] à 7,500	13,125	"	9,375	à Berlin : 13,125 ailleurs : 9,375 à 12,375	9,750 à 13,125
Vice-Présidents...	7,500 à 9,000	7,500 à 9,000	6,500 à 7,750	Minimum 5,700	6,875 à 8,125	8,125	3,000 à 6,375	10,000	"	8,750	6,000 à 8,250	6,750 à 9,375
Juges régionaux...	4,125 à 7,875	3,750 à 8,125	3,125 [3] à 6,500	Minimum 4,200	3,375 à 7,500	3,125 à 6,875	3,000 à 6,375	3,750 à 8,750	3,000 à 10,000	3,000 [4] à 8,125	3,000 à 7,500	4,500 à 9,375
Juges de bailliage...	4,125 [5] à 7,875	3,750 à 8,125	2,250 à 5,625	Minimum 2,850	3,375 à 7,500	3,125 à 6,875	3,000 à 5,625	3,750 à 8,750	3,000 à 10,000	3,000 à 8,125	3,000 à 7,500	4,500 à 9,375
Premier Procureur...	7,500 [6] à 9,000	7,500 à 9,000	6,875	Minimum 4,650	3,375 [7] à 7,500	6,250 à 7,500	3,000 à 6,000	4,500 à 9,500 (8 et 10)	3,625 à 10,625 (9 et 11)	(12)	à Berlin : 9,375 ailleurs : 6,000 à 8,250	9,375 à 9,750
Procureurs...	4,125 [13] à 7,875	3,750 à 8,125	5,625	Minimum 2,850	3,375 à 7,500	3,125 à 5,625	(16)	3,750 [14] à 8,750	(17)	3,000 [15] à 8,125	3,000 à 6,000	4,500 à 9,500

[1] Cf. *Introduction* sur les augmentations de traitement par classes, les indemnités de logement et les traitements alloués aux Assesseurs.

[2] Dans la Principauté de Lippe. le Président a le même traitement que les juges, mais reçoit une indemnité spéciale de 1,125 francs.

[3] [4] Les juges d'instruction touchent, dans les Duchés de Bade et d'Oldenburg, un supplément de traitement de 500 francs ; il est également alloué, dans le Grand-duché de Bade, un supplément de traitement de 750 francs aux juges qui président les chambres commerciales.

[5] En Alsace, le juge de bailliage qui dirige le service dans les tribunaux composés de plusieurs juges reçoit un supplément de traitement de 750 francs.

[6] [7] [8] [9]. Les Premiers Procureurs touchent, en sus des traitements indiqués dans le tableau, un supplément de traitement (*Funktionszulage*) de 375 francs en Alsace, 750 francs en Brunswick, 1,250 francs dans les deux Duchés de Mecklenburg.

[10] Compris un supplément de traitement (*Gehaltszulage*) de 750 francs.

[11] Compris un supplément de traitement (*Präzipuum*) de 625 francs.

[12] Les fonctions de Premier Procureur sont exercées par le Procureur Supérieur.

[13] [14] [15] Les Procureurs touchent un supplément de traitement de 375 francs en Alsace, 625 francs en Mecklenburg-Schwerin et 500 francs en Oldenburg.

[16] [17] Les tribunaux Régionaux de Detmold (Lippe) et de Strelitz n'ont qu'un seul Procureur.

FONCTIONS.	SAXE-WEIMAR.	SAXE-MEININGEN.	SAXE-ALTENBURG.	SAXE-COBURG-GOTHA.	SCHWARZBURG-RUDOLSTADT.	REUSZ (BRANCHE AÎNÉE).	REUSZ (BRANCHE CADETTE).	SCHAUMBURG-LIPPE.	SCHWARZBURG-SONDERSHAUSEN.	BRÊME.	HAMBURG.	LÜBECK.	WÜRTTEMBERG.
	francs.	francs.	francs.	francs.	francs.	francs.	francs.	francs.	francs.	francs.	francs.	francs.	francs.
Président de tribunal Régional...............	7,750 à 8,250	9,375	6,250 [2] à 10,000	8,125	8,750	7,225	Maximum 8,250	7,875	[3]	7,500 [4] à 11,750	15,000	11,250	8,750 et 9,250
Vice-Présidents..........	6,750 à 7,250	7,500	4,500 [5] à 8,250	6,875	7,500	4,375 à 6,300	Maximum 7,250	3,000 à 6,375	"	6,250 à 10,500	12,500	10,000	7,000 à 8,000
Juges régionaux..........	3,750 à 6,250	4,375 à 6,875	3,750 à 7,500	5,000 à 6,250	4,000 à 6,500	3,000 à 5,775	3,750 à 6,250	3,000 à 6,375	3,000 à 7,500	6,250 à 10,500	6,250 à 12,500	6,250 à 8,750	3,500 à 6,500
Juges de bailliage [6].......	2,875 à 5,000	3,000 à 5,625	3,750 à 7,500	3,750 à 5,000	3,125 à 5,625	3,000 à 5,775	3,375 à 7,250	3,000 à 6,375	3,000 à 6,000	6,250 à 10,500	6,250 à 12,500	6,250 à 8,750	2,750 à 5,000
Premier Procureur........	5,000 à 6,250	"	"	5,625	6,250	3,000 à 5,125	6,250	3.000 à 6,375	"	6,250 à 10,500	6,250 à 12,500	6,250 à 8,750	5,500 [10] à 6,500
Procureurs.............	3,750 à 4,375	"	3,750 à 7,500	[7]	4,375	[8]	4,375	[9]	"	6,250 à 8,125	6,250 à 12,500	3,125	3,500 [11] à 4,500

[1] Cf. *Introduction* sur les augmentations de traitement par classes, les indemnités de logement et les traitements alloués aux Assesseurs.

[2] Compris un supplément de traitement (*Besoldungszulage*) de 2,500 francs.

[3] La Principauté de Schwarzburg-Sondershausen, comprise dans le ressort du tribunal Régional prussien d'Erfurth, n'a droit qu'à des places de juges.

[4] Compris un supplément de traitement de 1,250 francs, lequel ne compte pas pour le calcul de la pension.

[5] Compris un supplément de traitement de 750 francs.

[6] Les juges de bailliage qui sont chargés de la direction du service dans les tribunaux composés de plusieurs juges touchent des suppléments de traitement variant de 375 francs à 1,500 francs en Saxe-Weimar; de 187 fr. 50 cent. à 875 francs en Saxe-Meiningen; et s'élevant à 750 francs en Saxe-Altenburg et Lübeck; en Saxe-Coburg-Gotha, leur traitement est de 4,375 francs à 6,250 francs.

[7] [8] [9] Les tribunaux de Gotha, Greisz (unique tribunal Régional de Reusz br. aînée) et Buckeburg (Schaumburg-Lippe) n'ont qu'un seul Procureur.

[10] [11] En Württemberg, le Premier Procureur reçoit un supplément de traitement de 625 francs et les autres Procureurs de 375 francs.

ÉTATS.	TRIBUNAUX SUPÉRIEURS.	NOMBRE DES TRIBUNAUX RÉGIONAUX.	7 juges.	8 juges.	9 juges.	10 juges.
....	Berlin........	9	//	2	2	3
....	Breslau......	14	//	5	3	1
....	Cassel.......	3	//	1	//	5
....	Celle....... {	8	//	2	1	9
et Lippe.............. {		1	1	//	//	1
....	Cologne.....	9	//	1	1	1
....	Francfort....	5	//	2	1	1
....	Hamm......	8	//	2	//	1
....	Kiel........	3	//	//	//	1
....	Königsberg...	7	//	2	//	1
....	Marienwerder.	5	//	//	3	1
....	Naumburg... {	8	//	5	//	1
et Anhalt............. {		1	//	1	//	1
....	Posen.......	7	//	2	//	1
....	Stettin......	5	//	4	//	1
A reporter..............		93	1	29	11	9

(¹) Président, vice-présidents et juges compris.

Tʀɪʙᴜɴᴀᴜx ʀᴇ́ɢɪᴏɴᴀᴜx.

…ʙᴜɴᴀᴜx ʀᴇ́ɢɪᴏɴᴀᴜx ᴄᴏᴍᴘᴏsᴇ́s ᴅᴇ [1] :

11 juges.	12 juges.	13 juges.	14 juges.	16 juges.	17 juges.	18 juges.	19 juges.	20 juges.	23 juges.	26 juges.	90 juges.
″	″	″	″	″	″	1	″	″	″	″	1
1	″	1	1	1	″	″	″	″	″	1	″
″	″	″	″	1	″	″	″	″	″	″	″
″	2	″	″	″	″	″	″	″	1	″	″
″	″	″	″	″	″	″	″	″	″	″	″
1	1	2	2	″	″	″	″	1	″	″	″
″	1	″	1	″	″	″	″	″	″	″	″
″	2	2	″	″	1	″	1	″	″	″	″
1	1	″	″	″	″	″	1	″	″	″	″
1	″	″	2	″	″	″	1	″	″	″	″
″	″	″	″	1	″	1	″	″	″	″	″
″	1	″	″	″	1	″	″	″	″	″	″
″	″	″	″	″	″	″	″	″	″	″	″
2	1	″	1	″	″	″	″	1	″	″	″
″	″	″	″	1	″	″	″	″	″	″	″
6	9	5	7	4	2	2	3	2	1	1	1

Personnel

ÉTATS.	TRIBUNAUX SUPÉRIEURS.	NOMBRE DES TRIBUNAUX RÉGIONAUX.	7 juges.	8 juges.	9 juges.	10 juges.
	Report	93	1	29	11	9
Bavière	Augsburg	5	//	1	1	1
	Bamberg	6	//	1	1	1
	Munich	7	//	1	//	//
	Nüremberg	6	//	//	1	2
	Zweibrücken	4	//	1	2	1
Alsace-Lorraine	Colmar	6	//	1	1	1
Bade	Carlsruhe	7	1	1	//	//
Brunswick	Brunswick	2	//	1	//	//
Hesse	Darmstadt	3	//	//	//	//
Mecklenburg-Schwerin	Rostock	3	//	//	//	1
et Mecklenburg-Strelitz		1	//	1	//	//
Oldenburg	Oldenburg	1	//	//	//	1
et Schaumburg-Lippe		1	1	//	//	//
Saxe	Dresde	7	//	//	//	//
États de Thuringe	Jena	8	2	4	1	//
Brême	Hamburg	1	//	//	//	//
Hamburg		1	//	//	//	//
et Lübeck		1	//	1	//	//
Württemberg	Stuttgart	8	//	//	//	1
Totaux		171	5	42	18	18

(1) Président, vice-présidents et juges compris.

IBUNAUX RÉGIONAUX.

BUNAUX RÉGIONAUX COMPOSÉS DE[1] :

13 juges.	14 juges.	15 juges.	16 juges.	17 juges.	18 juges.	19 juges.	20 juges.	23 juges.	25 juges.	26 juges.	27 juges.	29 juges.	31 juges.	39 juges.	40 juges.	90 juges.
5	7	//	4	2	2	3	2	1	//	1	//	//	//	//	//	1
//	//	//	//	//	//	1	//	//	//	//	//	//	//	//	//	//
//	//	1	1	//	1	//	//	//	//	//	//	//	//	//	//	//
2	//	//	//	//	//	//	1	//	//	//	//	//	1	//	//	//
//	//	1	//	//	1	1	//	//	//	//	//	//	//	//	//	//
//	//	//	//	1	//	//	//	//	//	//	//	//	//	//	//	//
1	//	//	1	//	//	//	//	//	//	//	//	//	//	//	//	//
//	//	//	2	//	1	//	//	//	//	//	//	//	//	//	//	//
//	2	//	//	//	//	1	//	//	//	//	//	//	//	//	//	//
//	//	//	//	//	//	//	//	//	//	//	//	//	//	//	//	//
//	//	//	//	//	//	//	//	//	//	//	//	//	//	//	//	//
//	//	//	//	//	//	//	//	//	//	//	//	//	//	//	//	//
//	//	//	//	//	//	//	//	//	//	//	1	1	//	//	//	//
//	//	//	//	//	//	//	//	//	//	//	//	//	//	//	//	//
//	//	//	//	//	//	//	//	//	//	//	//	//	//	//	//	//
//	1	//	1	//	1	//	//	//	1	//	//	//	//	1	1	//
//	//	//	//	//	//	//	//	//	//	//	//	//	//	//	//	//
//	//	//	//	//	//	//	//	//	//	//	//	//	//	//	//	//
//	//	//	//	//	//	//	//	//	//	//	//	//	//	//	//	//
//	2	//	//	//	//	//	//	//	//	//	//	//	//	//	//	//
8	12	2	9	3	6	6	3	1	1	1	1	1	1	1	1	1

IV. Personnel d...

ÉTATS.	TRIBUNAUX SUPÉRIEURS.	NOMBRE DES TRIBUNAUX DE BAILLIAGE.	1 juge.	2 juges.	3 juges.	4 juges.	5 juges.
. . . .	Berlin.	101	36	37	14	4	4
. . . .	Breslau.	128	37	31	23	15	10
. . . .	Cassel.	73	60	8	3	1	[illegible]
et Waldeck.		3	//	1	2	//	[illegible]
. . . .	Celle.	107	39	51	10	4	[illegible]
Pyrmont.		1	1	//	//	//	[illegible]
et Lippe.		9	5	3	1	//	[illegible]
. . . .	Cologne.	108	73	22	6	2	[illegible]
et Birkenfeld.		2	1	1	//	//	[illegible]
. . . .	Francfort. . . .	52	19	21	8	1	[illegible]
. . . .	Hamm.	108	47	35	15	3	[illegible]
. . . .	Kiel.	70	53	10	4	//	[illegible]
. . . .	Königsberg. . .	71	25	19	11	7	[illegible]
. . . .	Marienwerder.	40	10	7	8	6	[illegible]
. . . .	Naumburg. . .	112	60	23	17	5	[illegible]
Schwarzb.-Sondershausen.		5	//	3	2	//	[illegible]
et Anhalt.		11	6	//	2	1	[illegible]
. . . .	Posen.	58	7	21	14	7	[illegible]
. . . .	Stettin.	59	23	20	9	3	[illegible]
A reporter.		1,118	502	313	149	59	43

(La colonne de gauche porte, placé verticalement : PRUSSE.)

...RIBUNAUX DE BAILLIAGE.

...IBUNAUX DE BAILLIAGE COMPOSÉS DE :

6 juges.	7 juges.	8 juges.	9 juges.	10 juges.	11 juges.	12 juges.	13 juges.	14 juges.	15 juges.	17 juges.	18 juges.	36 juges.	98 juges.
2	1	1	»	»	»	»	1	»	»	»	»	»	1
5	4	1	»	1	»	»	»	»	»	»	»	1	»
»	»	»	»	1	»	»	»	»	»	»	»	»	»
»	»	»	»	»	»	»	»	»	»	»	»	»	»
1	»	»	»	»	»	»	»	»	»	»	1	»	»
»	»	»	»	»	»	»	»	»	»	»	»	»	»
»	»	»	»	»	»	»	»	»	»	»	»	»	»
1	»	»	»	»	1	»	»	»	»	»	»	»	»
»	»	»	»	»	»	»	»	»	»	»	»	»	»
»	1	»	1	»	»	»	»	»	»	1	»	»	»
2	»	1	1	»	»	1	»	»	»	»	»	»	»
»	2	1	1	»	»	»	»	»	»	»	»	»	»
2	1	»	»	»	»	»	»	»	1	»	»	»	»
3	1	»	»	»	»	»	»	»	1	»	»	»	»
»	»	»	»	»	1	1	»	»	»	»	»	»	»
»	»	»	»	»	»	»	»	»	»	»	»	»	»
»	»	»	»	»	»	»	»	»	»	»	»	»	»
»	1	»	1	»	»	»	»	»	»	»	»	»	»
2	»	»	»	»	»	»	1	»	»	»	»	»	»
1	»	»	»	»	»	»	»	1	»	»	»	»	»
9	11	4	4	2	2	2	2	1	2	1	1	1	1

ÉTATS.	TRIBUNAUX SUPÉRIEURS.	NOMBRE DES TRIBUNAUX DE BAILLIAGE.	1 juge.	2 juges.	3 juges.	4 juges.	5 juges.	6 juges.
Report		1,118	502	313	149	59	42	[illegible]
Bavière	Augsburg	49	3	32	11	//	2	[illegible]
	Bamberg	70	9	42	10	1	7	[illegible]
	Munich	60	6	30	18	1	2	[illegible]
	Nüremberg	61	5	40	10	3	1	[illegible]
	Zweibrücken	30	14	13	2	1	//	[illegible]
Alsace-Lorraine	Colmar	72	67	//	2	//	3	[illegible]
Bade	Carlsruhe	57	41	10	2	4	//	[illegible]
Brunswick	Brunswick	24	7	15	1	//	//	[illegible]
Hesse	Darmstadt	49	16	19	10	//	2	[illegible]
Mecklenburg-Schwerin	Rostock	43	30	8	2	1	2	[illegible]
et Mecklenburg-Strelitz		10	7	3	//	//	//	[illegible]
Oldenburg	Oldenburg	14	6	6	2	//	//	[illegible]
et Schaumburg-Lippe		2	1	1	//	//	//	[illegible]
Saxe	Dresde	103	66	21	9	2	1	[illegible]
États de Thuringe	Jena	76	22	30	15	4	3	[illegible]
Brême	Hamburg	2	//	1	//	//	//	[illegible]
Hamburg		3	2	//	//	//	//	[illegible]
et Lübeck		4 (1)	2	1	//	1	//	[illegible]
Württemberg	Stuttgart	64	8	44	10	1	//	[illegible]
Totaux		1,911	814	629	253	78	65	[illegible]

(1) 3 tribunaux de bailliage relèvent de la Principauté de Lübeck qui appartient au Duché d'Oldenburg et 1 de la r[...]

IBUNAUX DE BAILLIAGE.

BUNAUX DE BAILLIAGE COMPOSÉS DE :

8 juges.	9 juges.	10 juges.	11 juges.	12 juges.	13 juges.	14 juges.	15 juges.	16 juges.	17 juges.	18 juges.	90 juges.	97 juges.	59 juges.	36 juges.	98 juges.
4	4	2	2	2	2	1	2	//	1	1	//	//	//	1	1
//	//	//	1	//	//	//	//	//	//	//	//	//	//	//	//
1	//	//	//	//	//	//	//	//	//	//	//	//	1	//	//
1	//	//	//	//	//	//	1	//	//	//	//	//	//	//	//
//	//	//	//	//	//	//	//	//	//	//	//	//	//	//	//
//	//	//	//	//	//	//	//	//	//	//	//	//	//	//	//
//	//	//	//	//	//	//	//	//	//	//	//	//	//	//	//
//	//	//	1	//	//	//	//	//	//	//	//	//	//	//	//
//	//	//	//	//	//	//	//	//	//	//	//	//	//	//	//
//	//	//	//	//	//	//	//	//	//	//	//	//	//	//	//
//	//	//	//	//	//	//	//	//	//	//	//	//	//	//	//
//	//	//	//	//	//	//	//	//	//	//	1	1	//	//	//
//	//	//	//	//	//	//	//	//	//	//	//	//	//	//	//
//	//	//	//	1	//	//	//	//	//	//	//	//	//	//	//
//	//	//	//	//	//	//	//	1	//	//	//	//	//	//	//
//	1	//	//	//	//	//	//	//	//	//	//	//	//	//	//
//	//	//	//	//	//	//	//	//	//	//	//	//	//	//	//
//	//	//	//	//	//	//	//	//	//	//	//	//	//	//	//
//	//	//	1	//	//	//	//	//	//	//	//	//	//	//	//
6	5	2	5	3	2	1	3	1	1	1	1	1	1	1	1

de Lübeck. Le tribunal de bailliage de Lübeck a 4 juges.

V. Population des ressor[...]

ÉTATS.	TRIBUNAUX SUPÉRIEURS.	NOMBRE DES TRIBUNAUX RÉGIONAUX.	TRIBUNA[...]		
			60,000 à 70,000 habitants.	110,000 à 120,000 habitants.	180,000 à 200,000 habitants.
	Berlin	9	//	//	
	Breslau	14	//	//	
	Cassel	3	//	//	
	Celle	8	//	//	
et Lippe		1	//	1 (3)	
	Cologne	9	//	//	
PRUSSE	Francfort	5	1 (2)	//	
	Hamm	8	//	//	
	Kiel	3	//	//	
	Königsberg	7	//	//	
	Marienwerder	5	//	//	
	Naumburg	8	//	//	
et Anhalt		1	//	//	
	Posen	7	//	//	
	Stettin	5	//	//	
A reporter		93	1	1	

(1) Nous donnons les chiffres de la population au recensement du 1er décembre 1880.
(2) Tribunal d'Hechingen (population : 67,624 habitants).
(3) Tribunal de Detmold (Principauté de Lippe). La population du ressort est de 119,439 habitants.

DES TRIBUNAUX RÉGIONAUX [1].

RÉGIONAUX DONT LE RESSORT A UNE POPULATION DE :

200,000 à 225,000 habitants.	225,000 à 250,000 habitants.	250,000 à 300,000 habitants.	300,000 à 350,000 habitants.	350,000 à 400,000 habitants.	400,000 à 450,000 habitants.	450,000 à 500,000 habitants.	500,000 à 550,000 habitants.	AU-DESSUS de 1,000,000 habitants.
//	3	3	1	1	//	//	//	1 [5]
1	2	5	3	1	//	1	//	//
//	1	//	//	1	//	//	//	//
2	2	1	2	1	//	//	//	//
//	//	//	//	//	//	//	//	//
//	//	2	1	2	3	//	2 [4]	//
1	1	1	//	//	//	//	//	//
//	2	2	1	1	//	1	//	//
//	//	//	//	2	1	//	//	//
1	//	5	1	//	//	//	//	//
3	//	1	//	//	1	//	//	//
//	3	3	//	//	2	//	//	//
//	1	//	//	//	//	//	//	//
3	//	3	//	1	//	//	//	//
//	//	3	1	1	//	//	//	//
11	15	29	10	11	6	2	2	1

Tribunaux Régionaux d'Aix-la-Chapelle (population du ressort : 524,097 habitants) et de Düsseldorf (population : ...74 habitants).

Tribunal Régional de la ville de Berlin (population de la ville : 1,122,504 habitants).

POPULATION DES RESSORT[S...]

ÉTATS.	TRIBUNAUX SUPÉRIEURS.	NOMBRE DES TRIBUNAUX RÉGIONAUX.	TRIBUNA[UX]			
			30,000 à 40,000 habitants.	50,000 à 60,000 habitants.	60,000 à 70,000 habitants.	80,000 à 100,000 habitants.
Report.		93	//	//	1	[illegible]
Bavière.	Augsburg.	5	//	//	//	[illegible]
	Bamberg.	6	//	//	//	[illegible]
	Munich.	7	//	//	//	[illegible]
	Nüremberg.	6	//	//	//	[illegible]
	Zweibrücken. . . .	4	//	//	//	[illegible]
Alsace-Lorraine.	Colmar.	6	//	//	//	[illegible]
Bade.	Carlsruhe.	7	//	//	//	[illegible]
Brunswick.	Brunswick.	»	//	//	//	[illegible]
Hesse.	Darmstadt.	3	//	//	//	[illegible]
Mecklenburg Schwerin.	Rostock.	3	//	//	//	[illegible]
et Mecklenburg Strelitz.		1	//	//	//	[illegible]
Oldenburg.	Oldenburg.	1	//	//	//	[illegible]
et Schaumburg-Lippe		1	1 [2]	//	//	[illegible]
Saxe.	Dresde.	7	//	//	//	[illegible]
États de Thuringe.	Jena.	8	//	1 [3]	//	[illegible]
Brême.	Hamburg.	1	//	//	//	[illegible]
Hamburg.		1	//	//	//	[illegible]
et Lübeck.		1	//	//	//	[illegible]
Württemberg	Stuttgart.	8	//	//	//	[illegible]
Totaux.		171	1	1	1	4

(1) Nous donnons pour tous les États du tableau le chiffre de la population au recensement du 1er décembre 188[...]

(2) Tribunal de Buckeburg (Principauté de Schaumburg-Lippe); population : 35,374 habitants.

DES TRIBUNAUX RÉGIONAUX [1].

...GIONAUX DONT LE RESSORT A UNE POPULATION DE :

100,000 à 125,000 habitants.	125,000 à 150,000 habitants.	150,000 à 175,000 habitants.	175,000 à 200,000 habitants.	200,000 à 225,000 habitants.	225,000 à 250,000 habitants.	250,000 à 300,000 habitants.	300,000 à 350,000 habitants.	350,000 à 400,000 habitants.	400,000 à 450,000 habitants.	450,000 à 500,000 habitants.	500,000 à 600,000 habitants.	AU-DESSUS de 1,000,000 d'habitants.
1	//	//	4	11	15	29	10	11	6	2	2	1
//	1	1	2	//	1	//	//	//	//	//	//	//
//	//	3	//	2	1	//	//	//	//	//	//	//
//	2	//	2	1	1	1	//	//	//	//	//	//
//	//	2	2	1	1	//	//	//	//	//	//	//
//	//	3	1	//	//	//	//	//	//	//	//	//
//	//	//	1	1	//	3	//	1	//	//	//	//
//	1	1	1	//	2	1	//	1	//	//	//	//
//	//	//	//	//	//	1	//	//	//	//	//	//
//	//	//	//	//	//	2	//	1	//	//	//	//
1	//	//	//	1	1	//	//	//	//	//	//	//
//	//	//	//	//	//	//	//	//	//	//	//	//
//	//	//	//	//	//	1	//	//	//	//	//	//
//	//	//	//	//	1	1	//	//	//	//	//	//
//	//	3	//	//	//	1	//	//	//	//	//	//
//	2	1	//	//	//	//	//	1	1	//	3 (4)	//
//	//	//	//	//	//	//	//	//	//	1	//	//
//	//	//	//	//	//	//	//	//	//	//	//	//
//	//	//	//	//	//	//	//	//	//	//	//	//
//	//	//	4	1	2	//	1	//	//	//	//	//
2	6	14	13	21	24	42	10	16	7	3	5	1

[1] Tribunal de Greiz (Principauté de Reusz branche aînée); population : 50,782 habitants.
[4] Tribunaux Régionaux de Dresde (594,432 hab.), de Chemnitz (522,056 hab.), de Leipzig (530,764 hab.).

VI. Population moyenne des ressorts des tribunaux régionaux et de bailliage.

ÉTATS.	TRIBUNAUX SUPÉRIEURS.	POPULATION DES RESSORTS des tribunaux Supérieurs[1].	NOMBRE des TRIBUNAUX Régionaux.	POPULATION MOYENNE des ressorts Régionaux.	NOMBRE des TRIBUNAUX de bailliage.	POPULATION MOYENNE des ressorts de bailliage.
		habitants.		habitants.		habitants.
. . . .	Berlin	3,389,155	9	376,572 [2]	101	33,555
. . . .	Breslau	4,007,925	14	286,280	128	31,311
et Waldeck	Cassel	772,975 / 48,551	3	273,842	73 / 3	10,588 / 16,183
Pyrmont. / et Lippe	Celle	2,145,008 / 7,971	8	269,122	107 / 1	20,046 / 7,971
		119,439	1	119,439	9	13,271
et Birkenfeld	Cologne	3,462,115 / 38,685	9	388,977	108 / 2	32,056 / 19,342
. . . .	Francfort	977,713	5	195,542	52	18,802
. . . .	Hamm	2,456,810	8	307,101	108	22,748
. . . .	Kiel	1,127,149	3	375,716	70	16,102
. . . .	Königsberg	1,933,936	7	276,276	71	27,238
. . . .	Marienwerder	1,388,835	5	267,767	40	33,470
Schwarzb.-Sondershausen. / et Anhalt	Naumburg	2,270,633 / 71,107	8	292,717	112 / 5	20,273 / 14,221
		232,592	1	232,592	11	21,144
. . . .	Posen	1,770,460	7	252,922	58	30,525
. . . .	Stettin	1,540,034	5	308,007	59	26,102
A reporter		27,711,093	93	297,967	1,118	24,786

PRUSSE

[1] Nous donnons pour les États du tableau le chiffre de la population établi par le recensement du 1er décembre 1880.

[2] En ne tenant pas compte du Tribunal Régional de Berlin I, dont le ressort comprend 1,122,504 habitants, la population moyenne des ressorts des 8 autres tribunaux Régionaux s'abaisse à 283,531 habitants; de même, en ne tenant pas compte du tribunal de bailliage de Berlin I, qui a la même population, le ressort des tribunaux de bailliage ne comprend plus que 22,666 habitants.

ÉTATS.	TRIBUNAUX SUPÉRIEURS.	POPULATION DES RESSORTS des tribunaux Supérieurs [1].	NOMBRE des TRIBUNAUX Régionaux.	POPULATION MOYENNE des ressorts Régionaux.	NOMBRE des TRIBUNAUX de bailliage.	POPULATION MOYENNE des ressorts de bailliage.
		habitants.		habitants.		habitants.
Report		27,711,093	93	297,967	1,118	24,786
Bavière	Augsburg	907,734	5	181,546	49	18,525
	Bamberg	1,175,290	6	195,881	70	16,789
	Munich	1,380,266	7	197,180	60	23,004
	Nüremberg	1,144,207	6	190,701	61	18,757
	Zweibrücken	677,281	4	169,320	30	22,576
Alsace-Lorraine	Colmar	1,566,670	6	261,111	72	21,759
Bade	Carlsruhe	1,570,254	7	224,322	57	27,548
Brunswick	Brunswick	349,367	2	174,683	24	14,556
Hesse	Darmstadt	936,340	3	312,113	49	19,108
Mecklenburg-Schwerin	Rostock	577,055	3	192,351	43	13,419
et Mecklenburg-Strelitz		100,269	1	100,269	10	10,026
Oldenburg	Oldenburg	263,648	1	263,648	14	18,832
et Schaumburg-Lippe		35,374	1	35,374	2	17,687
Saxe	Dresde	2,972,805	7	424,686	103	28,862
États de Thuringe	Jena	1,185,982	8	148,247	76	15,605
Brême		156,723	1	156,723	2 [2]	78,361
Hamburg	Hamburg	453,869	1	453,869	3	151,289
Lübeck (ville)		63,571			1	63,571
et Lübeck (Principauté)		35,145	1	98,716	3	11,715
Württemberg	Stuttgart	1,971,118	8	246,389	64	30,798
Totaux		45,234,061	171	264,526	1,911	23,670

[1] Chiffre de la population établi par le recensement du 1er décembre 1880.

[2] En ne tenant pas compte des tribunaux de bailliage des villes de Brême, Hamburg, Lübeck dont le ressort est fort étendu, la population moyenne des 6 autres tribunaux de bailliage descend à 11,298 habitants.

Depuis le 1ᵉʳ janvier 1884, il a été créé :

PRUSSE. 1 tribunal Régional à Memel, dans le ressort du tribunal Supérieur de Könisgberg; son ressort comprend les ressorts des 4 tribunaux de bailliage de Memel, Prökuls, Heydekrug et Rusz;

la chambre criminelle détachée de Memel a par suite été supprimée.

(Loi du 12 février 1884.)

ALSACE. 1 tribunal de bailliage à Rosheim, dans le ressort du tribunal Régional de Saverne,

et l'Assise de justice tenue à Rosheim a été supprimée.

(Ordonnance du 15 avril 1884.)

BADE. 2 tribunaux de bailliage :

1 à Philippsburg (ressort du tribunal Régional de Carlsruhe).

1 à Neckarbischofsheim (ressort du tribunal Régional de Mosbach).

(Ordonnance du 19 avril 1884.)

En conséquence, au 1ᵉʳ avril 1884, on compte :

PRUSSE . . . .
- 92 tribunaux Régionaux.
- 92 Cours d'assises.
- 36 chambres criminelles détachées.

ALSACE . . . .
- 73 tribunaux de bailliage.
- 12 Assises de justice.

BADE . . . . 59 tribunaux de bailliage.

Ce qui donne pour toute l'Allemagne :

Tribunaux Régionaux. 172

Cours d'assises. 138

Chambres criminelles détachées. 40

Tribunaux de bailliage. 1,914

Assises de justice. 477

IV

ÉTAT CHRONOLOGIQUE

DES PRINCIPALES LOIS, ORDONNANCES, ARRÊTÉS, ETC.,

RÉGLEMENTANT DANS CHAQUE ÉTAT DE L'EMPIRE ALLEMAND

L'ORGANISATION JUDICIAIRE.

ÉTAT CHRONOLOGIQUE

DES PRINCIPALES LOIS, ORDONNANCES, ARRÊTÉS, ETC.,
RÉGLEMENTANT DANS CHAQUE ÉTAT DE L'EMPIRE ALLEMAND
L'ORGANISATION JUDICIÁIRE.

I. Alsace-Lorraine [1].

1872, 10 juill. Loi sur les conditions de nomination des greffiers et des huissiers.

1873, 23 déc.. Loi d'introduction de la loi fédérale du 31 mars 1873 sur les fonctionnaires.

24 déc.. Loi sur les pensions des veuves et orphelins.

1874, 10 juin. Ordonnance sur les chambres disciplinaires.

1878, 4 nov... Loi d'introduction du Code d'organisation judiciaire.

1879, 13 juin. Ordonnance d'introduction des lois fédérales judiciaires.

21 sept. Arrêté sur l'exécution des peines dans les affaires de la compétence du tribunal d'Échevins.

1er déc.. Ordonnance impériale fixant le titre des magistrats.

1880, 26 janv. Ordonnance sur les officiers auxiliaires du ministère public.

18 fév.. Ordonnance impériale fixant l'ordre d'ancienneté de services des juges et membres du ministère public.

31 mars. Loi sur la taxe des jurés et des Échevins.

29 avril. Ordonnance impériale portant création des chambres près le tribunal régional Supérieur de Colmar.

30 juill. Loi sur la nomination des employés subalternes des tribunaux.

25 oct... Ordonnance sur les frais de transport et de déménagement des fonctionnaires civils.

1882, 27 janv. Regulativ sur les examens judiciaires.

1884, 15 avril. Ordonnance créant un tribunal de bailliage.

15 avril. Regulativ sur les conditions de nomination des greffiers et des huissiers.

[1] Nous avons donné plus haut (p. 227-268) la traduction de toutes les lois et ordonnances relatives à l'Alsace-Lorraine.

Cf. le Recueil des lois (*Gesetzblatt*) aux dates indiquées.

II. Duché d'Anhalt [1].

1875, 22 déc.. Loi sur les fonctionnaires civils [2].

1878, 9 oct... Traité conclu avec la Prusse et rattachant le Duché d'Anhalt au ressort du tribunal Supérieur prussien de Naumburg.

1879, 24 mars. Loi créant les tribunaux du Duché.

     24 mars.. Loi sur le tribunal Supérieur.

     24 mars.. Ordonnance fixant les sièges et les ressorts des tribunaux de bailliage.

     10 mai.. Loi d'introduction du Code d'organisation judiciaire.

     10 mai. Loi sur les tribunaux douaniers de l'Elbe.

     10 mai. Loi sur les juges de paix.

     10 juill. Loi modifiant la loi du 22 décembre 1875 sur les fonctionnaires civils, en ce qui concerne la discipline des juges, membres du ministère public, greffiers et huissiers.

     17 juill. Loi sur l'ancienneté des juges.

     1er août. Loi sur les huissiers.

     23 sept. Loi sur les greffiers.

1880, 9 mai... Ordonnance modificative et complémentaire de l'ordonnance du 18 septembre 1879, relative aux examens judiciaires.

1881, 12 déc.. Ordonnance modificative et complémentaire de la loi du 23 septembre 1879 sur les greffiers.

1883, 31 mai.. Ordonnance sur les examens et le stage exigés des aspirants à la magistrature.

———

III. Grand-duché de Bade [3].

1819, 30 janv. Édit sur les fonctionnaires de l'État.

1844, 3 août.. Loi sur les traitements.

1874, 9 janv.. Loi sur les indemnités de logement.

    26-27 fév.. Ordonnance sur les indemnités de logement.

     14 avril. Ordonnance sur la pension des veuves des employés.

     5 nov... Ordonnance sur les frais de transport.

1875, 30 avril. Ordonnance sur les indemnités de déménagement allouées aux fonctionnaires.

1876, 26 mai. Loi sur les employés.

1879, 30 janv. Loi sur les conflits entre tribunaux judiciaires et autorités administratives.

[1] Cf. le Recueil officiel des lois du Duché d'Anhalt (*Gesetzsammlung*) aux dates indiquées.

[2] Cette loi règle notamment le régime des pensions de retraite.

[3] Cf. le Recueil officiel des lois du Grand-duché de Bade (*Gesetz- und Verordnungsblatt*) aux dates indiquées.

1879, 6 fév... Loi sur la justice volontaire.

14 fév.. Loi sur les droits et devoirs des juges.

20 fév.. Loi sur les traitements des magistrats.

3 mars.. Loi sur la poursuite des fonctionnaires devant la justice civile et criminelle.

3 mars.. Loi d'introduction du Code d'organisation judiciaire.

12 avril. Ordonnance sur la poursuite devant la justice des fonctionnaires.

23 avril. Ordonnance fixant les sièges des tribunaux.

24 juin. Ordonnance sur les tribunaux de navigation du Rhin.

24 juin. Ordonnance réglant le rang des juges et membres du ministère public.

24 juin. Ordonnance sur les conflits.

27 juin. Ordonnance sur l'année judiciaire.

11 juill. Ordonnance sur les Échevins et les jurés.

17 juill. Ordonnance relative à la police criminelle.

17 juill. Ordonnance sur les huissiers.

17 juill. Ordonnance sur les greffiers.

19 juill. Ordonnance sur les fonctions des huissiers.

19 juill. Ordonnance sur les fonctions des greffiers.

19 juill. Ordonnance sur les fonctionnaires de la justice volontaire.

8 août.. Ordonnance sur l'exécution des peines privatives de la liberté.

26 août. Ordonnance sur les époques des sessions des Cours d'assises.

11 sept. Ordonnance sur les autorités de conciliation en matière d'injures.

14 sept. Ordonnance sur les chambres commerciales.

15 sept. Décision ministérielle sur le costume des juges, membres du ministère public, avocats et greffiers.

19 sept. Décision ministérielle complétant l'ordonnance du 19 juillet 1879 sur les fonctionnaires de la justice volontaire.

23 sept. Ordonnance réglant l'organisation du ministère public.

24 sept. Ordonnance sur les tribunaux de bailliage et la surveillance générale dans les tribunaux de bailliage composés de plusieurs juges.

28 sept. Ordonnance fixant le rang des juges et membres du ministère public.

4 oct... Ordonnance sur les indemnités de logement.

8 oct... Ordonnance sur les frais de transport.

10 nov.. Ordonnance sur l'exécution des peines pécuniaires.

8 déc... Ordonnance sur les dépôts judiciaires.

1880, 24 fév.. Loi sur la Cour administrative et la procédure administrative.

3 août.. Ordonnance sur la préparation aux fonctions de la magistrature.

3 août.. Ordonnance sur le stage des candidats à la magistrature et des Référendaires.

1881, 18 fév.. Ordonnance modificative des ordonnances des 4 et 8 octobre 1879 sur les indemnités de logement et de déplacement.

1881, 1ᵉʳ sept.. Ordonnance sur les jurés et les Échevins.

1882, 31 mars. Ordonnance sur le rang des Procureurs d'État.

     3 mai... Ordonnance modificative des ordonnances des 4 et 8 octobre 1879, 18 février 1881 sur les indemnités de logement et de déplacement.

     20 oct.. Ordonnance modificative de l'ordonnance du 17 juillet 1879 sur les greffiers.

     20 oct.. Ordonnance modificative de l'article 5 de l'ordonnance du 23 septembre 1879 sur le ministère public.

1883, 21 mars. Ordonnance sur la tenue des registres de commerce.

     4 juill.. Ordonnance sur le stage des candidats à la magistrature.

1884, 16 janv.. Ordonnance modificative de l'ordonnance du 17 juillet 1879 sur les greffiers.

     8 mars... Ordonnance sur les ressorts des tribunaux de bailliage.

     19 avril. Ordonnance sur les sièges et les ressorts des tribunaux.

     22 juin. Loi sur la caisse des veuves et orphelins des employés.

IV. Royaume de Bavière [1].

1805, 1ᵉʳ janv. Pragmatique sur le service civil.

1818, 26 mars. Loi sur les fonctionnaires civils.

1830, 6 mars.. Ordonnance sur les examens judiciaires.

1850, 30 mars. Loi sur la Haute Cour de justice.

1876, 6 avril.. Ordonnance sur les droits d'examen.

     21 août. Ordonnance sur les traitements.

1879, 23 fév.. Loi d'introduction du Code d'organisation judiciaire.

     23 mars. * Décision ministérielle sur la formation de la liste générale d'Échevins et de jurés [2].

     2 avril.. Ordonnance fixant les sièges et les ressorts des tribunaux.

     30 avril. Décision ministérielle sur les ressorts des Cours d'assises.

     3 mai.. * Décision ministérielle sur la formation des listes d'Échevins et de jurés.

     18 juin. Ordonnance sur les tribunaux de navigation du Rhin.

     29 juill. Ordonnance sur les indemnités de route des Échevins et des jurés.

     31 juill. Décision ministérielle sur le payement de ces indemnités.

     5 août.. Décision ministérielle sur les autorités de conciliation en matière d'injures.

     6 août.. * Avis sur les sessions des Cours d'assises.

[1] Cf. le Recueil officiel des lois et ordonnances (*Gesetz- und Verordnungsblatt*) aux dates indiquées.

[2] Les décisions marquées * ont été publiées par le Bulletin du Ministère de la justice (*Justizministerialblatt*) aux années et dates indiquées.

1879, 18 août. Loi d'introduction du Code de procédure pénale.

18 août. Loi sur les conflits.

20 août. * Instruction sur la procédure des affaires portées devant les tribunaux d'Échevins.

23 août. Ordonnance complémentaire de la loi d'introduction du Code d'organisation judiciaire.

28 août. * Décision ministérielle sur la surveillance générale du service dans les tribunaux de bailliage.

31 août. Ordonnance sur les officiers auxiliaires du ministère public.

2 sept.. Ordonnance sur la création des chambres commerciales.

3 sept.. * Décision ministérielle sur le service des bureaux des Procureurs d'État régionaux.

6 sept.. Ordonnance sur les huissiers.

6 sept.. Ordonnance sur les greffiers.

8 sept.. Ordonnances sur les dépôts judiciaires.

9 sept.. Décision ministérielle sur l'année judiciaire.

11 sept. * Décision ministérielle sur les huissiers.

13 sept. Décision ministérielle sur la nomination des juges commerciaux.

14 sept. * Instruction sur le service des greffiers.

16 sept. * Décision ministérielle sur la distribution des affaires dans les tribunaux de bailliage situés sur la rive droite du Rhin.

21 sept. * Décision ministérielle sur les sursis à l'exécution des peines.

22 sept. * Instruction sur le service des huissiers.

22 sept. Décision ministérielle sur la distribution des affaires près le tribunal de bailliage de Munich I.

25 sept. Ordonnance et décision ministérielle sur la surveillance des prisons.

27 sept. * Décision ministérielle sur les Procureurs de bailliage.

4 oct... Décision ministérielle sur les droits d'examen.

13 oct.. * Décision ministérielle sur la nomination des serviteurs de tribunaux.

3 déc... * Décision ministérielle sur le fonctionnement des tribunaux Supérieurs et Régionaux et la nomination des juges d'instruction.

29 déc.. * Décision ministérielle sur le costum‹ judiciaire.

1880, 1ᵉʳ fév.. * Instruction sur la nomination des greffiers.

25 avril. Ordonnance sur les examens judiciaires et le stage.

27 avril. Ordonnance sur le stage judiciaire des candidats aux fonctions de la magistrature.

19 mai.. * Décision ministérielle sur les examens judiciaires.

19 mai.. * Décision ministérielle sur le stage près les tribunaux Régionaux des candidats aux fonctions de la magistrature.

15 juin.. * Décision ministérielle sur le stage.

15 juin.. * Décision ministérielle sur l'ancienneté des juges.

8 juill.. Décision royale modifiant les ressorts de tribunaux de bailliage.

6 août.. Décision ministérielle sur les officiers auxiliaires du ministère public.

1880, 6 oct. . . * Décision ministérielle sur le consentement au mariage des huissiers.

29 nov.. Décision royale modifiant les ressorts de tribunaux de bailliage.

1881, 17 janv. * Décision ministérielle sur les examens des candidats aux fonctions de greffier et d'huissier.

25 fév.. Décision royale modifiant les ressorts de tribunaux de bailliage.

26 mars. Loi sur la discipline.

30 mars. Ordonnance sur les versements à faire par les fonctionnaires en cas de nomination.

29 avril. * Instruction sur la surveillance des tribunaux de bailliage.

29 avril. * Instruction sur l'inspection des tribunaux de bailliage et Régionaux.

24 mai.. Décision ministérielle sur l'exécution de la loi sur la discipline.

30 mai.. * Décision ministérielle sur les voyages d'inspection des Procureurs d'État Supérieurs et Régionaux.

2 juin.. Décision ministérielle sur l'exécution de la loi sur la discipline.

18 juin. Décision royale modifiant les ressorts de tribunaux de bailliage.

15 juill. * Ordonnance modifiant l'ordonnance sur les huissiers du 6 septembre 1879.

16 juill. * Décision ministérielle sur le service des greffiers et des huissiers.

30 août. * Décision ministérielle sur le service des greffiers et les occupations accessoires des huissiers.

12 oct.. * Décision ministérielle sur le fonctionnement des tribunaux Supérieurs et Régionaux et la nomination des juges d'instruction.

11 nov.. * Décision ministérielle sur les employés inférieurs de tribunaux.

26 nov.. Ordonnance sur le titre des greffiers.

31 déc.. * Décision ministérielle sur le remplacement des juges de bailliage empêchés [1].

31 déc.. * Décision ministérielle sur le titre des candidats aux fonctions de greffier [2].

1882, 9 mai... * Décision ministérielle sur le stage dans un parquet du ministère public des candidats aux fonctions de la magistrature.

21 oct.. * Décision ministérielle sur le second examen pour les fonctions de greffier.

27 oct.. * Décision ministérielle concernant les frais de transport.

1883, 22 janv. * Décision ministérielle sur la confection des listes d'Échevins et de jurés.

5 mai... * Décision ministérielle sur le service des Échevins.

24 mai.. * Décision ministérielle sur les employés du greffe.

17 août. * Ordonnance sur la surveillance des magistrats et des candidats à la magistrature.

1884, 11 avril. * État des avocats au 11 avril 1884.

[1 et 2] Ces deux décisions ont été publiées dans le Bulletin ministériel de l'année 1882, p. 1, 2.

V. Duché de Brunswick [1].

1832, 12 oct. . Loi sur le service civil.

1879, 1ᵉʳ avril. Loi d'introduction du Code d'organisation judiciaire.

    1ᵉʳ avril. Loi sur les examens et le stage judiciaire.

    1ᵉʳ avril. Loi sur les conflits.

    1ᵉʳ avril. Loi sur la discipline des juges et autres fonctionnaires judiciaires.

    21 avril. Ordonnance sur les officiers auxiliaires du ministère public.

    5 mai. . Ordonnance sur le costume des juges.

    17 mai . Décision ministérielle fixant le nombre des Échevins et des jurés par tribunal de bailliage.

    12 juill.. Ordre ministériel créant une chambre commerciale au tribunal Régional de Brunswick.

    16 août. Ordonnance sur les caisses judiciaires.

    18 août. Instruction sur le stage des Référendaires.

    18 août. Instruction sur les commissions d'examen des candidats à la magistrature.

    20 août. Décision ministérielle réglant le remplacement des juges de bailliage dans les tribunaux composés d'un juge unique.

    20 août. Décision ministérielle sur l'exécution des peines.

    20 août. Décision ministérielle sur la composition du tribunal régional Supérieur et des tribunaux Régionaux.

    21 août. Décision ministérielle sur les autorités de conciliation.

    12 sept. Décision ministérielle sur le service des huissiers.

1880, 5 avril. . Décision ministérielle concernant la formation des listes d'Échevins et de jurés.

    10 juin.. Loi de finances fixant le traitement des magistrats.

1882, 6 mars.. Loi réglant la nomination des greffiers, le stage et l'examen des candidats greffiers.

    6 mars.. Loi sur le traitement des membres et du secrétaire de la commission des examens judiciaires.

    21 mars. Décision ministérielle sur le stage et l'examen des candidats greffiers.

    24 avril. Décision ministérielle sur la création d'une troisième chambre civile au tribunal Régional de Brunswick.

    11 sept. Décision ministérielle sur la nomination des huissiers, le stage et l'examen des candidats huissiers.

1883, 26 nov. Décision ministérielle sur la formation des listes d'Échevins.

---

[1] Cf. le Recueil officiel des lois (*Gesetz- und Verordnungsblatt*) du Duché de Brunswick aux dates indiquées.

VI. Grand-duché de Hesse [1].

1808, 25 oct. . Ordonnance créant une caisse des pensions des veuves et orphelins des fonctionnaires.

1812, 25 juill. Ordonnance complémentaire de l'ordonnance du 25 octobre 1808.

1820, 12 avril. Édit sur les fonctionnaires civils.

1861, 22 janv. Loi sur la caisse des pensions des veuves et orphelins.

1874, 27 nov. . Loi sur les pensions.

        29 déc. . Loi modificative de la loi du 22 janvier 1861 sur la caisse des pensions des veuves et orphelins.

1875, 9 janv. . Décision sur les pensions des veuves et orphelins.

        30 avril. Loi sur la mise à la retraite.

        10 mai. . Loi sur la mise à la retraite.

1878, 3 sept. . . Loi d'introduction du Code d'organisation judiciaire.

1879, 16 avril. Loi sur la Haute Cour administrative.

        30 avril. Ordonnance sur la préparation aux fonctions judiciaires et administratives.

        14 mai. . Ordonnance d'introduction du Code d'organisation judiciaire.

        14 mai. . Ordonnance sur la formation des tribunaux d'Échevins et des Cours d'assises.

        14 mai. . Ordonnance sur la nomination des juges commerciaux.

        21 mai. . Loi sur les huissiers.

        31 mai. . Loi sur les droits et devoirs des juges.

        4 juin. . Loi d'introduction du Code de procédure civile [2].

        5 juin. . Loi sur la justice volontaire.

        7 juin. . Loi fixant la juridiction des tribunaux dans les affaires concernant le Grand-duc et les princes du sang.

        9 juin. . Loi d'introduction du Code de procédure pénale [3].

        5 août. . Instruction sur le service des huissiers.

        15 août. Ordonnance sur le costume des juges, membres du ministère public, avocats et greffiers.

        9 sept. . Ordonnance fixant les frais de transport et de déménagement des fonctionnaires civils.

        9 sept. . Ordonnance sur les dépôts judiciaires.

        1er oct. . Ordonnance réglant la procédure en matière de conciliation et l'exécution des peines.

1880, 17 janv. Décision ministérielle appliquant l'ordonnance du 30 avril 1879 sur la préparation au service de l'État.

---

[1] Cf. le Recueil officiel des lois (*Regierungsblatt*) du Grand-duché aux années et dates indiquées.

[2 et 3] La procédure en cas de conflits est réglée par les lois d'introduction des Codes de procédure civile et pénale.

1880, 20 janv. Décision ministérielle nommant les membres de la commission des examens judiciaires.

21 avril. Loi sur la discipline des fonctionnaires civils autres que les juges.

10 mai.. Décision ministérielle sur le stage et l'examen exigés des greffiers et des huissiers.

14 mai.. Décision ministérielle sur la tenue d'assises judiciaires.

22 mai.. Ordonnance modifiant le ressort d'un tribunal de bailliage.

9 juill.. Décision ministérielle sur la composition de la commission d'examen des greffiers et des huissiers.

24 juill. Ordonnance sur l'exécution des peines.

1881, 24 déc.. Ordonnance modifiant le ressort de tribunaux de bailliage.

1882, 12 juill. Ordonnance sur les inspecteurs des frais de justice.

1883, 27 juin. Ordonnance concernant le stage et l'examen exigés des candidats à certains emplois du greffe.

VII. Principauté de Lippe [1].

1829, 21 juill. Ordonnance sur la caisse des veuves et orphelins de fonctionnaires.

1857, 27 mai.. Ordonnance sur les examens judiciaires.

1859, 11 mai.. Loi sur le service civil.

1878, 20 fév... Loi sur les pensions.

1879, 4 janv.. Traité conclu avec la Prusse et rattachant la Principauté au ressort du tribunal régional Supérieur de Celle (publié le 24 mars).

24 mars. Loi d'introduction du Code d'organisation judiciaire.

24 mars. Ordonnance d'introduction du Code d'organisation judiciaire.

10 avril. Loi fixant le traitement des fonctionnaires civils.

5 mai... Ordonnance déterminant les ressorts des tribunaux de bailliage.

26 juin.. Loi sur les arbitres.

13 août. Instruction sur le service des huissiers.

16 août. Instruction sur le service des greffiers près les tribunaux Régionaux.

16 août. Instruction sur le service des greffiers près les tribunaux de bailliage.

16 août. Instruction sur le secrétariat du parquet des Procureurs d'État près les tribunaux Régionaux.

28 août. Décision ministérielle sur les officiers auxiliaires du ministère public.

28 août. Ordonnance sur l'exécution des peines.

4 sept.. Ordonnance sur les sursis d'exécution des peines et les grâces.

4, 19 sept. Ordonnances introduisant les lois judiciaires prussiennes dans le bailliage de Lipperode et sur le territoire de l'abbaye de Kappel.

10 sept. Ordonnance sur l'année judiciaire.

---

[1] Cf. le Recueil officiel des lois (*Gesetz-sammlung*) aux dates indiquées.

1879, 12 sept. Ordonnance sur le remplacement des juges de bailliage empêchés.

18 sept. Ordonnance sur la tenue d'assises judiciaires.

25 sept. Ordonnance sur les huissiers.

30 oct.. Ordonnance fixant la juridiction des tribunaux dans les affaires concernant le Prince souverain et les princes du sang.

4 déc... Ordonnance sur les examens judiciaires.

1880, 26 fév.. Loi sur les fonctions de greffier.

26 fév.. Loi modificative des lois du 11 mai 1859 sur le service civil et du 12 septembre 1877 sur les pensions.

26 avril. Décision ministérielle sur les officiers auxiliaires du ministère public.

3 mai... Ordonnance générale sur le stage, l'examen, la nomination et le remplacement des greffiers.

18 mai.. Ordonnance sur les Échevins et les jurés.

23 oct.. Ordonnance sur le remplacement et les congés des Procureurs de bailliage.

1881, 6 janv.. Loi sur le traitement des huissiers.

6 janv.. Loi sur le stage des candidats aux fonctions judiciaires.

9 sept.. Ordonnance fixant les époques des sessions des Cours d'assises.

1882, 27 juill. Lois sur la tenue des livres hypothécaires.

1883, 5 avril.. Loi sur la rémunération allouée aux Assesseurs de justice.

5 juillet. Ordonnance sur l'inspection des caisses des frais de justice.

1884, 23 mai. Ordonnance sur la caisse des veuves et orphelins de fonctionnaires.

VIII. Grand-duché de Mecklenburg–Schwerin [1].

1863, 17 mars. Ordonnance sur la caisse des veuves et orphelins des fonctionnaires.

1877, 2 juin.. Ordonnance sur les frais de transport.

1879, 21 avril. Ordonnance sur les examens judiciaires, le stage et l'emploi des Assesseurs.

22 avril. Ordonnance sur la discipline des juges.

25 avril. Ordonnance sur la mise à la retraite des fonctionnaires judiciaires.

28 avril. Ordonnance sur les frais de transport et de déménagement des fonctionnaires judiciaires.

2 mai... Ordonnance sur les greffiers.

5 mai... Ordonnance sur la poursuite des fonctionnaires.

17 mai.. Ordonnance d'introduction du Code d'organisation judiciaire.

19 mai.. Ordonnance sur les conflits.

21 mai.. Ordonnance d'introduction du Code de procédure civile.

28 mai.. Ordonnance d'introduction du Code de procédure pénale.

30 mai.. Décision ministérielle sur la distribution des affaires dans les tribunaux de bailliage composés de plusieurs juges.

[1] Cf. le Recueil officiel des lois (*Regierungs-blatt*) aux années et dates indiquées.

1879, 3o mai.. Décision ministérielle sur le remplacement des juges de bailliage empêchés.

17 juin.. Décision ministérielle sur les tribunaux d'Échevins.

18 juin.. Décision ministérielle sur les Cours d'assises.

26 juin.. Décision ministérielle sur les tribunaux d'Échevins.

28 juill. Ordonnance sur l'exécution des peines.

8 août.. Ordonnance sur le serment des membres des tribunaux et du ministère public et des huissiers.

2o août. Ordonnance sur les huissiers.

2o août. Instruction sur les huissiers.

21 août. Décision ministérielle sur le costume des serviteurs des tribunaux.

5 sept.. Ordonnance sur l'uniforme des fonctionnaires judiciaires.

8 sept.. Ordonnance sur le costume d'audience des juges, membres du ministère public, avocats et greffiers.

18 sept. Décision ministérielle sur le serment des expéditionnaires et des greffiers provisoires.

2o sept . Décision ministérielle sur les assises de justice.

2o oct.. Ordonnance sur la surveillance des fonctionnaires subalternes et employés des tribunaux.

12 déc.. Ordonnance sur les congés des juges, membres du ministère public et autres fonctionnaires judiciaires.

1880, 2 janv.. Ordonnance sur le tribunal Supérieur ecclésiastique.

26 janv. Ordonnance sur l'acceptation par les fonctionnaires ducaux de fonctions et occupations accessoires.

2 fév... Décision ducale sur le stage et les examens des greffiers.

14 juin.. Décision ministérielle sur les congés des Assesseurs et des Référendaires.

6 juill.. Ordonnance sur les officiers auxiliaires du ministère public.

9 août.. Décision ministérielle sur les listes d'Échevins.

1881, 4 fév... Ordonnance sur le titre des membres du ministère public.

22 avril. Ordonnance sur les caisses de dépôt près les tribunaux Régionaux et de bailliage.

18 mai.. Décision ministérielle sur l'admission de candidats étrangers au service de la justice.

29 juin. Ordonnance créant une chambre civile au tribunal Régional de Rostock.

23 juill. Décision ministérielle sur les listes d'Échevins.

3o sept. Décision ministérielle sur les jurés.

2o déc.. Ordonnance modificative de l'ordonnance d'introduction du Code d'organisation judiciaire.

22 déc.. Décision ministérielle créant une chambre civile au tribunal régional Supérieur.

22 déc.. Décision ministérielle créant une chambre criminelle aux tribunaux Régionaux de Schwerin et de Güstrow.

1882, 3 avril.. Ordonnance modifiant l'ordonnance du 20 août 1879 sur les huissiers.

    1er août . Décision ministérielle sur les listes d'Échevins.

1883, 15 mars. Ordonnance sur le traitement des membres et employés du tribunal Supérieur.

1884, 5 fév... Ordonnance modificative de la loi d'introduction du Code d'organisation judiciaire.

———

IX. Grand-duché de Mecklenburg-Strelitz [1].

1879, 21 avril. Ordonnance sur les examens judiciaires, le stage et l'emploi des Assesseurs.

    22 avril. Ordonnance sur la discipline des juges.

    25 avril. Ordonnance sur la mise à la retraite des fonctionnaires judiciaires.

    28 avril. Ordonnance sur les frais de transport et de déménagement des fonctionnaires judiciaires.

    2 mai... Ordonnance sur les greffiers.

    5 mai... Ordonnance sur la poursuite des fonctionnaires.

    17 mai.. Ordonnance d'introduction du Code d'organisation judiciaire.

    19 mai.. Ordonnance sur les conflits.

    21 mai.. Ordonnance d'introduction du Code de procédure civile.

    28 mai.. Ordonnance d'introduction du Code de procédure pénale.

    30 mai.. Décision ministérielle sur la distribution des affaires dans les tribunaux de bailliage composés de plusieurs juges.

    30 mai.. Décision ministérielle sur le remplacement des juges de bailliage empêchés.

    18 juin . Décision ministérielle sur les tribunaux d'Échevins.

    18 juin . Décision ministérielle sur les Cours d'assises.

    26 juin . Décision ministérielle sur les tribunaux d'Échevins.

    28 juill. Ordonnance sur l'exécution des peines.

    8 août.. Ordonnance sur le serment des membres des tribunaux et du ministère public et des huissiers.

    20 août. Ordonnance sur les huissiers.

    20 août. Instruction sur les huissiers.

    8 sept.. Ordonnance sur le costume d'audience des juges, membres du ministère public, avocats et greffiers.

    11 sept. Décision ministérielle sur le costume des serviteurs des tribunaux Régionaux et de bailliage et des huissiers.

    18 sept. Décision ministérielle sur le serment des expéditionnaires et des greffiers provisoires.

    29 sept. Décision ministérielle sur les assises de justice.

[1] Cf. le Recueil officiel des lois (*Officieller Anzeiger*) aux années et dates indiquées.

1879, 1ᵉʳ oct. . Ordonnance sur l'uniforme des fonctionnaires judiciaires.

20 oct. . Ordonnance sur la surveillance des fonctionnaires subalternes et employés des tribunaux.

27 oct. . Décision ministérielle sur le recouvrement des droits d'examen.

20 nov. . Ordonnance sur l'admission des membres du tribunal Supérieur dans la caisse des veuves.

12 déc. . Ordonnance sur les congés des juges, membres du ministère public et autres fonctionnaires judiciaires.

1880, 2 janv. . Ordonnance sur le tribunal Supérieur ecclésiastique.

8 juin. . Décision ducale sur le stage et les examens des greffiers.

6 juill. . Ordonnance sur les officiers auxiliaires du ministère public.

21 août. Décision ministérielle sur les listes d'Échevins.

1881, 20 déc. . Ordonnance modificative de l'ordonnance d'introduction du Code d'organisation judiciaire.

1882, 2 juin. . Décision sur le remplacement des juges de bailliage empêchés.

12 août. Décision sur la confection des listes d'Échevins.

1883, 27 mars. Ordonnance sur le traitement des membres et employés du tribunal Supérieur.

27 nov. . Ordonnance sur les examens des greffiers.

X. Grand-duché d'Oldenburg [1].

1861, 15 juin. Loi sur la caisse des veuves.

1867, 28 mars. Loi sur les fonctionnaires civils.

1870, 24 mars. Loi sur les conflits.

1878, 20 août. Traité conclu avec la Prusse et rattachant la Principauté de Birkenfeld aux ressorts du tribunal Régional de Saarbrücken et du tribunal Supérieur de Cologne.

30 sept. Traité conclu avec la Ville libre de Lübeck et créant un tribunal Régional commun pour la Ville libre de Lübeck et la Principauté oldenbourgeoise de Lübeck.

23 oct. . Traité conclu avec la Principauté de Schaumburg-Lippe et créant un tribunal régional Supérieur commun.

1879, 9 janv. . Loi sur les traitements.

10 mars. Loi sur les examens judiciaires.

10 mars. Instruction ministérielle sur les examens judiciaires.

12 mars. Loi sur les fonctionnaires civils.

2 avril. . Loi d'introduction du Code d'organisation judiciaire, spéciale à la Principauté de Lübeck.

2 avril. . Ordonnance d'introduction du Code d'organisation judiciaire, spéciale à la Principauté de Lübeck.

[1] Cf. le Recueil officiel des lois (*Gesetzblatt*) du Grand-duché d'Oldenburg aux années et dates indiquées.

310   CODE D'ORGANISATION JUDICIAIRE.

1879, 10 avril. Loi d'introduction du Code d'organisation judiciaire, spéciale au Duché d'Oldenburg.

    10 avril. Ordonnance d'introduction du Code d'organisation judiciaire, spéciale
        au Duché d'Oldenburg.

    10 mai.. Loi d'introduction du Code d'organisation judiciaire, spéciale à la
        Principauté de Birkenfeld.

    10 mai.. Ordonnance d'introduction du Code d'organisation judiciaire, spéciale
        à la Principauté de Birkenfeld.

    18 août. Décision ministérielle sur les officiers auxiliaires du ministère public.

    19 sept. Ordonnance sur les huissiers.

    25 sept. Règlement des huissiers.

1881, 10 mars. Décision ministérielle sur les examens judiciaires.

XI. Royaume de Prusse [1].

1848, 14 juin. Arrêté royal sur les traitements de disponibilité.

    24 oct.. Arrêté royal sur les traitements de disponibilité.

1851, 26 avril. Loi fixant la juridiction des tribunaux dans les affaires concernant le
        Roi et les princes du sang.

    7 mai.. Loi sur la discipline des juges.

1852, 21 juill. Loi sur la discipline des fonctionnaires non judiciaires.

1854, 13 fév.. Loi sur la poursuite des fonctionnaires.

1869, 6 mai.. Loi sur les examens judiciaires.

1872, 27 mars. Loi sur les pensions.

1873, 24 mars. Loi sur les frais de transport.

    12 mai.. Loi sur les indemnités de logement.

    24 déc.. Ordonnance sur les frais de transport.

1876, 15 avril. Loi sur les frais de transport.

    8 mai... Ordonnance sur les frais de transport.

1877, 24 fév.. Loi sur les frais de déménagement.

1878, 4 mars.. Loi fixant les sièges et les ressorts des tribunaux Supérieurs et Régionaux.

    23 avril. Traité conclu avec les États de Thuringe et rattachant certains territoires prussiens au ressort du tribunal Supérieur de Jena.

    24 avril. Loi d'introduction du Code d'organisation judiciaire.

    26 juill. Ordonnance fixant les sièges des tribunaux de bailliage.

    20 août. Traité conclu avec le Grand-duché d'Oldenburg et rattachant la
        Principauté de Birkenfeld aux ressorts du tribunal Régional de
        Saarbrücken et du tribunal Supérieur de Cologne.

    7 oct... Traité conclu avec la Principauté de Schwarzburg-Sondershausen et

------

[1] Cf. le Recueil officiel des lois du Royaume de Prusse (*Gesetz-sammlung*) aux années et dates indiquées.

rattachant la Principauté aux ressorts du tribunal Régional d'Erfurt et du tribunal Supérieur de Naumburg.

1878, 9 oct... Traité conclu avec le Duché d'Anhalt et rattachant le Duché au ressort du tribunal Supérieur de Naumburg.

17 oct.. Traité conclu avec les Duchés de Saxe-Meiningen et de Saxe-Coburg-Gotha et créant un tribunal Régional commun à Meiningen.

17 oct.. Traité conclu avec le Duché de Saxe-Meiningen et la Principauté de Schwarzburg-Rudolstadt et créant un tribunal Régional commun à Rudolstadt.

11 nov.. Traité conclu avec les États de Thuringe et créant des Cours d'assises communes à Gera et Meiningen.

1879, 4 janv.. Traité conclu avec la Principauté de Lippe et rattachant la Principauté au ressort du tribunal Supérieur de Celle.

3 mars.. Loi sur les greffiers.

8 mars.. Loi sur les tribunaux de navigation du Rhin.

9 mars.. Loi sur les tribunaux douaniers de l'Elbe.

29 mars. Loi sur les arbitres.

9 avril.. Loi sur la discipline.

16 avril. Ordonnance fixant l'ancienneté des juges.

4 juill.. * Ordre royal sur le costume des juges, membres du ministère public, greffiers et avocats [1].

5 juill.. Ordonnance royale fixant les ressorts des tribunaux de bailliage.

12 juill. * Ordonnance ministérielle sur le costume des juges, membres du ministère public, etc.

14 juill. Loi sur les huissiers.

21 juill. * Ordonnance sur la répartition des affaires dans les tribunaux de bailliage composés de plusieurs juges.

22 juill. * Ordonnance sur la formation des tribunaux d'Échevins et des Cours d'assises.

24 juill. * Instruction sur le service des huissiers.

25 juill. * Ordonnance créant des chambres criminelles détachées.

26 juill. * Ordonnance sur la création de chambres commerciales.

26 juill. * Ordonnance réglant le mode de présentation des juges commerciaux.

28 juill. * Ordonnance sur l'année judiciaire et la répartition des affaires dans les tribunaux.

1er août. Ordonnance sur les conflits.

3 août.. * Instruction sur le service des greffiers près les tribunaux de bailliage.

3 août.. * Instruction sur le service des greffiers près les tribunaux Régionaux.

3 août.. * Instruction sur le secrétariat du parquet des Procureurs d'État près les tribunaux Régionaux.

---

[1] Les ordonnances marquées * ont été publiées dans le Bulletin du Ministère de la justice (*Justizministerialblatt*) aux années et dates indiquées.

1879, 11 août. Ordre royal fixant le rang des juges et membres du ministère public.

11, 27 août. * Ordonnances sur l'application de la loi sur les arbitres.

14 août. * Ordonnance sur l'exécution des peines, les sursis et les grâces.

22 août. * Ordonnance sur la procédure en conciliation dans les affaires criminelles intentées à des étudiants.

28 août. * Instruction sur les fonctions des Procureurs de bailliage.

29 août. * Ordonnance sur la tenue des livres de commerce et autres.

1er sept. Ordre royal maintenant au tribunal Supérieur de Berlin le titre de Kammergericht.

1er sept.. Ordonnance royale sur les tribunaux de navigation du Rhin.

4, 29, 30 sept. * Ordonnances organisant les bureaux des greffes des tribunaux.

5 sept. . * Ordonnance sur le stage, les examens et la nomination des greffiers.

7, 24 sept. Ordonnances fixant la caution de certains fonctionnaires en matière judiciaire.

8 sept. . * Instruction sur le service des greffiers près les tribunaux Supérieurs.

8 sept. . * Instruction sur le secrétariat du parquet du Procureur Supérieur.

10 sept. * Ordonnance sur le remplacement des juges de bailliage empêchés.

15 sept. * Ordonnance sur les officiers auxiliaires du ministère public.

1er oct. . Ordonnance modifiant les ressorts des tribunaux de bailliage.

21 oct. . * Instruction sur le service des employés et serviteurs des tribunaux.

15 nov.. * Ordonnance sur la répartition des affaires dans les tribunaux.

9 déc. . . * Ordonnance sur l'emploi des Référendaires.

12 déc.. * Ordonnance sur le titre officiel des greffiers et commis greffiers.

1880, 1er janv. * Ordonnance sur les demandes en nomination, déplacement et avancement.

14 janv. * Ordonnance sur les congés.

26 janv., 26 fév. * Ordonnances sur les ressorts des tribunaux de bailliage.

20 fév.. * Ordonnance sur les frais de transport des Procureurs de bailliage.

26 fév.. * Communication sur le grand examen d'État.

19 avril. * Ordonnance sur l'emploi des Référendaires.

24 mai.. * Ordonnance sur les inspections de tribunaux.

27 oct.. Ordonnance sur les ressorts des tribunaux de bailliage.

1881, 6 fév.... Loi sur les traitements.

13 avril. * Ordonnance sur le consentement à mariage donné aux magistrats.

2 juill.. * Ordonnance sur les frais de déménagement.

20 sept. * Ordonnance créant une chambre commerciale à Posen.

1er oct.. * Ordonnance sur la chambre commerciale de Crefeld.

9 nov... Ordonnance modifiant les ressorts des tribunaux de bailliage.

1882, 18 janv. * Ordonnance sur les listes d'Échevins

15 fév.. * Ordonnance créant une chambre commerciale à Bochum.

1882, 21 fév., 19 août. * Ordonnances créant des chambres criminelles détachées.

     24 fév.. * Ordonnance sur la chambre commerciale de Bochum.

     31 mars. Loi modificative de la loi du 27 mars 1872 sur les pensions.

8 avril, 18 oct. * Ordonnances sur les arbitres.

26 avril, 21 juin. Ordonnances sur les ressorts des tribunaux de bailliage.

     5 mai. . * Ordonnance sur les examens judiciaires.

     17 mai.. * Ordonnance sur l'emploi des Assesseurs.

     20 mai.. Loi sur les veuves et les orphelins des fonctionnaires.

     22 mai.. * Ordonnance sur les sessions des Cours d'assises.

     8 juin.. * Ordonnance relative à la loi sur les veuves et les orphelins des fonctionnaires.

     1er juill.. Ordonnances sur les ressorts des tribunaux de bailliage.

     21, 22 sept. Ordonnance sur les ressorts des tribunaux de bailliage.

     9 oct... * Ordonnance sur les officiers auxiliaires du ministère public.

     12 oct.. * Ordonnance relative à la composition des chambres criminelles.

     21 oct... Ordonnance créant des chambres criminelles.

     30 oct.. * Ordonnance sur les tribunaux d'Échevins.

1883, 4 janv.. * Ordonnance sur la chambre commerciale de Siegen.

     2 avril.. Ordonnance sur la chambre commerciale de Stralsund.

     1er mai.. Regulativ sur les examens judiciaires et le stage.

     1er mai. * Ordonnance sur les veuves et orphelins des fonctionnaires.

1884, 19 janv. * Ordonnance sur le greffe des tribunaux de bailliage.

     12 fév.. Loi créant un tribunal Régional à Memel.

     16 fév.. * Ordonnance sur le choix des Échevins et jurés.

     26 mars. Ordonnance sur les frais de transport.

     26 avril. * État des avocats au 1er janvier 1884.

     30 avril. Loi modificative de la loi sur les pensions.

     12 mai.. * Ordonnance sur le tribunal Régional de Memel.

     26 mai.. * Ordonnance sur les frais de transport et de déménagement.

XII. Royaume de Saxe [1].

1835, 7 mars.. Loi sur les fonctionnaires.

1867, 20 fév.. Ordonnance sur l'examen judiciaire d'État.

1874, 4 juin.. Ordonnance sur l'examen judiciaire d'État.

1876, 3 juin.. Loi sur les fonctionnaires.

     3 juin.. Ordonnance sur les tribunaux disciplinaires.

     22 nov.. Regulativ sur le premier examen judiciaire.

1877, 16 juill. Regulativ sur le premier examen judiciaire.

[1] Cf. le Recueil officiel des lois (*Gesetz-und Verordnungsblatt*) aux dates indiquées.

1879, 20 fév. . Ordonnance sur le serment des fonctionnaires.

1er mars. Loi d'introduction du Code d'organisation judiciaire.

3 mars. . Loi sur les conflits.

4 mars. . Regulativ sur le premier examen judiciaire.

3 mai. . Ordonnance sur la mise en vigueur de la loi d'introduction du Code de procédure pénale.

16 mai. . Ordonnance sur les juges de paix.

24 mai. . * Ordonnance générale sur les juges de paix [1].

28 juill. Ordonnance sur les tribunaux.

29 juill. Ordonnance sur le remplacement des juges empêchés.

30 juill. Ordonnance sur l'ancienneté des juges.

1er août. Ordonnance sur le costume judiciaire.

4 août. . * Décision sur le costume judiciaire.

11 août. * Ordonnance sur les juges de paix.

20 août. Loi fixant les tribunaux ayant juridiction sur le Roi et les princes du sang.

2 sept. . * Ordonnance sur le service des greffiers et des huissiers.

8 sept. . Ordonnance sur les tribunaux douaniers de l'Elbe.

10 sept. * Ordonnance sur les huissiers.

12 sept. * Ordonnance sur le fonctionnement des tribunaux de première instance.

17 sept. Ordonnance sur le stage des candidats aux fonctions de la magistrature.

18 sept. Ordonnance sur les autorités de conciliation dans les affaires concernant les étudiants universitaires.
et 4 oct.

19 sept. Ordonnance sur les officiers auxiliaires du ministère public.

23 sept. Ordonnance sur les Échevins et les jurés.

24 sept. Décision fixant le rang des juges et des membres du ministère public.

6 oct. . . Ordonnance sur les officiers auxiliaires du ministère public.

1880, 15 mars. Loi sur les frais de transport.

20 mars. Loi sur les droits et devoirs des juges.

25 avril. Ordonnance sur les vacances.

26 avril. * Ordonnance sur les droits et devoirs des juges.

27 avril. * Ordonnance sur les frais de transport.

10 mai . * Ordonnance sur les congés.

11 mai . * Ordonnance sur les vacances des juges de bailliage.

14 juill. * Décision ministérielle sur les sessions des Cours d'assises.

27 juill. * Regulativ sur le costume des serviteurs de tribunaux.

30 juill. * Ordonnance sur le stage des candidats aux fonctions de la magistrature.

[1] Les ordonnances marquées * ont été publiées par le Bulletin du Ministère de la justice (*Justizministerialblatt*) aux dates indiquées.

1880, 5 août.. Ordonnance sur l'année judiciaire.

20, 21 août. * Ordonnances sur les chambres criminelles détachées.

3o août. * Ordonnance sur le service des greffiers.

8 sept.. * Ordonnance sur la surveillance des greffiers et des huissiers.

1881, 22 mars. * Ordonnance sur la distribution des affaires dans les tribunaux de bailliage.

4 mai... Ordonnance sur les congés.

2 nov... * Ordonnance sur les Échevins et les jurés.

1882, 1ᵉʳ mars. Loi sur le traitement des membres du tribunal Supérieur.

29 mars. * Ordonnance sur les vacances.

3 mai.. * Ordonnance sur le personnel judiciaire.

6 mai.. * Ordonnance sur le costume des serviteurs de tribunaux.

1ᵉʳ août. * Ordonnance sur l'organisation des greffes.

2 août.. * Ordonnance sur le service des huissiers.

4 août.. * Ordonnance sur le service des parquets des Procureurs régionaux et de bailliage.

25 août. Ordonnance sur les dépôts judiciaires.

11 sept. * Ordonnance sur les Échevins et les jurés.

1883, 11 juin. Décision supprimant des tribunaux de bailliage.

11 juin. * Ordonnance sur la suppression de deux tribunaux de bailliage.

1884, 7 mai.. * Ordonnance sur le stage des candidats judiciaires.

XIII. Principauté de Schaumburg-Lippe [1].

1872, 8 mars.. Loi sur le service civil.

1878, 23 oct.. Traité conclu avec le Grand-duché d'Oldenburg, créant un tribunal Supérieur commun (publié le 28 juin 1879).

1879, 3o juin. Loi d'introduction du Code d'organisation judiciaire.

1ᵉʳ juill. Loi sur les frais de transport.

2 juill... Ordonnance fixant les ressorts des tribunaux de bailliage.

5 août.. Décision sur le costume des juges, membres du ministère public, avocats et greffiers.

12 août. Ordonnance fixant le nombre des Échevins et des jurés.

20 août. Loi sur les huissiers.

22 août. Loi sur les Échevins et les jurés.

23 août. Ordonnance sur la distribution des affaires dans les tribunaux de bailliage composés de plusieurs juges.

25 août. Ordonnance sur l'année judiciaire.

26 août. Ordonnance sur les arbitres.

28 août. Instruction sur les huissiers.

[1] Cf. le Recueil officiel des lois (*Landesverordnungen*) aux dates indiquées.

1879, 29 août . Ordonnance sur les greffiers et le secrétariat du Parquet.
    6 sept. . Ordonnance fixant l'ancienneté des juges.
    9 sept . . Ordonnance sur l'indemnité allouée aux Assesseurs.
    10 sept.. Ordonnance sur la justice volontaire.
    11 sept.. Ordonnance sur l'exécution des peines, les sursis et les grâces.
    20 sept.. Ordonnance appliquant les art. 7 et 55 de la loi du 30 juin 1879.
    22 sept.. Ordonnance sur les assises de justice.
    23 sept.. Ordonnance sur la nomination des juges d'instruction.
    25 sept.. Ordonnance sur les congés.
    26 sept.. Ordonnance sur les officiers auxiliaires du ministère public.
1880, 5 avril.. Ordonnance sur les examens judiciaires et le stage.
    14 avril. Loi sur les traitements.
    22 avril. Loi complémentaire de la loi du 30 juin 1879.
    13 mai.. Ordonnance sur le remplacement des juges de bailliage.
    11 juin.. Ordonnance complémentaire de la loi du 30 juin 1879.
1882, 31 mars. Loi modificative de la loi sur les traitements.
    14 avril. Ordonnance sur les assises de justice.

XIV. Principauté de Schwarzburg-Sondershausen [1].

1850, 26 mars. Loi sur le service civil.
1857, 13 juill. Loi sur les pensions.
    17 juill. Loi sur les arbitres.
1875, 11 janv. Loi sur les frais de transport.
1878, 7 oct... Traité conclu avec la Prusse et rattachant la Principauté aux ressorts du tribunal Régional d'Erfurt et du tribunal Supérieur de Naumburg (publié le 16 mai 1879).
1879, 16 mai.. Loi d'introduction du Code d'organisation judiciaire.
    17 mai.. Loi sur les arbitres.
    27 mai.. Loi sur la discipline des juges.
    5 juin. . Instruction sur les arbitres.
    24 juill. Ordonnance sur l'exécution des peines.
    12 août. Ordonnance sur les greffiers.
    13 août. Loi sur les huissiers.
    7 oct... Ordonnance sur les sursis de peines et les grâces.
    8 oct... Décision ministérielle sur le renvoi devant le Tribunal de l'Empire des affaires agraires.
    9 oct... Ordonnance sur les officiers auxiliaires du ministère public.
1880, 23 janv. Loi sur la discipline des fonctionnaires non judiciaires.

[1] Cf. le Recueil des lois (*Gesetzsammlung*) de la Principauté aux années et dates indiquées.

1880, 16 mars. Ordonnance sur la formation des tribunaux d'Echevins et des Cours d'assises.

28 avril. Ordonnance sur les examens judiciaires.

29 avril. Décision ministérielle sur les examens judiciaires.

7 juill.. Ordonnance sur les examens judiciaires.

1881, 4 janv.. Ordonnance sur le costume des serviteurs des tribunaux de bailliage.

1882, 2 août.. Loi sur la tenue des livres hypothécaires.

9 sept.. Décision ministérielle créant une chambre criminelle détachée.

21 oct.. Ordonnance sur la tenue des livres hypothécaires.

19 déc.. Décision ministérielle sur la pension accordée aux veuves des greffiers.

1883, 6 juin.. Loi sur la caisse des veuves et orphelins de fonctionnaires.

ÉTATS DE THURINGE.

1877, 19 fév.. Traité conclu entre les sept États de Thuringe et créant à Jena un tribunal Supérieur commun.

1878, 23 avril. Traité conclu entre les États de Thuringe et la Prusse et rattachant certains territoires prussiens au ressort du tribunal Supérieur de Jena.

11 nov.. Traité conclu entre les États de Thuringe et la Prusse et créant des Cours d'assises communes à Gera et Meiningen.

1880. Regulativ sur les examens judiciaires.

1882. Acte modificatif du Regulativ.

XV. Principauté de Reusz branche aînée [1].

1860, 2 avril.. Loi sur le service civil.

1878, 20 nov.. Loi sur l'organisation judiciaire.

1879, 28 mars. Publication du traité du 19 février 1877.

29 mars. Publication du traité du 11 novembre 1878.

16 avril. Loi d'introduction du Code d'organisation judiciaire.

17 avril. Décision ministérielle sur la formation des listes d'Échevins et de jurés.

15 août. Ordonnance sur l'année judiciaire.

1er sept. Loi sur les greffiers.

2 sept.. Loi sur les huissiers.

3 sept.. Ordonnance sur la justice volontaire.

4 sept.. Ordonnance sur la discipline des juges.

[1] Cf. le Recueil officiel des lois de Reusz (*Gesetzsammlung*) aux dates indiquées.

1879, 5 sept.. Ordonnance d'introduction du Code de procédure criminelle.
    11 sept. Ordonnance sur les officiers auxiliaires du ministère public.
    24 sept. Ordonnance sur le stage des Référendaires.
    22 nov.. Ordonnance sur le costume des magistrats.
1880, 12 juin. Ordonnance sur la formation des listes d'Échevins et de jurés.
    23 juill. Ordonnance sur les examens judiciaires.
    11 déc.. Loi sur les frais de transport.
1881, 31 janv. Ordonnance modificative de l'ordonnance du 5 septembre 1879.
    4 mai.. Ordonnance modificative de la loi du 2 septembre 1879 sur les huissiers.
1882, 2 sept.. Ordonnance modificative de l'ordonnance du 5 septembre 1879.
    9 déc... Ordonnance sur les examens judiciaires.
1883, 27 janv. Loi sur les frais de transport.
    3 mars.. Loi modificative de la loi du 2 avril 1860 sur les fonctionnaires civils.
    20 avril. Ordonnance sur les examens des greffiers.

XVI. Principauté de Reusz branche cadette [1].

1853, 16 juin. Loi sur le service civil.
1865, 6 mai.. Loi sur les frais de transport.
1878, 18 mai. Traité conclu avec le Grand-duché de Saxe-Weimar et créant un tribunal Régional commun à Gera.
1879, 22 fév.. Loi sur les tribunaux judiciaires.
    22 fév.. Loi d'introduction du Code d'organisation judiciaire.
    12 avril. Publication des traités des 19 février 1877, 23 avril, 18 mai et 11 novembre 1878.
    12 sept. Loi modifiant la Constitution.
    12 sept. Loi sur la justice volontaire.
    12 sept. Loi sur les assises de justice.
    12 sept. Loi sur les juges de paix.
    18 sept. Ordonnance sur les officiers auxiliaires du ministère public.
    19 sept. Loi sur l'emploi des Assesseurs.
1880, 6 juill.. Ordonnance sur les examens judiciaires.
1882, 30 mai.. Loi sur les frais de transport.
    12 déc.. Ordonnance sur les examens judiciaires.
1883, 28 déc.. Loi modifiant la loi sur la pension des veuves de fonctionnaires.
    31 déc.. Loi sur les dépôts judiciaires.

XVII. Duché de Saxe-Altenburg [2].

1861, 8 oct... Loi sur le service civil.

[1] Cf. le Recueil officiel des lois de Reusz branche cadette (*Gesetzsammlung*) aux dates indiquées.

[2] Cf. le Recueil officiel des lois de Saxe-Altenburg (*Gesetzsammlung*) aux dates indiquées.

1864, 17 déc.. Loi sur les pensions.

1867, 31 août. Loi modificative de la loi du 8 octobre 1861 sur le service civil.

1879, 20 mars. Publication du traité du 23 avril 1878.

22 mars. Loi d'introduction du Code d'organisation judiciaire.

25 mars. Publication du traité du 11 novembre 1878.

26 mars. Ordonnance sur la nomination des délégués membres de la commission de formation des listes d'Échevins.

26 mars. Ordonnance sur la formation des listes d'Échevins et de jurés.

16 avril. Ordonnance fixant les sièges et les ressorts des tribunaux de bailliage.

19 avril. Loi sur les arbitres.

27 juin. Ordonnance sur l'année judiciaire.

28 juin. Ordonnance sur les huissiers.

7 août.. Ordonnance sur les greffiers.

14 août. Ordonnance fixant le nombre des jurés.

16 août. Ordonnance sur le costume des juges, membres du ministère public, greffiers et avocats.

22 sept. Ordonnance sur le stage des candidats aux fonctions judiciaires.

1er oct.. Ordonnance sur les officiers auxiliaires du ministère public.

1880, 31 mai.. Ordonnance sur les examens judiciaires.

15 juin. Ordonnance sur la formation des tribunaux d'Échevins et des Cours d'assises.

1881, 23 fév.. Ordonnance sur les inspections de tribunaux.

20 juin. Ordonnance sur les greffiers.

1882, 6 déc... Ordonnance sur les examens judiciaires.

1883, 5 avril.. Ordonnance sur les examens des greffiers.

XVIII. Duché de Saxe-Coburg-Gotha [1].

1852, 3 mai.. Loi sur le service civil.

1866, 24 déc.. Loi sur les frais de transport.

1875, 26 avril. Loi sur les indemnités allouées aux membres des Cours d'assises.

1876, 20 mai. Loi sur les pensions.

1877, 17 juin.. Décision ministérielle sur les frais de déménagement.

1878, 5 janv.. Publication du traité du 19 février 1877.

17 avril. Loi sur les frais de transport.

17 oct.. Traité conclu avec la Prusse et le Duché de Saxe-Meiningen et créant un tribunal Régional commun à Meiningen.

1879, 29 mars. Publication des traités des 23 avril et 11 novembre 1878.

30 mars. Publication du traité du 17 octobre 1878.

7 avril.. Loi d'introduction du Code d'organisation judiciaire.

[1] Cf. le Recueil officiel des lois (*Gesetzsammlung*) aux dates indiquées.

1879, 7 avril . . Loi d'organisation des tribunaux de première instance.
      7 avril. . Loi sur les arbitres.
      8 avril. . Loi sur les conflits.
      15 avril. Ordonnance sur la formation des listes d'Échevins et de jurés.
      24 juill. Ordonnance sur les greffiers.
      24 juill. Décision ministérielle sur l'année judiciaire.
      31 juill. Ordonnance sur les huissiers.
      20 août. Ordonnance créant une chambre commerciale à Coburg.
      1er sept. Ordonnance sur l'exécution des peines.
      3 sept. . . Ordonnance sur les officiers auxiliaires du ministère public.
      10 sept. Ordonnance créant une chambre criminelle à Coburg.
      1er oct. . Ordonnance sur les frais de transport.
1880, 28 avril. Ordonnance sur l'exécution des peines.
      14 mai. . Loi concernant le costume judiciaire.
      1er juin. Ordonnance sur la formation des listes d'Échevins et de jurés.
      1er juin. Ordonnance sur le stage et l'examen des greffiers.
      11 juin. Ordonnance sur le costume judiciaire.
      19 juin . Ordonnance sur les examens judiciaires.
1881, 25 janv. Ordonnance sur la chambre commerciale de Coburg.
1882, 12 déc. . Ordonnance sur les examens judiciaires.

XIX. Duché de Saxe-Meiningen [1].

1850, 22 juin. Loi sur le service civil.
1859, 12 mai. . Loi sur les pensions.
1875, 11 janv. . Loi sur les frais de transport.
1878, 17 oct. . . Traité conclu avec la Prusse et le Duché de Saxe-Coburg-Gotha, créant un tribunal Régional commun à Meiningen.
      17 oct. . . Traité conclu avec la Prusse et la Principauté de Schwarzburg-Rudolstadt, créant un tribunal Régional commun à Rudolstadt.
      16 déc. . . Loi d'introduction du Code d'organisation judiciaire.
1879, 26 mars. Publication des traités des 19 février 1877, 23 avril, 17 octobre, 11 novembre 1878.
      28 avril. Ordonnance fixant les sièges et les ressorts des tribunaux de bailliage.
      10 mai. . * Décision ministérielle sur la confection des listes d'Échevins et de jurés [2].
      24 juin . Loi sur les arbitres.

[1] Cf. le Recueil officiel des lois (*Sammlung der landesherrlichen Verordnungen*) aux dates indiquées.

[2] Les ordonnances et décisions ministérielles marquées * ont été publiées dans le Bulletin du Ministère (*Sammlung der Ausschreiben der landesherrlichen Oberbehörden*) aux dates indiquées.

1879, 27 juin.   * Décision ministérielle sur les greffiers.
28 juin.   * Ordonnance sur les huissiers.
7 juill..   Loi sur les pensions.
8 juill..   Loi sur les indemnités de déménagement.
11 juill.   Loi sur la discipline des juges.
26 juill.   * Instruction sur le service des greffiers des tribunaux de bailliage.
27 juill.   Loi sur les dépôts.
18 août.   * Instruction sur le service des huissiers.
27 août.   * Décision ministérielle sur le costume judiciaire.
29 août.   * Décision ministérielle sur l'année judiciaire.
30 août.   * Décision ministérielle sur la répartition des affaires dans les tribunaux de bailliage composés de plusieurs juges.
1er sept.   Décision ministérielle sur les officiers auxiliaires du ministère public.
7 sept..   * Décision ministérielle sur les ressorts des tribunaux d'arbitres.
13 sept.   * Instruction sur le service des greffiers du tribunal Régional de
Meiningen.
13 sept.   * Décision ministérielle sur la création d'une chambre criminelle.
30 sept.   * Instruction sur les Procureurs de bailliage.
7 oct...   * Décision ministérielle sur les grâces.
26 nov..   * Décision ministérielle sur l'exécution des peines.
27 déc..   Ordonnance sur les frais de transport.
1880, 27 fév..   * Décision ministérielle sur le remplacement des juges de bailliage
empêchés.
21 avril.   * Décision ministérielle sur les huissiers.
4 juin..   * Décision ministérielle sur la formation des listes d'Échevins et
de jurés.
7 juin..   * Décision ministérielle sur le stage et les examens des greffiers.
11 juin.   Ordonnance sur les examens judiciaires.
30 nov..   Ordonnance sur les examens judiciaires.
28 déc..   * Décision ministérielle sur les examens judiciaires.
1881, 12 avril.   * Décision ministérielle sur l'exécution des peines.
24 juin.   * Décision ministérielle sur l'exécution de la loi sur les arbitres.
22 oct..   * Décision ministérielle sur les huissiers.
1882, 13 juin.   * Décision ministérielle sur les congés des fonctionnaires judiciaires.
20 juill..   * Décision ministérielle sur les huissiers.
23 août.   * Décision ministérielle sur les greffiers.
22 sept..   * Décision ministérielle sur les huissiers.
7 nov...   * Décision ministérielle sur les arbitres.
23 nov..   Loi sur les frais de transport.
19 déc..   Ordonnance sur les examens judiciaires.
1883, 11 déc..   Loi sur les frais de transport.

XX. GRAND-DUCHÉ DE SAXE-WEIMAR-EISENACH [1].

1850, 18 mars. Loi sur le service civil.

1875, 9 mars.. Loi sur les juges de paix.

 10 mars. Ordonnance sur les juges de paix.

1878, 18 mai.. Traité conclu. avec la Principauté de Reusz branche cadette, créant un tribunal Régional commun à Gera (publié le 6 mars 1879).

1879, 8 mars.. Loi organisant les tribunaux du Grand-duché.

 17 mars. Publication du traité du 11 novembre 1878.

 18 mars. Publication du traité du 19 février 1877.

 20 mars. Loi d'introduction du Code d'organisation judiciaire.

 27 mars. Loi sur les juges de paix.

 18 avril. Ordonnance sur la formation des listes d'Échevins et de jurés.

 24 avril. Décision ministérielle fixant les ressorts des tribunaux de bailliage.

 3 mai... Décision ministérielle sur le mariage des candidats aux fonctions publiques.

 27 juin.. Décision ministérielle sur la nomination des juges de paix.

 10 juill. Ordonnance sur les greffiers.

 24 juill. Décision ministérielle sur l'année judiciaire.

 4 août.. Décision ministérielle sur le costume judiciaire.

 7 août.. Loi sur les huissiers.

 16 août. Ordonnance sur les officiers auxiliaires du ministère public.

 22 août. Ordonnance sur les frais de transport.

 12 sept.. Instruction sur le service des huissiers.

 15 sept.. Décision ministérielle sur l'exécution des peines.

1880, 11 mars. Ordonnance sur les arbitres.

 26 mai.. Ordonnance sur la formation des listes d'Échevins et de jurés.

 2 juin.. Ordonnance sur les examens judiciaires.

 5 juin.. Décision ministérielle sur le stage et l'examen des greffiers.

 3 juill.. Décision ministérielle sur la commission chargée de faire passer les examens de greffier.

 29 juill. Décision ministérielle sur les fonctions du Procureur régional en matière de délits poursuivis sur la plainte de la partie lésée.

 10 nov.. Décision ministérielle sur les congés.

 8 déc... Décision ministérielle sur le titre du juge de bailliage chargé de la surveillance générale.

1881, 19 fév.. Loi sur les droits d'examen.

 26 oct.. Avis ministériel sur les examens de greffier.

1882, 30 mai.. Modification de l'article 21 du traité du 18 mai 1878.

 14 déc.. Ordonnance sur les examens judiciaires.

---

[1] Cf. le Recueil officiel des lois (*Regierungs-blatt*) aux dates indiquées.

1883, 7 mars.. Loi complémentaire sur les pensions.

24 mars. Décision sur les examens des greffiers.

1884, 10 juill. Décision sur la commission d'examen des candidats greffiers et huissiers.

XXI. Principauté de Schwarzburg-Rudolstadt [1].

1842, 2 mars.. Ordonnance créant une caisse des veuves et orphelins de fonctionnaires.

1850, 1er mai.. Loi sur le service civil.

1858, 13 mars. Loi sur les pensions des veuves et orphelins de fonctionnaires.

10 mai.. Loi modificative sur le service civil.

1859, 9 déc... Ordonnance sur les pensions des veuves et orphelins de fonctionnaires.

1873, 21 fév... Loi sur les pensions des veuves et orphelins de fonctionnaires.

2 mai... Loi sur les juges de paix.

1878, 17 oct.. Traité conclu avec la Prusse et le Duché de Saxe-Meiningen, créant un tribunal Régional commun à Rudolstadt (publié le 7 mars 1879).

1879, 1er mars. Loi d'introduction du Code d'organisation judiciaire.

7 mars.. Publication des traités des 19 février 1877, 23 avril et 11 novembre 1878.

14 mars. Ordonnance instituant les tribunaux de bailliage.

17 mars. Loi sur les autorités de conciliation.

20 mars. Ordonnance sur la formation des listes d'Échevins et de jurés.

1er mai.. Loi sur la discipline des juges.

20 juin. Ordonnance sur les greffiers.

24 juin. Loi sur les huissiers.

10 juill. Ordonnance sur l'exécution des peines.

19 août. Instruction sur les huissiers.

22 août. Ordonnance sur l'année judiciaire.

22 août. Décision ministérielle sur le costume judiciaire.

26 août. Loi sur le serment des fonctionnaires.

27 août. Ordonnance sur les officiers auxiliaires du ministère public.

9 sept... Instruction sur le service des greffiers des tribunaux de bailliage.

20 sept. Ordonnance sur l'exécution des peines et les grâces.

28 sept. Instruction sur le service des greffiers du tribunal Régional.

6 oct... Décision ministérielle sur le renvoi des affaires agraires devant le Tribunal de l'Empire.

10 oct.. Instruction sur les Procureurs de bailliage.

3 nov... Instruction sur le secrétariat du parquet du Procureur régional.

[1] Cf. le Recueil officiel des lois (*Gesetzsammlung*) aux dates indiquées.

1880, 4 juin.. Ordonnance sur la formation des listes d'Échevins et de jurés.
    25 juin. Ordonnance sur le stage et l'examen des greffiers.
    2 juill... Ordonnance sur le service des greffiers des tribunaux de bailliage.
    9 juill... Ordonnance sur les examens judiciaires.
    20 oct.. Loi sur les pensions des veuves et orphelins de fonctionnaires.
    20 oct.. Ordonnance sur les congés.
1881, 21 déc.. Ordonnance sur les greffiers.
1882, 8 sept... Ordonnance sur le stage des greffiers.
    9 déc... Ordonnance sur les examens judiciaires.
1883, 26 avril. Ordonnance sur l'examen des greffiers.
    16 nov.. Ordonnance sur la caisse du tribunal Régional de Rudolstadt.
1884, 21 mars. Loi modifiant la loi sur les huissiers.
    17 oct.. Ordonnance sur le costume des huissiers.

VILLES LIBRES HANSÉATIQUES.

1878, 30 juin. Traité conclu entre les Villes libres Hanséatiques, créant un tribunal régional Supérieur commun.
1879, 28 fév.. Traité additionnel.
    Décision des Sénats des trois Villes libres Hanséatiques sur le costume des membres du tribunal Supérieur.
    24 sept. Regulativ sur la distribution des affaires au tribunal Supérieur.
1881, 1ᵉʳ juill. Regulativ sur le second examen judiciaire.
1882, 11 fév.. Dispositions additionnelles au traité du 30 juin 1878.

XXII. Ville libre Hanséatique de Brême [1].

1874, 23 déc.. Loi sur les fonctionnaires.
1878, 25 oct.. Publication du traité du 30 juin 1878.
1879, 25 janv. Publication du traité du 30 septembre 1878 conclu entre le Grand-duché d'Oldenburg et la Ville libre Hanséatique de Lübeck.
    17 mai.. Loi d'introduction du Code d'organisation judiciaire.
    27 mai.. Loi sur la nomination des juges.
    10 juin.. Publication du traité additionnel du 28 février 1879.
    10 juin.. Décision du Sénat sur l'année judiciaire.
    25 juin.. Loi d'introduction des Codes de procédure.
    25 juin.. Loi sur les conflits entre le Sénat et la Bourgeoisie.
    25 juin.. Loi sur les conflits.
    22 août. Ordonnance sur les officiers auxiliaires du ministère public.

[1] Cf. le Recueil officiel des lois (*Gesetzblatt*) aux dates indiquées.

1879, 27 août. Publication de la décision des Sénats sur le costume des membres du tribunal Supérieur.

31 août. Décision du Sénat sur le costume des juges, Procureurs d'État, greffiers et avocats.

11 sept. Ordonnance sur le premier examen judiciaire.

11 sept.. Ordonnance sur le stage des Référendaires.

18 sept.. Ordonnance d'introduction des lois judiciaires.

24 sept.. Décision du Sénat sur les huissiers.

5 oct... Publication du Regulativ du 24 septembre 1879.

5 oct... Publication des ordonnances impériales sur la compétence du Tribunal de l'Empire.

9 oct... Loi sur la caisse des veuves des fonctionnaires civils.

9 oct... Loi sur les fonctionnaires.

28 nov.. Ordonnance sur les autorités de conciliation.

1880, 13 mars. Loi sur les fonctionnaires.

23 avril. Loi modificative de la loi d'introduction du Code d'organisation judiciaire du 17 mai 1879.

18 mai.. Décision du Sénat sur les chambres de vacation du tribunal Supérieur.

1881, 22 mars. Loi modificative de la loi du 9 octobre 1879 sur la caisse des veuves.

1er juill. Publication du Regulativ sur le second examen judiciaire.

1882, 15 fév.. Loi complémentaire de la loi d'introduction du Code d'organisation judiciaire du 17 mai 1879.

15 fév.. Publication des dispositions additionnelles au traité du 30 juin 1878.

1er oct.. Loi modificative de la loi d'introduction du Code d'organisation judiciaire du 17 mai 1879.

29 oct.. Loi sur les commis greffiers.

14 nov.. Loi sur les juges commerciaux.

28 nov.. Loi modificative de la loi d'introduction du Code d'organisation judiciaire du 17 mai 1879.

1883, 23 nov.. Ordonnance sur les officiers auxiliaires du ministère public.

1884, 20 janv. Loi modifiant la loi d'introduction du Code d'organisation judiciaire.

XXIII. Ville libre et Hanséatique de Hamburg [1].

1878, 23 oct.. Publication du traité du 30 juin 1878.

1879, 25 janv.. Publication du traité du 30 septembre 1878 conclu entre le Grand-duché d'Oldenburg et la Ville libre Hanséatique de Lübeck.

23 avril. Loi d'introduction du Code d'organisation judiciaire.

23 avril. Loi sur les rapports entre l'administration et la justice.

[1] Cf. le Recueil officiel des lois (*Gesetzsammlung*) aux dates indiquées.

1879, 16 mai.. Décision du Sénat complétant l'article 120 de la loi d'introduction du Code d'organisation judiciaire du 23 avril 1879.

21 mai.. Décision du Sénat sur la composition du tribunal Régional et des tribunaux de bailliage.

10 juin.. Publication du traité additionnel du 28 février 1879.

10 juin.. Décision du Sénat sur l'année judiciaire.

13 juin.. Loi sur les autorités de conciliation.

13 juin.. Décision du Sénat sur l'exécution des peines.

16 juin.. Décision du Sénat sur le premier examen judiciaire.

20 juin.. Décision du Sénat sur la composition du tribunal Supérieur.

20 juin.. Décision du Sénat sur le ministère public.

25 juill.. Loi sur la justice volontaire.

25 juill.. Décision du Sénat sur la formation des listes générales d'Échevins et de jurés.

27 août.. Publication de la décision des Sénats des Villes Hanséatiques sur le costume des membres du tribunal Supérieur.

27 août.. Décision du Sénat sur le costume judiciaire.

3 sept... Décision du Sénat sur le premier examen judiciaire.

15 sept.. Instruction sur les huissiers.

24 sept.. Publication du Regulativ du 24 septembre 1879.

26 sept.. Décision du Sénat sur les officiers auxiliaires du ministère public.

1ᵉʳ oct.. Décision du Sénat sur le palais de justice du tribunal Régional.

3 oct... Publication des ordonnances impériales du 26 septembre 1879 renvoyant devant le Tribunal de l'Empire certaines affaires émanant des Villes Hanséatiques.

4 oct... Décision du Sénat sur le tribunal de bailliage de Ritzebüttel.

1880, 23 janv.. Loi sur la chambre de commerce.

14 mai.. Loi sur la nomination des commis greffiers.

30 juin.. Décision du Sénat créant une chambre de vacation au tribunal Supérieur.

30 juin.. Décision du Sénat créant des chambres de vacation au tribunal Régional.

8 oct... Décision du Sénat sur la formation des listes générales d'Échevins et de jurés.

19 nov.. Décision du Sénat sur les modifications de la loi d'introduction du Code d'organisation judiciaire.

1881, 27 juin.. Regulativ sur le stage judiciaire.

1ᵉʳ juill. Publication du Regulativ sur le second examen judiciaire.

15 juill.. Loi sur la caisse des veuves et orphelins des fonctionnaires judiciaires.

1882, 15 fév.. Publication des dispositions additionnelles au traité du 30 juin 1878.

24 fév... Loi sur la nomination des commis greffiers.

16 juin.. Décision du Sénat sur les chambres commerciales.

28 juin.. Loi sur les huissiers.

1882, 19 juill.. Décision du Sénat sur le premier examen judiciaire.
    28 juill.. Instruction sur les fonctions d'huissier.
    6 nov... Décision du Sénat sur le nombre des Échevins et des jurés.
1883, 7 nov... Décision du Sénat sur le nombre des Échevins et des jurés.
    19 déc.. Regulativ sur le fonctionnement du tribunal de bailliage.
    19 déc.. Regulativ sur le fonctionnement du tribunal Régional.
    19 déc.. Regulativ sur le fonctionnement du tribunal Supérieur.

XXIV. Ville libre et Hanséatique de Lübeck [1].

1861, 25 sept. Loi sur la mise à la retraite.
1874, 6 juin.. Loi sur les pensions.
    23 déc.. Loi sur les fonctionnaires.
1878, 30 sept.. Traité conclu avec le Grand-duché d'Oldenburg et créant un tribunal Régional commun pour la Ville libre de Lübeck et la Principauté oldenbourgeoise de Lübeck (publié le 8 janvier 1879).
    25 oct... Publication du traité du 30 juin 1878.
1879, 25 janv.. Décision du Sénat rattachant la Principauté oldenbourgeoise de Lübeck au tribunal Supérieur.
    3 fév.... Ordonnance d'introduction du Code d'organisation judiciaire.
    3 fév.... Ordonnance d'introduction du Code de procédure pénale.
    3 fév.... Loi sur les examens judiciaires, le stage et l'emploi des Assesseurs.
    21 avril.. Loi sur les traitements.
    21 avril.. Loi sur la discipline.
    21 avril.. Ordonnance sur les congés.
    21 avril.. Loi sur les frais de transport.
    24 avril.. Ordonnance sur la formation des listes d'Échevins et de jurés.
    7 juin... Publication du traité additionnel du 28 février 1879.
    7 juin... Décision du Sénat sur l'année judiciaire.
    18 juin.. Décision du Sénat sur le premier examen judiciaire.
    21 juill.. Loi sur les greffiers.
    21 juill.. Loi sur les huissiers.
    21 juill.. Décision du Sénat sur les conflits entre le Sénat et la Bourgeoisie.
    6 août... Décision du Sénat sur la constitution du tribunal Régional.
    6 août... Décision du Sénat sur la constitution du tribunal de bailliage.
    6 août... Décision du Sénat sur les sursis de peines et les grâces.
    20 août.. Publication de la décision des Sénats des Villes Hanséatiques sur le costume des membres du tribunal Supérieur.

---

[1] Cf. le Recueil officiel des lois (*Sammlung der lübeckischen Verordnungen und Bekanntmachungen*) aux dates indiquées.

1879, 20 août.. Ordonnance sur le costume des membres du tribunal Régional et des tribunaux de bailliage.

  30 août.. Décision du Sénat sur le premier examen judiciaire.

  15 sept.. Ordonnance sur les officiers auxiliaires du ministère public.

  17 sept.. Loi sur les dépôts judiciaires.

  24 sept.. Loi sur les fonctionnaires.

  24 sept.. Instruction sur le service des huissiers.

  1er oct... Répartition des affaires entre les huissiers.

  1er oct... Décision du Sénat sur le fonctionnement du tribunal Régional et du tribunal de bailliage.

  4 oct.... Publication des ordonnances impériales du 26 septembre 1879 réglant en certaines matières la compétence du Tribunal de l'Empire.

1880, 26 mai.. Ordonnance sur la formation des listes d'Échevins et de jurés.

  30 juin.. Décision du Sénat créant une chambre de vacation au tribunal Supérieur.

1881, 16 mars. Ordonnance sur l'organisation des bureaux du ministère public.

  16 mai.. Loi complémentaire sur les fonctionnaires.

  29 juin.. Publication du Regulativ sur le second examen judiciaire.

1882, 15 fév... Publication des dispositions additionnelles au traité du 30 juin 1878.

  17 juill.. Décision du Sénat sur le premier examen judiciaire.

  18 sept.. Loi complémentaire de la loi du 21 juillet 1879 sur les huissiers.

1883, 30 avril.. Loi modifiant la loi sur les greffiers.

  30 avril.. Ordonnance modifiant l'ordonnance d'introduction du Code d'organisation judiciaire.

XXV. Principauté de Waldeck [1].

1855, 9 juill... Loi sur les fonctionnaires.

1867, 18 juill.. Traité conclu avec la Prusse et lui confiant l'administration de la Principauté.

1869, 25 janv.. Ordonnance sur les autorités disciplinaires.

1877, 24 nov... Traité prorogeant le traité du 18 juillet 1867.

1879, 18 août.. Décision sur la formation des listes d'Échevins.

  1er sept.. Loi d'introduction du Code d'organisation judiciaire.

  1er sept.. Loi sur la discipline.

  1er sept.. Loi sur les arbitres.

  1er sept.. Loi sur les greffiers.

  21 sept.. Loi sur les conflits.

  22 sept.. Ordonnance sur la répartition des affaires dans les tribunaux de bailliage composés de plusieurs juges.

[1] Cf. le Recueil officiel des lois (*Regierungs-blatt*) aux dates indiquées.

1879, 22 sept. Ordonnance sur le remplacement des juges de bailliage empêchés.
  22 sept. Ordonnance sur les examens judiciaires.
  27 sept. Ordonnance sur les officiers auxiliaires du ministère public.
1883, 26 avril. Décision sur les officiers auxiliaires du ministère public.

XXVI. Royaume de Württemberg [1].

1828, 8 juin. . Statut royal.
1836, 27 août. Instruction sur le stage des Référendaires.
1839, 25 avril. Loi sur les examens judiciaires.
1850, 3 janv. . Ordonnances sur les examens judiciaires et le stage des Référendaires.
1873, 23 juin. Loi sur les frais de transport des fonctionnaires civils.
1876, 28 juin. Loi sur les fonctionnaires.
1877, 13 fév. . Ordonnance sur la discipline.
1878, 27 oct. . Loi sur le serment des fonctionnaires.
1879, 24 janv. Loi d'introduction du Code d'organisation judiciaire.
  4 mars. . Loi d'introduction du Code de procédure pénale.
  31 mars. * Ordonnance sur le serment des fonctionnaires judiciaires [2].
  15 mai . Ordonnance sur l'organisation des tribunaux.
  15 mai . Ordonnance créant une chambre commerciale.
  5 juill. . Ordonnance fixant le nombre des Échevins et des jurés.
  18 juill . Ordonnance sur les congés.
  14 août. Décision ministérielle fixant le rang des juges.
  18 août. Loi d'introduction du Code de procédure civile.
  25 août. Loi additionnelle à la loi de finances du 27 février 1879.
  25 août. Loi sur les conflits.
  31 août. Ordonnance sur la préparation aux fonctions judiciaires.
  6 sept. . . Ordonnance sur les huissiers.
  10 sept. . Ordonnance fixant les frais de route des Échevins et des jurés.
  20 sept. . * Décision ministérielle sur le costume judiciaire.
  23 sept. . Instruction sur le service des huissiers.
  25 sept. . Ordonnance sur les grâces et les sursis de peines.
  25, 26 sept. Ordonnances sur les exécutions de peines.
  25 sept. . Ordonnance sur le ministère public près les tribunaux de bailliage.
  26 sept. . * Décision ministérielle sur les dépôts judiciaires.
  27 sept. . Ordonnance sur la discipline.

[1] Cf. le Recueil officiel des lois (*Regierungs-blatt*) aux dates indiquées.
[2] Les ordonnances et décisions marquées * ont été publiées dans le *Württembergisches Gerichtsblatt* aux années et dates indiquées.

1879, 27 sept.. Ordonnance sur les officiers auxiliaires du ministère public.

8 nov... * Arrêté ministériel sur le greffe du tribunal des conflits.

13 déc. . * Décision ministérielle sur les frais de transport des juges de bailliage.

13 déc. . * Décision ministérielle sur les frais de transport des fonctionnaires judiciaires.

1880, 13 janv.. * Décision ministérielle sur le costume judiciaire.

5 avril.. * Décision ministérielle sur les congés des fonctionnaires et employés judiciaires.

7 juin.. * Décision ministérielle sur les grâces.

16 juin. Ordonnance sur la formation des listes d'Échevins et de jurés.

14 juill. * Ordonnance sur les dépôts judiciaires.

30 nov.. * Ordonnance sur le mariage des fonctionnaires.

1881, 26 mars. * Ordonnance sur les dépenses des tribunaux et des parquets.

13 avril. * Ordonnance sur la surveillance du service des huissiers par les tribunaux de bailliage.

20 avril. Décision ministérielle sur le rang des fonctionnaires.

20 déc.. Ordonnance sur la préparation aux fonctions judiciaires.

1882, 29 juin.. * Ordonnance sur les frais de transport.

1er juill.. * Ordonnance sur le stage des candidats aux fonctions judiciaires.

11 oct.. * Ordonnance sur le serment des Procureurs de bailliage.

1883, 4 mars. * Ordonnance sur les caisses des tribunaux.

1er mai. * Ordonnance sur l'inspection des tribunaux.

23 juin. Loi sur la surveillance des notaires par le tribunal de bailliage.

TABLE ANALYTIQUE DES MATIÈRES.

TABLE ANALYTIQUE DES MATIÈRES[1].

Les renvois sont faits aux articles du Code, aux pages et aux notes. — Les renvois
en chiffres romains se réfèrent à l'*Introduction*.

A

Actes de commerce. — C., art. 101,
n. 1, p. 66.

Administration de la justice. — Définition, n. 2, p. 19. — Pouvoirs qui
lui sont attribués, C., art. 8, p. 5;
art. 22, p. 19; art. 43, p. 32; art. 57,
p. 38; art. 60, p. 39; art. 69, p. 44;
art. 78, p. 55; art. 99, p. 64;
art. 100, p. 65; art. 148, p. 89;
art. 154, p. 92, art. 155; p. 93; L.,
art. 20 et 21, p. 125.

Affaires agraires. — Notes, p. 9, 11;
O., p. 137-143; O., p. 172.

Affaires civiles. — Définition, n. 3,
p. 166, 176. — Distribution des
affaires civiles entre les chambres du
Tribunal de l'Empire, O., p. 166 et
suiv.; p. CCLXXXV.

Affaires commerciales. — C., art. 101,
p. 65-69. — Distribution des affaires
commerciales entre les chambres du
Tribunal de l'Empire, O., p. 165 et
suiv.; p. CCLXXXV.

Affaires criminelles. — Définition,
n. 1, p. 22; n. 3, p. 113. — Distribution des affaires criminelles entre
les chambres du Tribunal de l'Empire,
O., p. 172; p. CCLXXXVI.

Affaires de flottage. — Tribunal compétent pour en connaître, C., art. 70,
p. 45; n. 1, p. 46; O., p. 167; n. 1,
p. CCLXX.

Affaires de mariage. — n. 3, p. 101.

Affaires de mines. — O., et n. 4, p. 171.

Affaires de responsabilité (*Haftpflichtsachen*). — O., n. 4, p. 170; n. 1,
p. CCLXIX.

Affaires maritimes. — C., art. 101,
p. 69. — Distribution des affaires
maritimes entre les chambres du Tribunal de l'Empire, O., p. 166 et suiv.

Affaires pendantes. — Renvoi devant
les tribunaux nouveaux, L., art. 14,
15, n. 3, p. 122; art. 18, p. 124;
n. 3, p. 146. — Frais de justice, L.,
art. 2, p. 133.

---

[1] Les lettres *A.*, *App.*, *C.*, *L.*, *O.*, *R.*, *Reg.*, renvoient aux Arrêtés, Appendice, Code
d'organisation judiciaire, lois, ordonnances, Règlement des travaux et Regulativ; les lettres
n., *p.*, aux notes et aux pages.

Ancienneté de service des magistrats.
— C., art. 130, p. 81 ; R., p. 164.
— Alsace, p. 244, 245 ; O., p. 264.
Année judiciaire. — A., p. 145 ; R.,
p. 164 ; Alsace, O., p. 264.
Appel. — Contre les jugements : du
juge de bailliage, n. 2, p. 55 ; — du
tribunal de bailliage, C., art. 71,
p. 47 ; p. clxvi ; — du tribunal d'Échevins, C., art. 76, p. 55 ; p. ccii ; —
du tribunal Régional, C., art. 123,
p. 77 ; p. ccxxxvi ; — du tribunal consulaire, L., p. 134, 135 ; p. cclxviii ;
— de l'office des brevets, L., n. 3,
p. 132 ; n. 2, p. 167 ; p. cclxxiii.
Aptitude judiciaire. — p. xl, lxiv. —
Candidats étrangers, C., art. 3, n. 2,
p. 3. — Commissions d'examen, App.,
p. dix et suiv. ; Alsace, R., p. 231 et
suiv., p. dxix. — Études universitaires,
C., art. 2, p. 2 ; App., p. dix et suiv. —
Examens, C., art. 2, 3, p. 2, 3 ;
App. p. dix et suiv. ; en Alsace, R.,
p. 229 et suiv. ; p. dxix. — Professeurs
de droit, C., art. 4, p. 3. — Stage,
autorités près lesquelles il est fait, App.
p. dix et suiv. ; C., art. 2, p. 2 ; Alsace,
Reg., p. 232 et suiv. ; p. dxx ; Durée,
C., art. 2, p. 2 ; L., art. 22, p. 125 ;
App., p. dix et suiv. ; Alsace, Reg.,
p. 232, 233 ; p. dxx ; Surveillance,

App., p. dix et suiv. ; Alsace, Reg.,
p. 233, p. dxx.
Arbitrage (Sentence d'). — R., p. 151,
156 ; p. cclxxvii.
Arrêts. — n. 3, p. 22 ; p. xcviii.
Assesseurs de justice. — Nombre,
p. ccclxxii, App., p. dxviii, dxxxviii.
— Nomination, Alsace, Reg., p. 238.
— Occupation et compétence, n. 2,
p. 41 ; Alsace, L., p. 245, 252 ;
p. ccclxx et suiv. ; App., p. dxvii et
suiv. — Personnel à Berlin, p. ccclxxii.
— Traitement, p. ccclxxii.
Assises de justice. — p. cxlvi, cxlvii,
273, 275, 294 ; Alsace, L., p. 247.
Assistance que doivent se prêter les
tribunaux. — C., art. 157-160,
p. 95, 96 ; art. 162, p. 97 ; art. 169,
p. 100 ; p. ccxci et suiv. — Déboursés et frais qu'elle entraîne, C.,
art. 165, p. 98.
Avertissement (Procédure d'). — p. cxxix.
Avocat-avoué. — Aptitude, p. cccxxxiii.
— Costume, p. ccccxxiv. — Discipline,
A., p. 205 ; n., p. 206 ; p. cccxli et
suiv. — Loi organisant le barreau,
p. xli, xlvii, l, liii, lv, lvi, lvii,
cccxxxvii, cccxlii. — Nombre, p. ccclxii
et suiv. — Serment, p. cccxxxix ; R.,
p. 163. — Trouble à l'audience, C.,
art. 180, p. 104.

B

Berlin I (Tribunal de). — p. cc.
Berlin II (Tribunal de). — p. cc.
Budget de la justice. — p. ccxci, ccccxv.

Brevets d'invention. — Juridiction compétente, L., n. 3, p. 132 ; R., p. 167 ;
p. cclxxiii. — Procédure, O., p. 155.

C

Casier judiciaire. — p. cxxxii ; n. 2,
p. cccxxviii.
Chambres auxiliaires. — L., art. 16,

p. 123 ; A., n. 3, p. 146 ; O., p. 209.
Chambres civiles. — Près les tribunaux
Régionaux. Composition, C., art. 59,

n. 2, p. 39; art. 77, p. 55; p. clxix.
Compétence et procédure en matière
civile. C., art. 70, p. 45; p. clxiii-
clxv; en matière commerciale, C.,
art. 70, n. 2, p. 45; art. 71, p. 47;
n. 1, 2, p. 65; art. 101, 102, p. 65-69;
art. 103, 104, 105, p. 70-72;
p. clxxiv. — Près les tribunaux Supérieurs. Composition, C., art. 124,
p. 78; p. ccxxxvii. Compétence et
procédure, C., art. 117, p. 75;
art. 123, p. 77, 78; art. 160, p. 196;
p. ccxxxvi et suiv. — Près le Tribunal
de l'Empire. Composition, C., art. 140,
p. 85; p. cclxxxi. Compétence et procédure, C., art. 135, p. 82; art. 160,
p. 96; L., art. 11, p. 121; L., p. 132;
L., p. 134, 135; O., p. 136-143; L.,
p. 144; R., p. 155-156; O., p. 165-
171, 176-181; p. cclviii-cclxiii,
cclxviii-cclxx.

Chambres commerciales. — p. clxix-
clxxviii. — Compétence et procédure,
C., art. 101-108 et notes, p. 65-
73; art. 118, p. 75; Alsace, L.,
p. 250; p. clxxiv, clxxv. — Composition, C., art. 109, p. 73; Alsace,
O., p. 256; p. clxxvii. — Distribution des affaires dans les chambres,
p. clxxx. — Nombre, Alsace, n. 1,
p. 250; O., p. 256, 273, 275;
p. clxxv, clxxvi. — Ordre du vote,
C., art. 199, p. 111. — Présidence,
C., art. 109, 110, p. 73; Alsace, L.,
p. 250; p. clxxviii. — Remplacement
du président, Alsace, O., p. 257. —
Ressort, C., art. 100, p. 65; p. clxxvi.
— Roulement, C., n. 2, p. 73; Alsace, O., p. 257; p. clxxxi. — Siège,
C., art. 100, p. 65; p. clxxvi.

Chambre de commerce. — Alsace, O.,
p. 256; n. 4, p. clxxviii.

Chambre du conseil. — Compétence. C.,
art. 72, p. 47; art. 75, p. 51, 54;
n. 2, p. 54; p. cxci, ccxxxv et suiv.
— Composition, C., n. 1, p. 48;
art. 77, n. 3, p. 55; art. 138, p. 84;
p. cxciv.

Chambre criminelle. — De tribunal Régional, C., art. 59, p. 39. Compétence, n. 2, p. 39; art. 73, 74, 75,
p. 48-55; n. 4, p. 55; art. 82, n. 3,
p. 58; art. 98, p. 63, 64; p. clxxxi
et suiv., clxxxviii. Compétence en
appel, C., art. 76, p. 55; p. clxxxviii.
Composition, C., art. 77, p. 155;
p. clxxxviii, clxxxix. — De tribunal
Supérieur. Compétence, C., art. 123,
p. 177; p. ccxxxvii. Composition, C.,
art. 124, p. 78; p. ccxxxvii. — Du
Tribunal de l'Empire. Compétence,
C., art. 136, p. 82, 83; L., p. 134;
R., p. 154-156; O., p. 172, 173,
175; p. cclxiv-cclxvii, cclxx. Composition, C., art. 140, p. 85;
p. cclxxxi.

Chambre criminelle détachée. — Compétence, C., art. 78, p. 55, 56;
p. cciii et suiv. — Nombre, p. 273,
275, 294; p. cciv. — Organisation,
C., art. 78, p. 55, 56; p. cciii.

Chancelier de l'Empire. — Compétence
en matière d'organisation judiciaire,
C., art. 132, p. 81; art. 148, p. 89;
art. 154, p. 92; art. 155, p. 93; L.,
art. 16, p. 123; R., p. 160, 162,
163; A., p. 182.

Chancellerie. — A., n. 2, p. 185; O.,
p. 210; p. ccclxiv et suiv.

Chef des bureaux. — Fonctions, A.,
p. 182, 183, 189, 190, 191; O.,
p. 209. — Traitement, p. 225.

Code de commerce allemand. — C., n. 1,
p. 66.

Code d'organisation judiciaire. — Date de la mise en vigueur, L., art. 1, p. 115; p. liii, lv, lvi. — Objet, p. lx. — Travaux préparatoires, p. xxxiii et suiv.

Collège de jugement. — n. 1, p. 11.

Commerçant. — C., art. 101, n. 1, p. 66.

Commis greffiers. — Aptitude, Alsace, Reg., p. 241, 242; p. ccclxii. — Fonctions, p. ccclxi. — Nomination, Alsace, L., p. 268; p. ccclxii.

Commissions générales agraires. — C., n. 1, p. 10, 11.

Commission parlementaire de justice. — Composition, p. xxxiv. — Discussion, p. xxxviii et suiv. — Rapport, p. xlviii, xlix. — Séances, p. xxxvii.

Commission pour la composition des listes d'échevins et de jurés. — Composition, C., art. 40, p. 31; Alsace, L., p. 248; O., p. 255; p. cxiii-cxvii. — Fonctions, C., art. 41, 42, p. 32; art. 87, p. 60; p. cxiii. — Réunion, C., art. 40, p. 31; art. 57, p. 38; p. cxviii; Alsace, O., p. 255.

Commission rogatoire. — Recours contre le refus d'exécution, C., art. 160, p. 96; O., p. 169; p. cclxxii. — Tribunal compétent pour l'exécuter, C., art. 158, 159, p. 95; p. ccxcvi.

Compétence des tribunaux judiciaires. — En matière de pension et de traitement, C., art. 9, p. 6. — Limites de la compétence judiciaire, C., art. 13, n. 3, p. 7, 8; art. 17 et notes, p. 15; p. xlvi, l, liii, lxviii, lxxvii; Alsace, p. 246.

Conciliation (Autorités de). — p. cccii et suiv. — Alsace, O., p. 259.

Conflit de compétence. — Entre tribunaux judiciaires, C., n. 1, p. 15; n. 2, p. 82; O., p. 169, 172; Alsace, p. 250; p. clxiii, cclxxvi. — Entre tribunaux judiciaires et tribunaux administratifs, Cf. Tribunal des conflits. — Entre tribunaux judiciaires et militaires, p. ccxli. — Conflits politiques, p. ccxlii, cclxxvi.

Congés. — Autorité qui les accorde, R., p. 163; p. ccccxii. — Durée, R., p. 163; p. ccccxii.

Conseil de guerre. — C., art. 16, p. 14; L., art. 7, p. 118.

Conseil fédéral. — Compétence en matière d'organisation judiciaire, C., art. 127, p. 79; art. 141, p. 85; art. 150, p. 90; R., p. 160. — Juridiction, C., art. 18, p. 17. — Préparation du Code, p. xxxiii, xlvii et suiv.

Conseillers académiques. — p. ccxlvii.

Conseiller de tribunal de bailliage. — p. cccc.

Conseiller de tribunal régional. — p. ccccxcix.

Contraventions. — Jugées par le tribunal d'Échevins, C., art. 27, p. 22; p. xcviii. — Par le juge de bailliage, p. ciii. — Par les autorités administratives, n. p. 8; p. cvii et suiv.

Contrefaçon (Affaires de). — Tribunal compétent, O., p. 167 et suiv.; p. cclxix.

Contrôleur des comptes. — p. cccxxxiii.

Costume. — Des magistrats, Procureurs et greffiers près le Tribunal de l'Empire, O., p. 219-222; p. ccccxviii. — Des magistrats dans les États allemands, p. ccccxviii et suiv. — Des membres du Ministère public, p. ccccxviii et suiv. — Des greffiers, p. ccccxviii et suiv. — Des huissiers et des serviteurs de tribunaux, p. ccclxxxi, cccxcii. — Des avocats, p. ccccxxiv.

Cours d'assises. — Ancien droit, p. xix et suiv. — Assesseurs, C., art. 81, p. 58; art. 83, p. 59; p. ccxxiv. — Assises extraordinaires, p. ccxxvi. — Compétence, C., art. 80, p. 57; art. 82, n. 1, 2, 3, p. 58; L., art. 6, n. 1, p. 118; p. ccxx. —Composition, art. 81, p. 58; art. 83, p. 59; p. ccxxi-ccxxiv. — Date d'ouverture des sessions, p. ccxxvi. — Durée des sessions, p. ccxxvi. — Jurés. Cf. Jurés. — Listes. Cf. Liste générale, Liste de présentation, Liste annuelle, Liste de session, Liste de jugement. — Nombre des Cours d'assises, p. ccxx et suiv.; p. 272, 274, 294. — Ordre du vote, C., art. 199, p. 111. — Président. Cf. Président de Cour d'assises. — Ressort, C., art. 99, p. 64; p. ccxxx. — Sessions, C., art. 79, n. 1, p. 57; art. 95, n. 4, p. 63; Alsace, L., p. 249; p. ccxxv. — Siège, C., art. 79, p. 57; art. 98, p. 63, 64; art. 99, p. 64; Alsace, n. 2, p. 249; p. ccxxi. — Statistique, p. ccxxxiii.

Crimes. — Crimes jugés par le tribunal Régional, C., art. 73, n. 3, 4, p. 48; n. 1, p. 49; p. clxxxi, clxxxiii. — Par la Cour d'assises, C., art. 80, n. 2, p. 57; p. ccxx. — Par le Tribunal de l'Empire, C., art. 136, p. 82; R., p. 155, 163; p. cclxvi, cclxvii.

Crimes de trahison. — Crimes de trahison contre l'Empire, compétence, C., art. 136, p. 82; p. cclxvii. — Procédure, R., p. 155, 163; p. cclxvii.

D

Débats. — Cf. Publicité.

Décret. — n. 2, p. 101; R., n. 2, p. 159.

Délai d'ajournement. — C., art. 102, n. 2, p. 70.

Délégués. — C., art. 40, p. 31; p. cxv, cxvi; Alsace, L., p. 248.

Délibéré. — Ordre du délibéré, C., art. 196, p. 110. — Non-publicité, C., art. 195, p. 110. — Près le Tribunal de l'Empire, R., p. 157.

Délits. — Délits jugés par le tribunal d'Échevins, C., art. 27, 28, 29 et notes, p. 22-26; art. 75 et notes, p. 51-54; p. xcix-cii, clxxxiv. — Par le tribunal Régional, C., n. 5, p. 24; art. 73-75 et notes, p. 48-54; p. clxxxi, clxxxi, clxxxiv.

Délits forestiers. — p. civ et suiv.

Délits de presse. — Juridiction, n. 1, p. 49; L., art. 6, p. 118; p. l, liii, lv, lvi, lvii, clxxxvi.

Délits poursuivis à la requête de la partie civile. — Juridiction, C., art. 27, n. 5, p. 23.

Déplacement des juges. — C., art. 8, n. 1, 3, 4, p. 5; L., art. 13, p. 121; L., art. 21, p. 125; p. lxvi, ccccclxxviii.

Dépôts et consignations. — p. cxxxix, cxl, clxviii, ccxl.

Députation de justice. — p. xiii.

Détention. — n. 4, p. 22; n. 3, p. 48.

Directeur de Chancellerie. — A., p. 184-186; O., p. 210; p. ccclxv. — Traitement, p. 225.

Discipline. — Des magistrats, C., n. 1, p. 5; n. 1, p. 6; L., art. 13, p. 121; p. ccccx, cccclxiii et suiv. — Des membres du ministère public, p. ccccx, cccclxxx et suiv. — Des greffiers et huissiers, p. cccclxxxv et suiv. — Des juges commerciaux, C., art. 116, n. 3, p. 75. — Des membres du Tribunal de l'Empire, C., art. 128, 129, p. 79, 80; p. ccccLxiii. — Des magistrats d'Alsace-Lorraine, L., p. 133; p. ccccLxviii.

DOSSIERS. — Destruction des vieux dos-siers, p. ccclxiv. — Numéro d'ordre, A., p. 195. — Organisation, R., p. 162; A., p. 187, 191-195, 198, 201, 206; p. ccclxiv. — Signe distinctif, A., p. 191.

DROIT DE PRÉSENTATION AUX FONCTIONS JUDICIAIRES. — p. ix; C., art. 15, p. 14.

E

ÉCHEVINS. — p. lxxxiii-xcvi. — Ancien droit, p. xx et suiv. — Absence, C., art. 56, p. 38. — Âge, C., art. 33, p. 28; art. 35, p. 30. — Citation, C., art. 46, p. 33; art. 49, p. 34, 35; p. cxix, dvii, dviii. — Conditions pour être Échevin, C., art. 31, p. 27; p. cx. — Dispenses, C., art. 33, 34, 35, p. 28-30; art. 53, p. 37; art. 97, p. 63; p. cx-cxii, cxviii. — Dispense de siéger, C., art. 54, p. 37; p. cxx. — Empêchements, C., art. 54, p. 37. — Excuses, C., art. 35, p. 29, 30; p. cxviii. — Fonctions, C., art. 30, n. 2, p. 26; p. xcvii. — Frais de voyage, C., art. 55, p. 38; en Alsace, L., p. 266; p. cxxi. — Incapacité d'être Échevin, C., art. 32, p. 27; art. 52, p. 36; p. cx. — Listes. Cf. LISTE ANNUELLE, LISTE GÉNÉRALE. — Nombre des audiences auxquelles un Échevin peut être appelé, C., art. 43, p. 33; p. cxxii. — Nombre des Échevins, C., art. 43, p. 32; p. cxxiii-cxxvii; en Alsace, O., p. 255; p. dvii. — Peines prononcées contre les Échevins qui font défaut, C., art. 56, p. 38; p. cxx. — Remplacement, C., art. 54, p. 37. — Secret des délibérations, C., art. 200, p. 112. — Serment, C., art. 51, p. 35, 36; p. cxxi. — Tirage au sort, C., art. 45, 48, 57, p. 33, 34, 38; en Alsace, O., p. 256; p. cxix. — Vote, C., art. 197, p. 111.

ÉCHEVINS SUPPLÉANTS. — C., art. 42, n. 2, p. 32; art. 48, 49, p. 34; p. cxxi.

ÉCHEVINS SUPPLÉMENTAIRES. — n. 2, p. 22; C., art. 194, p. 110.

ÉCRITURES PRÉPARATOIRES. — R., n. 4, p. 154; O., p. 197.

EMPLOYÉS INFÉRIEURS PRÈS LE TRIBUNAL DE L'EMPIRE. — Font fonction d'huissier, A., p. 211. — Traitement, p. 225.

ÉTAT CIVIL. — Fonctions du juge de bailliage, p. cxxxvi, clxviii.

ÉTATS CONFÉDÉRÉS. — Initiative en matière d'organisation judiciaire, C., art. 2, p. 3; art. 8, p. 5; art. 10, p. 6; art. 17, p. 15; art. 22, p. 19; art. 34, p. 29; art. 43, p. 32; art. 57, p. 38; art. 60, p. 39; art. 78, p. 55; art. 86, p. 59; art. 99, p. 64; art. 100, p. 65; art. 153, p. 91; art. 154, p. 92; art. 155, p. 93; L., art. 21, 22, p. 125; p. lxi.

EXAMENS. — Cf. APTITUDE JUDICIAIRE, GREFFIERS, HUISSIERS, SERVITEURS.

EXÉCUTIONS. — Définition, n. 2, p. 96.

EXÉCUTION DES ACTES JUDICIAIRES. — C., art. 161, p. 96.

EXÉCUTION DES PEINES PRIVATIVES DE LIBERTÉ. — C., art. 163, 164, p. 97; en Alsace, A., p. 260; p. ccxcviii. — Par le juge de bailliage, p. cxxxi. —

Par le Procureur d'État, p. cccxxvii.
Expéditions. — O., p. 199. — Coût
du rôle, n. 4, p. 187; p. ccclxvii.
Expéditionnaires. — Nomination, A.,
p. 182; en Alsace, L., p. 268;
p. ccclxvi.
Exterritorialité. — C., art. 18-21,
p. 16, 17; p. lxxvii; App., p. dxxxix.

F

Fonctionnaires. — Poursuite judiciaire,
C., art. 70, p. 46; L., art. 11, p. 120;
p. vii, xlvi, l, liii, lv, lvi, lxxviii-
lxxxi, ccxli. — Déclaration préa-
lable, L., art. 11, p. 120; p. lxxix. —
Tribunal compétent, n. 3, p. 7, 8;
art. 70, p. 46; O., p. 169; p. cclxxv.
Fonctionnaire administratif de la com-
mission. — C., art. 40, p. 31; Alsace,
O., p. 255; p. cxiv.
Fonctionnaires fédéraux. — Discipline,
L., p. 132.
Fonctionnaires non judiciaires. — R.,
n. 1, p. 152; A., n. 3, p. 205.
Frais de justice. — n. 2, p. 115; L., p. 133;
R., p. 160; A., n. 2, p. 184; O., p. 210.
Frais de déménagement. — p. ccccxxxv
et suiv.; App., p. dxliv.
Frais de transport. — p. ccccxxxviii et
suiv.; App., p. dxlii.

G

Gouverneur d'Alsace-Lorraine. — Attributions en matière d'organisation judiciaire, n. 1, p. 238; n. 3, p. 245;
n. 3, p. 247; n. 3, p. 250; n. 2,
p. 254.
Greffe. — C., art. 154, p. 92;
p. cccxlvi et suiv. — Personnel,
p. ccclxviii et suiv. — Registres, p. cccl.
Greffe du Tribunal de l'Empire. — Employés auxiliaires, A., p. 182. — Organisation, R., p. 163; A., p. 182
et suiv.; O., p. 209; p. cccl. — Ouverture du greffe, A., p. 187; p. ccclxvii.
— Personnel, p. ccclxviii. — Registres, A., p. 185 et suiv.; p. cccl.
Greffiers. — Ancien droit, p. xxix. —
Aptitude aux fonctions de greffier,
A., p. 183; Alsace, L. et Reg., p. 240
et suiv.; p. ccclvi et suiv. — Costume,
O., p. 219-222; p. ccccxx. — Fonc-
tions, C., art. 45, p. 33; art. 51,
p. 36; art. 162, p. 97; R., p. 159;
A., p. 182-184, 191-193, 196, 197,
199, 200, 202, 204, 206, 212;
Alsace, p. 252; p. cccxlvi et suiv. —
Heures de service, A., p. 187, 188;
p. ccclxvii. — Nomination, A., p. 182;
Alsace, L., p. 252, 268; p. cccliii. —
Remplacement, A., p. 183; p. ccclxi.
— Titre, p. cccliii. — Traitement,
p. 225; p. cccliii et suiv. Cf. Discipline.
Greffier en chef. — p. ccclii.

H

Huis clos. — Cf. Publicité.
Huissiers. — Ancien droit, p. xxx. —
Aptitude aux fonctions d'huissier, Al-
sace, L. et Reg., p. 240 et suiv.;
p. ccclxxxv et suiv. — Caution,
p. ccclxxxi. — Costume, p. ccclxxxi.
— Fonctions, C., art. 155, p. 93;
R., p. 163; A., p. 211 et suiv.; Al-

sace, L., p. 252; p. CCCLXXIII et suiv. — Heures de service, p. CCCLXXVII. — Incapacité d'instrumenter, C., art. 156, p. 93, 94. — Nomination, A., p. 211; Alsace, L., p. 252, L., p. 268; p. CCCLXXX. — Personnel, p. CCCXXXIX et suiv. — Registres, p. CCCLXXVI. — Remplacement,

p. CCCLXXIX. — Réquisition, C., art. 162, p. 97. — Résidence et ressort, p. CCCLXXVII et suiv. — Surveillance, p. CCCLXXXV, CCCCLXXXV. — Timbre, p. CCCLXXXI. — Traitement, p. CCCLXXXIII.

HYPOTHÈQUES.—Service des hypothèques, p. CXXXV, CLXVII, CCXLI. Cf. DISCIPLINE.

I

INAMOVIBILITÉ. — C., art. 6, p. 4; art. 8, p. 5; p. X, XLI, LXV.

INDEMNITÉ DE LOGEMENT. — p. CCCCXXX.

INTERDICTION. — Tribunal compétent pour la prononcer, n. 1, p. 102; p. CXXIX.

INTERPRÈTES. — Aptitude, C., art. 192, p. 108; p. CCCLXIII. — Fonctions, C., art. 187, 188, p. 107, 108. — Nomination, p. CCCLXIII.—Récusation, C., art. 193, p. 109. — Serment, C., art. 191, p. 108. — Traitement, p. CCCLXIV.

J

JOURS FÉRIÉS. — R., p. 153; p. CCCII.

JUGEMENT. — Affichage, A., p. 204. — Expéditions, A., p. 193. — Forme, R., p. 158. — Motifs, R., p. 158. — Nombre des juges nécessaires, C., art. 77, p. 55; art. 124, p. 78; art. 139, p. 84, 85; art. 140, p. 85; art. 194, n. 1, p. 110; art. 198, p. 111; p. CCXXV, CCCI. — Opinion de la minorité, R., p. 157; p. XXXIX, CCLXXXI. — Rédaction, R., p. 158; p. CCLXXXII.

JUGES. — Définition, n. 2, p. 1. — Nomination, n. 3, p. 4; Alsace, L., p. 244; p. CXCIX, CCCXCVI et suiv. — Personnel, p. CCCXCVIII. — Rang, p. CCCI. — Titre, Alsace, O., p. 261; p. CCCXCIX. — Cf. APTITUDE JUDICIAIRE, CONGÉ, COSTUME, DÉPLACEMENT, DISCIPLINE, DROIT DE PRÉSENTATION, FRAIS DE DÉMÉNAGEMENT, FRAIS DE TRANSPORT, INAMOVIBILITÉ, PENSION DE RETRAITE, REMPLACEMENT, RETRAITE, ROULEMENT, SERMENT, TRAITEMENT.

JUGES AUXILIAIRES. — C., art. 10, n. 3, p. 6; art. 69, n. 3, p. 44; n. 1, p. 45; art. 122, n. 1, p. 76; art. 134, p. 81; p. CCXVII, CCXXXV.

JUGES COMMERCIAUX. — Ancien droit, p. XVII. — Capacité, C., art. 111, 113, 114, p. 74; art. 117, p. 75; p. CLXXIX. — Discipline, C., art. 116, n. 3, p. 75; p. CLXXVIII. — Institution, p. CLXX et suiv.— Juges suppléants, p. CLXXIX. — Nombre, p. CLXXX.—Nomination, C., art. 112, n. 2, p. 74; Alsace, L., p. 244, L., p. 250, O., p. 256; p. CLXXVIII. — Remplacement, Alsace, O., p. 257; p. CLXXIX. — Roulement, C., art. 67, p. 44; n. 2, p. 73; Alsace, O., p. 257; p. CLXXXI. — Serment, C., art. 125, p. 75; Alsace, O., p. 257; p. CLXXVIII.

JUGES DE BAILLIAGE. — Fonctions en matière civile, p. CXXVIII et suiv. — En matière criminelle, n. 4, p. 86; Alsace, A., p. 260; p. XCVII, CIII, CXXX.

— En matière de faillite, p. cxxx. — En matière de justice volontaire, p. cxxxii-cxl. — Près la commission chargée de former les listes d'Échevins, C., art. 40, p. 31 ; Alsace, L., p. 248, O., p. 256 ; p. cxiii, cxvi-cxviii. — Près le tribunal de bailliage, C., art. 22, p. 19 ; p. lxxxiii. — Près le tribunal d'Échevins, C., art. 26, p. 22 ; art. 30, n. 2, p. 26 ; art. 38, 39, p. 31 ; art. 45-47, p. 33 ; art. 48, p. 34 ; art. 51, p. 35 ; art. 52-54, p. 36, 37 ; art. 56, p. 38 ; p. cxvi, cxvii. — Nombre, p. cl. — Peuvent faire partie d'une chambre criminelle détachée, C., art. 78, p. 56 ; p. cciii. — Peuvent présider une chambre commerciale, C., art. 110, p. 73 ; p. clxxviii. — Peuvent siéger au tribunal Régional, Alsace, L., p. 248 ; p. ccxvi. — Peuvent siéger au tribunal Supérieur, p. ccxxxiv. — Remplacement, Alsace, O., p. 255 ; p. clvii et suiv. — Situation, C., art. 22, n. 1, p. 19 ; Alsace, L., p. 244 ; p. cxli. — Cf. Traitement.

Juges de bailliage directeurs. — C., n. 1, p. 19 ; p. cli.

Juges d'instruction. — Désignation, C., art. 60, n. 3, p. 39 ; p. xliv, xlviii, cxciv, ccvii. — Nombre, C., art. 60, p. 39 ; p. ccvii. — Nomination, p. cxciv. — Près le Tribunal de l'Empire, n. 3, p. 81 ; n. 2, p. 84. — Supplément de traitement, p. ccccxxviii.

Juges régionaux. — Nombre, p. ccxi. — Peuvent siéger au tribunal Supérieur, p. ccxxxiv. — Président la chambre commerciale, C., art. 109, p. 73 ; p. clxxvii. — Remplacement, C., art. 66, p. 43 ; art. 69, p. 44 ; Alsace, L., p. 249 ; p. ccxv et suiv.

— Rang et titre, p. ccxcix, cccci. — Cf. Roulement, Traitement.

Juges supérieurs de bailliage. — p. cli.

Juges supplémentaires. — C., art. 194, p. 110.

Jurés. — Âge, C., art. 85, p. 59. — Amende, C., art. 96, p. 63 ; p. ccxxix. — Citation, C., art. 93, n. 2, p. 62 ; p. ccxxviii. — Chef du jury, p. ccxxv. — Conditions de capacité, C., art. 84, p. 59 ; p. ccxxvi. — Dispense des fonctions, C., art. 85, p. 59 ; art. 91, p. 61 ; art. 97, p. 63 ; p. ccxxix. — Excuses, p. ccxxix. — Fonctions, n. 1, 2, p. 58 ; p. ccxxv. — Frais de voyage, C., art. 96, p. 63 ; Alsace, L., p. 266 ; p. ccxxix. — Incapacité, C., art. 85, p. 59 ; p. ccxxvi. — Nombre, C., art. 81, p. 58 ; art. 86, p. 59 ; Alsace, O, p. 255 ; p. ccxxxi et suiv. — Peines contre les jurés défaillants, p. ccxxix. — Secret des délibérations, C., art. 200, p. 112. — Serment, p. ccxxv. — Vote, C., art. 197, p. 112 ; p. ccxxv. — Cf. Liste annuelle, générale, de jugement, de présentation, de session.

Jurés suppléants. — C., art. 89, p. 61 ; art. 90, n. 1, p. 61 ; n. 1, p. 62 ; n. 2, p. 63 ; n. 6, p. 63 ; art. 98, n. 1, p. 64 ; p. ccxxix.

Jurés supplémentaires. — n. 1, p. 58 ; C., art. 194, p. 110.

Justice arbitrale. — n. 3, p. 13, 14 ; L., art. 7, n. 3, p. 118 ; p. dii.

Justice ecclésiastique. — Ancien droit, p. ix. — Est supprimée, C., art. 15, p. 14.

Justice ordinaire contentieuse. — C., art. 12, n. 1, p. 7 ; L., art. 3, p. 115 ; p. lxxxi.

Justices privées. — Ancien droit, p. viii et

suiv.— Sont abolies, C., art. 15, p. 14.

Justices seigneuriales. — Ancien droit, p. viii, ix.

Justice volontaire. — n. 1, p. 7. —

Compétence des tribunaux, L., art. 4, n. 1, p. 117; n. 2, p. 135; Alsace, L., p. 253; p. cxxxii, clxvi, ccxl, ccxli.

K

Konsolidation. — C., art. 14, n. 2, p. 11, 12.

L

Langue judiciaire. — C., art. 186, 189, 190, p. 107, 108; p. ccc. — Exception pour l'Alsace, n. 1, p. 107; L., art. 12, p. 121; p. ccc.

Limite d'âge. — C., art. 8, n. 1, p. 5; p. ccccxliii, ccccxlvii.

Liste annuelle des Échevins. — Ancien droit, p. xxii. — Confection, C., art. 42, p. 32; art. 44, p. 33; p. cxiii. — Époques de la confection, p. cxviii, dviii. — Nombre des Échevins, art. 43, p. 32; p. cxxiii et suiv., dvii, dviii. — Nombre des Échevins suppléants, art. 43, p. 32; p. cxxiii.

Liste annuelle des jurés. — C., art. 89, 90, p. 60, 61; p. ccxxvii.

Liste d'audience. — R., p. 159.

Liste de jugement. — n. 1, p. 62; p. ccxxviii, ccxxix.

Liste de présentation. — C., art. 88, 89, p. 60; p. ccxxvii. — Envoi, Alsace, O., p. 256.

Liste de session des jurés. — Ancien droit, p. xxiv. — C., art. 91, n. 2, 3, p. 61; art. 92, p. 61, 62; p. ccxxviii. — Droit de réduction, p. xxiv, xliv, liii.

Liste générale. — Confection, C., art. 36, p. 30; art. 57, p. 38; art. 86, p. 59; Alsace, O., p. 255; p. cxii, cxiii, cxviii, ccxxvii. — Époques de la confection, C., art. 57, p. 38; Alsace, O., p. 255; p. cxvii, dviii. — Envoi au juge de bailliage, C., art. 38, p. 31; art. 85, p. 59; Alsace, O., p. 255; p. cxvii. — Protestations, C., art. 37, 39, 41, p. 30, 31, 32; art. 85, p. 59; p. cxiii.

Livre de jurisprudence. — R., p. 161, 163; p. cclxxx.

Loi. — Définition, n. 3, p. 12.

M

Médecin légiste. — Alsace, O., p. 259.

Messagers. — Service, A., p. 188, 201. — Traitement, p. 225. — Cf. Serviteurs.

Ministère public. — Ancien droit, p. xxviii et suiv., l. — Compétence territoriale, C., art. 144, p. 87. — Hiérarchie, C., art. 143, p. 86; art. 145, p. 88; art. 147, p. 88; art. 148, p. 89; p. cccxi et suiv. — Indépendance, p. xliv, xlviii, cccxiv. — Indépendance des tribunaux, C., art. 151, 152, p. 90, 91. — Indivisibilité, C., art. 146, p. 88; p. cccxiii. — Personnel, p. 272 et suiv.; p. cccxxxv et suiv. — Traitements,

p. 224, 277-279; p. ccccxxv. — Cf.
Aptitude judiciaire, Congés, Discipline, Frais de transport, Mise
en disponibilité, Pension de retraite, Retraite (Mise à la), Serment.

N

Navires de commerce. — n. 3, p. 49.
Numéro d'ordre des dossiers. — A.,
p. 195.

Notaires. — Capacité, Alsace, O., n. 1,
p. 258. — Surveillance, p. cxxxvii,
cxxxviii, clxi, clxvii, ccxli.

O

Officiers auxiliaires du ministère public.
— C., art. 153, p. 91; Alsace, L.,
p. 252, 257, O., p. 263; p. cccxxix.

Ordonnance pénale rendue administrativement. — n. 1, p. 7, 8;
p. cvii.

P

Parquet. — p. cccxxx et suiv.
Pension de retraite. — Des membres du
Tribunal de l'Empire, C., art. 130,
n. 3, p. 80; p. ccccxlix. — Des
autres juges, des membres du ministère public, des greffiers, des huissiers et autres serviteurs, p. ccccxlviii
et suiv.
Pension des veuves et orphelins. —
p. cccclxi et suiv.; App., p. dxlvi et suiv.
Pensum exigé des employés du greffe. —
n. 4, p. 186; p. ccclxvii.
Personnel. — Des tribunaux, p. 271-
275. — Des membres du ministère
public, p. 271-275. — Des greffiers,
p. ccclxviii. — Des huissiers, p.
ccclxxxix. — Des serviteurs, p. cccxciii.
— Des Assesseurs et Référendaires,
p. ccclxxii; App., p. dxxxviii.
Personne figurant dans l'instance. —
n. 2, p. 107.
Police de l'audience. — C., art. 176-
185, p. 103-106; p. ccxcix. —
Peines, C., art. 178-180, p. 104-
105. — Pouvoirs du président. C.,

art. 176, 177, 181, p. 103-105. —
Pouvoirs du tribunal, C., art. 178-
180, 185, p. 104-106. — Recours,
art. 183, p. 105, 106.
Pourvoi. — n. 1, p. 37; n. 1, p. 47. —
Contre les décisions du juge de bailliage, C., art. 72, p. 47; p. cxciii.
— Du juge d'instruction, C., art. 72,
p. 47; p. cxciii. — Des membres du
Tribunal de l'Empire, p. cclxvii. —
Du tribunal de bailliage, C., art. 71,
p. 47; art. 160, p. 96; p. clxvi. —
Du tribunal d'Échevins, C., art. 72,
p. 47; p. cxciii. — Du tribunal Régional, C., art. 123, p. 77, 78; L.,
art. 9, p. 120; p. ccxxxvi. — Du tribunal Supérieur, C., art. 135, p. 82;
art. 160, p. 96; L., art. 8, p. 119;
p. cclxiii. — Nouveau Pourvoi,
p. ccxxxvi, ccxl. — Procédure, R.,
p. 155, 159; p. cclxii, cclxiii.
Premier Président du Tribunal de l'Empire. — C., art. 126, p. 79. —
Fonctions, C., art. 131, p. 81; A.,
p. 146; R., p. 152, 153, 156, 160,

163, 164; A., p. 182, 183, 185, 187-190, 194, 197, 198, 202, 208, 211, 218; p. CCLXXXIII. — Nomination, C., art. 127, p. 79. — Remplacement, R., p. 153. — Cf. COSTUME, TRAITEMENT.

PREMIER PRÉSIDENT DE TRIBUNAL SUPÉRIEUR. — C., art. 79, p. 76. — Fonctions, art. 83, p. 59; p. CCXXXIV; Alsace, Reg., p. 230, 232, 233, 236, 237, Reg., p. 241, L., p. 249, O., p. 255, 259. — Remplacement, p. CCXXXIV. — Cf. COSTUME, DISCIPLINE, TRAITEMENT.

PRÉSIDENT DE CHAMBRE DU TRIBUNAL DE L'EMPIRE. — C., art. 126, 127, p. 79; A., p. 146; R., p. 153, 155-157; O., p. 173. — Remplacement, O., p. 148; p. CCLXXXIX.

PRÉSIDENT DE CHAMBRE DE TRIBUNAL SUPÉRIEUR. — C., art. 119, p. 76.

PRÉSIDENT DE COUR D'ASSISES. — Fonctions, C., art. 94, p. 62, 63; p. CCXXIV. — Nomination, C., art. 83, p. 59; p. CCXXIII. — Suppléant, C., art. 83, p. 59; p. CCXXV.

PRÉSIDENT DE TRIBUNAL RÉGIONAL. — C., art. 58, p. 39. — Fonctions, C., art. 61, n. 1, p. 40; art. 63, p. 41; art. 64, p. 42; n. 3, p. 43; art. 66, p. 43; art. 83, p. 59; art. 89, n. 2, p. 60; art. 91, 92, p. 61; Alsace, Reg., p. 233, 234, 241, L., p. 248, O., p. 257; p. CLXI, CLXII, CXCVI. — Remplacement, C., art. 65, p. 43; p. CCXV.

PRESIDIUM. — Du Tribunal de l'Empire, C., art. 133, p. 81; n. 1, p. 165; p. CCLXXXIV. — De tribunal Régional, C., art. 63, p. 41, 42; art. 69, p. 44; art. 78, p. 56; n. 3, p. 58, 59; p. CLIV, CXCVI, CCXV. — De tribunal Supérieur, C., art. 121, n. 2, p. 76; p. CCXXXIV.

PRISONS. — Surveillance, p. CXXXI, CXXXII, DVII.

PROCUREURS DE BAILLIAGE. — Capacité, n. 3, p. 86; Alsace, n. 3, p. 251; p. CCCXVII. — Compétence, C., art. 143, p. 86; p. CCCXXVI. — Fonctions, C., art. 52, 53, p. 36, 37; art. 56, p. 38; p. CCCXXVI et suiv. — Nomination, Alsace, L., p. 251; L., p. 268; p. CCCXVII. — Recrutement, p. CCCXVII; Alsace, L., p. 252. — Traitement, p. CCCXVIII.

PROCUREURS DE L'EMPIRE. — C., art. 143, p. 86; art. 149, p. 89. — Capacité, C., art. 149, p. 90; p. CCCXXXIV. — Compétence, C., art. 129, p. 80; art. 131, p. 81; A., p. 218; p. CCCXXXIV. — Costume, O., p. 219-222; p. CCCXIX. — Mise en disponibilité, C., art. 150, p. 90; p. CCCXXII. — Nomination, C., art. 150, p. 90; p. CCCXCVIII. — Traitement, p. 224; p. CCCCXXV.

PROCUREURS D'ÉTAT. — C., art. 143, p. 86. — Capacité, C., art. 149, p. 90; Alsace, L., p. 251; p. CCCXX. — Compétence, C., art. 75, p. 54; art. 136, n. 3, p. 83; art. 146, p. 88; art. 164, p. 97; Alsace, Reg., p. 230, 232, 233, 236, 237, Reg., p. 241, L., p. 251, A., p. 260, O., p. 261; p. CCCXXIV et suiv. — Exécution des peines, C., art. 164, p. 97; p. CCCXXXVII. — Mise en disponibilité, C., art. 150, p. 90; p. CCCXXII. — Nomination, p. CCCXCVI. — Recrutement, p. CCCXX. — Cf. COSTUME, DISCIPLINE, PENSION DE RETRAITE, RETRAITE, TRAITEMENT.

PROVOCATOIRE (ACTION). — C., art. 23, n. 2, p. 21.

PRUD'HOMMES (CONSEIL DE). — C., art. 14, n. 2, 3, p. 13; p. CCCCXCVII.

PUBLICITÉ DES AUDIENCES. — C., art. 170-

175; p. 101-103; p. ccxcix. — Des jugements, C., art. 170, p. 101; art. 174, p. 102. — Huis clos, C., art. 171, 173, 175, 176, p. 101-103.— Non-publicité du délibéré et du vote, C., art. 195, p. 110.

R

RAPPORTEUR. — C., n. 5, p. 111; art. 199, p. 111; R., p. 154, 158, 162; p. cclxi, cclxii, cclxiii, cclxv.

RÉCUSATION. — n. 1, p. 109.

RÉFÉRENDAIRES. — Compétence, Alsace, L., p. 245, 252; p. ccclxxi; App. p. dxiv et suiv.—Nombre, p. ccclxxii; App., p. dxviii, dxxxviii. — Nomination, p. dix et suiv.; Alsace, p. 232.— Personnel à Berlin, p. ccclxxi. — Présence au délibéré, C., art. 195, n. 3, p. 110. — Stage, p. dix et suiv.; Alsace, Reg., p. 232 et suiv.; p. dxx.

REGISTRES DU GREFFE. — A., p. 186, 189, 190, 191, 194, 196-198, 200-208; p. cccl. — Des huissiers, A., p. 216-218; p. ccclxxvi.

REGISTRE DU COMMERCE. — Art. 113, n. 3, p. 74; p. cxxxiii, cxxxv, clxvii, clxxv.

REGISTRE DES DESSINS.— p. cxxxiii, cxxxv, clxviii.

REGISTRE DES NAVIRES. — n. 3, p. 49; p. cxxxiii.

REGISTRE DES SOCIÉTÉS.— p. cxxxiii, cxxxv.

REMPLACEMENT. — C., art. 54, p. 37; art. 65, 66, p. 43; art. 69, p. 44; L., art. 19, 20, p. 124; L., p. 146; O., p. 148; R., p. 153; O., p. 174; L., p. 249; Alsace, O., p. 255, 257; p. clvii, cxcv et suiv., ccvii et suiv., ccxxv, ccxxxiv, cclxxxix.

RÉORGANISATION DES TRIBUNAUX. — C., art. 8, n. 3, 4, p. 5; L., art. 19, p. 124; art. 21, p. 125; p. lxv et suiv.

RETRAITE (MISE À LA). — Des greffiers, p. cccxlvii. — Des huissiers et serviteurs, p. ccclxxxix, ccccxlviii. — Des membres du ministère public, p. ccccxlvii et suiv. — Des membres des tribunaux, L., art. 13, p. 121; p. ccccxlii et suiv. — Des membres du Tribunal de l'Empire, C., art. 130, 131, p. 80, 81; p. ccccxliii.

REVISION. — n. 2, p. 77; n. 1, p. 82; O., p. 171. — Contre les décisions des Cours d'assises, C., art. 136, p. 83; p. cclxiii. — Des tribunaux Régionaux, C., art. 123, p. 77; art. 136, p. 83; L., art. 9, p. 120; p. ccxxxvii, cclxiv. — Des tribunaux Supérieurs, C., art. 135, p. 82; L., art. 8, p. 119; p. cclviii-cclxii, cclxiv-cclxvi. — Procédure, R., p. 154; p. cclviii-cclxvi.

ROULEMENT. — C., art. 62, n. 2, p. 40; art. 67, p. 44; n. 2, p. 73; art. 121, p. 76; art. 133, p. 81; L., art. 20, p. 124, 125; A., p. 146; O., p. 173; Alsace, O., p. 257; p. xliii, xlviii, l, clii, clvi, cxcv, ccviii-ccxi, ccxx, ccxxxiv, ccxxxvii, cclxxxv et suiv.

S

SCEAU. — Des huissiers, A., p. 211; p. ccclxxxi. — Du greffe du Tribunal de l'Empire, R., p. 160. — Du Tribunal de l'Empire, R., p. 160.

SECRÉTAIRES SUPÉRIEURS. — A., p. 182; O., p. 209. — Traitement, p. 225.

SECRET DES DÉLIBÉRATIONS. — C., art. 200, n. 1, p. 112.

SEIGNEURS MÉDIATISÉS. — n., p. 14; L., art. 7, n. 3, p. 118; p. CCXLI, DIII.

SÉPARATION DES POUVOIRS. — p. VI; L., n. 1, art. 117.

SEPARATIONEN. — C., art. 14, n. 1, p. 11.

SERMENT. — Des avocats, p. CCCXXXIX; R., p. 163. — Des Échevins et jurés, C., art. 51, p. 35, 36; n. 1, p. 62; p. CXXI, CCXXV. — Des juges commerciaux, art. 115, p. 75; p. CLXXVIII. — Des magistrats et membres du ministère public, p. CCCCII et suiv. — Des membres du Tribunal de l'Empire, R., p. 163; p. CCCCIII.

SERVITEURS DE TRIBUNAUX. — Aptitude, p. CCCXCI. — Costume, p. CCCXCII. — Discipline, p. CCCCLXXXVII. — Fonctions, p. CCCXCI, CCCXCIII; p. 201, 211 et suiv. — Nomination, p. CCCXCII.

— Personnel, p. CCCXCIII. — Traitement, p. CCCXCIV; p. 225.

SERVITUDES FONCIÈRES. — C., art. 14, n. 2, p. 9.

SIGNE DISTINCTIF DES DOSSIERS. — A., n. 3, p. 191.

SIGNIFICATIONS. — n. 1, p. 199; A., p. 212, 215.

SOCIÉTÉS COMMERCIALES. — C., art. 101, n. 1, 2, p. 67.

SOUVERAINS. — Justice exceptionnelle, n. 1, p. 8; n. 1, p. 14; L., art. 5, n. 2, p. 117; O., p. 137, 138, 142; O., p. 169, 170; p. LXXVII, CCCCXIX; App., p. DXXXIX.

STAGE. — Cf. APTITUDE JUDICIAIRE, GREFFIERS, HUISSIERS.

SURVEILLANCE. — Des tribunaux, C., n. 1, p. 19; p. CCCCIV et suiv. — Inspection, p. CCCCV. — Des membres du ministère public, C., art. 148, p. 89; p. CCCCIV.

SUSPENSION DES JUGES. — C., art. 8, n. 1, 2, p. 5.

T

TÉMOINS. — Taxe, C., art. 155, p. 98, 99.

TRAITEMENT. — Des greffiers, p. 225; p. CCCLIV. — Des huissiers et serviteurs, p. 225; p. CCCLXXXI. — Des juges, C., art. 7, n. 4, 5, p. 4; p. 276-279; p. CCCCXXV et suiv. — Des membres du ministère public, p. 276-279; p. CCCCXXV et suiv. — Des membres du Tribunal de l'Empire, p. 224; p. CCCCXXV. — Gratifications, Alsace, L., n. 2, p. 245; p. LI, CCCCXXIX.

TRAITEMENT DE DISPONIBILITÉ. — C., art. 9, p. 6; art. 150, n. 2, p. 90; p. CCCXXIII, CCCCXLVI.

TRAVAUX FORCÉS. — n. 3, p. 48.

TRIBUNAUX. — Ancien droit, p. XI et suiv. — Compétence territoriale, n. 1, p. 87; C., art. 167, p. 99; p. CCXCII. — Exception à la compétence des tribunaux en matière de justice ordinaire, L., art. 3, n. 1, p. 116. — Indépendance, C., art. 1, n. 1, p. 1, 2; p. LXIII, LXXVI. — Interdiction des fonctions administratives, L., art. 4, p. 116, 117; n. 1, p. 117. — Nombre, p. LXXXII. — Personnel, p. 272 et suiv. — Roulement, p. XLIII, XLVIII, CXCV.

TRIBUNAUX AGRAIRES. — C., art. 14, n., p. 9-11; O., p. 136-143; p. CCCCXCII.

Tribunaux communaux. — C., art. 14, n. 2, p. 12, 13; p. xxxviii, ccccxcvi.

Tribunaux communs à plusieurs États. — p. cxcvii-cxcix, ccxliv-ccxlvii.

Tribunaux consulaires. — n. 1, p. 8; n. 3, 4, p. 134; n. 1, 2, p. 135; R., p. 155; p. cclxxiii.

Tribunaux de bailliage. — Assises de justice, p. cxlvi, cxlvii; p. 273, 275, 294; Alsace, L., p. 247. — Compétence, C., art. 23, p. 19-22; n. 2, p. 45; Alsace, L., p. 247, 248; p. xli, lxxxii. — Composition, p. lxxxiii. — Distribution du service, Alsace, L., p. 254; p. clii-clvii. — Nombre des juges, Alsace, n. 2, p. 247; p. cxlviii-cl. — Nombre des tribunaux, Alsace, n. 2, p. 247; p. cxlii-cxlvii. — Organisation, C., art. 22, p. 19; p. lxxxiii, cxlvii, cli. — Personnel, p. 272 et suiv., 284 et suiv., 294; p. cl. — Population des ressorts, p. 292, 293; p. cxliii-cxlvi; App., p. dxl. — Procédure, p. lxxxiii. — Roulement, p. clii-clvii. — Roulement du tribunal de bailliage de Berlin l, p. clv. — Roulement du tribunal de bailliage de Hambug, n. 1, p. clvi. — Siège, p. cxlii. — Statistique des affaires, p. clix. — Surveillance, p. cli et suiv., clxi. — Voies de recours, C., art. 71, p. 47; p. cxl.

Tribunaux d'Échevins. — C., art. 25-56, p. 22-38. — Ancien droit, p. xix et suiv., xlii. — Audiences extraordinaires, n. 3, p. 33; C., art. 48, p. 34; p. cxx. — Compétence, C., art. 27-29 et notes, p. 22-26; art. 75 et notes, p. 51-54; n. 4, p. 55; p. xlii, xcviii-cii. — Composition, C., art. 26, p. 22; p. xcii. — Durée des audiences, C., art. 50,

n. 2, p. 35. — Ordre des audiences, C., art. 47, p. 33; p. cxix. — Ordre du vote, C., art. 199, p. 111. — Recours contre les décisions, p. cxl. — Statistique des affaires, p. clx.

Tribunaux de commerce. — Ancien droit, p. xvi, xxvl, l.

Tribunal de la Chambre (Kammergericht). — n. 2, p. 7.

Tribunal de l'Empire. — Arbitrage, L., p. 151, 156; p. cclxxvii. — Assemblée générale, C., art. 128-131, p. 77-81; R., p. 151, 152; p. cclxxiv. — Audiences, R., p. 153. — Bibliothèque, R., p. 152; A., p. 185; O., p. 210; p. ccxc. — Budget, p. ccxci. — Chambres auxiliaires, L., art. 16, p. 123; A., n. 3, p. 146. — Chambres réunies, C., art. 137, p. 84; O., p. 144; A., p. 146; R., p. 151; R., n., p. 156, 157, 163; p. cclxxx. — Compétence, C., art. 17, p. 15; art. 135, 136, p. 82, 83; L., art. 14, 15, p. 122; L., p. 132; L., p. 134, 135; O., p. 136-143; L., p. 144; p. cclviii et suiv. — Composition, C., art. 126, p. 79; R., p. 151; O., p. 173; p. cclxxxiii. — Costume des membres, O., p. 219-222; p. ccccxix. — Distribution des affaires, C., art. 133, p. 81; L., art. 20, p. 125; A., p. 145; O., p. 165 et suiv.; p. cclxxxiv. — Division en chambres, C., art. 132, p. 81; A., p. 145, 147; R., p. 150; p. cclxxix. — Fonctionnaires non judiciaires, R., n. 1, p. 152. — Frais de justice, R., p. 160; A., p. 184, 185. — Haute Cour de justice, C., art. 136, p. 82; p. cclxvi. — Installation, p. cclvii. — Libellé des décisions, R., p. 158; p. cclxxxi. —

Motifs, R., p. 158. — Nomination des membres, C., art. 127, p. 79; p. cccxcvii. — Personnel, p. 271; p. cclxxxv. — Règlement des travaux, C., art. 141, p. 85; R., p. 151. — Remplacement, A., p. 146; O., p. 148; O., p. 174; p. cclxxxix. — Roulement, C., art. 133, p. 81; L., art. 20, p. 125; A., p. 146; O., p. 173; p. cclxxxiv, cclxxxvii. — Salles d'audience, A., p. 187; T., p. 223. — Sceau, R., p. 160. — Siège, C., art. 125, p. 79; L., p. 131; p. liii, cclvi. — Statistique des affaires, p. ccxcii. — Traitement des membres, p. 224; p. ccccxxv. — Cf. Chambres civiles, Chambres criminelles, Discipline, Greffiers, Huissiers, Livre de jurisprudence, Pension de retraite, Procureurs de l'Empire, Retraite.

Tribunaux de navigation du Rhin. — C., art. 14, n. 1, p. 9; p. ccccxc.

Tribunal des conflits. — C., art. 17, p. 15, 16; n. 2, p. 82; L., art. 17, p. 123; O., p. 143; O., p. 169; p. lxix-lxxvi, cclxxv.

Tribunaux d'exception. — Ancien droit, p. xxx. — C., art. 16, p. 14.

Tribunaux douaniers de l'Elbe. — C., art. 14, n. 1, p. 9; p. ccccxc.

Tribunaux patrimoniaux. — Ancien droit, p. viii, ix.

Tribunaux Régionaux. — Chambres, p. ccv. — Compétence civile, C., art. 70, 71, p. 45-47; Alsace, L., p. 249; p. clxiii-clxv. — Compétence criminelle, C., art. 72-76, p. 47-55; p. clxxxi-clxxxviii, cxci et suiv. — Compétence commerciale. Cf. Chambre commerciale. — Composition, C., art. 58-60, p. 39; p. cc. — Distribu-

tion du service, C., art. 62, n. 2, p. 40; L., art. 20, p. 124; p. cxcv, ccvii. — Justice volontaire, p. clxvi-clxix. — Nombre des chambres, p. ccv et suiv. — Nombre des juges, p. cc, ccxiii-ccxxv. — Nombre des tribunaux, Alsace, n. 4, p. 248, 249; p. cxcvii. — Organisation, p. clxi, clxiii. — Personnel, p. 272-275, 280 et suiv., 294; p. ccxi et suiv. — Procédure civile, p. clxiv; criminelle, p. cxcii. — Ressorts, étendue et population, p. 288 et suiv., 292; p. cc, cci et suiv., cciv. — Roulement, C., art. 62, n. 2, p. 40; L., art. 20, p. 124; p. cxcv, ccviii et suiv. — Roulement du tribunal Régional de Berlin, p. ccviii; de Brunswick, p. ccx; de Hamburg, p. ccx; de Lübeck, p. ccx; de Meiningen, p. ccxi. — Statistique des affaires, p. ccxviii.

Tribunaux spéciaux. — C., art. 13, n. 1, 2, p. 8; art. 14 et notes, p. 9-13; p. ccccxc et suiv. — Ancien droit, p. xxx.

Tribunaux Supérieurs. — Ancien droit, p. xxv. — Chambres, Alsace, p. 267; p. ccxlix. — Compétence. Cf. Chambres civiles et criminelles. Alsace, R., p. 229, L., p. 250; p. ccxxxvi, ccxxxviii-ccxli, ccxlii. — Composition, C., art. 119, 120, p. 76; p. ccxxxiv, ccxxxvii. — Distribution du service, C., art. 121, p. 76; L., art. 20, p. 124; p. ccxxxiv. — Nombre, p. ccxliii. — Nombre des chambres, p. ccxlix, ccl. — Personnel, p. 272 et suiv.; p. ccl. — Remplacement, p. ccxxxiv. — Répartition des tribunaux Supérieurs dans les différents États, n. 1, p. 165, 166. —

Roulement, C., art. 121, p. 76; L., art. 20, p. 124; p. CCXXXIV, CCXXXVII. — Ressorts, étendue et population, p. 288 et suiv.; p. CCXLVII-CCXLIX. — Siège, p. 288 et suiv.; p. CCXLIII, CCXLIV. — Statistique des affaires, p. CCLI, CCLII.

TRIBUNAL SUPÉRIEUR AGRAIRE. — n. 2, p. 9, 11; O., p. 172; p. CCCCXCIII.

TRIBUNAL SUPÉRIEUR FÉDÉRAL DE COMMERCE. — Affaires pendantes, L., art. 14, p. 122. — Compétence, n. 2, p. 119. — Remplacement des membres, L., art. 19, p. 124.

TRIBUNAL SUPRÊME. — L., art. 8, p. 119; L., art. 10, p. 120. — Compétence, L., art. 8, p. 119; L., p. 131; p. CCLII. — Personnel, p. 271; p. CCLIII. — Statistique des affaires, p. CCLIV.

TUTELLE. — Compétence des tribunaux, p. CXXXVI, CLXVII, CCXLI.

U

UNIVERSITÉ ALLEMANDE. — C., art. 2, n. 3, p. 2. — Organisation, n. 3, p. 3.

V

VACATIONS. — Affaires de vacation, C., art. 202, p. 113. — Chambres de vacations, C., art. 203, p. 114; R., p. 162; p. CCCIII.

VACANCES JUDICIAIRES. — C., art. 201, p. 113; p. LIII, CCCII.

VERKOPPELUNG. — C., art. 14, n. 2, p. 11, 12.

VICE-PRÉSIDENT DE TRIBUNAL RÉGIONAL. — Fonctions, C., art. 61, p. 40; art. 63, 65, p. 42, 43; art. 68, n. 2, p. 44; art. 83, p. 59; p. CLXII. — Nombre, C., art. 58, n. 1, p. 39; p. CCXII. — Remplacement, C., art. 65, p. 43; p. CCXV.

VOTE. — C., art. 196, p. 110. — Droit de la minorité, p. XXXIX, CCLXXXII. — Majorité, C., art. 198, p. 111. — Non-publicité, C., art. 195, p. 110. — Ordre, C., art. 198, 199, p. 111; p. CCCII. — Par circuit, R., n. 2, p. 157. — Refus de vote, C., art. 197, p. 111. — Secret du vote, C., art. 200, p. 112.

ERRATUM.

Page 24, note 5, ligne 6, *lire :* soit par l'*enquête,* soit par l'acte d'accusation (*Anklageschrift*) dressé par le *Ministère public.*

Page 57, note 1, ligne 5, *lire :* le jour de l'ouverturé de la session est fixé *généralement par l'Administration judiciaire ; le jour des débats de chaque affaire est fixé* par le Président des assises.....

Page 75, note 4, ligne 11, *au lieu de :* livre VIII, titre II, *lire :* titre VIII, livre II.

Page 81, note 3, ligne 1, *lire :* l'ordonnance du 27 septembre 1879 a fixé à huit le nombre des chambres; *ce nombre a été porté à neuf par arrêté du 14 mars 1884.*

Page 107, ligne 7, *au lieu de :* en, *lire :* eu égard.

Page 108, note 1, lignes 9 et 10, *supprimer :* et les chambres commerciales.

Page 120, note 1, ligne 5, *lire :* la Prusse *et la Bavière* ont seules fait usage du droit.....

Page 121, note 1, ligne 8, *ajouter : en Württemberg la question est controversée.*

Page 146, note 2, ligne 2, *au lieu de :* p. 173, *lire :* p. 174.

Page 294, ligne 21, *au lieu de :* au 1ᵉʳ avril, *lire :* au 1ᵉʳ décembre.